FASTES

DES

GARDES NATIONALES

DE FRANCE

PAR

MM. ALBOIZE ET CHARLES ÉLIE

Édition illustrée de 21 gravures

Par les plus célèbres artistes de Paris

Alboize - Elie, Charles
Fastes des gardes nationales de France

25337

PARIS
CHEZ MM. GOUBAUD ET LAURENT OLIVIER, ÉDITEURS
43, RUE NEUVE-VIVIENNE
1849

BIBLIOTHÈQUE
DE M. A. BIXIO
PARIS

FASTES

DES

GARDES NATIONALES

DE FRANCE.

Paris. — Imprimerie de L. MARTINET, rue Mignon, 2.
Quartier de l'École-de-Médecine.

FASTES

DES

GARDES NATIONALES

DE FRANCE

PAR

MM. ALBOIZE ET CHARLES ÉLIE

PARIS

CHEZ MM. GOUBAUD ET LAURENT OLIVIER, ÉDITEURS

43, RUE NEUVE VIVIENNE.

1849

FASTES
DES
GARDES NATIONALES
DE FRANCE.

PREMIÈRE ÉPOQUE.

I

Origine des gardes nationales ou gardes bourgeoises. — Tours. — Le Mans. — Nantes. Bayeux. — Orléans. — Blois. — Siége du Puizet. — De Mante. — Bataille de Bouvines. — Calais. — Siége de Rouen. — Alain Blanchard. — Beauvais. — Jeanne Hachette. — Saint-Jean-de-Lône. — Guet de nuit. — Guet assis. — Henri III. — La Ligue. — La Fronde. — Louis XIV. — Louis XV. — 1789. — Préludes. — Troupes étrangères autour de Paris. — Séance du 8 juillet. — Mirabeau. — Assemblée des électeurs. — Arrêté. — Députation auprès de Louis XVI. — Ses refus réitérés. — Renvoi de Necker. — Charge de dragons allemands. — Premier bataillon de la milice parisienne. — Commencement de désordres. — Comité permanent de la sûreté publique et de la milice parisienne. — Première organisation. — Première cocarde. — Premiers chefs. — Siége et prise de la Bastille. — La garde bourgeoise à cette forteresse. — M. Soulès et le chevalier de Laizers. — Première union de la garde bourgeoise et des troupes. — Annonce de la prise de la Bastille à Versailles. — Députation de l'Assemblée nationale à Paris. — Lafayette commandant-général de la garde bourgeoise. — Bailly, maire de Paris. — *Te Deum* en actions de grâces. — Louis XVI à Paris. — Aspect de la garde bourgeoise. — — Deux cent mille hommes en deux jours.

L'origine des *gardes nationales* ou *gardes bourgeoises* remonte aux temps les plus reculés des empires. Du jour où les sociétés se formèrent, elles s'attribuèrent le droit de se garder elles-mêmes. Ce droit imprescriptible, souvent affaibli par les rois, quelquefois anéanti, toujours attaqué par eux, a pourtant survécu à tous les orages des monarchies et s'est implanté plus fort et plus logique que jamais dans nos mœurs politiques par les secousses que nos dernières révolutions ont données aux peuples. Héritières des gardes bourgeoises, les gardes nationales sont écloses tout à coup de la prise de la Bastille en 1789, de l'invasion en 1814, des barricades de juillet en 1830, de la République en 1848.

Ces quatre dates mémorables lui ont révélé sa puissance; et c'est appuyé sur elle, comme sur son programme éternel, que la garde nationale de France a marqué tous ses droits, cimentés par son esprit, son union, sa force morale et son sang.

Mais, chose étonnante et bonne à méditer pour l'enseignement des peuples et des gouvernants, ce programme d'aujourd'hui est le même que celui d'autrefois : défendre le sol de la patrie contre l'étranger, la société contre le désordre, la liberté contre les excès du pouvoir, tels étaient le principe et les droits des gardes bourgeoises dès l'origine; tels sont le principe et les droits des gardes nationales de nos jours.

L'esprit qui animait cette milice a traversé les siècles et nous est parvenu dans toute sa pureté, tant sont dominants dans le cœur de l'homme les trois sentiments dont Dieu l'a doué à sa naissance : l'horreur pour l'étranger qui vient souiller la terre sacrée de la patrie, le besoin d'aimer et de protéger ses frères, la volonté d'être libre ou de conquérir sa liberté.

Sous les premiers rois de France, en effet, nous voyons les gardes bourgeoises de Tours, du Mans, de Nantes, de Rouen, de Bayeux, etc., marcher avec Chilpéric contre les Bretons. Plus tard, en 585, ce sont celles d'Orléans et de Blois qui gardent la ville de Tours. En 1108, ces milices, ayant nom *soldats des communautés des paroisses*, se signalent par leur courage au siége du Puiset. En 1163 celles de Mantes repoussent les Anglais. A la bataille de Bouvines, accourues de tous les coins de la France et pressées autour de l'oriflamme, drapeau national de cette époque, *les légions des communes* marchent au premier rang et inspirent au poëte Guillaume Guiart des vers qui sont venus jusqu'à nous. En 1360, celles de Calais résistent pendant onze mois à l'armée anglaise. En 1418, c'est le tour de celles de Rouen; abandonnée par les troupes royales, cette importante cité se confie au courage de ses gardes bourgeoises. Ceux-ci luttent avec une constance héroïque. La famine, l'épidémie, la révolte, les combats, ils affrontent tout, ils triomphent de tout. La trahison seule les fait succomber, et l'histoire place à côté de Guy Bouteiller, le traître qui les vendit, Alain Blanchard, un des chefs de leur milice, dont les dernières paroles en marchant au supplice sont celles-ci : « N'est-il pas plus beau de mourir pour son pays que de s'humilier lâchement devant un prince étranger? » En 1472, la garde bourgeoise de Beauvais résiste à Charles le Téméraire, soutient un assaut de trois heures, et voit surgir de son sein la femme d'un de ses soldats, Jeanne Lainé, à laquelle reste le nom glorieux de *Jeanne Hachette*. Enfin, et comme dernier trait de l'héroïsme des gardes bourgeoises à cette époque, la date de 1636 nous apparaît radieuse à Saint-Jean-de-Lône. Une armée puissante d'impériaux et d'Espagnols envahit la Bourgogne. La petite ville de Saint-Jean-de-Lône, assiégée par des forces imposantes, ne peut opposer que quatre cents soldats de la milice bourgeoise à ce torrent. Ils résistent sans hésiter. Deux assauts meurtriers leur inspirent le courage du désespoir. Dans un moment de trêve ils se rassemblent et, d'une commune voix, font le serment de sacrifier leur vie en défendant leur ville, et s'ils sont contraints de céder au nombre, de mettre le feu même à leurs maisons, aux poudres, aux munitions de guerre et de mourir après les armes à la main, en ne laissant à l'ennemi que des pierres et des cadavres. Ce serment entraîne tout le monde, femmes, filles, enfants, vieillards, tous courent à la brèche lorsque, le 2 novembre, l'ennemi donne un dernier assaut; armés à la hâte de piques, d'arquebuses, de haches, de maillets, ils se confondent hommes et femmes, se disputent le premier rang, la place la plus dangereuse comme la place d'honneur. Ils opposent l'ardeur du courage au nombre, à la tactique, aux instruments meurtriers. Quatre heures ils soutiennent ce combat inégal et terrible; ils sont entourés de morts et de blessés; ils vont succomber peut-être, décimés qu'ils sont par les feux de l'ennemi, lorsque le comte de Rantzau arrive à leur secours; et, appuyés par de nouvelles forces, encouragés par la présence d'un nouveau chef, ils fondent sur l'Espagnol dans un dernier élan, le mettent en fuite et conservent son artillerie comme un gage de la victoire.

Mais nous avons encore à les voir ailleurs qu'aux frontières de la France. Revendiquant le droit de se garder elles-mêmes, d'empêcher le désordre, de protester contre toute atteinte à ce qu'on appelait alors leurs libertés, nous les trouvons établies dans Paris et divisées par quartier, sous le nom de *guet de nuit* que lui donne un édit de Clotaire II en 595. En 1306, Philippe le Bel les régularise dans toute la France : alors c'est le *guet assis* qui *corne la guette* à chaque heure. Pendant la captivité du roi Jean, le prévôt Marcel augmente leur nombre, leur donne une organisation plus forte et confie à leur courage la garde et la police des villes. On voit alors dans Paris les bourgeois de chaque quartier former un corps de troupes partagé en compagnies de cent hommes qui se subdivisent elles-mêmes en pelotons de cinquante, de trente et de dix hommes. L'élection, le mode le plus sûr et le plus rationnel, désigne les officiers et les juges qui ont toute la confiance des gardes, et, comme aujourd'hui, un tribunal de discipline siège constamment pour assurer la régularité du service. Cette organisation se répand dans toute la France, et c'est dans cet état que sont encore les gardes bourgeoises lorsqu'apparaît la Ligue, plutôt éclose de la haine et du dégoût qu'inspiraient les déprédations, l'impéritie et les licences d'Henri III et de ses mignons, que de l'ambition des Guise et de l'amour de la foi. La fameuse journée des Barricades, du 12 mai 1558, trouve la garde bourgeoise de Paris tout entière debout. Prélude frappant de notre révolution de juillet, leçon terrible dont les rois ne surent pas profiter pendant les siècles qui s'écoulèrent encore, cette journée, comme à notre époque, nous montre la milice citoyenne marchant contre les Suisses et les troupes royales, dernier rempart d'un monarque qu'elle a déjà renversé sous son mépris et qu'elle veut briser par sa puissance. Comme à notre époque, les Suisses engagent la lutte contre la garde civique qui est le peuple, et, comme à notre époque aussi, les Suisses sont vaincus et le roi s'enfuit de Paris pour n'y jamais rentrer. La guerre de la Ligue nous la présente partout combattant avec courage et imposant au roi, qui demandait le trône par *droit de naissance*, des conditions auxquelles il s'empresse de souscrire; mais, effrayé de l'influence et du pouvoir de ces gardes bourgeoises, Henri IV, dès qu'il tient le sceptre, songe à affaiblir l'un et l'autre, et, leur enlevant le droit d'élection, se réserve seul la nomination des chefs et finit par rendre la charge vénale. Dès ce jour, en effet, cette noble institution semble disparaître; mais au premier cri d'alarme poussé par les frondeurs qui veulent résister à l'impôt excessif et conserver l'inviolabilité du Parlement, seule et faible barrière posée entre l'autorité des princes et les franchises des peuples, la milice citoyenne, retrouvant son courage et son esprit, marche avec eux, intrépide et fière, et traite de puissance à puissance avec ce jeune roi qui s'appela Louis XIV. Louis XIV ne l'oublie pas; et trop orgueilleux pour reconnaître dans l'État un autre pouvoir que le sien, ce pouvoir fût-il celui de tous, trop despote pous s'appuyer sur lui, il cherche à le saper jusque dans ses fondements par son ordonnance de **1692** et son édit royal de **1693**; l'un met, en effet, les gardes bourgeoises sous les ordres des intendants de province et des lieutenants de roi; l'autre crée des charges héréditaires et vénales des officiers de cette milice. Son successeur, craintif et irrésolu, leur porte le dernier coup : en **1750** il défend qu'elles s'assemblent sans l'autorisation du commandant de la place (1).

Dès lors les gardes bourgeoises cessent d'exister, même de nom, dans les pays d'élection, et ne conservent qu'une vaine forme dans les pays d'État. Les rois triomphent et croient avoir abattu cette puissance qui se dressait devant leurs colères; mais ils n'ont tué que l'institution : l'esprit et les principes ont survécu. Les gardes bourgeoises ne sont pas mortes, elles sommeillent éparses et désorganisées. La liberté doit les réveiller à son premier cri, les réunir à son premier signe, les faire vaincre à son premier mot.

Les États généraux étaient réunis à Versailles. Héritier, innocent sans doute, des crimes et des fautes de ses ancêtres, Louis XVI avait été contraint à cette mesure par le désordre des finances, la famine qui menaçait la France, l'oppression que faisaient peser sur elle les classes privilégiées et par l'aurore de cette liberté de la presse, lumière qui perçait chaque jour le boisseau et montrait écrits sur le front de l'homme ces trois mots sacramentels : Liberté, Égalité, Fraternité. Ces trois mots étaient un appel à la garde bourgeoise qui devait les écrire sur son drapeau.

La déclaration des droits de l'homme, formulée par le général Lafayette à l'Assemblée nationale, demandait les baïonnettes intelligentes pour soutiens. Les désordres causés par la disette de l'année précédente dans les cités faisaient sentir le besoin de la milice citoyenne. Enfin, Paris, cerné par des troupes qui menaçaient de l'envahir au profit de la cour, provoquait une résistance légale de la part des citoyens de tous les états et de tous les âges. Les circonstances et les gouvernants, en formulant le programme contraire aux milices bourgeoises, en préparaient la résurrection.

Déjà dans tout le Languedoc les ministres avaient autorisé le rétablissement des gardes bourgeoises pour s'opposer aux excès que commettaient, à propos des convois de grains, ceux qui profitent de la moindre agitation pour arriver au désordre. Dans la plupart des communes environnantes de Paris la même mesure avait été prise pour faire la police des marchés. Paris seul était livré aux troupes, et cependant la plus grande fermentation régnait dans cette capitale. Le parti de la cour et le peuple étaient en présence et essayaient leurs forces. Le peuple avait commencé la lutte au pillage de la maison Réveillon; la cour répondit en renforçant les troupes. Puis vint la délivrance des gardes françaises prisonniers à l'Abbaye. Enfin les tracasseries de l'autorité qui refusait aux électeurs un local pour s'assembler.

Paris était alors divisé en soixante districts pour les élections. Les électeurs avaient résolu de continuer à se réunir pendant toutes les opérations de l'Assemblée nationale, afin de correspondre avec elle et de surveiller les députés. Mais l'autorité avait fait fermer leurs salles, et ils n'étaient parvenus qu'à grand'peine à tenir les séances de leurs assemblées générales à l'Hôtel-de-Ville. La cour répondait encore à cette mesure par un renfort de troupes, la plupart étrangères et prêtes à obéir avec l'obéissance passive de gens qui combattent pour de l'or ceux qu'on leur désigne comme ennemis.

L'agitation et le trouble redoublèrent dans Paris. Le Palais-Royal devint le centre des motions les plus vives, des projets les plus téméraires pour faire éloigner les troupes. On y dénonçait chaque jour les projets liberticides que la cour et la noblesse trahissaient. Camille Desmoulins et Danton s'étaient faits orateurs de ces clubs en plein vent, qui se rendaient tumultueusement, pour apprendre ou porter des nouvelles, à l'Hôtel-de-Ville où siégeaient les électeurs.

Ce fut à la vue de ce spectacle que Mirabeau, le premier dans la séance du 8 juillet, proposa une démarche auprès du roi à l'effet d'obtenir qu'il fît éloigner les troupes de Paris, et demanda l'*établissement des gardes bourgeoises dans les deux villes de Paris et de Versailles, attendu qu'il pouvait être convenable de pourvoir provisionnellement au maintien du calme et de la tranquillité.*

Bientôt les électeurs de Paris firent la même demande. L'Assemblée nationale envoya sur-le-champ une députation à Louis XVI. Sa réponse fut brève et sèche tout à la fois : « Le rassemblement de ces troupes n'a d'autre but que de veiller au maintien du bon ordre, dit-il ; leur séjour ne durera que le temps nécessaire pour garantir la sûreté publique. » Puis il refusa en termes précis l'établissement d'une garde bourgeoise.

Cette réponse, rapportée aux électeurs de l'Hôtel-de-Ville, excita la consternation des uns et l'indignation des autres. Bancal des Issarts, l'un d'eux, qui venait de parcourir les groupes et était peut-être plus instruit que ses collègues, s'écria en entrant : « On croirait que l'ennemi est à nos portes ; un camp de troupes étrangères est établi au sein de notre ville ; tous les environs de Paris et de Versailles sont occupés par des soldats. Jamais, dans aucune autre époque de notre histoire, on ne fit de préparatifs plus formidables, plus alarmants pour la liberté publique ; bientôt il ne nous restera plus que l'alternative affreuse, ou de voir les horreurs de la guerre civile, ou de subir le joug de l'esclavage le plus honteux. »

Si tous les électeurs ne partageaient pas les craintes de Bancal des Issarts, relativement au danger intérieur, tous reconnaissaient du moins la nécessité d'établir une force armée capable d'assurer la tranquillité publique. Des scènes de désordre avaient lieu à chaque instant, et bientôt un attroupement s'étant emparé de deux barrières, y avaient mis le feu sous les yeux des gardes françaises qui avaient témoigné par leur immobilité de leur sympathie pour le peuple. Alors, voulant épuiser tous les moyens légaux qui étaient en leur pouvoir, les électeurs rendirent l'arrêté suivant, modèle de raison et de patience.

« L'Assemblée des électeurs de la ville de Paris, ne pouvant se dissimuler que la présence d'un grand nombre de troupes dans cette capitale et aux environs, loin de calmer les esprits et d'empêcher les émotions populaires, ne sert au contraire qu'à donner des alarmes plus vives aux citoyens et à occasionner des attroupements dans tous les quartiers, demeure convaincue que le seul et vrai moyen qu'elle puisse proposer dans une pareille circonstance, pour ramener la tranquillité, serait de rétablir la garde bourgeoise ; que cette garde est suffisante pour prévenir tous les dangers ; qu'elle est même nécessaire ; que les habitants de cette ville ont d'autant plus raison de désirer de se garder eux-mêmes, que tout récemment la plupart des villes du Languedoc viennent d'y être autorisées par les ordres du roi, et que les communes voisines ont de même armé leurs bourgeois pour la police des marchés.

» Par tous ces motifs, l'Assemblée a arrêté de supplier, par l'entremise de ses députés, l'Assemblée nationale de procurer au plus tôt à la ville de Paris l'établissement d'une garde bourgeoise. »

Cet arrêté parvint à l'Assemblée nationale, qui s'en émut et envoya une nouvelle députation au roi. Mais en vain son président, Lefranc de Pompignan, archevêque de Vienne, insiste pour que Louis XVI autorise les mesures demandées; celui-ci, persévérant dans son refus, donne cette fois une réponse dont la fermeté étonne dans la bouche d'un roi si faible : « Je vous ai déjà fait connaître mes intentions sur les mesures que les désordres de Paris m'avaient forcé de prendre ; c'est à moi seul de juger de leur nécessité, et je ne puis à cet égard apporter aucun changement. Quelques villes se gardent elles-mêmes; mais l'étendue de cette capitale ne permet pas une surveillance de ce genre. »

Pendant que le roi prononçait à Versailles ces paroles dignes d'un Louis XIV, Paris apprenait tout à coup le renvoi de Necker, le seul ministre populaire, le seul qu'on pût opposer aux projets liberticides de la cour. Cette nouvelle porta la rage et l'indignation dans tous les cœurs. Une manifestation puissante et innombrable eut lieu sur-le-champ en faveur de ce ministre, dont on promena le buste couvert d'un crêpe. Mais trop témérairement peut-être, et devançant les intentions de ceux qui l'avaient envoyé, le prince de Lambesc, à la tête de ses dragons allemands, voulut s'opposer à cette manifestation paisible. Alors le peuple résista, et cet étranger, commandant à des étrangers, fit refouler les Français à coups de sabre, que les dragons brandirent sanglants au-dessus de leurs têtes. Aussitôt le peuple court aux casernes des gardes françaises, qu'il appelle à son secours. Ceux-ci marchent avec lui contre les Allemands, qui sont repoussés à leur tour ; tandis qu'au Palais-Royal Camille Desmoulins, prenant pour signe de ralliement une feuille arrachée aux arbres qui sont dépouillés à l'instant, conduit de son côté la foule à l'Hôtel-de-Ville à ce cri retentissant et terrible : Aux armes! aux armes!

C'était la guerre civile annoncée par les électeurs.

Ceux-ci, réunis à l'Hôtel-de-Ville, avaient nommé un comité de vingt-quatre membres pour veiller à la sûreté publique, et se voyant abandonnés, trahis par le chef de la nation dont les refus obstinés ne démontraient que trop les projets coupables, ils résolurent de se sauver eux-mêmes en s'appuyant sur la seule force qui peut garder les libertés et préserver les empires, sur la milice citoyenne.

Le peuple lui-même a si bien compris en cela ses devoirs et ses droits, qu'il accourt auprès du seul pouvoir qu'il ait délégué pour le protéger et le défendre. En un instant la salle où siègent les électeurs est envahie par la foule qui vient demander l'autorisation de s'armer et des armes pour ceux qui n'en ont pas.

Ici les procès-verbaux des électeurs, œuvre immortelle de Duveyrier qui, sous l'impression du moment, les a écrits avec la poésie du patriotisme, ces procès-verbaux peindront mieux que nous-mêmes les sentiments qui agitaient tout le monde :

« Dans ce terrible moment où tous les habitants de Paris étaient justement effrayés et du présent et de l'avenir, dans un moment où l'on ne pouvait reconnaître d'autre loi que celle de la nécessité, on respectait cependant la loi, et on n'imagina pas que le peuple pût s'armer sans l'autorisation d'une autorité quelconque. C'est au moment de ces demandes réitérées que les électeurs ont reçu leurs pouvoirs du peuple, en même temps que de la nécessité et du danger. Les ordres étaient d'autant plus pressés, que l'on apprenait qu'une foule de gens sans aveu, une foule armée infestait les rues de la capitale; que les troupes de ligne environnaient la ville de toutes parts et pouvaient survenir à chaque instant. Les électeurs, prenant leur parti, ordonnent au concierge de l'Hôtel-de-Ville de délivrer tout ce qui s'y trouvait d'armes ; on n'attend point le concierge ; les portes sont enfoncées, les armes pillées, toute la garde de la ville se trouve en un instant désarmée, et l'on voit un homme en chemise et sans bas, comme sans souliers, monter la garde le fusil sur l'épaule à la porte de la grande salle. »

Aussitôt quelques électeurs parcourent les divers quartiers de la ville escortés par cette milice improvisée. Ils engagent les bourgeois à s'armer et à maintenir l'ordre dans les rues. Un grand nombre d'entre eux se rendent en armes à l'Hôtel-de-Ville pour offrir spontanément leurs services. On en forme un bataillon et on en donne le commandement à M. de Lassalle d'Offemond, lieutenant-colonel du régiment de Vermandois. Ce militaire met immédiatement un peu d'ordre dans cette troupe, la divise en patrouilles et la dirige sur tous les points de la capitale. C'est le premier bataillon de la nouvelle garde bourgeoise.

Cependant les troupes étrangères étaient plus que jamais menaçantes. Le prince de Lambesc avait fait tirer, dans une dernière charge dans le jardin des Tuileries, sur des gens inoffensifs; le baron de Bezenval, autre étranger, avait massé ses troupes dans le Champ-de-Mars, où elles ne semblaient attendre qu'un signal ou le moment favorable pour attaquer Paris.

Paris lui-même était au comble de l'agitation. Le tocsin sonnait de toutes parts, le peuple inondait les rues et s'armait de tout ce qu'il trouvait sous sa main. Dans la fougue de son indignation, on n'entendait que cris de colère, que menaces de mort. Mille projets s'entrechoquaient, mille démonstrations étaient proposées. Les gens mal intentionnés, comme il s'en trouve toujours, qui ne voient l'avenir que dans un bouleversement, se mêlaient à lui et l'excitaient au désordre. Des scènes de violence étaient près d'éclater, et le feu des barrières qu'on incendiait éclairait l'horizon de la capitale.

Dans cette position, une seule pensée devait dominer pour le salut de Paris : la garde bourgeoise.

L'avocat Chapelier, député de Rennes, avait dit à l'Assemblée nationale : « Le sang coule ; les propriétés ne sont plus en sûreté ; le scandale des Allemands ameutés est à son comble : il n'y a que la garde bourgeoise qui puisse remédier à tous ces maux. L'expérience nous l'a appris ; c'est le peuple qui doit garder le peuple. »

Ces paroles n'étaient pas connues à Paris, et déjà les électeurs, après avoir déclaré *en permanence le comité de la sûreté publique et de la milice parisienne*, présidé par Flesselles, prévôt des marchands, s'empressait de rendre l'arrêté suivant au milieu de la nuit.

« Il sera demandé dans le moment même à chaque district de former un état nominatif, d'abord de deux cents citoyens (lequel nombre sera augmenté successivement) ; les citoyens doivent être connus et en état de porter les armes ; ils seront réunis en un corps de *milice parisienne* pour veiller à la sûreté publique, suivant les instructions qui seront données à cet effet par le comité permanent.

» Au moment de la publication du présent arrêté, tout particulier qui se trouvera muni de fusils, pistolets, sabres, épées ou autres armes, sera tenu de les porter sur-le-champ dans les différents districts dont il fait partie, pour les remettre aux chefs desdits districts, y être rassemblés et ensuite distribués suivant l'ordre qui sera établi, aux différents citoyens qui doivent former la milice parisienne. »

Au point du jour cet arrêté est affiché. Aussitôt le tambour bat, les districts s'assemblent, délibèrent et apportent leurs adhésions et leurs listes ; en même temps des corps de volontaires se forment d'eux-mêmes dans chaque district et prennent des noms pour se régulariser et se reconnaître. Ce sont ceux *des Tuileries, du Palais-Royal, de la Bazoche, de l'Arquebuse*, etc., et le comité, secondant cet élan avec une rapidité surhumaine, adopte le plan d'organisation de milice bourgeoise.

Mais une première difficulté se présente. Quelle cocarde donnera-t-on aux miliciens? Le vert, que l'on avait pris la veille pour marque distinctive, est la couleur du comte d'Artois. On repousse le vert et l'on adopte la cocarde blanc et rouge, qui sont les couleurs de la ville.

La garde bourgeoise devait être composée de seize légions subdivisées en soixante bataillons; chaque bataillon comprenait quatre compagnies; chacun des soixante districts devait d'abord fournir deux cents hommes pour commencer le service. Cette mesure élevait provisoirement à douze mille hommes l'effectif de la milice, dont le fond devait être de quarante-huit mille citoyens.

Un commandant général, un commandant général en second, un major général et un aide-major général constituaient le grand état-major; l'état-major particulier de chaque légion était composé d'un commandant en chef, d'un commandant en second, d'un major, de quatre aide-majors et d'un adjudant. Le comité permanent nommait l'état-major général et les états-majors particuliers, ceux-ci sur les désignations et renseignements adressés par les chefs de district. Quant à la nomination des officiers de bataillons, elle était laissée aux districts.

Pour marque distinctive, la cocarde bleue et rouge était adoptée. Tout homme trouvé avec cet insigne, sans avoir été enregistré dans l'un des districts, devait être remis à la justice du comité permanent, auquel les officiers du grand état-major avaient séance.

Enfin le quartier général de la milice était établi à l'Hôtel-de-Ville.

Cet arrêté est publié à deux heures. Aussitôt qu'il est connu, disent les procès-verbaux, *les soldats sortent de dessous terre.*

Les élèves du Châtelet, ceux du Palais, les élèves en médecine viennent s'offrir comme volontaires.

Une députation des gardes françaises se présente : « Nous venons de recevoir de la cour l'ordre de quitter Paris, dit l'un d'eux; mais avant d'être soldats nous sommes citoyens. Déjà un grand nombre de nos camarades ont été se faire inscrire aux districts sur les rôles de la milice parisienne. Nous sollicitons tous l'honneur de faire partie de cette garde bourgeoise. »

Après les gardes françaises, ce sont les soldats du guet; après les soldats du guet, c'est un député, **M.** Dupont, conseiller d'État, et son fils qui envoient leurs noms pour qu'on les inscrive; enfin les corporations d'ouvriers accourent à leur tour. Ainsi tous les états, tous les rangs, toutes les classes se pressent et se confondent dans ce noble élan qu'inspire le danger commun et, unis dans le même esprit, ne forment qu'un seul corps, le peuple; n'adoptent qu'un seul nom, garde bourgeoise.

Telle fut en effet l'origine de cette milice, qui n'est pas sortie de l'insurrection, comme on s'est plu à le dire, mais qui a surgi tout à coup dans le cas de légitime défense, car on attaquait tous ses droits; et, fidèle à ses trois grands principes, elle s'armait de nouveau pour repousser les troupes étrangères, rétablir l'ordre et maintenir sa liberté.

Mais il manquait des armes à ces soldats. Le prévôt Flesselles en avait promis; elles n'arrivaient pas. Il avait en vain envoyé aux Chartreux, on n'en avait pas trouvé davantage. Alors le comité autorisa les districts à faire fabriquer des piques, des sabres, des hallebardes, *toutes sortes d'armes subalternes,* disait l'arrêté, *mais que la valeur et le désespoir savent employer dans les grandes occasions.*

Le fait répondit aux termes énergiques de l'ordonnance ; en trente-six heures on fabriqua cinquante mille armes de cette espèce.

La nuit s'écoula tumultueuse encore. Les districts avaient ordonné partout des patrouilles pour veiller à l'ordre et à la sûreté. Toutes les maisons étaient illuminées, toutes les rues retentissaient du bruit des marteaux qui forgeaient les armes, et la garde bourgeoise, sillonnant tout Paris, désarmait un nombre considérable de gens toujours à craindre dans ces moments-là. Mais ces opérations, qui avaient eu lieu sans ordre et sans unité, firent sentir la nécessité de nommer un chef. Les électeurs avaient désigné le duc d'Aumont, qui avait hésité et demandé à réfléchir vingt-quatre heures ; on choisit en attendant le marquis de Lassalle qui commandait déjà le premier bataillon. Pour commandant en second, on prit M. du Soudray, aide-maréchal général des logis, et pour majors, MM. de Caussidière et Souet d'Ermigny. Ces officiers s'occupèrent sur l'heure de régulariser le service.

Pendant ce temps, un cri s'était fait entendre d'un bout de Paris à l'autre, *la Bastille!* Cette forteresse, à la fois prison d'État et citadelle menaçante, était l'expression la plus audacieuse du despotisme. Dans ces moments solennels où le peuple engageait la lutte pour que sa liberté sortît du sein de l'Assemblée nationale, le souffle de Dieu sembla le pousser au siége de ce monument de tyrannie ; siége sanglant et opiniâtre, quoi qu'on en ait dit, où il conquit plus que des masses de pierre, des armes et des munitions, où il conquit un principe.

Toutefois, nous n'avons à nous en occuper ici qu'en ce qui touche la garde bourgeoise. Isolément, la plupart de ses soldats partagèrent la gloire et les dangers de cette journée, et figurèrent au nombre des vainqueurs ; mais ce ne fut pas un fait de cette milice réunie, ce fut le fait de tous. Cependant le comité avait eu l'intention d'en appeler à son courage pour garantir Paris des attaques de ce fort. Dès qu'il reçut les premières nouvelles de ce qui se passait sous les murs de la Bastille, il rendit un arrêté par lequel, posant en principe qu'il ne devait y avoir dans Paris aucune force militaire qui ne fût sous la main de la ville, il demandait au gouverneur s'il était disposé à recevoir dans cette place les soldats de la milice parisienne.

Deux députations successives des électeurs se chargèrent d'apporter cet arrêté au gouverneur de la Bastille ; mais, méconnues toutes deux malgré le signe distinctif qu'elles portaient, elles furent repoussées par les balles des assiégés ; et le feu continua des deux parts. Quelques heures après, la Bastille était au pouvoir du peuple. Les vainqueurs, portés en triomphe, étaient amenés devant le comité permanent, et l'or, les bijoux, trouvés dans cette forteresse, les clefs, les tableaux, les papiers, les registres étaient fidèlement déposés sur le bureau.

Au sein du tumulte et de l'ivresse qu'excitait un pareil événement, le comité n'oublia pas de pourvoir à la sûreté de la Bastille. Des gardes françaises s'étaient spontanément emparés de ce poste ; le comité pensa qu'il devait aussi être occupé par la garde bourgeoise, première milice de la ville, dont la force morale devait imposer au peuple, et la force matérielle aux ennemis, s'il s'en présentait sous les murs de cette forteresse.

M. de Lassalle donna ce commandement à M. Soulès, déjà chargé par le comité d'organiser un régiment de garde bourgeoise à cheval.

« M. Soulès se rendra à la Bastille avec cent hommes de son

district pour occuper ce poste avec les gardes bourgeoises qui y sont déjà et en prendre le gouvernement jusqu'à nouvel ordre. »

Telle fut l'instruction remise à cet officier, qui l'exécuta sur-le-champ. Il était onze heures du soir quand il partit de l'Hôtel-de-Ville; il était une heure du matin quand il arriva à la Bastille. Le chevalier de Laizers, officier des gardes françaises, s'était emparé du commandement sans que personne l'y eût engagé, sans que personne s'y fût opposé. Il refusa de laisser pénétrer M. Soulès dans la Bastille. Celui-ci insiste vainement, lui montre l'arrêté du comité et lui demande en vertu de quel ordre il occupait lui-même ce poste. M. de Laizers refuse encore de répondre et, rangeant ses troupes en bataille, menace d'engager la lutte. En ce moment un bataillon de garde bourgeoise se présente devant le pont: c'est celui du faubourg Saint-Antoine; il vient d'élire un chef et veut consacrer son élection en le faisant passer sous le drapeau de la Bastille. Ce chef, c'est le brasseur Santerre. A cette vue, le chevalier de Laizers se prépare à la résistance. Mais M. Soulès arrête d'un mot la garde bourgeoise, et voulant tenter une épreuve décisive pour l'avenir, fait battre le tambour, lit à haute voix l'ordre du comité, et, interpellant les gardes françaises, il leur demande à quel pouvoir ils préfèrent obéir, celui de leur officier ou celui de la ville.

— La ville! tout pour la ville! s'écrient les soldats en agitant leurs armes.

M. Soulès tire alors son épée et s'avance à la tête de la garde bourgeoise, qui fraternise avec les gardes françaises; tous se mêlent, se confondent, s'embrassent et, unis dans une même pensée, partagent les postes de la Bastille.

Ce fait, dû à la sagacité et au courage de M. Soulès, était d'une portée immense dans des circonstances pareilles; il cimentait l'union des troupes et de la garde bourgeoise, et en faisait une puissance que rien ne pouvait abattre. C'est le premier anneau de la chaîne qui lie l'armée à la garde nationale, et cet anneau, forgé sur les murs de la Bastille, dernier boulevard du despotisme et de la tyrannie, en a acquis une force et une solidité qui a perpétué cette chaîne jusqu'à nos jours.

Pendant que tout ceci se passait à Paris, le duc de Liancourt, réveillant Louis XVI à Versailles, lui apprenait la victoire du peuple.

— C'est donc une révolte? s'écria ce roi crédule aux mensonges des courtisans.

— Non, sire, c'est une révolution, répondit le duc en homme d'État qui mesure les malheurs et l'énergie du peuple.

Le jour même Louis XVI se rendait à l'Assemblée nationale et annonçait qu'il avait donné l'ordre aux troupes de s'éloigner de Paris, et qu'il confirmait l'établissement de la garde bourgeoise.

Le jour même aussi arrivaient à Paris à l'improviste quatre-vingt-huit députés pour annoncer cette nouvelle. A leur tête marchaient deux hommes élus par la capitale : Lafayette et Bailly.

Lafayette, jeune héros façonné dans le nouveau monde aux luttes des champs de bataille, aux institutions qui cimentent la liberté des peuples. Noble, riche, brave, il s'était arraché aux plaisirs d'une jeune cour pour aller servir de son épée l'Amérique qui voulait secouer ses chaînes, était revenu en France l'ami de Washington, et avait le premier formulé à l'Assemblée nationale la déclaration des droits de l'homme.

L'autre, Bailly, homme austère, modeste, savant et philosophe, avait révélé son énergie et son patriotisme à la fameuse séance du Jeu de Paume, qu'il présidait.

Les quatre-vingt-huit députés étaient réunis aux électeurs, présidés par M. de Saint-Mery, dans la grande salle de l'Hôtel-de-Ville, au sein de laquelle s'élevait, dans l'endroit le plus apparent, le buste du général Lafayette donné en 1784 par l'État de Virginie à la ville de Paris. Autour des députés et des électeurs se pressait pêle-mêle, confondue et sans ordre, une foule ivre de joie qui accueillait avec transport les nouvelles qu'on apportait de Versailles. Ce fut d'abord Lafayette qui prit la parole, puis Lally-Tollendal, puis Clermont-Tonnerre; enfin un électeur demanda qu'on procédât sur-le-champ à la nomination définitive du commandant général de la garde bourgeoise et à celle de prévôt des marchands, vacante par la mort de Flesselles, tué par le peuple qu'il avait trompé.

Aussitôt, pour toute réponse à la première proposition, M. de Saint-Mery se lève et se borne à tendre la main vers le buste de Lafayette. Ce geste est compris de tous et accueilli par des acclamations unanimes : — Nous acceptons Lafayette pour commandant général! s'écrie-t-on de toutes parts. — C'est l'ami du peuple ! — Vive Lafayette ! — Vive notre commandant général !

Le général Lafayette, *acceptant cet honneur avec tous les signes du respect et de la reconnaissance,* tire alors son épée et s'écrie : « Je jure de consacrer ma vie à la conservation de cette liberté si précieuse dont on veut bien me confier la défense. »

Un tonnerre d'acclamations suit ces paroles sacramentelles ; tous les regards se portent avec amour sur le commandant général, toutes les voix prononcent son nom avec enthousiasme.

L'instant d'après on proclame Bailly prévôt des marchands.

— Non pas prévôt des marchands, mais maire de Paris, dit une voix qui sort de la foule.

— Oui, oui, maire de Paris, s'écrie-t-on de toutes parts.

Et alors, d'un commun accord, on convient de se rendre à Notre-Dame où l'archevêque de Paris sera prié de chanter le

Te Deum, et l'on se dirige vers cette cathédrale dans un désordre plein d'enthousiasme, d'exaltation et de délire. Représentants de la nation, ouvriers, soldats, bourgeois, électeurs, tous marchaient confondus en se félicitant, en se donnant le bras; tous accouraient rendre grâce à cet Être Suprême qui veut tous les hommes égaux, qui les a créés pour être libres, qui leur a donné l'intelligence et la force pour le devenir.

La garde bourgeoise était instituée par sa propre force.

Deux jours après elle était confirmée par le roi en personne, confirmation inutile alors, confirmation trop tardive, car le fait dominait la volonté, et nous touchions déjà à ces époques où la volonté d'un seul ne pouvait plus l'emporter sur la volonté de tous. Louis XVI, en sanctionnant dès les premiers jours la garde bourgeoise, aurait mérité la reconnaissance de la France, aurait compris son époque et son esprit; en la confirmant après qu'elle s'était instituée elle-même, il ne faisait qu'obéir à la nécessité du moment, que céder à la loi qui lui était imposée. Toutefois, s'il avait eu le moindre regret d'avoir cédé en partant de Versailles, il dut s'en féliciter à Paris par les paroles qu'il entendit, par le spectacle qui se déroula sous ses yeux.

« Henri IV avait reconquis son peuple, lui dit Bailly en lui présentant les clefs de la ville; ici le peuple a reconquis son roi. »

Allusion amère et directe contre cette cour qui donnait des conseils si funestes à Louis XVI, allusion dont il saisit le sens et dont il ne sut pas profiter; car ces paroles, prononcées à la tête des gardes bourgeoises, étaient sanctionnées par la présence de deux cent mille hommes, de deux cent mille baïonnettes intelligentes. Dans ces deux jours, en effet, chaque citoyen, ayant compris l'utilité de la garde civique, s'était empressé d'y prendre rang, tenant cela à honneur et devoir. Le général Lafayette et son état-major avaient secondé de tout leur pouvoir cet élan patriotique. Mille services isolés avaient été déjà rendus pour l'ordre et la sûreté de la ville par les patrouilles qui parcouraient la capitale, par les postes qu'on rencontrait à chaque pas. Les gens sans aveu avaient été désarmés, les malfaiteurs arrêtés, les suspects écartés, les troupes étrangères tenues en respect. Pour recevoir le roi dans Paris, la garde bourgeoise, partagée en deux files de trois, quatre et quelquefois cinq rangs d'épaisseur, s'étendait depuis le Point-du-Jour jusqu'à l'Hôtel-de-Ville. Elle était armée, qui de fusils, qui d'épées, de sabres, de piques, de lances, de faux. Dans ses rangs on apercevait, disent les contemporains dans leurs livres, *des femmes d'un état honnête, des demoiselles à peine au printemps de leur âge, des moines et entre autres des capucins, tous portant sur l'épaule l'épée ou le mousquet.*

La voiture de Louis XVI, précédée et suivie de soldats citoyens à cheval, Lafayette en tête, en simple frac bleu, l'épée à la main, parcourut lentement l'espace laissé vide pour son passage.

Le roi parvint à l'Hôtel-de-Ville, reçut des mains de Bailly la cocarde de la garde civique, prononça un discours dans lequel il approuva l'institution de cette milice et la nomination de Lafayette en qualité de commandant général, et revint le soir même à Versailles après avoir fait éloigner les troupes de Paris (2).

A son arrivée et à son départ, en jetant les yeux sur cette garde bourgeoise, imposante par le nombre si rapidement accru en deux jours, variée par les états, les conditions, les rangs et les âges, majestueuse par le bon ordre naturel plutôt que par la discipline qui n'existait pas encore, Louis XVI, à moins d'être aveugle, dut se dire à lui-même : *Voilà la nation !*

II

Nom de garde nationale. — Origine de la cocarde tricolore. — Comité militaire. — Élection générale demandée par Lafayette. — L'abbé Cordier. — Les incendiaires. — Convois de grains à Rouen. — Le maire de Saint-Denis. — Le baron de Bezenval. — Décret du 10 août. — Plan d'organisation présenté par Lafayette. — Approuvé par les districts. — Compagnies du centre. — Élection des chefs. — Refus de traitement par Lafayette. — Murmures contre les compagnies soldées. — Mot de Lafayette qui les venge. — Chasseurs des barrières. — Noms des principaux chefs de la garde nationale. — Premiers uniformes. — Souscriptions. — Premier uniforme porté à Paris. — Drapeaux. — Inscriptions. — Cérémonie de la bénédiction. — Formation des gardes nationales en province. — Événements qui y conduisent. — Versailles. — Chartres. — Orléans. — Beauvais. — Amiens. — Soissons. — Boulogne-sur-mer. — Rouen. — Caen. — Alençon. — Avranches. — Chatillon-sur-Seine — Thionville. — Toul. — Château-Thierry. — La Rochelle. — Rennes. — Nantes. — Saint-Malo. — Brest. — Arras. — Besançon. — Strasbourg. — Bordeaux. — Lyon. — Beaucaire. — Marseille, etc., etc.

Le lendemain du jour où il avait été élu commandant général de la milice parisienne, Lafayette se présentait à l'Hôtel-de-Ville et prononçait ces paroles :

« Il est très important, Messieurs, d'établir l'ordre et la discipline dans la milice parisienne; mais ne vous paraît-il pas nécessaire aussi de donner un nom à cette réunion de citoyens armés, un nom que puisse adopter la France entière; car toutes les communes du royaume vont sans doute suivre l'exemple de la capitale, et confier leur défense intérieure à un corps de citoyens armés. Paris est la première ville du royaume, elle doit être la première à donner un nom à ces troupes citoyennes, armées pour la défense de la constitution nationale. Je propose à l'Assemblée celui de *garde nationale;* ce titre, auquel on joindrait le nom de chaque ville à laquelle la garde serait attachée, me paraît convenir sous tous les rapports. »

Il proposa en même temps de changer la cocarde et de joindre aux deux couleurs de la ville, bleue et rouge, la couleur blanche qui était celle de la royauté. Cette proposition était sage et légale à une époque où la monarchie était dans les mœurs et les désirs de la nation. C'eût été une insulte à faire à la royauté ou un signe de révolte contre elle que d'en exclure le signe sur l'uniforme de la garde civique. S'il est bizarre que cette cocarde tricolore, qui doit son origine à la royauté, ait été adoptée par la république et l'empire, cette circonstance prouve du moins que les gardes nationales, fidèles à leurs principes, ont toujours été loyales et sincères en les appliquant.

En conséquence de ces propositions, les électeurs rendirent un arrêté par lequel ils consultaient les districts et qui stipulait qu'un délégué de chacun d'eux viendrait siéger à l'Hôtel-de-Ville et composer le *comité militaire* qui, de concert avec Lafayette, devait formuler l'organisation et établir le règlement de la garde nationale.

Mais, avant, un noble scrupule s'était élevé dans l'âme du général; élu par le comité permanent, sanctionné par l'Assemblée nationale à laquelle il avait écrit à cet effet, confirmé par le roi, Lafayette voulut encore en appeler au suffrage de tous. Exemple de loyauté et de patriotisme, leçon du passé où les rois avaient anéanti les gardes bourgeoises, en usurpant le droit de nommer leurs commandants ; prévoyance pour l'avenir, afin que la garde nationale, en choisissant les chefs qui lui inspirent toute confiance, ne tirât que d'elle seule sa force et son pouvoir. Sa circulaire aux districts se terminait par ces belles paroles : « J'engage mes concitoyens à se choisir régulièrement un chef, me réservant dans tous les cas l'honneur de les servir comme le plus fidèle de leurs soldats. »

La réponse des districts fut digne de la démarche de Lafayette. Après l'avoir proclamé commandant général, l'arrêté ajoutait : «Lui promettant, tant en notre nom qu'en celui de nos frères armés dans nos districts, subordination et obéissance à tous ses ordres, pour que son zèle, secondé de tous les citoyens patriotes, conduise à la perfection du grand œuvre de la liberté publique. »

Dès ce jour Lafayette se crut bien réellement commandant général de la garde nationale de Paris et s'occupa sans relâche de son importante organisation avec le comité militaire.

En attendant, prêchant d'exemple lui-même et donnant l'impulsion, il sauva seul, imposant au peuple par son sang-froid et son courage, l'abbé Cordier qu'on allait mettre à la lanterne et qu'on prenait pour l'abbé Roy. Heureuse d'imiter son chef, la garde nationale, encore improvisée, rivalisa de zèle. Le 25 juillet, une patrouille arrête trois incendiaires ; le 28, des gardes nationaux découvrent à Vincennes cent vingt-sept hommes armés, dont ils s'emparent, tandis que les élèves de la Bazoche courent à Rouen pour escorter des convois de grains menacés du pillage. La garde nationale qui veille aux barrières repousse ceux qui portent à Paris la tête du maire de Saint-Denis tué dans une émeute, les poursuivent jusque dans cette ville, arrachant plusieurs victimes de leurs mains et finissent par rétablir l'ordre. Enfin cent gardes nationaux servent d'escorte au baron de Bezenval, détenu à Brie-le-Comte, et, de concert avec la milice de cette ville, l'empêchent d'être tué par les soldats suisses qui voulaient le couper en treize morceaux, *en l'honneur des treize cantons.*

Ordre, liberté, telle était la devise qu'annonçait déjà cette milice en repoussant l'incendiaire, en combattant l'assassin, en protégeant, au nom de la loi, celui qui naguère avait paru en ennemi et qu'elle ne voulait soustraire ni à son glaive ni à sa clémence.

Témoin des bienfaits qui résultaient de l'établissement d'une garde nationale, non encore organisée, l'Assemblée rendit, à la date du 10 août, un décret qui, en ordonnant des gardes nationales dans toute la France, tant dans les villes que dans les campagnes, disposait leur obéissance aux municipalités, leur réunion aux troupes de ligne et de maréchaussée aux premières réquisitions, *à l'effet de poursuivre et d'arrêter les perturbateurs du repos public, de quelque état qu'ils pussent être.* Le dernier article était ainsi conçu : « Toutes les milices nationales prêteront serment, entre les mains de leurs commandants, de bien et fidèlement servir pour le maintien de la paix, pour la défense des citoyens et contre les perturbateurs. »

Ce décret ne fit que sanctionner ou fixer l'organisation des gardes nationales de province, car déjà, à l'exemple de Paris, elles s'étaient spontanément instituées par leurs propres forces, ainsi que nous le verrons plus bas.

Le comité militaire avait commencé ses opérations le 19 juillet ; à la fin du mois suivant, il les avait terminées, et, le 31 août, à une séance du soir, Lafayette présentait en ces termes le projet d'organisation aux représentants de la commune réunis à l'Hôtel-de-Ville :

« Je vous apporte, Messieurs, leur dit-il, une cocarde qui fera

LAFAYETTE OFFRANT LA COCARDE TRICOLORE A LA MUNICIPALITÉ DE PARIS
31 Août 1789

le tour du monde, et une institution à la fois civique et militaire, qui doit triompher des vieilles tactiques de l'Europe, et qui réduira les gouvernements arbitraires à l'alternative d'être battus, s'ils ne l'imitent pas, et renversés, s'ils osent l'imiter. »

Les représentants soumirent ce plan à la sanction de tous les districts, qui se hâtèrent de l'approuver. Alors seulement on crut pouvoir le mettre à exécution.

On forma la garde nationale de Paris de six divisions, fortes chacune de dix bataillons et d'un escadron de cent chevaux; les bataillons furent composés de cinq compagnies, de cent hommes chacune, dont quatre volontaires et une soldée, que l'on appela *compagnie du centre*, parce qu'elle prit rang au milieu des quatre compagnies bourgeoises ; de plus, on attacha à chacun des soixante bataillons une section de canonniers avec deux pièces d'artillerie.

Le droit d'élire le commandant général appartenait à tous les districts réunis, et cette élection était soumise aux mêmes formalités que celles du maire; mais le major général, les trois aides-majors généraux, le secrétaire général, en un mot tous les membres du grand état-major étaient nommés par les représentants de la commune, ainsi que les officiers des compagnies soldées, tant de cavalerie que d'infanterie. Une assemblée de délégués des dix districts composant une division choisissait le commandant de la division et ses lieutenants; enfin les volontaires élisaient eux-mêmes leurs chefs.

Les membres de l'état-major étaient soldés, et un gros traitement avait été réservé au commandant général; il s'élevait à 120,000 livres, plus 100,000 livres pour frais de représentation. Lafayette refusa noblement cette haute paie par une lettre où il disait que, dans un moment où tant de citoyens souffraient, où tant de dépenses étaient nécessaires, il lui répugnait de les augmenter inutilement : « Ma fortune suffit à l'état que je tiens, disait-il, et mon temps ne suffirait pas à plus de représentation. »

Mais les compagnies soldées, dites compagnies du centre, commençaient à exciter des murmures. Ces troupes, destinées à faire le service du guet, étaient composées de soldats qui avaient quitté leurs régiments pour se joindre à la garde bourgeoise, de gardes françaises principalement, et même de gardes suisses qui étaient venus s'offrir. Au milieu de ces murmures, éclatait le nom de déserteur dont on voulait le flétrir. Lafayette, sentant la nécessité de ces troupes et l'injustice de cette qualification, les vengea d'un seul mot : « Déserteurs! s'écria-t-il avec indignation ; les vrais déserteurs sont ceux qui ne sont pas venus se ranger autour du drapeau de la nation! »

Il sollicita en même temps, et obtint du roi l'autorisation d'incorporer ces soldats dans la garde nationale. La réprobation qui les atteignait disparut; les gardes françaises formèrent les compagnies du centre; les dragons, hussards et autres, la garde à cheval, et les Suisses et autres fantassins formèrent ce qu'on appela *les chasseurs de barrière*.

Les divisions des districts procédèrent à l'élection de leurs commandants et lieutenants. Parmi les élus, on remarqua MM. d'Ormesson, de Montholon, de Saint-Christian, Lally-Tollendal, le prince Léon, Dumas, de Bazencourt, de Laleu, de Saint-Vincent, Santerre, duc d'Aumont, prince de Salm, Soufflot, Clermont de Saint-Pallay, etc. Le duc de Chartres, Louis-Philippe, fut élu capitaine d'honneur du district de Saint-Roch, et le fils de Lafayette, âgé de dix ans, sous-lieutenant du district de la Sorbonne.

Lafayette nomma pour major général M. de Gouvion, son compagnon d'armes en Amérique, et pour aide-major M. de Lajars.

Des canons et des armes furent alors distribués aux districts en nombre suffisant, et le roi leur donna six mille fusils.

L'uniforme fut fixé ainsi qu'il suit : habit bleu, parements et revers écarlates, veste et culotte blanches.

Ce ne fut pas une futile envie de parader qui fit déterminer l'uniforme de la garde nationale, adopté bientôt par toute la France. Nous lisons dans les procès-verbaux : « Il faut que le magistrat et la force armée aient une marque distinctive, sans quoi le peuple ne voit dans le magistrat et dans le soldat que son voisin et son compère. »

Aussi chacun s'empressa-t-il de s'habiller à l'envi, et plusieurs districts firent des souscriptions pour fournir des uniformes à ceux qui manquaient de moyens pour s'en procurer, avec ces deux restrictions : qu'on cacherait également les noms de ceux qui donnaient et de ceux qui recevaient.

Le premier uniforme qui parut dans Paris, le dimanche 9 août, fut porté par Lafayette à Saint-Nicolas-des-Champs ; quinze jours après, le bataillon de Saint-André-des-Arcs paraissait entièrement habillé. Vers le milieu du mois de septembre, la garde nationale était entièrement organisée ; tous les officiers avaient prêté serment entre les mains du maire et du commandant général, tous les soldats avaient leur costume et l'on fixa la bénédiction des drapeaux au 27 de ce mois.

Ces drapeaux étaient magnifiques et rivalisaient tous de coquetterie, de dessins et d'inscriptions. Ils avaient été offerts, pour la plupart, aux districts par les communautés religieuses et les *citoyennes patriotes*. Tous portaient des emblèmes conformes aux devises inscrites, dont les principales étaient : « Patrie et liberté; Force et prudence; Concorde; Loi; Liberté; Crains Dieu; Honore le roi; N'obéis qu'à la loi; Union et force, etc., toutes maximes qui s'appuyaient sur la force morale et les baïonnettes intelligentes.

La cérémonie eut lieu à Notre-Dame. Elle fut auguste et sainte comme l'œuvre d'un grand peuple qui consacre les armes de sa liberté aux pieds des autels.

En même temps les villes de province avaient imité l'exemple de Paris, sentant la nécessité de se garder elles-mêmes, et avaient battu des mains au décret de l'Assemblée nationale qui sanctionnait ce qu'elles avaient fait. Bientôt les milices ne s'appelèrent plus que gardes nationales, n'eurent plus qu'un seul uniforme, une seule cocarde, un seul mode de nomination de leurs chefs, l'élection, et, ce qui était immense et plein d'avenir, qu'un seul esprit, celui qui présida à leur institution. Ces gardes nationales éprouvèrent d'autant plus le bienfait de leur organisation, qu'à tous les troubles inséparables d'une telle commotion politique, à l'épouvante qu'excitait la peur de la famine, aux scènes de désordre produites par les convois de grains, vinrent se joindre des craintes plus ou moins motivées de pillage et de destruction. On prétendait que des paysans et des vagabonds parcouraient les campagnes, coupaient les blés sur pied, incendiaient les châteaux et les couvents, brûlaient les archives seigneuriales, exerçaient des vengeances partielles. La municipalité de Soissons fut la première à dénoncer ces faits à l'Assemblée nationale, qui prit des mesures énergiques contre les *brigands*: c'était de ce nom qu'on appellait ces malfaiteurs. Le roi lui-même fit afficher dans Paris un ordre à tous les commandants de la force publique de réprimer ces crimes par tous les moyens qui étaient en leur pouvoir. Une panique générale s'étendit bientôt d'un bout de la France à l'autre. Les villes, les villages, les campagnes se gardèrent plus étroitement, les gardes nationales déployèrent plus de zèle. Mais, soit que ces bruits fussent exagérés, comme il est probable, soit crainte de leur part, on vit bien moins de ces brigands qu'on n'en avait signalé; ce qui donna créance à cette opinion que Mirabeau avait été l'instigateur de ces bruits pour donner l'élan aux municipalités et aux gardes civiques de province.

Quoi qu'il en soit, ces nouvelles portèrent leurs fruits. L'organisation des gardes nationales parcourut la France comme une étincelle électrique. Le temps de recevoir les nouvelles de Paris, et ces soldats citoyens eurent des chefs, des armes, un règlement, réprimèrent le désordre, rétablirent la tranquillité et veillèrent à la liberté et au maintien des droits de tous.

Nous allons, à l'aide de notes qu'on a bien voulu nous envoyer, et de documents puisés dans l'histoire des villes et dans les journaux du temps, dire ce qui nous a paru le plus saillant dans ce que nous avons pu découvrir des villes de province.

Versailles fut la première ville qui organisa la garde nationale, ainsi que sa position l'exigeait. Le roi lui fit cadeau de mille fusils, et ce fut le prince de Poix qui fut élu commandant général. Cette garde nationale, une des plus nombreuses de France, doit apparaître encore dans le cours de cette histoire. Celles de Sèvres et de Viroflay existaient lors du rappel de Necker, auquel elles servirent d'escorte, et celle de Saint-Germain en Laye, formée de six cents jeunes gens, la plupart sans armes, parvint cependant à maintenir l'ordre et la tranquillité. Tous les environs de Paris, enfin, furent promptement organisés.

Les nouvelles de Paris parvinrent rapidement à Chartres. Comme la capitale, cette ville constitua une municipalité sous le nom de comité. M. Janvier, célèbre avocat, fut nommé maire. On organisa immédiatement la garde nationale, et ce fut M. Patey, un des notables de cette ville, qui en fut élu commandant.

Au mois d'août, des *brigands* inondèrent tout à coup la ville, annonçant l'intention de dévaster la maison de M. Dutemple, avocat du roi, et celle de M. Maillard, receveur des domaines du duc d'Orléans. Mais la foule détournée, on ne sait comment, se dirigea sur celle du directeur des aides, la pilla, la brisa, jeta les meubles par la fenêtre, et s'empara des registres de la comptabilité, pour aller les brûler dans un feu de joie sur la place dite des Épars. La garde nationale n'arriva que dans ce moment, et voulut empêcher ce désordre et cette destruction, mais sa voix fut impuissante. La persuasion n'ayant pas réussi, on fit faire les sommations légales. Alors, la foule furieuse se précipite sur elle et veut la désarmer ; mais, prête à recevoir le choc, elle l'arrête par quelques coups de feu, qui laissent deux ou trois brigands sur la place : cet acte intimide les autres, qui se retirent, et les maisons marquées pour avoir le sort de celle du directeur des aides échappent à la dévastation.

Une espèce de garde bourgeoise existait déjà à Orléans dès avril 1789, où elle combattit et dissipa les *brigands*, qui, ayant procédé au pillage et à la démolition de la maison de M. Rime, marchand de blé et de farine, rue du Bœuf-Saint-Paterne, s'étaient portés au couvent des Chartreux, faubourg Bannier, et de là chez plusieurs marchands de blé de la ville. Aussi, dès le 17 juillet, aux premières nouvelles qui arrivèrent de Paris, la garde nationale fut promptement et sérieusement organisée. Elle se composait de sept compagnies à pied, dont quatre de grenadiers, deux de chasseurs, une de canonniers et une, enfin, de cavalerie. M. Dulac de Varennes en fut élu colonel.

Le 16 août 1789, quatre-vingt-huit moissonneurs enlevèrent, à Baccon, petit village près de Meung, M. Tassin fils, à l'issue de la messe paroissiale, et mirent sa tête au prix de 3,000 livres. Ils consentirent pourtant à le rendre pour 1,200. Instruite de ce fait, la garde nationale partit sur-le-champ avec des troupes de Royal-

Comtois et de Royal-Roussillon, cerna les brigands, les prit et les conduisit à Orléans, où ils furent tous jugés et condamnés prévotalement à être pendus ou à aller aux galères. Dans leurs interrogatoires ils avaient répondu : *Qu'il y avait assez longtemps que les riches fricotaient, qu'ils voulaient fricoter à leur tour.* La garde nationale, voyant en eux des gens plutôt égarés que coupables, députa à Paris M. Tassin fils lui-même, qui s'empressa d'accepter cette mission, et obtint leur grâce du roi.

La garde nationale d'Orléans devint plus importante par la suite. En avril 1790, elle se composait de douze compagnies, non compris la cavalerie. A la fin de 1791 elle était divisée en sept bataillons, dont quatre pour l'intérieur et trois pour les trois cantons hors ville.

Celle de Beauvais, formée dès les premiers jours de juillet, fit un service assidu et pénible pour s'opposer aux désordres occasionnés toujours à propos des grains. Divers postes avaient été établis aux portes de la ville ; un conseil permanent, composé du maire et des échevins, était installé pour veiller au dedans et au dehors. Les paysans ayant voulu dévaster les couvents des moines et des religieuses qui, disait-on, recelaient du blé dans leurs greniers, ceux-ci se mirent sous la protection de la municipalité, qui envoya des compagnies de gardes nationales pour les préserver. En même temps des soldats de cette milice parcouraient Troissereux, Bonnières, Oudeuil, Luchy, où l'on soupçonnait l'existence d'amas de grains. En effet, ils en découvrirent, et firent promettre aux cultivateurs d'en apporter dans les marchés ; et comme la garde nationale de Crèvecœur se rencontra avec celle de Beauvais à Oudeuil, elles partagèrent les grains pour leurs localités respectives.

Lorsque le décret de l'Assemblée nationale parut, la municipalité exhuma un règlement ministériel de 1746, qu'elle voulut suivre, en place du nouveau mode adopté à Paris et dans toute la France. Une partie des gardes s'y opposèrent, et le 25 août, jour fixé pour la prestation du serment, sept corporations sur quarante-deux protestèrent contre le règlement et l'organisation. On passa outre, et plus de deux mille bourgeois se rendirent à la cérémonie. Mais la minorité, qui avait pour elle la raison et le droit, parvint à faire annuler ce règlement de 1746, et à en formuler un nouveau plus en harmonie avec les besoins de l'époque. Dès lors, la garde nationale fut fixée à douze compagnies de cent huit hommes chacune, et il y eut aussi de la garde soldée.

Une ancienne garde urbaine existait à Amiens avant 1789. En juillet la garde nationale s'organisa comme par enchantement, et malgré les réclamations des anciens, qui tenaient à leurs priviléges dans le principe, le système d'égalité et le mode d'élection prévalut. Comme toutes les autres, cette garde nationale rendit de très grands services à l'ordre et à la liberté, et lorsqu'elle fut mobilisée, ses soldats furent envoyés en Artois, sur les côtes malsaines de l'Océan, dans les marais de la Hollande, en Champagne, et dans chacun de ces pays ils laissèrent des traces et des souvenirs de leur courage et de leur patriotisme.

Ce fut à Soissons que parvint la première alarme de l'armée des *brigands*. Un courrier de Crépy, en Valois, en apporta la nouvelle dans cette ville le 25 juillet, et annonça que le nombre était de 4,000. Aussitôt la garde nationale, qui s'organisait avec une certaine tiédeur, se mit sur pied et se prépara à la défense aussi bien qu'à l'attaque. Mais vainement on attendit ces brigands; ils ne parurent pas. La garde nationale n'en fut pas moins montée sur un bon pied.

Boulogne-sur-Mer fut en retard sur les autres villes. Ce ne fut que sur les bruits alarmants qui circulaient de toutes parts qu'on organisa sous le nom de régiment national la milice bourgeoise.

Le 9 août 1789, jour fixé pour la distribution des drapeaux, la garde nationale était réunie sur l'esplanade, mais les compagnies seules de grenadiers et de chasseurs étaient armées, les autres ne l'étaient pas. De nombreux pourparlers avaient eu lieu entre l'autorité civile et l'autorité militaire qui, pleine de défiance, avait montré de la mauvaise volonté. Les murmures éclatèrent dans ce moment, et la population menaça de prendre de force ce qu'on lui refusait de bon gré. Le commandant militaire consentit alors à délivrer vingt-quatre fusils par compagnie. Ces compagnies se rendirent au château qui contenait l'arsenal ; mais à peine arrivées, elles le trouvèrent gardé par un fort détachement ; contre l'habitude, les portes en étaient fermées, et un coup de feu parti de la sentinelle retentit à leur arrivée. Aussitôt on crie à la trahison, on s'ameute, on menace, la lutte va s'engager et le sang couler, lorsque celui qui commandait les gardes nationaux s'avance seul vers la sentinelle, s'explique avec elle, et acquiert la preuve que le coup était parti par hasard au moment où elle faisait le salut militaire du fusil. La voûte percée par la balle attestait cette assertion. Le commandant s'approche alors de sa troupe, affirme le fait sur son honneur ; les portes sont ouvertes, les fusils délivrés, et la bénédiction des drapeaux a lieu. Mais, après la cérémonie, on apprend que le commandant militaire, ne se croyant pas en sûreté, a donné ordre au régiment de Dillon, en garnison à Calais, de venir à Boulogne. Ce régiment, en effet, était déjà sur les hauteurs de Waquinghen, et chaque soldat était muni de cartouches. Une émotion plus forte se manifeste à l'instant dans la garde nationale ; mais les chefs, convaincus que si les intentions du commandant militaire sont hostiles, celles de la troupe ne sont pas de même, contiennent la milice bourgeoise, et vont parler au général. Celui-ci, soit qu'il fût convaincu, soit qu'il cédât à cette manifestation, envoya contre ordre au régiment de Dillon, et la garnison de Boulogne ne fut pas augmentée. L'ascendant moral de ces gardes civiques s'étendait ainsi dans toute la France.

La meilleure harmonie sembla dès lors s'établir entre le commandant militaire et la garde nationale. Le lendemain celle-ci avait rapporté au château toutes les armes défectueuses qu'on lui avait délivrées, et le 15 août elle était entièrement armée et faisait le service des postes qui lui étaient assignés. On n'eut qu'à se louer par la suite de l'établissement de cette milice, qui sut maintenir l'ordre et prévenir des malheurs, notamment le 10 janvier 1790, où, à propos d'une saisie de tabac qui avait été faite, des *brigands* se portèrent à la douane, et commencèrent à jeter à la mer les registres et les marchandises. Arrivée sur le lieu même, la garde nationale chassa ces malfaiteurs et empêcha à tout jamais le retour de pareils désordres. Sa conduite obtint une mention honorable de l'Assemblée nationale.

Rouen présenta des incidents remarquables pour l'établissement de la garde nationale. Longtemps avant la prise de la Bastille, des émeutes éclatèrent dans toute la Normandie à propos des grains et du manque d'ouvrage; la capitale de cette province en devint naturellement le foyer. Les ouvriers, qu'on surnomma alors *Carabots*, du mot *Carabo*, qui était leur cri de ralliement, fomentèrent plusieurs troubles, pillèrent des convois, brisèrent des machines. La municipalité tentait en vain de rétablir l'ordre; elle était annihilée par l'autorité du Parlement, qui s'empara de la police générale de la ville. Un conflit déplorable éclata entre ces deux corps. Tous deux sentirent la nécessité d'une garde bourgeoise, qui seule pouvait ramener les ouvriers, soit en leur donnant de l'ouvrage, soit en exerçant sur eux cette autorité morale qui est immense. Mais avant, le Parlement avait usé de sévérité et avait fait marcher maladroitement contre le peuple des troupes qui, bientôt, se trouvèrent trop faibles : c'était le régiment de Navarre. Alors un arrêt du Parlement, publié partout à son de trompe, enjoignit aux bourgeois de prendre les armes, et de faire, non *par substitution*, mais *en personne*, le service qui leur serait commandé, le tout sous peine de cinquante livres d'amende. Cet arrêté trouva peu de gens qui voulussent obéir. Le Parlement était suspect à la population rouennaise. Dans tous ses actes il avait tenté d'arrêter l'élan révolutionnaire, et avait adopté les mesures et la politique de la Cour. La municipalité, au contraire, suivant les idées nouvelles de progrès et de liberté, avait la confiance et l'estime de tous les habitants, et luttait avec autant d'énergie que d'indépendance contre ce pouvoir, qui s'arrogeait des droits usurpés sur elle. Elle voulait surtout disposer de la garde bourgeoise, comme partout ailleurs, et empêchait par son influence les citoyens d'obéir à l'arrêté du Parlement. Cela lui était facile, car imitant Paris en cela, les électeurs tenaient des assemblées permanentes à l'Hôtel-de-Ville et avaient nommé leur *Comité des vingt-quatre*. Cependant, comme les désordres continuaient avec d'autant plus de violence qu'ils étaient moins réprimés, l'Hôtel-de-Ville donna l'impulsion secrète, et il s'organisa de toutes parts des troupes de jeunes citoyens armés à la hâte, les uns à pied, les autres à cheval, qui prirent pour nom *Volontaires du tiers-état*, et déclarèrent ne vouloir relever que de la municipalité. Peu de temps après, les événements de Paris, connus à Rouen, mirent un terme aux conflits des pouvoirs. Dès qu'on eut appris la prise de la Bastille, la garde bourgeoise s'organisa en un jour, et, de concert avec les volontaires du tiers-état, s'empara de presque tous les postes militaires. La troupe se retira sur l'ordre du marquis d'Harcourt, alors gouverneur, dans le château-fort, appelé Vieux-Palais. La garde bourgeoise l'entoura le lendemain, et commença d'en faire le siége. Le gouverneur ne le soutint que quelques heures, au bout desquelles il demanda une capitulation, qui lui fut accordée. Il sortit à l'instant du château-fort avec son monde; il licencia ses soldats, et renonça pour sa part à la prétention de commander la garde bourgeoise, ainsi que le Parlement lui en avait attribué le pouvoir. Dès ce jour tous les postes furent occupés par la garde bourgeoise et les volontaires du tiers-état, dont le nombre s'élevait déjà à quatre mille. Toute la milice déclara alors qu'elle ne reconnaissait d'autre autorité pour la commander que celle de la ville, et qu'elle n'obéirait pas aux ordres du Parlement. Les officiers de l'Hôtel-de-Ville, voulant toujours mettre la raison et la légalité de leur côté, prièrent le Parlement d'abdiquer le commandement de la garde bourgeoise et la grande police. Le Parlement consentit à s'en dessaisir à leur profit, mais conditionnellement et provisoirement. Alors le comité permanent, à l'exemple de celui de Paris, et par les mêmes motifs que nous avons déjà rapportés dans leurs procès-verbaux, déclara, malgré l'arrêt du Parlement, prendre, suivant le vœu de tous, et sans restriction aucune, le commandement des gardes bourgeoises, et fit afficher dans Rouen un arrêté conçu en termes énergiques.

Ces divers événements se passèrent depuis le 16 jusqu'au 20 juillet. Le lendemain, la garde bourgeoise se rendit en corps au château de Saint-Jean-du-Cardonnay, où elle alla chercher le marquis d'Herbouville, qui fut amené à Rouen et proclamé, tout d'une voix, capitaine-général des milices bourgeoises. Plus tard cette ville se conforma, comme les autres, aux dispositions du décret de l'Assemblée, et la garde nationale ne cessa de rendre d'éminents services, dont nous aurons à enregistrer les plus précieux dans notre troisième époque.

Ainsi que Rouen, Caen, Alençon, Avranches, toute la Normandie, sur laquelle s'étendaient la puissance et les prétentions du Parlement, virent surgir de leur sein des volontaires du tiers-état à côté de la *milice urbaine*, peu nombreuse dans le principe, et indécise sur l'autorité qu'elle devait reconnaître. Bientôt le pouvoir des municipalités l'emporta. Aussitôt on demanda de tous côtés des armes. La milice de Caen se rendit auprès du gouverneur du château, dans lequel était l'arsenal, et lui en demanda. Comme à Boulogne, la municipalité intervint, et, après beaucoup de peine, finit par en obtenir. Mais, retiré dans son château-fort, le gouverneur devenait de plus en plus menaçant, lorsqu'on reçut la nouvelle de la prise de la Bastille. La milice bourgeoise exigea alors de faire la garde du château, et la municipalité approuva cette prétention. Le gouverneur refusa obstinément et déclara vouloir se défendre. Alors, la ville de Caen fit appel à toutes les villes voisines qui s'empressèrent d'envoyer des secours, surtout celles de Rouen, d'Avranches et d'Alençon. Le 18 juillet, toutes les gardes bourgeoises réunies commencèrent le siége du château dont le commandant opposa une vive résistance; au bout de quelques heures, pourtant, il fut contraint de se rendre. Les gardes bourgeoises s'emparèrent de la police des marchés, se rendirent aux halles, où le blé et les autres denrées se vendaient un prix exorbitant pour l'époque. Elles firent réduire de 60 francs à 45 pour le blé, de 23 à 18 pour l'avoine, et taxèrent le sel à six sous. Quelques jours après on célébra, sur le cours la Reine, une messe du Saint-Esprit, et les gardes bourgeoises se séparèrent en laissant celle de Caen veiller à la tranquillité de la ville.

Cet exemple de la police et du prix rétabli d'une manière équitable dans les marchés, n'est pas le seul donné par la garde nationale, et nous avons déjà vu qu'avant le 14 juillet les gardes bourgeoises avaient été instituées pour cela aux environs de Paris et dans le Languedoc. Cette mission n'était pas la moins dangereuse et la moins bienfaisante.

L'alerte causée par la nouvelle des brigands fit tout à coup organiser la garde nationale à Châtillon-sur-Seine. Cette ville, ayant appris ce qui s'était passé à Paris, n'avait songé qu'à manifester sa joie et ses sympathies. Ce fut, au moment où elle semblait tout oublier, au sein des réjouissances publiques, que l'annonce des brigands dévastant les campagnes vint porter le trouble et révéler les dangers en même temps que les devoirs. Le 25 juillet, vers trois heures du soir, ces bruits se répandirent dans la ville, sous les couleurs les plus effrayantes. Aussitôt les notables des trois ordres se rassemblèrent et délibérèrent l'établissement d'une garde bourgeoise volontaire, seul moyen de garantir les propriétés et d'empêcher le désordre. Quatre compagnies furent formées sur-le-champ, et leurs officiers nommés par élection. Chacun s'empressa de venir s'enrôler, et les cadres furent remplis dans une seule nuit. Puis, on retira du fond des greniers les vieilles piques qui avaient servi à défendre les franchises de la commune et qui, inséparables des libertés nationales, semblaient destinées par Dieu à reparaître avec elles. Ce furent, en effet, dans le premier moment, les seules armes que la garde civique put avoir pour établir ses postes dans toute la ville.

Le lendemain, des nouvelles plus alarmantes parvinrent de tous côtés à l'Hôtel-de-Ville. Il ne s'agissait plus, comme on l'avait cru d'abord, d'aller attaquer les brigands au dehors, c'était un assaut dont on menaçait Châtillon; on se prépara avec résolution à la résistance. On ferma les portes, et on établit une barrière de force dans la rue du Guichet dont la porte était écroulée. La majeure partie de la garde bourgeoise s'y rend, et derrière ses rangs se pressent des femmes, des filles, des vieillards, tandis que les enfants armés de pavés qu'on a montés sur les toits attendent avec courage les ennemis qu'on leur annonce pour les écraser à leur passage. Le 28, à onze heures du soir, la fille du maître de poste de Mussy accourt en toute hâte, portant ses deux enfants, et annonçant que les brigands la suivent au nombre de 1,500. On avait eu le temps de se procurer des armes plus convenables ; la plupart des soldats-citoyens avaient des fusils ; on leur fait distribuer des munitions. Le 29, l'abbé Montillat, vicaire de la paroisse de Saint-Jean, se présente lui-même confirmant ces nouvelles ; il est armé de deux pistolets et vient prendre rang dans la garde civique. Ce ne fut pas le seul prêtre à cette époque qui, cédant à ses devoirs de citoyen, crut pouvoir venir au secours de la société attaquée, et donner le noble exemple d'un ministre de Dieu qui comprend que défendre la patrie est une chose sainte et sacrée. Enfin, de toutes les communes voisines arrivent des charrettes remplies de femmes et d'enfants qui viennent chercher un refuge dans la ville, tandis que les gardes bourgeoises de Beaucey, Ampilles, Voulaine, Vauvey, Villiers et des autres villages, formées aussi à la hâte, accourent partager les dangers de leurs frères de Châtillon. Cette démonstration énergique porta ses fruits ; les brigands n'approchèrent pas de la ville, et la garde nationale, dont on avait reconnu la nécessité, bientôt organisée avec soin, ne cessa de fonctionner dans cette province.

Toul, Thionville et leurs environs, éprouvaient de la part de leurs magistrats toute espèce d'obstacles à établir la garde bourgeoise. Ils avaient obtenu, à grand'peine, des maires et syndics, pour faire leur service, la délivrance d'armes qu'ils étaient obligés de rapporter chaque jour. Plus tard, et par deux ordres en date des 16 et 23 juillet, signés par le maréchal de Broglie, ces armes leur avaient été entièrement enlevées. Alors, les gardes bourgeoises, voulant épuiser la légalité, même contre ces abus de pouvoir, le dénoncèrent à l'Assemblée nationale qui leur fit rendre justice, et les soldats-citoyens se trouvèrent armés dans tous ces pays.

Au contraire, la ville de La Rochelle se trouva sur-le-champ prête à suivre l'exemple de Paris. Sa garde bourgeoise existait depuis 1701. Elle comprenait trente-six compagnies, dont huit d'ordonnance, ainsi nommées parce qu'elles étaient composées de l'élite des habitants et de vingt-huit *de menu peuple*. Lorsqu'on apprit que Louis XVI avait accepté la cocarde tricolore, la garde bourgeoise se réunit spontanément et courut la présenter au duc de Maillé, gouverneur de la province, et, dans son enthousiasme, la mit jusque sur la statue d'Henri IV. Dès ce jour, la garde bourgeoise fit disparaître toutes ces distinctions de compagnies d'ordonnance et de menu peuple, ne forma plus qu'une milice, la garde nationale, et choisit ses officiers par élection, rentrant ainsi par avance dans le sens du décret.

La ville de Rennes offrit, à son tour, le spectacle remarquable de l'union des troupes et de la garde civique. M. de Langeron, qui commandait la province, était connu par ses opinions aristocratiques et exaltées. Il avait voulu maintenir dans la Bretagne l'autorité féodale, et dans maintes circonstances avait abusé de son autorité, toujours rude et menaçante. Les Bretons n'attendaient que le moment de compter avec lui; ce moment se présenta lorsqu'on reçut la nouvelle de la prise de la Bastille. Aussitôt toute la jeunesse de cette ville s'empara de l'arsenal, distribua des armes et se saisit des principaux postes. M. de Langeron fit marcher contre eux le régiment de Lorraine et Savoie et les dragons d'Orléans. La garde bourgeoise improvisée vola à sa rencontre, et, une fois qu'elle fut en leur présence, abaissa les armes aux cris de : Vive la Nation ! Ce cri sympathique trouva de l'écho parmi tous les soldats. Ils y répondirent en imitant l'exemple de leurs frères. En même temps huit cents d'entre eux passèrent, à la vue de leurs chefs, sous les drapeaux de la garde bourgeoise, et le reste se retira dans les casernes, après avoir juré de ne jamais verser le sang français. L'Hôtel-de-Ville assemblé décréta la suppression de tous les impôts pour le roi et de toute contribution au profit des seigneurs. Des députés partirent sur l'heure avec mission de communiquer ces dispositions aux autres villes, et de les engager à se réunir et à s'armer en garde bourgeoise pour la cause commune. En moins de huit jours, par l'activité prodigieuse qu'inspire le patriotisme, quarante mille gardes nationaux étaient équipés et armés, et firent savoir qu'ils étaient prêts à marcher au secours de l'Assemblée nationale qu'on disait être menacée. M. de Langeron crut encore pouvoir comprimer ce mouvement, et ne voyant qu'une manifestation de révoltés dans ce qui était la levée d'un peuple, manda de nouveaux régiments pour engager la lutte. Mais ces nouveaux régiments refusèrent de venir, et déclarèrent qu'ils s'uniraient à la garde nationale plutôt que de la combattre.

Ainsi cet esprit général, qui animait la garde nationale, ce même esprit animait aussi les troupes. A Paris, comme à Rennes, elles avaient cédé à ce nom magique, la nation, invoqué par les gardes bourgeoises ; car, à Paris comme à Rennes, les Français sont tous des frères, enfants d'une même mère, la patrie, formant une seule famille, la nation.

M. de Langeron, voyant la fausse route qu'il avait suivie, et toujours prêt à servir le pouvoir qu'il croyait le plus fort, apparut tout à coup au milieu de la garde nationale, et demanda, à l'exemple de plusieurs gouverneurs de province, à être décoré des couleurs civiques; mais la garde nationale, indignée, lui refusa cet honneur et le chassa de la ville, où sa présence était plus odieuse que jamais.

L'inconvénient de la désorganisation des gardes bourgeoises, amenée par les rois, se fit surtout sentir à Nantes, dans les premières commotions révolutionnaires. Cette garde bourgeoise, qui n'existait pour ainsi dire que de nom, avait pourtant conservé ses officiers, qui deux ou trois jours dans l'année se réunissaient en corps; mais ils étaient sans force morale sur leurs soldats qu'ils connaissaient à peine, et qui, d'ailleurs, dégoûtés pour la plupart, avaient cessé de faire partie de cette milice. Cependant la ville de Nantes était déjà dans une agitation extrême lorsque la nouvelle de la prise de la Bastille lui parvint extraordinairement le 17. Cette nouvelle redoubla l'exaspération populaire. La municipalité se hâta de rassembler les officiers de la garde bourgeoise, dans laquelle ils espéraient pour pouvoir reprendre un peu d'influence sur la population. Ces officiers s'y rendirent en petit nombre, et firent tous leurs efforts pour reconstituer à la hâte cette milice ; mais pendant ce temps le peuple, échauffé, demanda des munitions et des vivres, et une partie, entraînée par quelques ouvriers, courut à Paimbœuf, arrêta les convois de grains, s'empara du magasin des poudres, et saisit les caisses publiques, dont il rapporta du reste les bordereaux et les valeurs à la municipalité. Le lendemain, les nouveaux détails parvenus sur la prise de la Bastille exaltent davantage le peuple, qui insulte les nobles dans la rue, et devient de plus en plus menaçant. Bientôt, à l'imitation des Parisiens, il parle d'aller prendre le château, et se met en route pour accomplir son dessein en s'armant à la hâte et au hasard. Les officiers avaient fait tous leurs efforts pour réunir leurs compagnies, et peu y étaient parvenus. Cependant l'un d'eux, M. Andrieux, était à la tête de deux cents hommes, et comme on calculait les suites de ce mouvement populaire, il se proposa pour aller sommer, avec sa compagnie, le gouverneur, M. de Goyon, de livrer le château à la ville. Le peuple y consentit et s'arrêta sur la route. M. Andrieux accomplit sa mission avec autant de fermeté que de prudence, fit sentir au gouverneur tout le danger d'une résistance inutile, et obtint de lui qu'il ouvrît les portes du château, dont la garde devait être faite par la milice nantaise conjointement avec la troupe. Le peuple satisfait prit confiance dans cette garde bourgeoise qu'elle voyait se reformer avec plaisir, et encouragée par ce premier succès, la municipalité songea à l'organiser sérieusement. Dès lors, outre les citoyens qui étaient déjà venus reprendre leurs rangs, elle constitua un corps de volontaires formé de jeunes gens des meilleures familles de la ville. Il se composa de deux bataillons et de trois compagnies de marins artilleurs. Ce fut le noyau de la garde nationale qui, dans les premiers moments, veilla au bon ordre et à la sécurité de la ville. Plus tard elle fut régularisée. Onze bataillons, d'après le nombre des districts, formèrent son effectif qui, avec le corps de volontaires, s'éleva à neuf mille hommes. On y joignit les marins ou artilleurs, les pompiers et la cavalerie. Tout le monde fut contraint de prendre l'uniforme national, et le drapeau porta pour exergue : « Notre union fait notre force. » M. Coustard de Massy fut élu commandant-général en premier, et M. Piter Dembroucq commandant-général en second.

Les choses avaient pris une autre tournure à Saint-Malo. Cette ville n'était préoccupée que des dangers que pouvait courir la représentation nationale. La résolution fut prise aussitôt de former à la hâte deux divisions de garde civique, l'une à pied, l'autre à cheval, suivies de charriots et de provisions de guerre et de bouche nécessaires pour cette expédition, et de marcher au secours des députés. Pour cela il fallait des armes; il y en avait dans le fort de la cité et dans celui du château-neuf; on résolut de s'emparer de ces deux forteresses. Déjà tout se préparait à cet effet lorsque quelques jeunes gens firent observer qu'on attendait le soir même un courrier de Paris qui pourrait apporter des nouvelles plus rassurantes. Effectivement, celle de la prise de la Bastille parvint à Saint-Malo. Le gouverneur, prévenu des projets de la population, et les redoutant plus que jamais, fit alors introduire des troupes dans les forts, mais au seul cri de Vive la nation! comme partout ailleurs elles fraternisèrent avec les citoyens. Dès lors on se souvint que la ville avait le privilége de se garder elle-même, et qu'elle n'avait été dépouillée de ce droit que par un excès de pouvoir. On convint donc de composer une garde bourgeoise régulière, dont le premier noyau se trouva formé sur-le-champ, et on envoya des députés auprès du lieutenant du roi qui, selon l'abus dégénéré depuis longtemps en usage, s'emparait tous les soirs des clefs de la ville. Ces clefs furent réclamées au nom de la municipalité par les délégués de la garde bourgeoise. Le gouverneur refusa formellement de les remettre. On envoya une seconde députation qui ne fut pas plus heureuse. Une troisième vint alors le sommer de se rendre au vœu de la cité ou de sortir du château. Ces sommations lui étaient faites par les troupes aussi bien que par la garde bourgeoise, qui fraternisaient ensemble, entouraient le fort et se bornaient à montrer leurs masses imposantes pour décider le gouverneur. A cet ultimatum populaire, celui-ci voulut entrer en pourparler; mais au moment où il prenait la parole pour refuser encore, des jeunes gens étant parvenus à s'emparer des clefs de la ville, les emportèrent en triomphe au milieu des cris de joie et de satisfaction. Cet incident terminait tout et livrait le gouverneur sans défense à la colère des habitants. Toutefois, dans leur ivresse, les troupes et la garde civique le respectèrent comme un ennemi vaincu. Satisfaits d'avoir reconquis un droit qu'on avait usurpé trop longtemps, elles se bornèrent, l'une à garder la ville, les autres à la seconder en tout. La garde nationale fut bientôt organisée, et resta une des plus fidèles de la France à sa triple devise.

La ville de Brest fut moins heureuse. La division avait éclaté entre les habitants et les troupes de la garnison, au sujet de la garde des magasins à poudre. Le renvoi de Necker ne fit qu'augmenter l'exaltation des deux partis. Deux mille volontaires de Nantes accoururent alors au secours de la garde bourgeoise et de la population. On forma un conseil général et permanent, qui parvint d'abord à rétablir la tranquillité à l'aide des troupes civiques dont il disposait; mais bientôt eurent lieu de nouvelle collisions, et l'Assemblée nationale, sur un mémoire détaillé qui lui fut envoyé, veilla à l'établissement régulier de la garde nationale, qui parvint enfin à ramener l'ordre et la liberté.

Arras offrit un exemple de la sagesse et du bon sens du peuple, qui, sentant sa force, et pour en user équitablement, devança l'esprit et la création de la garde bourgeoise. Le renvoi de Necker excita dans la ville une extrême fermentation. Les troupes voulurent l'apaiser, et leurs démonstrations allaient amener la guerre civile ou la retraite de ces dernières, lorsque le corps des bouchers s'empara de la police, fit retirer les troupes, garda les postes et établit des patrouilles. L'influence morale de ces citoyens produisit un tel effet, qu'aucun désordre ne fut à regretter dans cette cité. Quelques jours après on créa la garde nationale, dont le sieur Guffroi, avocat, le premier inscrit, fut élu capitaine, et dans laquelle les citoyens de toutes classes vinrent se faire inscrire.

Ce fut un autre incident qui amena à Besançon la résurrection de la garde bourgeoise. Un crime auquel on a peine à croire, de quelque manière qu'on explique le fanatisme des opinions politiques, fut commis par un conseiller au Parlement de cette ville. M. de Mesmay, connu par ses sentiments de dévotion à la cour et à la noblesse, avait invité les habitants, voisins de sa maison de campagne, à une fête qu'il leur offrait pour célébrer, disait-il, l'heureuse réunion des trois ordres. Sa fête fut splendide, en effet, les convives nombreux, et tous, dans l'effusion du cœur, burent au bonheur de la France. Après le repas on les conduisit dans un bosquet où les danses et les jeux commençaient, lorsque tout à coup la terre s'entr'ouvrit sous leurs pieds, et l'explosion subite d'une mine répandit de tous côtés l'épouvante et la mort. A cette nouvelle, le peuple s'arma de toutes parts, courut tirer vengeance de ce crime atroce, et dans sa colère, après avoir brûlé le château du coupable, dévasta ceux des autres seigneurs et menaça de continuer ses ravages. La municipalité, pour arrêter ce torrent redoutable, se hâta de constituer une garde bourgeoise, qui, par sa force morale et son énergie, parvint à calmer ce peuple, dont les représailles auraient été si funestes. Depuis ce moment, Besançon et ses environs furent en proie à plus de terreur que les autres provinces aux moindres bruits qui circulaient sur des *brigands*. Le nombre de sa garde bourgeoise s'en accrut, son organisation en devint plus solide, et ce fut une de celles qui se trouva le plus tôt prête à devenir une garde nationale.

A Strasbourg, beaucoup plus peut-être que dans toute autre ville, l'absence de la garde bourgeoise se fit sentir au jour du danger. La faute commise par les rois qui avaient écarté cette milice faillit à être expiée par les représentants de leur autorité.

Lorsque le peuple, se levant dans sa colère, voulut venger sur eux des siècles d'oppression, on ne vit plus qu'une seule barrière à lui opposer, la garde civique, qui n'existait plus. Strasbourg, depuis sa réunion à la France, avait conservé des usages empruntés aux villes impériales, mais qui, sous le régime absolu, avaient dégénéré en aristocratie. Les magistrats s'étaient arrogé des pouvoirs contre lesquels le tiers-état et le peuple luttaient vainement. Les élections des États-Généraux furent un signal. On exigea des magistrats le rétablissement de certaines franchises qu'ils avaient confisquées. Ceux-ci, effrayés, les promirent, mais à la vue de la lenteur des opérations de l'Assemblée nationale pour se constituer, ils refusèrent formellement et reprirent leur première attitude. Cependant, les nouvelles de la résistance du tiers-état et de l'agitation de la capitale firent naître la plus vive agitation. La nuit du 20 juillet on fit illuminer de force toute la ville, et la multitude réclamant les promesses faites et qui n'avaient pas été tenues, devint menaçante à tel point, qu'elle voulut incendier les maisons des magistrats les plus opposés au nouvel ordre de choses. A ces démonstrations, les magistrats allèrent trouver le commandant militaire, homme d'honneur et de sens, qui vit les électeurs, et leur fit des propositions. Les électeurs consentirent à un arrangement équitable. On rédigea les articles; puis, au moment de les signer, les magistrats, qui n'abandonnaient qu'avec peine leur pouvoir despotique, élevèrent des difficultés et refusèrent de nouveau, malgré les instances du commandant, qui s'était porté garant de leur parole. Alors la foule irritée entoure l'Hôtel-de-Ville et fait entendre des cris de rage et de vengeance. Mêlés à la foule, les électeurs gardent le silence et ne savent comment apaiser le tumulte qui commence, tant la trahison est flagrante, tant l'entêtement est insensé. Le commandant accourt avec deux détachements de cavalerie, et, sans faire de démonstrations hostiles, exhorte le peuple, qui ne l'écoute plus. En même temps, à la nouvelle de ces troubles accourent de l'autre côté du Rhin des masses de gens étrangers à la cité, toujours prêts à la sédition et au pillage. Ceux-ci échauffent le peuple, l'animent et l'excitent. Le commandant va trouver les magistrats, leur expose la situation, leur rappelle leurs promesses et cherche à les ramener. Ils refusent plus obstinément encore. Alors un seul cri est poussé : A l'escalade ! Aussitôt la foule se précipite, envahit de tous côtés l'Hôtel-de-Ville, dont elle brise les portes et les fenêtres. Ceux qui ne voient que la lutte politique cherchent les magistrats, qui n'ont eu que le temps de fuir; les autres se livrent au vol et au pillage. Le commandant militaire, voyant que cette sédition prend sa source dans le mécontement des électeurs et de la bourgeoisie, mêlée en partie au peuple, mais simple spectatrice de ses excès, n'ose ordonner aux troupes de la combattre, et se borne à faire garder les points importants de la ville et ses établissements publics. Dès lors le peuple se livre à tous les désordres que lui inspirent l'animation du moment et l'entraînement des gens étrangers à la ville. Les maisons des magistrats signalés sont dévastées, la caisse des orphelins pillée, le vin des caves *répandu à tel point qu'on le boit dans des chapeaux, qu'il y en a assez de répandu pour noyer des assaillants,* dit le *Moniteur* de l'époque. Les électeurs et le commandant s'entendent pourtant au milieu de ces scènes cruelles. Ceux-ci se retirent pour lui laisser le champ libre, et le commandant fait avancer les troupes qui, sans faire usage de leurs armes, chassent les hordes étrangères, et contraignent le reste à rentrer chez eux. Le lendemain la garde bourgeoise, dont la présence aurait pu tout éviter, s'organise à la hâte, et, de concert avec les troupes, s'occupe de rétablir l'ordre dans Strasbourg. Beaucoup de pillards sont arrêtés; l'un d'eux est pendu sur la place d'armes, deux autres envoyés aux galères. On en saisit un grand nombre sur lesquels on reprend des sommes considérables et des valeurs; on les fait repasser le Rhin, avec menace du dernier supplice s'ils rentrent dans le royaume. Enfin, la municipalité s'établit, la garde nationale s'institue, la paix et le calme renaissent, grâce à son influence, à son service actif et à son union avec les troupes, dirigées avec tant d'intelligence et de vrai patriotisme par le commandant.

Après le récit de ces désordres, il est consolant de présenter le spectacle de ce qui se passa à l'autre extrémité de la France. Bordeaux reçut la nouvelle de la prise de la Bastille le 17 juillet. Dès le lendemain, tous les habitants portaient la cocarde nationale en signe d'adhésion à la révolution qui venait de s'opérer à Paris. Trois jours après, ils se réunirent au nombre de 30,000 dans le jardin public pour délibérer sur les circonstances graves qui agitaient le pays, et prendre toutes les mesures efficaces à la paix et à la liberté de la ville. On nomma deux commissaires par paroisse, qui furent chargés d'aller inviter les électeurs des communes, au nom du bien public, à diriger l'élan patriotique. Les électeurs s'empressèrent de se rendre au vœu des citoyens, et s'étant formés à l'Hôtel-de-Ville en assemblée délibérante, songèrent d'abord à l'organisation provisoire de *l'armée patriotique bordelaise*. La cité tout entière rivalisa de zèle pour cette institution. On remarqua que la plupart des membres du Parlement se firent inscrire et tinrent à honneur de monter leur garde en qualité de simples soldats. Le 22 juillet la milice bourgeoise commença son service. Le 29, elle était entièrement armée. Les électeurs ayant fait demander pour cet objet des fusils au commandant du Château-Trompette, celui-ci, pour toute réponse, leur envoya les clefs du fort, ainsi que cela se faisait autrefois envers les rois de France. La garde bourgeoise se transporta alors au château dans le plus grand ordre, fraternisa avec la troupe et porta en triomphe le commandant.

Les mêmes demandes avaient eu lieu à Paris au gouverneur de la Bastille. Celui-ci avait répondu avec du canon. Sa tête avait roulé sous l'arcade Saint-Jean.

Le régiment de Saint-Remy prit sur-le-champ les couleurs nationales, et se plut à exercer les gardes nationaux au maniement des armes.

Bordeaux fut la ville de France qui témoigna le plus de sympathie à la révolution, et qui sentit le mieux la nécessité et le bienfait d'une garde nationale, qui s'organisa avec le moins de trouble.

La ville de Lyon aurait imité cet exemple, car son esprit patriotique était le même, sans la faute de celui qui tenait le rênes de l'administration municipale, dont l'entêtement causa, à propos de la milice bourgeoise, une collision déplorable, qui éclata jusque dans son sein.

A l'occasion de la réunion des trois ordres à Versailles, Lyon célébra des fêtes populaires auxquelles répondit l'enthousiasme des habitants. Mais peu à peu ce peuple, si longtemps opprimé et se sentant enfin libre, parla de représailles envers les nobles. Comme toujours, des étrangers à la cité inondèrent Lyon, et, se mêlant aux groupes populaires, poussaient à incendier les barrières et les bureaux de l'octroi. Témoin de ces manifestations inquiétantes, et n'ayant aucune force répressive, l'autorité voulut rétablir la garde bourgeoise qui existait comme dans d'autres villes, c'est-à-dire qui n'avait *que des noms et des épaulettes d'officiers sans soldats.* Forcée de renoncer à ce moyen beaucoup trop tôt, elle fit un appel aux gens de bonne volonté. Un grand nombre de citoyens, intéressés au maintien de l'ordre, y répondit, et le 2 juillet des compagnies de volontaires furent formées et armées à l'Hôtel-de-Ville. Ces compagnies, réunies à un détachement de dragons de Monsieur, combattirent la sédition et s'en rendirent maîtresses après une lutte qui coûta du sang et des morts. Le même soir le calme était pourtant revenu. On rétablit aussitôt la milice des quartiers, mais on ne licencia pas les volontaires improvisés au nom des circonstances, qui restèrent en permanence à côté de la garde bourgeoise.

Un nouvel incident vint encore augmenter ce corps. La nouvelle du renvoi de Necker et de la ceinture de troupes enveloppant Paris, parvenue à Lyon le 14 juillet, y causa la plus vive indignation. On se porta en masse à l'Hôtel-de-Ville pour demander des armes et voler au secours de la capitale. M. Imbert-Colomès, premier échevin, commandant pour le roi et président du consulat, se mit à la tête du mouvement populaire et le seconda de tout son pouvoir. Dès lors on reçut de nouveaux enrôlements, et les compagnies de volontaires furent sensiblement augmentées. Mais au moment où ils allaient se mettre en marche pour la capitale, on reçut la nouvelle de son insurrection et de son triomphe. Les volontaires restèrent à Lyon et continuèrent leur service de concert avec la garde bourgeoise. Ce service devint, peu de temps après, extrêmement actif et utile. Les paysans du Dauphiné, qui s'étaient soulevés à la fausse nouvelle de 10,000 soldats savoyards qui avaient franchi la frontière, ne quittèrent pas les armes, et exercèrent des vengeances partielles sur les châteaux des nobles, qu'ils livrèrent aux flammes. Les volontaires, la garde bourgeoise et la troupe, réunis, parcoururent alors tous les pays pour protéger les propriétés et rétablir l'ordre. Plusieurs engagements sérieux eurent lieu avec les *brigands* dont les volontaires tuèrent quelques uns, et dont ils prirent le plus grand nombre. Enfin, le pays fut pacifié, grâce à cette intervention toute-puissante.

Cependant la garde nationale de Lyon était presque la seule en dehors des grands principes adoptés dans toute la France. Réorganisée spontanément, et avant les autres, sur ses anciennes bases, elle ne possédait pas un seul chef par élection, et obéissait à ceux qui existaient déjà ou que le consulat avait nommés. Au contraire, dans le Dauphiné et dans le Vivarais, l'élection et toutes les formes nouvelles avaient présidé à la formation de ces milices, et chaque jour de ville en ville, de commune en commune, des fêtes de fédération cimentaient entre elles l'union la plus étroite. Lyon, qui par son importance semblait être appelé à présider à ces fêtes, en était seul exclu. Ces réflexions firent désirer un nouveau mode d'organisation de la garde nationale, et c'est poussés par ce désir, que des pamphlets piquants et nombreux contraignirent les officiers à donner leur démission. Puis on se réunit les 11, 12 et 13 janvier 1790 dans l'église des Jacobins pour formuler une pétition au consulat, à l'effet d'obtenir l'organisation de la garde nationale d'après les bases adoptées par toutes les villes du royaume. Le consulat rendit aussitôt une ordonnance qui convoquait les citoyens de Lyon depuis l'âge de dix-huit jusqu'à soixante ans, qui faisaient le service de guet et garde, chacun dans leurs quartiers, pour élire leurs chefs. Le 26 janvier l'élection était terminée et les chefs prêtèrent serment entre les mains de la municipalité.

Le nouveau mode d'organisation de la garde nationale, appuyé sur le principe d'égalité, devait nécessairement entraîner le licenciement des volontaires; cela était d'autant plus nécessaire que, outre le droit qui était invoqué, ces jeunes gens étaient devenus odieux à toute la population lyonnaise qui ne les désignait que sous le nom de *muscadins*, tandis que M. Imbert-Colomès les appelait, dit-on, ses *gardes du corps*. Par ce motif, sans doute, M. Imbert-Colomès voulut les conserver malgré les réclamations et les murmures ; il fit plus, et, afin de mieux prouver sa prédilection pour ce corps, il ordonna à la garde nationale de lui remettre le poste de l'Arsenal qu'elle occupait ordinairement. A cet ordre, des réclamations énergiques s'élevèrent de toutes parts ; M. Imbert n'en persista pas moins et fixa au 7 février le jour de son exécution. Ce jour-là, en effet, 120 volontaires se réunissent à l'Hôtel-de-Ville, et craignant quelque collision, s'en adjoignent 350 autres pour aller prendre possession. Dès le matin ils se mettent en route, mais à chaque pas des rassemblements nombreux se trouvent sur leur passage, et l'attitude, les paroles, annoncent les intentions les plus hostiles. Ces rassemblements suivent les volontaires et grossissent à chaque instant : les murmures éclatent, puis les injures, les cris, enfin les pierres. Les volontaires s'arrêtent, se mettent en bataille, chargent leurs armes et tirent sur la foule qui se dissipe. Ils reprennent ensuite leur marche et arrivent en bon ordre à l'Arsenal, malgré les masses qui commencent à se reformer autour d'eux. Parvenus là, un cri de rage et de vengeance les accueille. L'Arsenal était au pouvoir du peuple : la porte s'ouvre, une multitude armée de fusils et de pistolets, qu'elle vient de piller, s'élance au devant d'eux, les entoure, les presse et les fait reculer. Les coups de feu que les volontaires viennent de tirer, et qui ont été entendus, redoublent la fureur populaire. Alors commence pour eux une retraite désastreuse ; le peuple, armé de fusils, fait feu à son tour et les décime. Ils fuient tout en ripostant ; ceux qui sont en bourgeois, confondus dans la mêlée, s'échappent au milieu de la foule ; les autres, voyant tomber dans leurs rangs leurs camarades qu'ils ne peuvent secourir, parviennent enfin à être recueillis par quatre compagnies du régiment suisse de Sonnenberg, que M. Im_ bert-Colomès avait envoyées à leur secours au premier bruit de ce qui se passait.

La sédition ne s'arrêta pas là. Le peuple, pendant ce temps, s'était porté à l'Hôtel-de-Ville, l'avait envahi, et s'était aussi emparé des armes. M. Imbert-Colomès y pénétra avec la plus grande peine; lorsqu'il y arriva, il voulut en vain se faire écouter et rétablir l'ordre. Des gardes nationaux en armes, mêlés avec les masses, lui reprochaient les malheurs qui venaient d'arriver et dont il était la seule cause. La multitude proférait des cris de vengeance, lorsque tout à coup un nouveau détachement de Suisses, qui en avait reçu l'ordre, et un escadron du Royal-Guyenne, voulut entrer dans l'Hôtel-de-Ville. De l'Hôtel-de-Ville aussitôt part une décharge qui fait arrêter les troupes, et le commandant, ne voulant pas engager la lutte dans une affaire où la garde nationale prenait parti, les fait retirer, tandis que M. Imbert-Colomès parvient à s'échapper au milieu du tumulte sans être aperçu.

Cependant toute cette multitude armée parcourait la ville et devenait menaçante et dangereuse. Comme toujours, on en appela à la garde nationale pour prévenir de nouveaux malheurs. Les officiers se réunirent aussitôt; on forma un comité permanent. On enjoignit à tous les soldats citoyens de se rassembler dans chaque quartier, on fit illuminer toutes les maisons, et de nombreuses patrouilles ne cessèrent de circuler, désarmant sur leur passage les uns par la persuasion, les autres par la force. M. Imbert-Colomès s'était retiré dans sa maison, qui était gardée par cinquante Suisses. Une masse de peuple s'y porta et voulut l'envahir. M. Imbert donna ordre aux Suisses de tenir jusqu'à ce qu'il eût pu s'évader par les toits. Les soldats exécutèrent ses ordres, et cédèrent quand ils le surent en sûreté. Alors la foule se précipita et dévasta sa maison. M. Imbert-Colomès envoya sur-le-champ sa

démission et se retira à Bourg; et, dès le 8 février, MM. Bertholon, Degraix et Steimann, les trois échevins restants, se réunirent au comité de la garde nationale et s'emparèrent de l'administration urbaine.

Leur premier soin fut de réorganiser la milice civique selon les règles adoptées dans le reste de la France et de se rendre au vœu de la population en supprimant immédiatement le corps des volontaires. A cet effet, ils rendirent deux ordonnances : la première disposait la dissolution des volontaires et l'obligation, pour ceux qui étaient aptes à servir, de se faire inscrire sur les contrôles de la garde nationale.

La seconde portait défense à tout habitant qui ne ferait pas partie de cette garde de retenir aucun fusil ni pistolet enlevé à l'Hôtel-de-Ville ou à l'Arsenal. Ces deux arrêtés furent accueillis avec enthousiasme par la population entière qui, au souvenir du sang versé, reprit ses sentiments d'union et de concorde.

Les échevins nommèrent ensuite provisoirement pour commandant général M. Dervieu de Villars, ancien officier supérieur, et fixèrent au 18 son élection et celle des magistrats municipaux. Le jour indiqué, une immense majorité confirma le choix provisoire du commandant général, et élut pour maire M. Palerme de Savy, ancien magistrat, connu, comme Bailly, pour ses vertus modestes et éminentes.

Tels furent les événements qui présidèrent à la création de la garde nationale de la seconde ville de France, dont la milice, grâce à son esprit et à son énergie, rendit par la suite de si grands services à la noble cause qu'elle ne cessa de défendre.

Le Midi organisa aussi ses milices. Valence, Avignon, Privas, Nismes, Montpellier, Béziers, Carcassonne, etc., formèrent leurs gardes nationales à peu près à la même époque et avec un esprit d'union qui leur rendit la tâche plus facile. Beaucaire se distingua par le nombre de la sienne et par son désir de combattre les brigands. Dans leur ardeur, ces soldats-citoyens, cédant à une fausse alerte de l'arrivée de ces hordes, garnirent les ruines du Vieux-Château et attendirent de là les masses noires qu'ils voyaient s'avancer vers la ville. Mais lorsqu'elles furent arrivées à portée, ils reconnurent que c'étaient les habitants de Tarascon qui, saisis de la même panique, accouraient chercher un refuge. Ce sont plusieurs traits semblables qui ont fait croire que les *Brigands* avaient été inventés et n'avaient réellement pas existé.

Marseille eut sa garde bourgeoise dès le 26 mars 1789. Le marquis de Pilles, gouverneur-viguier, et les officiers municipaux, l'avaient autorisée à cause de la cherté des grains qui excitait des désordres dans les marchés. Cette garde n'était composée que de quatre compagnies, mais ces compagnies surpassaient en nombre chacune un bataillon. Pour tout signe distinctif, les soldats portaient un plumet appelé *pouf*, dont la couleur désignait la compagnie. Le 25 mai 1789, cette garde fut dissoute et remplacée par celle autorisée par le roi et l'Assemblée nationale. Mais là encore l'esprit de son institution fut faussé. On revêtit cette garde nationale d'un brillant uniforme bleu orné de broderies, de sorte que l'aristocratie de tout genre en fît seule partie. Cette espèce de privilége déplut aux habitants, qui n'appelèrent plus les gardes nationaux que les *bleus*, et des malheurs pareils à ceux de Lyon seraient arrivés peut-être, si la nouvelle municipalité ne se fût occupée d'une réorganisation sur ses véritables bases. En peu de jours les bataillons furent au complet, par le zèle des citoyens à se faire inscrire, et tous les chefs furent élus.

Enfin la province de Flandres suivit aussi l'impulsion. La garde nationale de Lille, dont nous réservons l'histoire lors du siége glorieux que soutint cette ville, fut organisée le 22 juillet et devint la sentinelle avancée de la France, gardant aussi bien nos frontières contre l'invasion de l'ennemi que l'intérieur de la cité et de la province contre l'invasion du désordre et de la licence.

Tels sont les principaux faits que nous avons été à même de recueillir sur ce qui s'est passé lors de la création des gardes nationales en province.

De tous ces faits, il résulte la preuve de ce que nous avons avancé, que l'esprit des gardes nationales est resté le même de 1789 à 1848.

A ces deux époques, même élan, même ardeur, mêmes sacrifices, même énergie pour reconstituer les gardes nationales, pour veiller au maintien des libertés et de l'ordre.

En 1789, Paris est entouré de troupes étrangères, l'Assemblée nationale est menacée dans sa liberté; toutes les gardes nationales se lèvent, se forment, et, malgré les difficultés de la route, se préparent à marcher; elles ne sont arrêtées que par la nouvelle de la victoire qui rend leur présence inutile.

En juin 1848, l'insurrection éclate dans Paris, l'Assemblée nationale est encore menacée, et encore toutes les gardes nationales se lèvent, marchent et arrivent cette fois, soit pour prendre part au combat, soit pour fraterniser après la victoire.

III

5 et 6 octobre. — Du pain! — Insurrection des femmes. — Leur armée. — Leur tambour. — Attaque de l'Hôtel-de-Ville. — Les gardes nationaux leur ouvrent passage. — Elles s'en emparent. — Garde qu'elles en font. — Consigne qu'elles donnent. — Les deux pièces de canon. — Le feu aux Archives. — L'huissier Maillard. — Départ de l'armée des femmes pour Versailles. — Réunion de la garde nationale sur la place de Grève. — Cris du peuple. — Lafayette et les représentants de la Commune. — Compagnie soldée. — Événements de Versailles. — Lettre de Lafayette. — Le comte d'Estaing. — Le régiment de Flandres. — Réponse des gardes-du-corps. — La cocarde tricolore foulée aux pieds. — Guerre des cocardes. — Insultes aux gardes nationaux. — Hésitation des électeurs et de Lafayette. — Volonté de la garde nationale. — Le roi à Paris. — Arrêté des électeurs. — Départ. — Ordre et marche de l'armée. — Défection de d'Estaing et de Gouvernet. — Lecointre prend le commandement de la garde nationale de Versailles. — M. de Savonnière. — Commencement d'hostilités. — Interpellation de Lecointre. — Le calme rétabli. — Arrivée de l'armée. — Lafayette auprès du roi. — Irruption des brigands au Château. — Danger de la reine. — Elle est sauvée par la garde nationale. — Les bandits repoussés. — Le roi au balcon. — Il promet de se rendre à Paris. — Gardes-du-corps et gardes nationaux fraternisant. — Départ pour Paris. — Description du cortége. — Le boulanger, la boulangère et le petit mitron. — Arrivée à l'Hôtel-de-Ville. — Louis XVI aux Tuileries. — Les gardes-du-corps congédiés. — Le roi gardé par la garde nationale.

« Du pain!... Du pain pour nos enfants!... Du pain pour nos mères!... Du pain pour nos sœurs!... Du pain pour nous!... »

Ce cri, plus effrayant encore que celui qui appelle le peuple aux armes, retentissait dans Paris le 5 octobre au matin. Ce cri était poussé par des femmes qui, n'ayant rien trouvé chez les boulangers, s'étaient réunies et marchaient, armées au hasard, de piques, de bâtons et de pistolets, sur l'Hôtel-de-Ville. L'une d'elles, jeune, belle et bien mise, les précédait en battant du tambour. A ce bruit, les gardes nationaux, tant cavaliers que fantassins, qui étaient de service à ce poste, s'étaient mis en bataille et attendaient en silence et en bon ordre l'arrivée de cette armée dont les clameurs inspiraient à la fois l'épouvante et la pitié. Bientôt elle débouche sur la place et fond avec intrépidité sur la compagnie de cavaliers qui lui barre le passage. Ceux-ci, n'osant faire usage de leurs armes contre des femmes, reculent jusqu'à la rue du Mouton, tandis que les fantassins se replient en bon ordre vers le perron pour en défendre l'entrée. Une centaine d'hommes qui étaient venus avec les femmes s'avancent seuls pour les forcer; à cette vue, M. d'Ermigny, aide-major, fait croiser la baïonnette, et les hommes s'arrêtent devant ce rempart de fer. Alors les femmes de s'écrier : « Arrière, les hommes! ils ne savent rien faire... arrière, laissez les femmes seules agir. » Puis, poussant d'une voix plus menaçante et plus désespérée ce même cri : « Du pain! du pain! » les unes s'élancent sur la garde nationale, tandis que les autres l'attaquent à coups de pierres. Les gardes nationaux restent immobiles quelques instants; mais, tout à coup, M. d'Ermigny, ne pouvant se décider à engager la lutte, commande d'ouvrir les rangs et de laisser le passage libre. A ce mouvement, les femmes s'arrêtent et hésitent d'abord, ensuite elles se précipitent en courant, envahissent l'Hôtel-de-Ville, ouvrent toutes les portes, se répandent dans toutes les salles. De nouvelles masses arrivent et se joignent à elles. Elles s'emparent des armes, posent des factionnaires, donnent des consignes, repoussent les hommes, sonnent le tocsin et appellent à grands cris le maire et les représentants de la commune pour leur demander du pain.

Au bruit du tocsin on se réveille, on s'informe et l'on apprend la vérité. Aussitôt la générale bat dans tous les districts, les gardes nationaux se rassemblent; le commandant général accourt, et les représentants de la commune se rendent en toute hâte à l'Hôtel-de-Ville.

Pendant ce temps, les femmes, dont le nombre n'avait cessé de s'accroître d'heure en heure, présentaient dans ce palais le spectacle le plus étrange, par leur mélange bizarre, par leurs allures si différentes. Les premières arrivées, mises avec une certaine élégance, la plupart en robes blanches, poudrées et empanachées de rubans, rient, chantent et même dansent au milieu des cours. Les autres, les cheveux épars, les vêtements en lambeaux, les yeux et les traits contractés, ne cessent de faire des gestes de fureur, de proférer des menaces de mort. Celles-là ont pris deux pièces de canon qu'elles traînent sur les dalles, tandis que leurs compagnes, une torche à la main, veulent mettre le feu aux archives de la ville. L'huissier Maillard, un des vainqueurs de la Bastille, arrive à temps pour les en empêcher. Il les harangue, les persuade, et leur fait éteindre leurs torches; toutes alors veulent aller demander du pain à l'Assemblée nationale, nomment Maillard leur général et le forcent de marcher à leur tête. Celui-ci y consent, sort avec elles de l'Hôtel-de-Ville et gagne les quais. En route, on recrute, on *presse* toutes les femmes qu'on rencontre. Un millier d'hommes, dont elles veulent bien tolérer la présence à la dernière colonne, se joint à elles, et, au nombre d'environ douze mille, elles sortent de Paris à ce cri, mille fois répété : « A Versailles! à Versailles! Du pain! du pain! »

Maillard s'était entendu avec M. d'Ermigny pour sauver les archives de l'Hôtel-de-Ville, et n'avait pu y réussir que de cette manière.

Aussitôt Lafayette arrive et fait chasser par des gardes nationaux les hommes qui, profitant du tumulte, étaient restés pour piller. En même temps, les compagnies du centre, soldées et casernées, comme on le sait, accourent les premières et en bon ordre sur la place. A leur aspect, le peuple bat des mains ; mais un des soldats sort de la foule et s'écrie : « Ce ne sont pas de vains applaudissements que nous vous demandons, la nation est insultée, sa liberté est menacée. Prenez les armes et venez avec nous recevoir l'ordre des chefs. »

— « Oui, à Versailles ! à Versailles ! » répond le peuple.

Ce cri est répété par toutes les compagnies qui sont rassemblées au bruit de la générale ; on entoure Lafayette, les représentants de la commune qui se rendent à leur poste, et ce vœu est de nouveau unanimement et énergiquement formulé.

C'est qu'en effet Versailles renfermait tout pour la nation. L'espérance dans l'Assemblée nationale, le danger dans la cour, et les événements qui s'étaient succédé ne pouvaient qu'augmenter de jour en jour les craintes légitimes.

Déjà, sur des bruits alarmants pour la liberté, sur la privation pour les anciens gardes françaises, devenus soldats du centre, des postes qui leur étaient confiés chez le roi, ces soldats avaient manifesté le désir de se rendre à Versailles. Lafayette les en avait empêchés, et avait fait part de cette nouvelle au ministre Saint-Priest, qui à son tour l'avait communiquée au comte d'Estaing, commandant de la garde nationale de Versailles. Celui-ci, *patriote par système, courtisan par habitude et par ambition*, disent les écrits contemporains, avait abusé de cette lettre, et, assemblant l'état-major de la garde nationale, lui avait fait craindre une attaque des Parisiens, qui le détermina à demander la présence d'un régiment à Versailles. Sur la prière de cette milice, qui n'était pas suspecte, la municipalité et l'Assemblée nationale avaient consenti à cette mesure qui, dans les esprits, était toute de précaution. Le ministre avait désigné tout exprès le régiment de Flandre, parce qu'il avait refusé le serment civique. Ce régiment arriva immédiatement à Versailles ; en même temps s'y rendirent avec lui des gendarmes, des mousquetaires, toutes les forces que le roi pouvait attacher à sa personne. C'est alors que, sous prétexte de fêter le régiment de Flandre, eut lieu le fameux repas des gardes-du-corps, auquel assistèrent le roi et sa famille, pendant lequel la nation et l'Assemblée nationale furent outragées, la cocarde tricolore foulée aux pieds. Le lendemain, on disait à voix basse le projet de faire retirer Louis XVI à Metz pour, de là, imposer les volontés de la cour au peuple. En même temps, pour désaffectionner du nouvel ordre de choses, on fit ce qu'on appela la guerre aux cocardes. La blanche, couleur de la royauté, ou bien la noire, en signe de deuil de ce qui se passait, était offerte à tout le monde, en place de celle adoptée par la nation. Les plus grands seigneurs, les plus jolies femmes s'en paraient à l'envi et en distribuaient à tout le monde. C'était devenu un signe de ralliement dans Versailles. L'uniforme de garde national était suspect si la cocarde de la cour ne brillait pas au chapeau. Plusieurs de ces soldats citoyens avaient reçu des insultes jusque dans le palais du roi. Un major de la garde nationale en uniforme s'était vu refuser l'entrée des appartements de la reine, tandis qu'on avait laissé pénétrer des officiers de la ligne. Il avait entendu ces paroles : « Il faut avoir bien peu de cœur pour porter cet habit », et il avait répondu à cette insolente apostrophe : « Du cœur, il y en a sous cet uniforme, et si, pour vous en convaincre, une preuve vous paraît indispensable, je suis tout à votre disposition. » M. Mettereau, aide-de-camp de Destaing, avait entendu des paroles à peu près semblables, et n'avait dû qu'à sa fermeté de rester au milieu des gardes du corps avec la cocarde tricolore. Enfin le lieutenant-colonel Lecointre avait tiré l'épée dans le palais même pour châtier l'insolence d'un nommé Cartonnière, chevalier de Saint-Louis, gendre de la bouquetière de la reine.

A cet affligeant spectacle de réaction positive, à tous les bruits plus sinistres qui l'accompagnaient encore, se joignait la crainte de la famine. Soit difficulté de transport, soit pillage sur les routes, les farines manquèrent à Paris. Le *Moniteur* lui-même avait dénoncé un nouveau pacte de famine. Les clubs agitaient sans cesse la question des subsistances. Camille Desmoulins, Danton étaient à la tête et faisaient ressortir avec une éloquence populaire et incisive le complot de la cour de réduire le peuple par la faim. Dès le 4 octobre, le pain était devenu plus rare à Paris. L'agitation avait été grande, mais la garde nationale l'avait comprimée par son influence et le déploiement de ses forces. Le 5 elle avait éclaté, comme nous venons de le voir. Voilà pourquoi l'armée des femmes était partie demander du pain à Versailles, et voilà pourquoi, en calculant les progrès du mouvement révolutionnaire, les malheurs qu'entraînerait la fuite du roi, la garde nationale demandait aussi à aller à Versailles pour rassurer l'Assemblée, chasser les contre-révolutionnaires et le régiment de Flandre, venger l'insulte faite à la cocarde aux trois couleurs et amener le roi à Paris.

Déjà ce projet circulait dans tous les rangs et trouvait de nombreux adhérents dans le peuple. Si Louis XVI, en effet, parvenait à fuir et à s'enfermer dans une place forte, c'était une désorganisation subite dans les rouages de l'État; c'était, de plus, la guerre civile. La garde nationale voulait donc l'avoir à Paris pour le garder sous ses yeux.

Au contraire, les représentants de la commune assemblés ne

calculaient que les dangers d'un pareil voyage. La crainte d'un conflit terrible entre les gardes nationaux et les troupes les faisait hésiter. Lafayette lui-même le redoutait plus que personne ; mais la garde nationale s'était prononcée et sa volonté devait l'emporter. Lasse d'attendre, elle envoya plusieurs députations à Lafayette qui était entré à l'Hôtel-de-Ville : « Nous ne pouvons tourner nos armes contre des femmes qui nous demandent du pain, disaient-ils. Le comité de subsistance malverse ou il est incapable. Dans les deux cas, il faut le changer. Le peuple est malheureux, la source du mal est à Versailles, il faut aller chercher le roi et l'amener à Paris, pour qu'il ne prenne pas la fuite. Il faut exterminer le régiment de Flandre et les gardes-du-corps qui ont osé fouler aux pieds la cocarde nationale. »

Si la première partie de ce discours paraissait raisonnable et juste, la seconde augmentait les craintes du commandant général. Il descendit sur la place pour calmer les gardes nationaux, après avoir fait part à la commune du message qu'il venait de recevoir. Aussitôt il fut entouré, pressé de tous côtés et assailli par ce cri incessant : Versailles ! à Versailles ! le roi à Paris.

— Souvenez-vous de votre serment, s'écria-t-il alors, vous avez juré fidélité à la nation, au roi, à la loi, à la commune.

— C'est vrai, général, répondit une voix, mais si la commune est trompée, si le roi veut renverser la loi, asservir la nation, ne devons-nous pas sauver la patrie ?

Le général voulut répondre, mais sa voix fut couverte par de nouveaux cris ; alors il fit mine de se retirer vers la commune, on l'empêcha de faire un pas, on le retint, et le temps se prolongeant outre mesure, on passa aux murmures, aux menaces. Enfin, fendant la foule, un aide de camp qui agitait un papier au-dessus de sa tête arriva auprès du général qui donna lecture à haute voix de l'arrêté suivant rendu par la commune :

« Vu le désir du peuple, l'Assemblée des représentants de la commune autorise M. le commandant général et même lui ordonne de se transporter à Versailles. »

Lafayette s'arrêta quelques secondes après sa lecture, promena ses regards sur la foule et s'écria : « A Versailles ! » Un tonnerre d'applaudissements accueillit cet ordre, et le général s'occupa des dispositions nécessaires.

Son premier soin fut d'envoyer à Versailles prévenir le roi, afin qu'il prît des précautions pour éviter toute collision avec les troupes. L'aide de camp qui lui avait apporté l'arrêté était jeune, adroit, plein de courage ; il lui confia cette mission, que celui-ci remplit fidèlement. Ce jeune homme était M. Poissonnier-Desperrières, aujourd'hui le doyen des généraux de brigade, qui mentionne cette circonstance dans ses Mémoires.

Lafayette pourvut ensuite à la garde de Paris et, après avoir déterminé l'ordre et la marche de l'armée, donna le signal du départ. Il était cinq heures et demie et la pluie tombait à torrents. L'armée se mit en route de la manière suivante : Trois compagnies de grenadiers et une compagnie de fusiliers formaient l'avant-garde ; elles étaient soutenues par trois pièces de canon, et précédées de sept à huit cents hommes irrégulièrement armés, qui marchaient en *enfants perdus*, sous les ordres du lieutenant Collard, officier de la garde nationale, volontaire du district de Saint-Germain l'Auxerrois. Le corps de bataille s'avançait sur trois colonnes, avec un nombreux train d'artillerie ; il n'y avait dans les rangs que des gardes nationaux ; mais les intervalles entre chaque bataillon étaient remplis par des citoyens armés de fusils, de piques, et même simplement de bâtons. Le général marchait à cheval à la tête du corps de bataille ; près de lui se trouvaient quatre commissaires civils, nommés par la commune pour accompagner l'armée parisienne.

La marche à travers Paris de cette armée, forte de quinze mille gardes nationaux et de quatre ou cinq mille citoyens armés, fut un vrai triomphe : des marques d'enthousiasme et d'encouragement éclataient sur tout son passage, et l'on n'entendait que ces cris répétés par la foule : *Le roi à Paris! et la nation vengée!* et la réponse des gardes nationaux : *Nous le jurons!*

Pendant ce temps, que se passait-il à Versailles? L'armée des femmes, arrivée dans cette ville, s'était divisée en trois groupes. L'un se rendit à l'Assemblée, l'autre chez le roi, le troisième déboucha sur la place d'Armes. Là, stationnait un poste de gardes nationaux ; ce poste avait pris position en face de la grille du palais occupée par les gardes du corps. Les femmes remplirent à l'instant l'espace vide laissé entre les deux troupes. Un nommé Brunout, soldat-citoyen qui marchait à la tête, s'étant approché de M. Savonnière, lieutenant des gardes du corps, le somma de quitter la cocarde blanche pour y substituer celle aux trois couleurs. Pour toute réponse, M. de Savonnière tira son sabre ; mais au moment où sans doute il allait frapper Brunout, un coup de feu partit du poste des gardes nationaux et une balle atteignit ce militaire à l'épaule. A cet instant la foule s'écarte et la milice bourgeoise se trouve en face des gardes du corps. Ceux-ci prennent leurs armes, la garde nationale les tient déjà et fait bonne contenance. Les deux troupes s'arrêtent, s'observent et sont prêtes à combattre, lorsqu'on entend le bruit du tambour qui approche. C'est le lieutenant-colonel Lecointre, qui, voyant la garde nationale abandonnée par d'Estaing et Gouvernet commandant en second, tous deux réfugiés auprès du roi, a pris le commandement de la légion et l'a réunie après avoir fait annoncer l'arrivée de l'armée parisienne et invité chaque habitant à lui donner asile. Il pénètre aussitôt sur la place à la tête de nouvelles forces. A la vue de ce qui se passe, il arrête ses soldats, et, seul avec deux aides de camp, s'avança vers les gardes du corps et leur dit : « Le peuple se croit en danger et désire savoir ce qu'on doit attendre de vous.

— Monsieur, répond cet officier, nous oublions le traitement fait à l'un des nôtres, et nous ne sommes animés que du désir de vivre en bonne intelligence. »

Lecointre répète ces paroles à ceux qui le suivent et court au régiment de Flandre, si suspect à la population : il l'interpelle de la même manière.

— Jamais nous n'avons eu l'intention de faire de mal aux gardes nationaux, répondent les soldats, et pour preuve de leurs bonnes intentions ils partagent avec eux leurs munitions et leurs cartouches.

Tranquille désormais, Lecointre fait avancer la garde nationale qui attend en silence l'armée parisienne.

Celle-ci ne tarda pas à arriver. Il était minuit lorsqu'elle parut aux barrières de Versailles. Habitants, garde civique se portèrent au devant et la reçurent avec des démonstrations de joie et de fraternité. Lafayette pénétra seul de sa personne au château, au milieu de toutes les troupes si mal disposées en sa faveur, au milieu de cette nuée de gentilshommes qui ne prenaient pas la peine de déguiser leurs intentions hostiles. Il fit part au roi du but de ce voyage, lui dit qu'il avait fait renouveler le serment civique avant d'entrer dans Versailles, qu'il croyait pouvoir répondre de leur fidélité, et que dans tous les cas il venait apporter sa tête pour sauver celle du roi. Il lui demanda ensuite ses ordres. Louis XVI donna à la milice parisienne les postes extérieurs occupés autrefois par les gardes françaises et réserva toute la garde intérieure du château aux gardes du corps et aux Suisses. Ce manque de confiance, si impolitique dans ce moment, pouvait avoir des conséquences funestes; toutefois Lafayette ne fit aucune réflexion et se hâta de prendre les dispositions nécessaires en palliant autant qu'il le put les ordres du roi aux yeux de l'armée parisienne.

Il avait pourvu à la sûreté extérieure du château, à celle de l'hôtel des gardes du corps, aux logements de ses soldats tant chez les habitants de Versailles que dans les lieux publics. Il était remonté au château, avait vu le ministre Montmorin, le président de l'Assemblée nationale, fait une dernière ronde, écrit à Paris, et s'étant retiré à l'hôtel de Noailles, s'était jeté tout habillé sur un lit pour prendre un instant de repos, lorsqu'une alerte subite vint l'arracher au sommeil. Le château était envahi, le roi et la reine menacés de mort. Lafayette saute aussitôt sur le premier cheval qu'il trouve, et, suivi de peu de monde, court vers le palais. En route il trouve une foule tumultueuse qui obstrue son passage; au milieu d'elle sont dix-sept gardes du corps qu'on veut égorger.

— J'ai donné ma parole au roi qu'il ne serait fait aucun mal à tout ce qui lui appartient; si vous laissez égorger ces gardes, vous me ferez manquer à ma parole, dit Lafayette.

Aussitôt le peu de monde qui le suivait s'élance et sauve ces malheureux. Lafayette se trouve seul un moment. Un homme veut le tuer. « Qu'on arrête cet homme! » dit-il au peuple; et à cette voix imposante le peuple obéit, arrête l'assassin et lui brise la tête sur le pavé. Puis Lafayette court au Palais, et quand il arrive il trouve les appartements gardés par ses propres soldats.

En effet, une troupe de bandits, qui s'était mêlée au peuple, avait fait une irruption soudaine dans le château. Entrée par une grille du jardin confiée aux gardes du roi et *trouvée ouverte*, elle avait pénétré sans obstacle par un petit escalier jusqu'aux appartements de la reine qui n'eut que le temps de s'enfuir pendant que quelques gardes tentaient d'arrêter ces misérables au péril de leur vie, péril de leur vie en effet, car trois d'entre eux étaient déjà massacrés, et on en allait faire autant des autres, en trop petit nombre pour résister, lorsqu'arrivèrent à leur secours les grenadiers du premier poste de la garde nationale commandé par M. Cadignan, aide de camp de Lafayette. A ses côtés se faisait remarquer un sergent qui le premier s'élança avec témérité contre les assaillants. Ce sergent était Hoche, mort depuis si jeune et si grand. Peu après, une compagnie de volontaires, ayant à sa tête le capitaine Goudran, se joignit aux grenadiers, et ces soldats citoyens balayèrent en un instant ces hordes de sicaires. Ce fait, dont l'honneur tout entier est à la garde nationale, malgré la négligence dont on l'a taxée ainsi que son général (3), venait de s'accomplir lorsque Lafayette pénétra lui-même au château. Il y fut reçu comme un sauveur, et dès lors toute cette cour put juger de la puissance, du courage et de la loyauté de la garde civique. En un instant elle avait été rassemblée tout entière sur le bruit de ce qui se passait au château, et ses bataillons mêlés au peuple se pressaient dans les cours et appelaient à grands cris le roi au balcon. Louis XVI y parut avec sa femme et ses enfants; il y fut accueilli par le cri unanime de vive le roi! puis une voix s'élevant de la foule, et rappelant le motif du voyage à Versailles, fit entendre ces paroles : Le roi à Paris! Le roi à Paris, répète la foule avec énergie. Louis XVI très ému quitta le balcon pour consulter son conseil.

Pendant ce temps le même cri ne cessa de se faire entendre jusqu'au moment où les ministres, les courtisans, les membres de l'Assemblée nationale qui encombraient les salons, jetèrent de toutes parts des billets où étaient écrits ces mots : *Le roi consent à aller à Paris*. L'enthousiasme éclata alors tout-à-coup : Louis XVI reparut au balcon, et, profitant d'un moment de silence, adressa lui-même ces paroles à la foule :

— Mes enfants, vous voulez que je vous suive à Paris, j'y consens, mais à condition que je ne me séparerai pas de ma famille.

— Oui, oui, répondirent quelques voix.

Mais à cet assentiment si faible qui retombait sur la reine, Lafayette s'approche d'elle décidé à forcer la confiance de la foule, et lui baise respectueusement la main. Cette manifestation du chef de la garde nationale entraîne tous les esprits. Vive notre général! vive la reine! fut le cri qui se fit entendre aussitôt; et loin de s'arrêter là, le commandant général voulant profiter de l'ascendant que lui donnaient sa position et son grade, se fit amener M. de Mandallot, brigadier des gardes du corps, lui donna sa cocarde, lui fit prêter le serment civique et l'embrassa.

— Vivent les gardes du corps, fut le cri poussé cette fois par la foule.

L'instant d'après, ces militaires, qui tous avaient arboré la cocarde nationale, descendaient dans la cour, et prêtaient serment entre les mains de Lafayette en présence du peuple et de la garde nationale. Alors les troupes civiques fraternisèrent avec eux, et dans le désordre de leur joie coiffèrent les gardes du corps de leurs bonnets à poil, tandis qu'ils se coiffaient eux-mêmes de leurs chapeaux; puis comme si leur voix ne leur eût pas paru assez forte pour exprimer leur allégresse, ils firent une décharge générale qui sembla porter d'échos en échos leur triomphe dans toute la France.

A une heure le roi et sa famille montèrent en voiture pour se rendre à Paris ; à six heures ils arrivaient aux portes de la capitale entourés d'un cortége qui, par le désordre de sa marche, attestait la joie d'un triomphe spontané, et auquel la bizarrerie de son aspect n'ôtait pas la majesté d'une fête civique.

En tête du cortége marchait un gros détachement de l'armée, les trains d'artillerie, une grande partie des femmes et des hommes armés de piques, la plupart à pied, les autres dans des fiacres, sur des charrettes ou montés sur des canons. Après eux venaient cinquante à soixante voitures de farines et de blé, enlevés à Versailles de différents dépôts. Autour de ces voitures, les dames et les forts de la halle, ces derniers armés de hautes branches de peuplier qui contrastaient avec les fusils et les piques, faisaient entendre des chants joyeux dans leur langage populaire, et ne s'interrompaient que pour montrer à la foule qui bordait la route, d'une main les farines, de l'autre le roi et sa famille et s'écrier en souriant : « Courage, mes amis, nous ne manquerons pas de pain ; nous vous amenons le boulanger, la boulangère et le petit mitron. » Suivaient, en effet, les voitures de la cour, entourées de cavalerie bourgeoise, de femmes, de députés, de grenadiers. Lafayette et ses aides de camp étaient à cheval à la portière du roi. Derrière eux marchaient pêle-mêle, confondus, à pied ou à cheval, le régiment de Flandre, les dragons, les cent Suisses, les gardes du corps, et le reste de la garde nationale dont une partie était divisée par bataillons.

Parvenu à l'Hôtel-de-Ville, Louis XVI déclara que, se rendant aux vœux du peuple, il venait habiter Paris, et le duc de Liancourt annonça que l'Assemblée nationale, se regardant comme inséparable de la personne du roi, avait décrété qu'elle tiendrait aussi ses séances dans la capitale ; des transports d'allégresse éclatèrent à ces paroles. La marche du roi et de sa famille jusqu'aux Tuileries fut un nouveau triomphe, et ce soir-là même la garde nationale commença auprès de leurs personnes son service qu'elle n'abandonna qu'à la chute de la royauté. Les gardes du corps furent congédiés et les Suisses et les gardes de cette nation furent seuls adjoints à la milice parisienne.

Ainsi cette fois encore la volonté de la garde nationale triompha de tous les obstacles. Elle avait promis de ramener le roi à Paris, elle l'avait ramené. Ceux qui n'ont vu dans ce fait qu'une insurrection ou une émeute, ne l'ont pas jugé selon toute sa portée. Le roi à quatre lieues d'une ville comme Paris, entouré de plus de troupes et de courtisans que de citoyens, renfermé dans le fond d'un palais, où ne pouvaient lui arriver les échos du peuple, était en proie aux mensonges, aux perfidies, aux conseils d'une cour qui conspirait sans cesse contre la nation. Ses actes étaient suspects, ses intentions inspiraient des craintes. On parlait de sa fuite, des projets de son entourage qui avait recouru jusqu'à la famine comme moyen de réaction. La garde nationale voulut voir par elle-même, veiller de ses propres yeux, déjouer les complots de la cour, en appeler à Louis XVI en lui montrant les misères et les vœux de la France, pour la rassurer s'il était sincère, pour la prémunir s'il était perfide. Pour cela elle devait le garder, observer sa cour, lui montrer le peuple; pour cela elle l'amena à Paris.

IV

Garde de l'Assemblée. — Garde des Tuileries. — Émigration. — Séditions pour le pain. — Meurtre du boulanger François. — Proclamation de la loi martiale. — Origine des compagnies de chasseurs et de grenadiers. — Service pénible. — Mot de Lafayette. — Son zèle et son dévouement. — Grandes revues. — Fédérations de province. — Bretagne et Normandie. — Laval. — Le Dauphiné. — Lyon. — Montélimart. — Draguignan. — Avignon. — Le Vivarais. — Le Languedoc. — Clermont. — Metz. — Lille. — Dijon. — Bar-le-Duc. — Proposition de Bailly à l'Assemblée. — Décret de fédération générale. — Mode de députation. — Travaux du Champ-de-Mars. — 150,000 ouvriers et ouvrières. — Belle motion de Lafayette. — Nouveau décret de l'Assemblée. — Arrivée des fédérés. — Leur réception. — Leurs séances. — Le 14 juillet 1790. — Mauvais temps. — Description du cortège. — Le champ de la fédération. — L'arc de triomphe. — La tribune royale. — L'autel de la patrie. — Cérémonie. — Premier rayon de soleil. — Serment de Lafayette. — — Des fédérés. — De l'Assemblée nationale. — Du roi. — La reine. — Le dauphin.

L'Assemblée nationale tint sa première séance le 19 octobre au palais de l'Archevêché, pendant qu'on préparait pour elle la salle du manége où elle siégea plus tard.

Désormais ce fut la garde nationale qui fit le service auprès d'elle, comme elle le faisait auprès du roi, avec cette différence que si elle était là pour garantir la liberté et la sûreté des deux, elle était aussi auprès de Louis XVI pour empêcher sa fuite à laquelle la cour n'avait pas renoncé encore. Elle devenait donc responsable de sa personne aux yeux de la France. Par cette double mission, la milice parisienne tenait dans ses mains le salut du pays et en comprit toute l'importance.

Des mesures d'ordre indiquées par les localités furent prises pour ce qui concernait la garde de l'Assemblée, mais toute l'attention se concentra sur la résidence royale. Trois cents gardes nationaux faisaient constamment le service aux Tuileries et se partageaient les postes avec les gardes suisses. Au Pont-Tournant, ils occupaient deux corps de garde, et deux cavaliers stationnaient constamment devant la grande porte du Carrousel. Toutes les issues du côté du jardin et du côté de la place étaient gardées par des factionnaires; il y en avait même d'échelonnés de cent en cent pas sur la terrasse du bord de l'eau. A l'intérieur, les officiers de la garde nationale avaient remplacé les gardes du corps, et de simples sentinelles étaient placées dans les corridors.

Ce fut à la vue de toutes ces précautions qu'une partie de la noblesse, convaincue qu'elle ne pourrait conspirer librement en France, commença à émigrer à l'étranger en allant rejoindre le comte d'Artois qui s'était réfugié à Turin.

Cependant si la résidence du roi à Paris avait calmé les esprits et inspiré la confiance, elle n'avait pas entièrement dissipé les craintes sur la famine. *Soit précaution de prudence, soit dessein prémédité d'exciter des troubles, un grand nombre de particuliers accaparaient les vivres.* Le pain devenait de plus en plus rare et des attroupements se formaient à la porte des boulangers. Ils devinrent bientôt tellement menaçants, qu'on se vit dans la nécessité d'y placer des sentinelles. Mais ces gardes furent quelquefois trop faibles pour défendre ceux qu'elles avaient mission de protéger contre l'irritation de la multitude à laquelle se mêlaient toujours des gens sans aveu, soudoyés par les ennemis de la révolution, afin de pousser le peuple au désordre. C'est ainsi qu'un malheureux boulanger, nommé François, fut mis à mort dans la matinée du 21 octobre, et sa tête plantée au bout d'une pique fut promenée par la ville. Le jour même un autre mouvement éclata dans le faubourg Saint-Antoine. En dispersant les séditieux, la garde nationale arrêta l'assassin du boulanger François. Cet homme fut jugé et pendu le lendemain avec un malheureux convaincu d'avoir distribué des cartes pour exciter un soulèvement. Par suite de ces troubles toujours croissants, l'Assemblée nationale décréta la loi martiale, qui fut proclamée sous le drapeau rouge avec tout l'appareil militaire dans les rues de la capitale.

Tous ces désordres, tous ces moyens de répression retombèrent sur la garde nationale dont le zèle ne se démentait pas, mais qui ne pouvait suffire au triple service des rues, de l'Assemblée et des Tuileries. Vainement on augmenta l'armée parisienne de huit compagnies soldées, six de fusiliers et deux de cavaliers, et d'un corps de six cents hommes spécialement destinés à la sûreté des ports et aux services de la police; ces forces, qui n'avaient pas l'ascendant moral de la milice civique, ne pouvaient amener le rétablissement de l'ordre. Cependant les gardes nationaux volontaires ne pouvaient s'astreindre à un service journalier, leurs occupations ne le leur permettaient pas et leurs intérêts en auraient trop souffert. Ce fut alors que Lafayette, pour remédier à cette insuffisance de service, convoqua chez lui un grand nombre d'officiers, et, en appelant à leur patriotisme et à leur zèle, leur dit : « Nous sommes perdus si le service continue à se faire avec une aussi grande inexactitude. Nous sommes les seuls soldats de la révolution ; nous devons seuls défendre de toute atteinte la famille royale ; nous devons seuls établir la liberté des représentants de la nation ; nous sommes les seuls gardiens du trésor public. Je vous demande, messieurs, au nom de la patrie, que vos troupes citoyennes se lient plus solennellement que jamais à moi, par le serment de sacrifier jusqu'à leurs intérêts personnels à un service exact et assidu, si nécessaire dans les circonstances actuelles. Proposez à vos bataillons ce nouveau serment, que je vous prie de ne leur faire prononcer qu'après la plus grande réflexion. S'il n'est pas possible que la totalité s'y engage, faites en sorte de former, par bataillon, une compagnie de grenadiers et une de chasseurs ; mais que ce petit nombre de soldats de la constitution jure, en se formant, de sacrifier tout pendant quatre mois, d'être sur pied tous les jours, à toutes les heures, si le bien public l'exige. Ma tête ne tient à rien ; mais je jure de défendre la Constitution française à laquelle nous travaillons, et je tiendrai plus à mon serment qu'à ma vie. »

Le 24 octobre, le commandant du bataillon de Saint-Roch vint, avec une députation nombreuse, offrir au général, au nom de plus de quatre cents citoyens armés dont les noms étaient réunis au bas de la même adresse, un engagement solennel ainsi conçu :

« Nous jurons entre vos mains de faire exactement notre service, de ne pas nous prévaloir des dispositions de l'ordonnance provisoire qui nous donne quarante-sept jours de repos pour un jour d'activité, de ne poser les armes que quand vous nous l'ordonnerez et que vous nous direz que la grande œuvre de notre liberté est entièrement consommée. »

Tous les bataillons suivirent l'exemple de celui de Saint-Roch, et dans chacune des compagnies des volontaires se dévouèrent et s'assujettirent à un service de tous les jours, de toutes les heures.

Telle fut l'origine des compagnies de grenadiers et de chasseurs.

Noble et patriotique origine, dont la pureté fut effacée plus tard et qui emprunta sa distinction au costume et au rang, au lieu de la soumettre au dévouement et au zèle.

Dès les premiers jours, du reste, cette institution fut calomniée. On disait que Lafayette n'avait voulu s'entourer que d'une espèce de garde d'honneur prête à servir son ambition selon qu'elle l'eût entraîné vers le rôle de Monck ou de Cromwel, et cependant outre les actions, les actes du commandant général qui traçait alors sa conduite à la garde nationale selon son serment, la liberté, la loi, le roi, il avait répondu à ceux qui lui proposaient la dictature de l'Hôtel-de-Ville, ces mots sublimes de simplicité : « Croyez-vous que nous en ferions mieux nos patrouilles ? » Dans une autre occasion, venant de sauver au péril de sa vie un homme des mains d'un assommeur, presque seul au milieu de la foule il avait arrêté l'assassin en s'écriant : « Je vais vous montrer que toute fonction est honorable lorsqu'on exécute la loi. » Il l'avait ensuite livré aux juges du Châtelet. Ce fut certes à son zèle, à son dévouement, à son noble exemple qu'on dut l'ordre et la tranquillité qui régnèrent dans Paris lors des nouveaux bruits de fuite du roi à Péronne, durant le procès de Favras qui souleva tant d'agitation toujours calmée par la garde nationale. Le 18 octobre, Louis XVI avait passé en personne une revue générale. Le 20 novembre, Lafayette en passa une seconde où, cherchant à maintenir le zèle de la garde civique, il la prévint d'être prête à prendre les armes au signal donné par trois coups de canon, tirés par des batteries établies exprès sur le terre-plein du Pont-Neuf. D'un autre côté, comme l'Assemblée ne trouvait pas le temps de discuter la loi organique de la garde nationale, on formula *au Comité militaire* de la municipalité un règlement sévère par les obligations qu'on se hâta de mettre en vigueur. Enfin le 21 mars 1790, eut lieu aux Champs-Élysées une nouvelle revue générale dans laquelle on admira le nombre, la bonne tenue et les manœuvres de l'armée parisienne.

Le spectacle des efforts et des fatigues de la garde nationale de Paris, les résultats obtenus par elle avaient fait sentir à la province tout le prix de cette grande institution. La province alors conçut le dessein salutaire de seconder autant qu'il était en elle ses frères de Paris, de lui témoigner que le même esprit l'animait pour la chose publique, qu'elle était prête aussi à affronter tous les dangers, à soutenir toutes les luttes pour la même cause. La Bretagne et la Normandie commencèrent par signer un pacte dans lequel *elles s'engageaient à soutenir par la force des armes l'œuvre sacrée et difficile de la liberté.* La ville de Laval se taxa à 60,000 livres pour les frais de voyage s'il était nécessaire.

« Nous, soldats citoyens, de l'une et l'autre rive du Rhône, réunis fraternellement pour le bien de la chose publique, jurons à la face du ciel, sur nos cœurs et sur nos armes consacrées à la défense de l'État, de rester à jamais unis, offrant nos bras et nos fortunes à la patrie pour le soutien des lois émanées de l'Assemblée nationale ; jurons de nous donner mutuellement toute assistance pour remplir des devoirs aussi sacrés ; jurons de voler au secours de nos frères de Paris ou de toute autre ville de France qui serait en danger pour la cause de la liberté. »

Ce serment solennel et significatif fut prononcé le 29 novembre sur les bords du Rhône par 13,000 gardes nationaux. Lyon en réunit 50,000 sur la place des Brotteaux. Montélimart en vit 6,000 sous ses murs représentant les milices du Vivarais et du Languedoc. Draguignan et Avignon en envoyèrent 8,000 dans la plaine de Valbourges. Enfin Clermont, Metz, Lille, Dijon, Bar-le-Duc, etc., suivirent ce noble exemple de fraternité si plein d'avenir pour la France.

En présence de ces grandes manifestations, Bailly se présenta à la barre de l'Assemblée nationale et vint proposer au nom de la Municipalité la cérémonie d'une fédération générale où le pacte serait juré, demandant que le jour en fût fixé au 14 juillet.

« Ce jour, dit-il, s'est fait entendre ce cri dans tout l'empire :

Français, soyons libres ! qu'au même jour, un an après, se fasse entendre ce cri plus touchant : Français, soyons frères ! »

Le 8 juin, l'Assemblée adopta la proposition de la commune par un décret, qui régla de la même manière le mode de l'élection des citoyens et des soldats qui devaient être les représentants du peuple et de l'armée au pacte solennel. Tous les corps militaires, soit de terre, soit de mer, nationaux ou étrangers, étaient convoqués. Chacun des régiments d'infanterie et d'artillerie dut élire pour députés l'officier, le sous-officier et les quatre soldats les plus anciens de service, présents au corps. Quant aux régiments de cavalerie, comme ils étaient inférieurs en nombre, ils ne devaient envoyer qu'un officier, un sous-officier et deux cavaliers. Le génie, la maréchaussée, les invalides, les commissaires des guerres, les compagnies de la maison militaire du roi, les officiers de marine, les canonniers matelots, les ingénieurs constructeurs, les élèves et volontaires de la marine, les officiers mariniers entretenus dans chaque port, les commissaires généraux et ordinaires des ports et arsenaux, tous les corps militaires réunis et non réunis avaient droit à une représentation proportionnée à leur nombre.

La cérémonie devait avoir lieu au Champ-de-Mars que 15,000 ouvriers commençaient à remuer dans tous les sens. Bientôt on s'aperçut que les bras manqueraient et que tout ne serait pas prêt pour le jour fixé d'avance. Alors on fit appel à toute la population pour venir en aide aux ouvriers. Cet appel fut accueilli avec enthousiasme ; chacun fut jaloux de mettre la main aux préparatifs de cette fête nationale, tant on était persuadé que le salut du pays résidait dans l'union de la milice citoyenne. Cent cinquante mille terrassiers de toutes les classes, de tous les sexes, de tous les âges, accoururent au Champ-de-Mars. « On voyait attelés au même chariot, dit l'*Histoire de la révolution*, par deux amis de la liberté, une bénédictine, un invalide, un juge, une nymphe de l'Opéra; les plus jolies filles de Paris vêtues de robes blanches, élégamment rattachées par des ceintures et des rubans aux couleurs nationales, allaient, venaient, chargeaient, piochaient, roulaient, traînaient, et à l'aide de quelques aides officieux arrivaient au haut du talus, d'où elles redescendaient avec rapidité pour charger de nouveaux matériaux et de nouvelles terres. » Grâce à ces travailleurs de nouvelle espèce, tout fut prêt pour le 14 juillet.

Mais avant d'en arriver là, nous ne pouvons passer sous silence un décret qui posa un principe important pour la liberté, et qui fut dû à la loyauté et au patriotisme de Lafayette. Ce général avait appris le projet d'un grand nombre de fédérés de province et de l'armée parisienne de le proclamer, au milieu de la cérémonie, généralissime des gardes nationales de France. Sentant le danger qu'il y aurait, comme il le déclara à la tribune, *qu'à cette grande idée d'une nation tranquille sous ses drapeaux civiques pussent se mêler un jour de ces combinaisons individuelles qui compromettaient l'ordre public et la liberté,* Lafayette proposa le décret suivant qui fut adopté sur l'heure : « L'Assemblée nationale décrète comme principe constitutionnel que personne ne pourra avoir un commandement de gardes nationales dans plus d'un département. »

Bientôt on vit arriver les fédérés de tous les points du royaume; des détachements de la garde nationale allaient à leur rencontre; on les accueillait comme des frères; chacun se disputait l'honneur et le plaisir de leur donner l'hospitalité. Sur l'invitation de l'état-major de la garde parisienne, les quatorze mille députés des milices citoyennes de France nommèrent des délégués pour se réunir à l'Hôtel-de-Ville. La première séance de cette assemblée eut lieu le 10 juillet. Lafayette fut élu à l'unanimité des suffrages et avec acclamation, président de l'Assemblée. Le lendemain, il annonça que les représentants de la nation et le roi recevraient le 13 la députation des gardes fédérés. Ces deux réceptions eurent lieu en effet le même jour, et le 14 la grande cérémonie commença.

Ce jour-là, de grand matin, tous les fédérés se réunirent à la place de la Bastille. Tandis que les envoyés des corps de l'armée de terre et de mer se rassemblaient autour de leurs drapeaux, les députés de chacun des quatre-vingt-trois départements se rangeaient ensemble sous une bannière, composée d'un large carré blanc, sur lequel était peinte une couronne de chêne entourant le nom du département. L'honneur de porter cette bannière appartenait au député le plus avancé en âge.

Le temps se montrait peu propice; le ciel était couvert de sombres nuages; il fut ainsi pendant une grande partie du jour, et la pluie ne cessa presque point de tomber par longues averses.

A sept heures, le cortége s'ébranla dans l'ordre suivant : une compagnie de cavalerie de la garde nationale avec quatre trompettes, le commandant à leur tête; une compagnie de grenadiers, précédée d'un corps de musique et de tambours; les électeurs de la ville de Paris; une compagnie de volontaires; le comité militaire; une compagnie de chasseurs; les tambours de la ville; les présidents des districts; les députés des communes pour le pacte fédéral; le bataillon des élèves militaires, puis celui des vétérans; plusieurs soldats citoyens portant les drapeaux de la garde nationale de Paris; les députations des quarante-deux premiers départements, rangés par ordre alphabétique, ayant chacun leur bannière et leurs tambours; les députations de l'armée de terre et de mer, précédées d'une oriflamme, portée entre deux maréchaux de France qui marchaient en tête. Suivaient les officiers généraux, ceux de l'état-major de l'armée, ceux de l'artillerie, du génie, et tous les députés des corps de l'armée, cavalerie et infanterie, d'après le rang qu'ils tenaient entre eux, ainsi que les troupes de la maison du roi et des princes ses frères. Les officiers de la marine et les députés de ce corps marchaient après les députés de l'armée de terre; ensuite venaient les députés des quarante et un derniers départements. La marche était fermée par un détachement de grenadiers et un escadron de la cavalerie de la garde nationale parisienne.

Ce majestueux cortége suivit les boulevards, descendit les rues Saint-Martin et Saint-Denis pour gagner par la rue Saint-Honoré la place Louis XV où il devait être joint par l'Assemblée nationale et la municipalité. Partout dans les rues et sur les quais, aux fenêtres et sur les toits des maisons, on voyait un peuple immense qui battait des mains et remplissait l'air d'acclamations et de cris patriotiques.

Lafayette était à la tête de la marche monté sur un magnifique cheval blanc; aussitôt que l'Assemblée nationale et les représentants de la commune avaient pris place entre les élèves militaires et les vétérans au milieu des drapeaux de la garde nationale, il donna le signal. Le cortége se remit en marche, il longea le Cours-la-Reine et arriva au bruit de l'artillerie à sa destination par un pont de bateaux jeté sur la Seine en face de Chaillot.

Le Champ-de-Mars était transformé en un cirque d'une lieue de tour, creusé dans toute sa longueur et bordé de vastes rangées de banquettes disposées en gradins. A l'entrée s'élevait un arc de triomphe magnifique percé de trois portes cintrées, et orné de devises écrites en lettres d'or. Au fond, adossée contre l'École militaire, apparaissait une riche galerie, décorée aux trois couleurs, dans le milieu de laquelle était un pavillon. Là étaient les fauteuils du roi et du président de l'Assemblée ainsi que les siéges de la reine et de toute la cour. Au milieu de l'amphithéâtre brillait le vaste autel de la patrie sur lequel s'arrêtaient tous les regards. A ses pieds on apercevait une bastille renversée : cet autel, de forme simple, était posé sur un stylobate carré, au sommet d'un monticule de vingt-cinq pieds de hauteur, qui surgissait du milieu du cirque; on y montait par quatre escaliers, dont les plates-formes étaient couronnées de cassolettes antiques où brûlaient des parfums. Les quatre faces étaient couvertes d'inscriptions et de figures allégoriques.

Cependant les soixante mille fédérés, débouchant par les trois ouvertures de l'arc de triomphe, se développent dans le cirque, dont ils doivent occuper le contour intérieur. Quelques uns, après avoir réuni leurs armes en faisceaux, forment une ronde; tous les autres les imitent, à mesure qu'ils arrivent, et, pendant les trois heures que le cortége met à entrer au Champ-de-Mars, ces hommes, venus des points les plus éloignés de la France, inconnus les uns aux autres, se rapprochent, se mêlent, unissent fraternellement leurs bras et dansent des farandoles, en chantant le *ça ira*. Une fois tout le cortége arrivé, après que les électeurs de Paris, les représentants de la commune et l'Assemblée nationale eurent pris place dans les galeries couvertes qui leur étaient destinées, les rondes s'arrêtèrent; chaque fédéré courut rejoindre sa bannière; l'auguste cérémonie commença.

La pluie redouble alors, et le vent du nord se met à souffler avec violence, au moment où l'évêque d'Autun paraît à l'autel, suivi de trois cents prêtres, couverts d'aubes blanches sur lesquelles tranchent de larges ceintures tricolores. L'office divin est célébré au bruit des tambours, au milieu du fracas de l'artillerie. La messe achevée, l'officiant descend des premiers degrés de l'autel; il entonne un *Te Deum*, qu'exécutent un chœur immense et douze cents musiciens; puis il bénit l'oriflamme, les drapeaux et les bannières de quatre-vingt-trois départements, qui durant le sacrifice divin formaient un quadruple cordon demi-circulaire sur le devant de l'autel de la patrie.

Un profond silence succède aux chants religieux, et tous les yeux sont fixés sur Lafayette qui, après avoir pris les ordres du roi, monte lentement les degrés de l'autel.

En ce moment le ciel se découvre ; un soleil étincelant illumine tout à coup le Champ-de-Mars comme si Dieu souriait à cette fête. Une éclatante fanfare de trompettes, de cors, un long roulement de tambours se font entendre ; puis le silence se rétablit plus profond que jamais.

Lafayette a mis l'épée à la main ; il appuie la pointe sur l'autel de la patrie, et prononce d'une voix forte le serment fédératif :

« Nous jurons d'être à jamais fidèles à la nation, à la loi et au roi ; de maintenir de tout notre pouvoir la constitution décrétée par l'Assemblée nationale et acceptée par le roi ; de protéger, conformément aux lois, la sûreté des personnes et des propriétés, la circulation des grains et subsistances dans l'intérieur du royaume ; la perception des contributions publiques, sous quelques formes qu'elles existent ; de demeurer unis à tous les Français par les liens indissolubles de la fraternité. »

A ces mots, les drapeaux et les bannières s'inclinent ; les sabres étincèlent ; tous les bras sont levés vers l'autel, tous les fédérés s'écrient avec enthousiasme :

— Nous le jurons !

Le président de l'Assemblée nationale se lève ; aussitôt tous les représentants de la nation l'imitent.

— « Je jure, » dit le président, « d'être fidèle à la Nation, à la loi et au roi, et de maintenir de tout mon pouvoir la Constitution décrétée par l'Assemblée nationale et acceptée par le roi. »

Chacun des députés s'écrie, le bras tendu :

1ère FÉDÉRATION

14 Juillet 1790

— Je le jure!

Et ce cri est répété par le peuple entier.

Le roi se lève à son tour, et, la main étendue sur l'autel, s'écrie d'une voix forte : « Moi, roi des Français, je jure d'employer tous les pouvoirs qui m'ont été délégués par la loi constitutionnelle de l'État à maintenir la Constitution décrétée par l'Assemblée nationale et acceptée par moi, et à faire exécuter les lois. »

En ce moment, la reine prend le dauphin, l'élève dans ses bras et le présente au peuple : « Voilà mon fils, dit-elle, il se réunit ainsi que moi dans les mêmes sentiments. »

A ce mouvement aperçu par la foule, un triple cri sort de toutes les bouches : Vive la Nation! vive le roi! vive la reine.

A ces acclamations se mêlent le roulement de trois cents tambours, les sons et les accents de l'orchestre et des chœurs qui exécutent des airs guerriers, et, par-dessus tout, le bruit du canon dont la grande voix domine par instants toutes les autres clameurs.

Telle fut cette fête éclatante de majesté, d'union et d'avenir, fête qui reconnut et sanctionna la puissance des milices citoyennes à laquelle tout vint rendre hommage en ce jour. Fête sainte et populaire, car ce fut à la face du ciel, devant les ministres de Dieu, en présence de l'Assemblée nationale et du roi que ces hommes, accourus de toutes les parties de la France, consacrèrent la fraternité qui devait les unir, l'esprit qui devait les animer, le serment qui devenait leur guide. Cette fraternité, cet esprit, ce serment, ils l'emportèrent au fond de leurs provinces, et, le jour de l'épreuve venu, ils surent la réaliser avec autant de noblesse que d'énergie.

V

Journée du 18 février 1791. — Les démolisseurs de Vincennes. — Santerre et son bataillon. — Fermeté de Lafayette. — Le donjon préservé. — Les barrières fermées. — Les prisonniers à l'Hôtel-de-Ville. — Les chevaliers du poignard aux Tuileries. — Le marquis de Court. — Le duc de Villequier. — Le chevalier Saint-Edme. — La garde nationale les chasse. — Le roi veut aller à Saint-Cloud. — La garde nationale s'y oppose. — Démission de Lafayette. — Il la retire. — Fuite du roi. — Zèle et spontanéité de la garde parisienne. — Ordres rapides de Lafayette. — Ses paroles au peuple. — Mesures prises par l'Assemblée. — Sa noble attitude. — Décret de mise en activité de toutes les gardes nationales. — Nevers. — Moulins. — Verdun. — Bordeaux. — Givet. — Projets de Louis XVI et de Bouillé. — La berline à Sainte-Menehould. — Drouet. — L'assignat de 50 francs. — Clermont. — Le comte de Damas. — La garde nationale et les dragons. — Drouet et Guillaume. — Varennes. — Retard. — Alarme donnée par Drouet. — Pont barricadé. — Fausse arrestation de la berline. — Les voyageurs conduits chez le marchand de chandelles. — La garde nationale rassemblée. — Le roi reconnu. — Ses instances. — Sa colère. — Le coup de feu. — Les hussards de Lauzun et les gardes nationaux. — M. de Gagnoleur et M. de Sigemond. — Arrivée de M. de Romeuf. — Tentative des troupes de M. de Bouillé. — Départ du roi pour Paris — M de Signecourt. — Nouvelle de l'arrestation du roi parvenue à Paris. — Commissaires nommés. — Premiers volontaires nationaux envoyés aux frontières. — Défilé devant l'Assemblée. — L'adjudant général Dumas. — Cortège des gardes nationales. — 15,000 hommes, 16 pièces de canon. — Entrée à Paris. — Silence du peuple. — Gardes du corps sauvés. — Le roi de retour aux Tuileries.

La journée du 28 février 1791 fut une de celles qui marqua le plus dans les fastes des gardes nationales : le double résultat qu'obtint cette milice démontra sa force morale et son courage, et surtout l'impartialité qui la guidait dans la ligne de conduite qu'elle s'était tracée.

Lafayette, dont l'influence était immense sur la garde civique, en dirigeait l'esprit, qui, fidèle au serment prononcé, se bornait à la protection et au respect de ces trois choses : la Nation, la loi, le roi. L'aristocratie et l'anarchie conspiraient également contre ce programme et voulaient en renverser le plus ferme soutien en s'en prenant à la personne du général. Ce jour-là ce fut l'anarchie qui fit la première tentative.

Le donjon de Vincennes, succursale et antichambre de la Bastille, était resté debout après la démolition de cette dernière. Depuis quelque temps il était question de l'abattre. Lafayette avait conseillé au roi de prendre l'initiative de cette mesure ; mais ses conseils n'avaient pas été suivis. On profita de ses indécisions pour fomenter une émeute à Vincennes afin d'y attirer le commandant général qui, une fois hors Paris, n'y pourrait plus rentrer, d'après le plan des émeutiers. En effet, le 28 au matin une foule considérable se porta vers le donjon, l'envahit et en commença la démolition. Lafayette averti courut à Vincennes et arriva avec un escadron de cavalerie. Il trouva le maire et le bataillon du faubourg Saint-Antoine, spectateurs impassibles de ce qui se passait. Ce bataillon était commandé par Santerre qui, avec plusieurs autres, disait qu'il fallait laisser faire, que cet acte n'avait rien de criminel ; en même temps ils quittaient les rangs et baissaient les armes. Lafayette qui, comme on l'a vu, avait conseillé cette démolition, ne voulait pas qu'elle arrivât par une émeute. En conséquence, il réprimanda vivement Santerre et les autres gardes nationaux et leur ordonna de reprendre leurs rangs, ce qu'ils firent sans répliquer ; puis, se tournant vers le maire, il lui dit qu'il attendait ses ordres, mais que s'il manquait de fermeté il en préviendrait l'Assemblée. Le maire alors enjoignit de faire cesser la démolition. Un bataillon d'infanterie s'approcha aussitôt du donjon et en chassa les démolisseurs dont il arrêta une soixantaine ; ceux qui parvinrent à s'échapper se perdirent au sein de la multitude qu'ils animèrent par leurs propos et leurs vociférations. Alors la foule voulut résister à la garde nationale et marcha contre elle. Celle-ci fut insultée, menacée, et croisa aussitôt la baïonnette, sur l'ordre du commandant général, tandis que l'escadron entra dans les cours et les balaya rapidement. Les démolisseurs coururent vers le faubourg Saint-Antoine qu'ils cherchèrent à soulever et fermèrent les barrières. Lafayette, prévenu de ce qui se passait et de l'intention qu'on avait de délivrer les prisonniers, les fit marcher au centre de la colonne et se dirigea vers Paris, précédé de deux pièces d'artillerie. Trouvant la barrière fermée, il menaça de l'enfoncer avec du canon; elle fut ouverte à l'instant. Puis il traversa lentement le faubourg au sein duquel on voyait les perturbateurs errer de groupe en groupe et exciter la plus grande agitation. Plusieurs détonations se firent entendre. Un cavalier qui avait eu l'imprudence de s'écarter fut blessé à la main, des pierres atteignirent quelques officiers, et Lafayette n'échappa lui-même qu'à l'aide d'un coup de baïonnette donné par un grenadier national à un homme qui voulait faire tomber son cheval pour tuer le général après. Cependant la colonne arriva en bon ordre jusqu'à l'Hôtel-de-Ville où elle laissa ses prisonniers. Ce fut là que Lafayette apprit que le jour même une foule de gens étrangers et armés avait été introduite dans le château des Tuileries par le duc de Villequier. Il s'y transporta sur-le-champ. Or voici ce qui avait donné lieu à la scène qui se passait à cette heure.

Dans la matinée on avait arrêté dans les appartements du dauphin un homme porteur d'un poignard. Cet homme, interrogé par Bailly, avait déclaré être le marquis de Court, chevalier de Saint-Louis, et s'être armé pour sa propre défense. La nouvelle de cette arrestation se répandit dans la ville et fut controuvée, comme il arrive toujours. On assura qu'on avait tenté d'assassiner le roi. Aussitôt une foule de gentilshommes, le vieux maréchal de Mailly en tête, se rendent furtivement aux Tuileries, portant des armes cachées sous leurs habits, et sont introduits en secret par le duc de Villequier, gentilhomme de la chambre, dans le grand appartement supérieur qui se trouvait entre la chambre du roi et le salon de service des gardes nationaux. Ces gentilshommes étaient au nombre de quatre cents. Louis XVI les vit, les rassura, les remercia et les engagea à se retirer. Mais l'un d'eux, le chevalier de Saint-Edme, emporté par son royalisme, entr'ouvre la porte du salon et braque un de ses pistolets contre un garde national. Aussitôt tout est découvert ; la garde nationale prend les armes, cerne les issues et se prépare à arrêter tous ces gentilshommes auxquels le roi défend de résister. C'est à ce moment que Lafayette arriva. S'adressant au duc de Villequier, il lui fit les plus vifs reproches : « Je trouve bien étrange, monsieur, lui dit-il, que vous remplissiez les appartements d'hommes armés, étrangers à la garde nationale? Si ce sont de bons citoyens, que n'ont-ils pris l'uniforme pour avoir l'honneur de servir avec nous, et s'ils ne le sont pas, je ne les souffrirai point ici. Je réponds à la nation de la personne du roi, et je ne la croirai pas en sûreté lorsqu'il sera entouré de gens de cette espèce. »

Puis il ordonna de fouiller toutes les personnes, de leur enlever leurs armes et de les laisser libres, jugeant la leçon assez forte. En effet, ces gentilshommes furent contraints de défiler au sein de la haie des gardes nationaux, en proie aux quolibets, aux plaisanteries, et quelques uns aux bourrades. On recueillit leurs armes. Il y en avait plein une grande manne. C'étaient des sabres, des épées et principalement des poignards : c'est pour cela qu'on surnomma les héros de cette journée : *Chevaliers du poignard*.

Ainsi, comme nous l'avons dit, dans la même journée, la garde nationale vainquit l'anarchie et réprima la réaction.

Dès ce jour, du reste, la réaction redoubla d'efforts et de ruses, et, voyant qu'elle était maintenue dans la capitale, résolut plus que jamais la fuite du roi. Pour la légitimer, on conseilla à Louis XVI d'avoir l'air, aux yeux de l'Europe, de ne pas être libre. Un jour qu'il devait aller à Saint-Cloud pour faire ses pâques, les royalistes répandirent le bruit qu'il voulait prendre la fuite, et dispersés dans le peuple, mêlés aux révolutionnaires qui étaient de bonne foi, ils s'opposèrent à son départ. La garde nationale, entraînée elle-même, refusa d'ouvrir ses rangs. Lafayette commanda en vain de le faire. Empressé de paraître prisonnier, Louis XVI se hâta de rentrer dans ses appartements et Lafayette donna sa démission, que bientôt il retira sur les regrets sincères de la garde nationale et sur la promesse de lui obéir en tout désormais.

Mais si les amis de la révolution avaient servi sans le vouloir les projets de la cour, leur instinct ne les avait pas trompés, malgré le manifeste menteur de Louis XVI aux puissances étrangères (4). Le 20 juin 1791, on apprit à six heures du matin la fuite du roi et de sa famille. Trois coups de canon l'annoncèrent officiellement à neuf heures à tous les habitants de Paris. Aussitôt on battit la générale dans tous les districts, on sonna le tocsin; en un instant la garde nationale fut rassemblée et des ouvriers armés à la hâte la suivirent et offrirent de marcher avec elle. Ces précautions étaient rassurantes et salutaires. On ignorait si le roi en fuyant n'avait pas organisé derrière lui la guerre civile.

Toutefois une partie du peuple faisait entendre des clameurs menaçantes contre les gardes nationaux de la sixième division qui était de service au château, contre le duc d'Aumont, commandant de cette division et contre le commandant général. Les uns pas plus que les autres n'étaient coupables de complicité et de négligence. La parole donnée à Lafayette par le roi, le désir de ne pas paraître sévère jusqu'à la tyrannie en faisant la garde du château, avaient seuls laissé effectuer cette fuite qui, comme on le sait, avait eu lieu à minuit à l'aide de divers déguisements. Dès la première nouvelle, Lafayette ayant conféré avec le président de l'Assemblée nationale, avait envoyé dans toutes les directions des aides de camp et des officiers d'état-major porteurs de cet ordre : « M.... est chargé d'apprendre partout sur sa route que les ennemis de la patrie ont emmené le roi, et d'ordonner à tous les amis du bien public de mettre obstacle à son passage. Je prends sur moi la responsabilité de cet avis. » Puis allant seul au milieu des rues chercher le contact du peuple, le commandant général lui avait dit pour le rassurer : « Chaque citoyen gagne vingt sous de rente par la suppression de la liste civile. » Et comme alors on se lamentait sur l'événement, il avait repris : « Si vous appelez cet événement un malheur, je voudrais bien savoir quel nom vous donneriez à une contre-révolution qui vous priverait de la liberté ? » Ces mots avaient relevé les esprits ; les mesures prises par l'Assemblée, l'exemple donné par elle et le zèle déployé par la garde nationale avaient achevé l'œuvre.

L'Assemblée, en effet, entrée en séance, s'était d'abord emparée du pouvoir en mandant les ministres à sa barre et les confirmant, et en se déclarant en permanence, elle avait approuvé les mesures prises par Lafayette et décrété l'arrestation du roi. En ce moment, on avait quelques renseignements sur la route suivie par lui, et un aide-de-camp de Lafayette, M. de Romeuf, avait volé sur ses traces porteur du décret. Puis après avoir lu la lettre laissée par Louis XVI pour elle, lettre qui n'était autre chose que l'abdication de la royauté constitutionnelle, l'Assemblée avait voté le renouvellement du serment de fidélité par les militaires, et rendu un décret célèbre concernant les gardes nationales de France, comme toujours, seule planche de salut pour la patrie, seule force qui pouvait être assez vite debout pour empêcher la guerre civile, pour résister à l'étranger. Ensuite certaine de sa propre force, majestueuse par sa confiance, grande et puissante par la nation qu'elle représentait, elle avait repris ses travaux ordinaires en poursuivant l'ordre du jour, ne voulant pas attacher plus d'importance à la fuite d'un roi pour le bonheur commun, qu'à la fuite d'un citoyen isolé.

Ce décret concernant la garde civique mettait en activité toutes les gardes nationales de France *pour défendre l'État et la Constitution*. Il leur attribuait une solde et faisait un appel à leur zèle et à leur patriotisme. Mais avant même qu'il ne fût connu et à la simple nouvelle de la fuite du roi, la garde civique avait pris l'initiative. On écrivait de Nevers, de Moulins : « Nous avons des plaines couvertes de moissons et d'hommes ; hommes et moissons, tout sera prêt pour la patrie. » On écrivait de Verdun à l'Assemblée : « Nous sommes prêts à mourir pour vos décrets. » On écrivait de Bordeaux : « La Gironde a quatre-vingts milles gardes nationales prêtes à marcher ; mais nous n'avons pas autant de fusils que d'hommes et de patriotes intrépides ; faites-nous donner des fusils. » Enfin, dans la petite ville de Givet, où l'on faisait réparer les fortifications, on disait à l'entrepreneur qui se plaignait de manquer d'argent : « Nous vous en fournirons ; nous avons chacun un louis de masse ; nous vous l'avancerons ; nous donnerons notre prêt : nous mangerons du pain. Disposez de nos bras. Nous sommes les défenseurs de la patrie, nous voulons être encore les travailleurs de l'État. »

L'institution des gardes nationales prouvait ainsi sa force et sa puissance, son esprit et son union : comme en 1789, le même mouvement agita le pays d'un bout à l'autre de la France, et comme si cette garde citoyenne devait tout faire à elle seule, ce fut encore elle qui arrêta le roi dans sa fuite et le ramena à Paris.

Louis XVI avait tout arrangé, en effet, pour se retirer à Montmédy d'où il devait, sans sortir de France, reconquérir par la force son pouvoir absolu, à l'aide de l'armée française sur laquelle il comptait, et des armées étrangères dont les rois de l'Europe lui avaient promis le secours. C'était, comme on le voit, la guerre civile et la guerre étrangère devant laquelle il ne reculait pas pour satisfaire à l'ambition de son entourage, aux scrupules superstitieux qui le touchaient personnellement par les divers décrets de l'Assemblée, concernant le clergé. Mais Dieu qui frappe ou protége les rois comme les autres hommes, Dieu semble vouloir l'éclairer sur la véritable voie qu'il devait suivre en faisant échouer, un à un, tous ces projets conçus au profit d'un homme et de sa caste, contre la liberté et le bonheur d'une nation. Il inspira à ce peuple qu'à la fuite du roi tenait la guerre civile et la guerre étrangère, et ce peuple tout entier devint le gardien du roi pour épargner le désordre et le sang.

Tout était convenu avec Bouillé qui commandait l'armée des frontières ; des troupes de cavalerie devaient être échelonnées sur la route pour escorter le roi de ville en ville jusqu'à Montmédy, que Louis XVI devait gagner par Clermont et Varennes. Tout en effet, sauf quelque temps de retard, avait semblé favoriser cette fuite jusqu'à Sainte-Menehould. Là, au moment où la berline qui contenait la famille royale stationna pour relayer, on vit un jeune homme dont les traits respiraient l'intelligence et l'énergie regarder avec attention le roi qui, grossièrement déguisé, avait mis plusieurs fois la tête à la portière. Ce jeune homme, nommé

Drouet, fils du maître de poste de ce lieu, avait vu Louis XVI à Paris où il s'était rendu pour la fédération. Il avait cru le reconnaître ; mais, incertain encore, il avait tiré de sa poche un assignat de 50 francs, et au moment où il comparait le portrait à l'original, la berline disparut. Peu de minutes après des dragons arrivèrent bride abattue dans la ville, et leur présence insolite ayant confirmé ses soupçons, il en fit part sur-le-champ à son père. Ils coururent aussitôt donner l'alarme à la municipalité qui fit sonner le tocsin et battre la générale. A ce bruit, la garde nationale se réunit sur l'heure, et retint les dragons à ce seul cri : Vive la Nation ! Pendant ce temps, Drouet, accompagné d'un de ses camarades nommé Guillaume, tous deux portant les armes et les habits de la garde nationale dont ils faisaient partie, galoppait sur la route de Clermont pour atteindre les fugitifs.

A Clermont, dès la veille, était arrivé à l'improviste le 13e régiment de cavalerie, dragons de Monsieur, commandés par le colonel de Damas. Ce dernier n'avait cessé d'ordonner à ses cavaliers des marches et des reconnaissances sur la route de Sainte-Menehould, et avait fini par faire déseller ; mais aussitôt qu'il avait aperçu la berline et le cabriolet qui la précédait, escorté de courriers à cheval, il courut au-devant, échangea quelques mots mystérieux avec les voyageurs pendant qu'ils relayaient, et fit sonner le boute-selle pour réunir les dragons et suivre la berline qui était déjà repartie. Cet ordre subit, dont on ne pouvait deviner les motifs, excita les soupçons. La défiance de l'armée de Bouillé, commandée par des contre-révolutionnaires, les projets de fuite du roi dont les journaux parlaient sans cesse, et par-dessus tout l'instinct du peuple, motivèrent l'envoi des commissaires de la commune à M. de Damas pour lui demander communication des ordres qui le faisaient agir ainsi ; mais pendant qu'ils discutaient encore, Drouet et Guillaume arrivèrent à Clermont et firent connaître la vérité. Aussitôt, comme à Sainte-Menehould, le tambour et le tocsin réunissent la garde nationale, qui arrive en tumulte, se place en face des dragons, et le maire, au nom de loi, somme le colonel de ne pas partir. Celui-ci résiste et refuse.

« Soldats, s'écrie alors le maire, puisque votre colonel refuse d'obéir à la loi, c'est à vous que je m'adresse, et je vous conjure au nom de la patrie. »

Ici le comte de Damas l'interrompit pour donner l'ordre de marcher. Les soldats restent immobiles.

« Vive la Nation, s'écrient quelques gardes nationaux. »

« Vive la Nation, vive la liberté, » répondent les dragons en allant vers la garde civique ; et M. de Damas, désespérant de faire obéir des hommes entraînés par ce cri magique, réunit les officiers et court, à leur tête, après la voiture du roi sur la route de Varennes.

Drouet et Guillaume l'avaient devancé par un chemin de traverse pour arriver avant les voitures à cette dernière ville. Ils n'y parvinrent pas cependant, mais un retard dans des relais qui devaient être envoyés exprès et qui s'étaient trompés de maison, retenait les voyageurs à l'entrée de Varennes, lorsque les deux amis en franchirent la porte. En ce moment les premiers se disputaient avec les postillons qui refusaient d'avancer au-delà de la maison marquée pour le relai qu'on ne trouvait pas. Il était onze heures du soir, la nuit était profonde. Drouet, en passant au galop près des voitures, jeta aux postillons ces paroles terribles : « Je vous défends d'aller plus loin, et je vous ordonne, au nom de la nation, de dételer. » Pendant que chacun commentait cet ordre à sa manière, Drouet arriva jusqu'à l'auberge du Bras-d'Or, dont il connaissait le maître, nommé Paul Leblanc. Il lui fit part de ce qui passait; celui-ci se chargea d'aller prévenir la municipalité, pendant que Drouet et Guillaume couraient à l'autre bout de la ville pour mettre obstacle au passage des voitures dans le cas où l'on ne serait pas arrivé à temps pour les arrêter.

Varennes est bâtie sur l'Aire, rivière peu large mais profonde; un pont étroit joignait les deux rives; les voyageurs devaient nécessairement la traverser pour sortir de la ville. Il se trouvait non loin de là une voiture chargée de meubles, les deux amis la traînent sur le pont, qu'ils barricadent de cette manière, courent ensuite prévenir le commandant de la garde nationale et reviennent au même endroit avec une dizaine de soldats citoyens et le procureur syndic nommé Sausse.

A peine sont-ils établis en avant de la barricade, qu'ils entendent le roulement lointain des voitures qui arrivaient avec rapidité; il était alors près de minuit : les voyageurs avaient perdu une grande demi-heure en haut de Varennes. Drouet, qui s'était placé, armé d'un fusil, à deux ou trois pas en avant de ses volontaires, crie aux postillons d'arrêter. On n'en tient pas compte, et les voitures continuent d'avancer. Alors Drouet, armant son fusil, s'écrie de nouveau d'une voix menaçante :

— Arrêtez, ou je fais feu !

Les voitures s'arrêtent aussitôt. La première était un cabriolet, dans lequel se trouvaient deux femmes. Sausse, le procureur de la commune, s'en approche et demande les passeports : on lui répond que c'est aux personnes de la seconde voiture qu'il doit s'adresser. En conséquence l'officier municipal se dirige vers la vaste berline attelée de six chevaux, et sur le siége élevé de laquelle se trouvent deux domestiques couverts de livrées ventre de biche. Sausse remarque de plus trois cavaliers, trois hussards qui servent d'escorte. Dans la berline étaient le roi, déguisé en espèce de valet de chambre, la reine, madame Élisabeth, le dauphin, habillé en petite fille, et sa sœur.

Sous prétexte d'apposer le visa au passeport qu'on lui présente, et en réalité pour donner le temps à la garde nationale de se réunir, Sausse, malgré l'impatience et l'humeur de la reine, conduit les voyageurs chez lui; il était marchand de chandelles, il les fait monter au premier étage dans une chambre où il les installe. Sur la cheminée était un portrait de Louis XVI; les voyageurs dissimulent leur émotion et parlent à l'officier municipal avec une certaine liberté d'esprit pendant que celui-ci met retard sur retard pour viser le passeport, que, dit-il, il vient d'envoyer à la municipalité afin d'y faire mettre le cachet.

Cependant l'alarme était donnée; M. de Sigemond, commandant de la garde nationale, avait rapidement réuni cette milice; des postes étaient déjà placés partout, des émissaires envoyés aux communes environnantes : en moins d'une heure, la petite ville de Varennes avait vu accourir quatre mille gardes nationaux, et deux pièces d'artillerie stationnaient devant la maison du procureur syndic.

Un détachement de hussards de Lauzun, composé de cinquante hommes, qui la veille avait quitté Varennes, était rentré dans la ville et s'était aussi rangé devant la maison dans laquelle se trouvait Louis XVI, en face des gardes nationaux. M. de Goguelas, qui le commandait, avait pu pénétrer dans la chambre de Sausse, et sans rien dire qui dévoilât l'incognito de Louis XVI, avait pris ses ordres. « Partons de suite, avait dit le roi. » M. de Goguelas s'était incliné sans répondre, et avait rejoint son détachement. Cette démarche avait rendu l'espoir à la famille. Bientôt arrive M. de Damas dont la vue la rassure encore, mais en ce moment,

Sausse, qui était allé plusieurs fois à la fenêtre, s'approcha du roi et lui dit en lui montrant son portrait : « Sire, vous êtes reconnu. » Louis XVI, après avoir cherché à nier, avoua enfin et répondit : « Eh! bien oui, mon ami, c'est ton roi qui est en ton pouvoir; c'est ton roi qui t'implore, voudrais-tu le trahir? Ah! sauve-moi, sauve ma femme, mes enfants; accompagne-nous, guide-nous, je te promets une fortune immense à toi et aux tiens! »

Ainsi, en mettant le sort du roi de France qui trahissait son serment, entre les mains d'un sujet obscur, la providence donnait à Louis XVI une leçon dont il ne sut pas profiter. Vainement la reine, madame Elisabeth, les enfants joignent leurs instances aux prières du roi, elles excitent l'attendrissement du brave Sausse, sans ébranler sa fidélité. « Ce que vous demandez est impossible, répond l'officier municipal d'une voix émue. J'ai juré d'être fidèle à la nation, à la loi, à vous, sire; je vous trahirais également tous trois en cédant à votre demande; je trahirais la constitution, que vous avez promis de défendre.

— Mes amis, conseillez-moi, que dois-je faire? dit Louis XVI en s'adressant aux officiers qui l'entourent.

— Prendre un parti violent, sire, répond le duc de Damas.

— Voilà le jour, sire, dit à son tour d'un ton ferme le procureur syndic, il est temps que Votre Majesté se dispose à retourner à Paris; c'est le seul moyen de préserver le royaume de la guerre civile.

— Il y a un décret qui me permet de voyager dans tout le royaume, dit le prince avec humeur, je veux aller à Montmédy.

— Mais ce décret ne vous permet pas de vous éloigner de plus de vingt lieues du corps législatif, répliqua Sausse en lui présentant un papier.

— Je n'ai jamais sanctionné cela, s'écria vivement le roi en

LA GARDE NATIONALE DE VARENNES

jetant le décret avec colère et se disposant à sortir; mais au même instant, et comme pour répondre à ses paroles et à l'intention manifestée de partir, un coup de feu se fit entendre sous les croisées. Tout le monde s'arrêta dans la plus vive anxiété.

En effet, à peine M. de Goguelas était-il descendu que, mesurant les forces de la garde nationale, il avait jugé prudent d'aller chercher du renfort. Mais M. de Sigemond, devinant à son tour quel était son projet, lui avait barré le passage en lui faisant observer que ces cinquante hussards étaient suffisants pour servir d'escorte au roi. L'officier insiste alors et veut passer. Le commandant de la garde nationale se met devant lui.

—Livrez-moi passage, dit avec colère M. de Goguelas.

—Vous ne passerez pas, répond avec fermeté M. de Sigemond.

A cet instant l'officier de hussards tire son sabre et en porte un coup au garde national. Celui-ci l'évite adroitement et riposte par un coup de pistolet qui atteint et blesse son adversaire.

— A moi! Lauzun, s'écrie aussitôt M. de Goguelas.

— Vive la Nation, répond M. de Sigemond.

—Oui, oui, nous sommes pour la Nation et non pour le roi, disent les hussards en remettant leurs sabres dans le fourreau.

—Vive la Nation!... Vive Lauzun!... Vive la garde nationale!... s'écrie-t-on tout à la fois, et M. de Goguelas quitte la place pour faire panser sa blessure, tandis que les hussards demandent, pour les commander, un officier de la milice citoyenne.

Peu après, vers cinq heures du matin, arrivèrent à Varennes MM. Romeuf et Baillon, porteurs du décret de l'Assemblée qui enjoignait d'arrêter le roi et de le ramener à Paris. Introduits auprès de Louis XVI, ils lui communiquèrent leurs ordres, que la reine accueillit avec la plus vive indignation. Force était pourtant

d'obéir. Les fugitifs se résignèrent, et le départ fut convenu pour huit heures.

Pendant ce temps, les divers détachements de troupes que M. de Bouillé avait dirigés sur la route du roi pour protéger sa fuite, prévenus de proche en proche, coururent à Varennes; mais les dispositions prises par les gardes nationales qui occupaient la ville les empêchèrent de tenter même une démonstration. Ces braves soldats-citoyens, avec une ardeur et une rapidité inconcevables, avaient déjà mis la ville en état de défense de tous les côtés, tant en brisant le pont, qu'en établissant des postes habilement disséminés et en élevant des barricades. Les troupes, guidées par leurs chefs, côtoyèrent lentement l'autre bord de la rivière, et le départ du roi s'effectua sans trouble à l'heure dite.

La majeure partie de la garde nationale servit d'escorte et de garde aux fugitifs, avec les hussards de Lauzun et les dragons de Monsieur, déjà déclarés pour la nation, ainsi que nous l'avons vu. M. de Signecourt, chef de la milice citoyenne de Nervilly, prit le commandement de ce cortége, qui grossissait à chaque pas.

Le jour même, un courrier parti de Varennes arriva à Paris à dix heures du soir, apportant la nouvelle de l'arrestation et du retour du roi. Aussitôt l'Assemblée nationale nomma trois commissaires, Latour-Maubourg, Pétion et Barnave, pour aller au-devant de Louis XVI et le ramener à Paris.

Le lendemain, Lafayette se présentait à la barre avec un détachement de cent cinquante gardes nationaux, qui se rangèrent sur trois files; le général se plaça au centre un peu en avant du premier rang.

— « Messieurs, dit-il, vous voyez devant vous des citoyens qui n'ont jamais mesuré qu'aux besoins de la patrie le dévouement qu'ils lui doivent. Ils défendirent la liberté naissante contre les premières conspirations qui l'attaquèrent ; ils se rallient plus vivement encore autour d'elle dans ces jours imprévus où elle est menacée. Que nos ennemis apprennent enfin que ce n'est ni par la multiplicité, ni même par la grandeur de leurs complots, qu'ils étonneront des hommes aux yeux de qui les derniers événements n'ont paru que des événements ordinaires. Recevez de ces soldats éprouvés par de grandes circonstances, la nouvelle assurance d'un dévouement pur et sans bornes. Dans les temps de troubles, ils ont su maintenir l'ordre public et ne craindre que pour la liberté ; ils vous répondent encore de l'un et de l'autre ; et, s'il est vrai que nos ennemis ne soient que plus aigris, et de leurs plans déconcertés et surtout de cette liberté calme du peuple qui fait leur désespoir, hâtez-vous de diriger sur les lieux qui sont exposés ceux qui ont toujours su les braver, et que les premiers soldats de la liberté soient les premiers à repousser les soldats du despotisme. »

Le président, après avoir fait une réponse pleine d'éloges, donna lecture de la formule du serment, et les cent cinquante gardes nationaux s'écrièrent d'une voix unanime :

— Nous le jurons !

Nous jurons d'aller vaincre à la frontière ! ajoutèrent plusieurs d'entre eux.

Ces paroles furent couvertes de vifs applaudissements.

Ce premier détachement s'étant retiré, un autre lui succéda ; toute la milice parisienne défila devant les représentants de la nation, qui s'étaient levés spontanément ; elle jura avec enthousiasme *de mourir plutôt que de souffrir l'invasion du territoire français par les troupes étrangères.* Ce serment fut encore prêté par une foule innombrable de citoyens, qui parurent après les gardes nationaux, et parmi lesquels on remarquait les forts de la halle, armés de fusils et couverts de leurs habits enfarinés, les boulangers, qui marchaient précédés par un homme portant un pain au bout d'une pique. Le défilé dura trois heures.

Cependant les commissaires s'étaient mis promptement en route. Ils rencontrèrent le cortége entre Epernay et Dormans, et ils donnèrent lecture de leurs pleins pouvoirs au monarque et à l'escorte nombreuse qui entourait la famille royale. Cette escorte fut dès lors placée sous les ordres de l'adjudant-général Dumas, nommé par l'Assemblée nationale pour en prendre le commandement. Elle était considérablement augmentée par les milices de toutes les villes que les fugitifs avaient traversées et surtout par les bruits qu'on ne cessait de répandre, de la prochaine arrivée du marquis de Bouillé avec son armée pour enlever le roi. Par crainte de la réalisation de ce bruit et pour pouvoir aller plus vite, les commissaires se décidèrent à laisser l'infanterie derrière et à ne garder autour d'eux que les divers détachements de cavalerie nationale. La famille royale passa la nuit du 24 à Meaux et arriva le 25, à cinq heures du soir, aux barrières de la capitale.

La garde nationale de Paris vint au-devant du roi jusqu'à Bondy. Réunie à l'escorte, elle formait une armée de plus de quinze mille hommes, précédée de 16 pièces de canon. L'adjudant-général Dumas, voulant éviter de traverser les rues, fit faire un long détour par les boulevards extérieurs jusqu'à la barrière de l'Étoile; puis le cortége traversa les Champs-Élysées, la place Louis XV et le jardin des Tuileries. Sur la route, un peuple immense et avide bordait les chemins, se montrait aux croisées, sur les toits, sur les arbres. Un silence glacial accueillait le monarque; tous les citoyens demeuraient tête couverte et aucun cri ne s'élevait non plus des rangs de la garde nationale parisienne qui formait la haie dans toute la longueur du trajet et se tenait immobile l'arme au pied. On avait affiché partout l'avis suivant : *Quiconque applaudira le roi sera battu; quiconque l'insultera sera pendu.* Avis dicté par le cœur et la générosité du peuple qui avait complété l'adage prononcé par Mirabeau à la tribune : *Le silence des peuples est la leçon des rois.*

La grosse berline ouvrait la marche; deux commissaires, Pétion et Barnave, s'y trouvaient avec Louis XVI, madame Elisabeth, le dauphin et sa sœur. Sur le siége de la berline on voyait les gardes du corps Valory, Moustier et Malden, qui avaient aidé à la fuite de la famille; ils étaient encore vêtus en courrier et portaient des vestes jaunes. A quelque distance, derrière la voiture du roi, venait un cabriolet occupé par deux femmes de chambre, attachées l'une à madame Élisabeth, l'autre à Madame Royale. Ce cabriolet était suivi d'un chariot découvert et entouré de branches de laurier; Drouet et Guillaume, ces deux bons patriotes qui par leur courage et leur présence d'esprit avaient puissamment contribué à l'arrestation du monarque, s'y tenaient debout, revêtus l'un et l'autre de l'uniforme national et le front ceint d'une couronne de chêne. Les gardes nationaux et le peuple, qui avaient laissé passer froidement Louis XVI, saluaient le fils du maître de poste et le commis du district de Sainte-Menehould avec de longs applaudissements.

Lafayette avait été au-devant de la famille royale, qui fit exprès, d'abord, de ne pas le remarquer; mais bientôt on eut besoin de lui, et l'on daigna s'apercevoir de sa présence. Au moment d'entrer aux Tuileries, la reine, inquiète pour les trois gardes assis sur le siége de la berline, fit approcher le commandant-général.

—Monsieur de Lafayette, lui dit-elle, sauvez les gardes du corps!

Le général promit de les garantir de toute violence. En effet, quand on fit descendre le comte de Valory et ses deux compagnons, Lafayette veilla sur eux, et il ne les quitta qu'après les avoir vus en sûreté dans une des salles du palais. Il les fit conduire à l'Abbaye par la milice citoyenne, qui sut les préserver pendant plusieurs jours, en dissipant les attroupements qui se formaient autour de la prison pour demander leurs têtes.

A huit heures, Louis XVI et sa famille étaient rentrés aux Tuileries et retirés dans leurs appartements.

Ce fut donc encore à la garde nationale, elle seule, qu'on dut ce résultat qui sauva la France de la guerre civile et étrangère. Le patriotisme et l'élan de cette milice dans toute la France montrèrent encore une fois sa force, sa puissance et son énergie. Conséquente dans ses principes, fidèle à son programme, elle n'attendit pas des ordres pour agir, tant elle était certaine par sa loyauté de suivre la bonne route, tant elle était sûre de tenir dans ses mains l'exécution de la volonté générale. Enfin rien ne saurait mieux résumer les sentiments qui la firent agir et qui lui restaient encore dans le cœur, que cet avis publié lors du retour de Louis XVI : *Quiconque applaudira le roi sera battu; quiconque l'insultera sera pendu.*

VI

Effet produit par la fuite de Louis XVI. — Question de déchéance. — Garde établie autour du roi aux Tuileries. — Désordres réprimés dans les rues. — Décret sur la déchéance. — Pétition des Jacobins. — Excitation à la révolte. — Premiers désordres au champ de Mars. — Les deux vieillards trouvés sous l'autel de la patrie. — Les jambes des femmes. — Deux têtes coupées. — Lafayette au champ de Mars. — Barricade enlevée. — Vœu de la foule. — Il est respecté. — Nouveau tumulte. — Nouvelles menaces. — Lettre du président de l'Assemblée à la municipalité. — Proclamation de la loi martiale à la place de Grève. — Le drapeau rouge au Champ-de-Mars. — Attaque du côté des factieux. — Riposte de la garde nationale. — Elle reste maîtresse du champ de Mars. — Loi organique de la garde nationale. — Citoyens actifs. — Remplaçants. — Taxe. — Élections. — Vétérans. — Jeunes gens. — Devoirs des gardes nationaux. — Sédentaires. — Mobilisés. — Conseil de discipline. — Peines. — Uniforme. — Décret particulier à la milice parisienne. — Suppression des compagnies soldées. — Des chasseurs — Du commandant général. — Fête de la Constitution. — Déclaration de Lafayette à la municipalité. — Il quitte le commandement général. — Ses adieux à la garde nationale. — Médaille et épée d'honneur.

La fuite de Louis XVI fut peut-être la plus grande faute qu'il pût commettre. Dès qu'on le sut parti, on l'a vu, l'Assemblée avait pris elle-même les rênes du pouvoir exécutif, et continué son ordre du jour, comme si elle avait toujours gouverné la France, comme si elle devait la gouverner à jamais. L'absence du roi n'excitait les appréhensions du peuple qu'à cause de la guerre civile et étrangère, mais la nécessité de sa présence n'était reconnue par personne. En un mot, on venait d'essayer la République.

Ce fait fit germer dans beaucoup de têtes l'idée d'établir cette forme de gouvernement. D'autres personnes ne voyaient pas si loin, mais pleines de défiance pour Louis XVI, elles se bornaient à réclamer sa déchéance. Cette opinion rallia de nombreux adeptes, le côté gauche de l'Assemblée et la majorité de la presse le formulèrent énergiquement. De là, des agitations, des menaces, du tumulte dans Paris. La garde nationale, cette fois, comme toujours, voulut assurer à l'Assemblée sa liberté de vote sur une mesure aussi grave, et en même temps qu'elle réprima toute tentative de violence, elle établit une garde plus sévère autour du roi. Mais cette sévérité n'alla jamais jusqu'à faire sentir la prison à Louis XVI. Lafayette, avec toute la convenance possible, sut concilier la responsabilité de la milice civique avec les égards dus à celui qui était encore le chef de l'État. On fit cependant fermer toutes les issues secrètes des appartements ; dans ces appartements on établit des factionnaires ; on ne laissa plus entrer au château qu'avec des cartes signées d'un officier de la garde nationale et de madame d'Ossun, dame d'honneur de la reine, et ce fut le commandant-général qui donna seul le mot d'ordre.

Pendant que d'un côté elle veillait aux Tuileries, la garde nationale réprimait tout désordre dans les rues.

Une patrouille arrêtait des voleurs qui tentaient de s'introduire aux Champs-Élysées, chez madame Brunois. Un bataillon dissipait des ouvriers qui se trouvaient sans ouvrage après la dissolution des ateliers nationaux, s'étaient emparés de pièces de canon et commençaient la révolte. Quelques jours après, une nouvelle patrouille est attaquée par ces mêmes ouvriers dans le faubourg Saint-Germain ; elle était entourée et accablée par le nombre, lorsque des passants, prenant parti pour elle, la dégagèrent et lui permirent de conserver vingt prisonniers qu'elle avait faits. Enfin la garde civique empêchait de mettre à la lanterne un spéculateur de bourse qui avait la corde au cou, et les assassins, en s'enfuyant, répétaient cet éloge auquel leur colère donnait plus de prix : « Ces chiens d'hommes ! on les rencontre partout ! »

Cependant l'Assemblée rend son décret sur la déchéance, et déclare le 15 juillet qu'il n'y a pas lieu à la prononcer; aussitôt le parti vaincu s'agite, proteste, et parle de révolte. Le même soir, dans une séance fameuse au club des Jacobins, on rédige la pétition suivante : « Les Français, soussignés, demandent que l'Assemblée nationale ait à recevoir l'abdication faite par Louis XVI le 20 juin, et *à pourvoir à son remplacement par tous les moyens constitutionnels*. Ils déclarent qu'ils ne reconnaîtront jamais Louis XVI pour leur roi, à moins que la majorité de la nation n'émette un vœu contraire. » Cette pétition, rédigée par Laclos, secrétaire du duc d'Orléans, était surtout appuyée par les partisans de ce prince. Aussi, pleins d'activité et d'entrain, semant l'or et les promesses envers les uns, abusant les autres, ils entraînaient un grand nombre de citoyens à venir la signer au champ de la Fédération, sur l'autel de la patrie, où elle est déposée. Là on parle en termes séditieux de l'Assemblée nationale, on excite le peuple, on l'engage à s'ameuter, à marcher contre elle. L'Assemblée, instruite de ces manifestations, mande la municipalité à la barre, *lui ordonne de se servir de tous les moyens légaux pour réprimer les désordres*. La municipalité fait aussitôt publier un arrêté afin de prémunir les bons citoyens *contre les factieux payés qui cherchent à égarer le peuple*. Mais Danton, Camille Desmoulins, Legendre, Fréron et autres, qui sont les chefs du mouvement, paralysent l'effet de cette proclamation, excitent davantage le peuple, le lancent, le 17 décembre, sur le champ de Mars, et s'enfuient à la campagne en l'abandonnant à lui-même. Le champ de Mars est inondé d'émissaires qui distribuent de l'argent, de gens sans aveu, toujours prêts au désordre; de curieux incertains ou timides, qui viennent grossir les masses, et finissent par se laisser entraîner par elle.

Tout à coup un grand mouvement se manifeste au centre de l'attroupement : on vient de trouver deux vieillards cachés sous l'autel de la patrie; l'un d'eux est un *invalide à jambe de bois*. C'est au moment où ils travaillaient à entr'ouvrir les planches des marches qu'ils sont découverts. Conduits aussitôt au comité du Gros-Caillou, ils y sont interrogés : ils répondent *qu'ils voulaient voir les jambes des femmes qui devaient monter à l'autel*. Les membres du comité ordonnent à quelques gardes nationaux de conduire ces deux hommes à l'Hôtel-de-Ville.

— Ce sont deux agents des aristocrates! s'écrient les émeutiers. On a trouvé un tonneau de poudre près d'eux; ils voulaient faire sauter l'autel de la patrie! — A la lanterne, les conspirateurs!

Ils se jettent sur l'escorte, lui enlèvent les deux vieillards, et, sans autre éclaircissement, les pendent au premier réverbère. *La corde casse;* les malheureux sont encore vivants; on leur coupe la tête! Après cet horrible exploit, les agents provocateurs retournent au champ de Mars, où l'affluence du peuple augmente à chaque instant.

La municipalité, instruite de ce qui vient de se passer au Gros-Caillou, envoie trois commissaires au champ de la Fédération, avec un fort détachement de la garde nationale, commandé par Lafayette lui-même. A l'approche de la force armée, la masse des curieux réunis à l'entrée du champ se disperse; mais quelques séditieux se barricadent avec des charrettes : plusieurs sont armés de gourdins, de pistolets, et même de fusils. Cependant Lafayette s'approche tout près de la barricade pour haranguer l'attroupement, et essayer de le dissoudre sans employer la force. Un homme le couche en joue : la baïonnette touche presque Lafayette. Le chien du fusil s'abat, mais la poudre ne part pas : le général est sauvé par un prodige du hasard. Les gardes nationaux se précipitent aussitôt sur la barricade, l'escaladent, l'enlèvent, saisissent l'assassin, et le conduisent au commandant général. Lafayette lui pardonne et le fait mettre en liberté.

Les émeutiers s'enfuient vers la foule qui entoure l'autel de la patrie; les gardes nationaux se rallient et les suivent. Les trois commissaires qui les précèdent avec Lafayette interpellent cette foule; elle répond : « Nous sommes réunis pour signer une pétition à l'Assemblée nationale, nous n'avons aucun projet séditieux. »

Les commissaires et Lafayette, reconnaissant ce droit, et ne voulant pas l'empêcher, se bornent à engager de nouveau les bons citoyens à se défier des menées des agitateurs, à signer avec calme, et à se retirer après. La foule s'y engage. Alors Lafayette s'en va avec les commissaires, laissant un détachement en dehors du champ de Mars pour veiller à ce que ces promesses soient exécutées.

Les premières heures s'écoulent en effet tranquilles et paisibles. Mais au bout de ce temps, le rassemblement, qui avait beaucoup augmenté, s'agite et devient tumultueux. Les menaces recommencent. Elles sont suivies d'imprécations, de cris séditieux contre l'Assemblée et contre le roi.

« Chasser les Bourbons, anéantir l'Assemblée nationale, abattre les têtes les plus distinguées, tels sont les cris du champ de Mars, devenu le champ des Furies », disent *les deux amis de la vérité* dans leur *Histoire de la Révolution*.

Joignant l'effet aux menaces, on assaille à coups de pierre le détachement laissé hors du champ de Mars. Deux aides-de-camp de

Lafayette et un chef de division n'échappent à la mort que par miracle. Le désordre est à son comble.

Instruite avant la municipalité, l'Assemblée, par l'organe du président, écrit au maire, et ordonne des mesures énergiques ; la municipalité se décide alors à proclamer la loi martiale, et le drapeau rouge est arboré à une des fenêtres de l'Hôtel-de-Ville. Espérant cependant que cette proclamation seule suffira pour intimider les séditieux, elle ne se prépare que lentement à se rendre au champ de Mars, pour laisser au peuple le temps de se retirer et éviter de sévir. Mais, à la nouvelle apportée à la foule, sa fureur redouble ainsi que ses menaces et ses cris. Alors, au bout de quatre heures écoulées depuis la proclamation, la municipalité se met en marche pour le lieu du rassemblement.

Le cortége se composait du maire, du conseil municipal, du directoire, et du commandant général qui les rejoignit en route. Il était précédé d'un escadron avec deux pièces d'artillerie, et suivi d'un fort détachement d'infanterie, tant de volontaires que de compagnies du centre. A huit heures, il arrive au champ de Mars. Les factieux, en grand nombre, occupaient les amphithéâtres qui entouraient le champ. Ils laissent passer l'avant-garde et les canons sans rien dire ; mais, quand la municipalité paraît, ils l'accablent d'invectives et l'accablent d'une grêle de pierres.

— A bas le drapeau rouge ! A bas les baïonnettes ! s'écrient ces furieux. — A bas la municipalité ! — Bailly et Lafayette à la lanterne !....

Un coup de pistolet est tiré contre le maire : la balle frappe un dragon, qui s'était joint aux volontaires, et le blesse à la cuisse. Bailly s'arrête ; il ordonne de faire halte. Trois officiers municipaux s'avancent la loi à la main ; mais les clameurs continuent plus menaçantes que jamais ; des pierres sont encore lancées contre les administrateurs de la commune et contre la garde nationale, qui fait alors une décharge, mais en l'air. Ce ménagement augmente l'audace des factieux ; les insultes et les pierres redoublent ; des coups de feu sont tirés en même temps. Un grenadier volontaire est tué ; un cavalier est renversé de son cheval ; plusieurs autres gardes nationaux sont blessés. Forcée de se défendre, la garde nationale use du droit que lui accorde la loi, lorsque les violences rendent impossibles les sommations des officiers municipaux ; elle tourne ses armes contre ses agresseurs. La lutte s'engage, mais elle n'est pas de longue durée.

Les séditieux prennent bientôt la fuite, laissant derrière eux plusieurs prisonniers et une trentaine de morts et de blessés. Ces derniers sont, sur l'ordre du maire, transportés dans un hôpital, pour y recevoir tous les soins que leur situation exige. Puis le corps municipal rentre dans Paris à dix heures du soir.

Du côté des gardes nationaux plusieurs officiers et soldats furent blessés ; un seul resta sur la place, et deux chasseurs et un lancier furent assassinés après l'action dans la même soirée.

Tel est le récit exact des faits pour lequel nous avons puisé aux sources les plus pures et les plus authentiques, et que nous nous sommes bornés à écrire sans réflexions. Ces faits, même tels qu'ils sont présentés, ont rencontré le blâme et la réprobation sous la plume de plusieurs écrivains, et sont devenus plus tard un texte d'accusation contre Lafayette, Bailly et la garde nationale, et l'on trouve encore aujourd'hui cette opinion soutenue de bonne foi dans quelques historiens.

A cela, nous répondrons que, fidèle à son serment et à ses principes de soumission aux décrets de l'Assemblée, produit du suffrage populaire, la garde nationale devait maintenir sur le trône le roi constitutionnel, du jour où l'Assemblée avait déclaré qu'il n'y avait pas lieu à sa déchéance. Que du jour où l'on menaçait de se porter contre les élus de la nation, elle devait faire cesser les menaces, du moment où on voulait les exécuter, elle devait sévir. La proclamation de la loi martiale, mesure extrême, ne jeta pas d'abord la terreur qu'on en devait attendre. On a vu, par le récit des faits, la patience et les ménagements dont usèrent les autorités et la milice civique, et l'on est conduit à conclure que si le sang, toujours regrettable des Français, coula au champ de Mars, ce sang en épargna du moins de plus précieux et qui aurait coulé avec plus d'abondance, si les émeutiers avaient pu arriver à leurs fins. Ce n'est pas en 1848, après les journées du 15 mai et du 23 juin, qu'on peut récuser une opinion pareille. L'énergie de la garde nationale au champ de Mars a peut-être prévenu des journées aussi fatales à cette époque.

Cependant, depuis que la garde nationale était rétablie, l'Assemblée avait rendu plusieurs décrets relatifs à cette milice. Ce fut après avoir révisé et modifié ce corps de lois qu'elle formula son ordonnance du 29 septembre 1791, qui fixait d'une manière définitive son organisation pour toute la France. Nous allons donner les principales dispositions de ce décret qui emprunte un intérêt d'actualité par la loi organique que va bientôt faire l'Assemblée nationale de 1848 sur cette matière.

Tous les citoyens actifs devaient se faire inscrire pour le service de la garde nationale sur des registres ouverts à cet effet dans la municipalité de leur domicile, ou de leur résidence continuée depuis une année, à peine de la perte de leurs droits civiques.

Nul, excepté les fonctionnaires publics ayant le droit de requérir la force armée, n'était exempt du service de la garde nationale. Mais la loi consacrait le droit de se faire remplacer : le frère par le frère, le fils par le père. Quant aux autres, ils ne le pouvaient qu'en payant la taxe fixée par la municipalité pour celui qui faisait le service à leur place. Ceux qui refusaient le service et ne fournissaient pas de remplaçants étaient contraints, à la troisième fois, de payer la taxe, et privés pendant une année de l'exercice de leurs droits de citoyens actifs ou éligibles. Le clergé était soumis à payer la taxe du remplaçant.

La garde nationale était organisée par district et par canton. Les bataillons se composaient, dans les districts et les cantons, de quatre compagnies, dans lesquelles on distribuait, en nombre à peu près égal, tous les citoyens actifs. Il était pris sur les quatre compagnies de quoi former une compagnie de grenadiers, qui ne devait être composée que de quatre-vingt-seize hommes, y compris les officiers, sous-officiers et caporaux. La réunion des bataillons d'un même district, jusqu'au nombre de huit à dix, formait une légion.

Les officiers et sous-officiers de tout grade étaient élus pour un an, et ne pouvaient être réélus qu'après avoir été soldats pendant une année. Les citoyens de la même compagnie nommaient le capitaine, le lieutenant, les deux sous-lieutenants, les sergents et les caporaux de la compagnie. Ensuite les officiers et les sergents des cinq compagnies du même bataillon élisaient le commandant en premier, le commandant en second, l'adjudant et le porte-drapeau. Enfin, les commandants et les adjudants de bataillon, les capitaines et les lieutenants des compagnies choisissaient le chef, l'adjudant-général et le sous-adjudant-général.

Les anciennes milices formées de corporations étaient supprimées ; néanmoins, *voulant rendre hommage à la vieillesse des bons citoyens,* l'Assemblée permettait que dans chaque district il se formât une compagnie de vétérans, composée de gens âgés de plus de soixante ans, organisée et vêtue comme les autres, à l'exception d'un chapeau à la Henri IV qui leur servait de coiffure. L'Assemblée permettait également dans chaque canton une compagnie de jeunes citoyens au-dessous de l'âge de dix-huit ans. Cette compagnie était soumise à l'inspection de trois vétérans.

Enfin, il y avait en outre, par canton, une compagnie de cavalerie et une d'artillerie avec deux pièces de canon, pour les villes qui en possédaient.

Les gardes nationaux avaient pour fonctions de rétablir l'ordre et de maintenir l'obéissance aux lois, conformément aux décrets; mais ils ne pouvaient prendre les armes sans réquisition, et ils devaient obéir sans délibérer, lorsqu'ils étaient requis au nom de la loi.

De plus, dans le cas d'invasion du territoire français, le roi pouvait appeler les gardes nationales à la défense de la patrie. Alors les citoyens armés recevaient une solde et passaient sous les ordres du roi. Cependant ils ne devaient pas être incorporés individuellement dans les troupes de ligne; ils marchaient toujours avec leurs drapeaux, ayant à leur tête les officiers de leur choix, et sous le commandement du chef supérieur.

Il était créé pour chaque bataillon un conseil de discipline, composé du commandant en chef, des deux capitaines les plus âgés, du plus âgé des lieutenants, des deux plus âgés des sous-lieutenants, du plus âgé des sergents, des deux plus âgés des caporaux, et des quatre fusiliers les plus âgés dans chacune des compagnies, lesquelles les fournissaient alternativement de six mois en six mois, par tour de quatre. Ce conseil s'assemblait par ordre du commandant en chef, qui devait le présider.

Lorsqu'il y avait rassemblement de gardes nationales pour marcher hors de leurs districts respectifs, les citoyens armés étaient soumis aux lois décrétées pour les militaires.

Le premier uniforme fut ainsi formulé par deux décrets :

« Habit bleu de roi, doublure blanche et passe-poil écarlate; parement et collet d'écarlate, et passe-poil blanc; revers blanc et passe-poil écarlate; manche ouverte à trois petits boutons, poches en dehors à trois pointes et trois boutons avec passe-poil rouge; l'agrafe du retroussis écarlate; veste et culottes blanches. » — Un autre décret prescrivait que le bouton uniforme des gardes nationales serait de cuivre jaune ou doré, monté sur os ou sur bois; qu'il porterait pour empreinte, dans l'intérieur d'une couronne civique, ces mots : *la Nation, la Loi, le Roi;* que le nom du district serait inscrit entre la bordure et la couronne; enfin, que dans les districts où il y aurait plusieurs sections, elles seraient distinguées par un numéro placé à la suite du nom du district.

Telles sont les bases sur lesquelles a été organisée la garde nationale; bases puissantes qui remontaient jusqu'à l'origine des gardes bourgeoises les plus reculées, et qui, ainsi que nous l'avons déjà vu dans le commencement de cette histoire, pour d'autres temps, furent altérées et détruites par les rois qui se succédèrent depuis Louis XVI jusqu'à nos jours. Aujourd'hui encore, comme un fleuve détourné de son cours, la garde nationale est de nouveau remontée jusqu'au décret de 1791, pour son organisation, tant est vivace et ardente la force de la liberté. Nous aurons à examiner à la fin de ce livre si cette organisation est suffisante, et en harmonie avec notre époque et nos institutions.

Mais la garde nationale de Paris, par son importance et sa valeur numérique, exigeait des dispositions particulières. Ces dispositions furent consignées dans le décret du 2 septembre suivant.

Comme ce décret sanctionnait l'organisation qu'elle avait déjà, et que nous avons fait connaître, nous n'avons à mentionner ici que trois dispositions importantes.

On supprima les compagnies soldées, dites du centre, et on composa toute la garde nationale de volontaires.

On supprima en outre les compagnies de chasseurs, et on n'en autorisa qu'une de grenadiers par bataillon.

Enfin, on supprima aussi le commandant général, nommé pour un temps, et on établit que ce commandement serait exercé par chaque chef de légion durant un mois, à tour de rôle.

Avant que ce décret fût en vigueur, la garde nationale, organisée sur ses anciennes bases, assista à la proclamation de la constitution qui avait été acceptée par Louis XVI. Cette solennité eut lieu le 18 septembre avec tout l'éclat, tout le bonheur, toute la majesté d'un grand peuple. La milice parisienne occupa dans cette fête le premier rang qu'elle avait conquis par ses efforts de tous les jours, de toutes les heures pour atteindre ce résultat.

Le samedi soir, 8 octobre, le conseil général de la commune était réuni dans la salle habituelle de ses délibérations, quand, vers neuf heures, le général Lafayette parut; le commandant de la garde nationale de Paris venait remettre à la municipalité les pouvoirs qui lui avaient été confiés par le peuple. Comme toujours, il fut reçu avec un respectueux empressement et avec de grandes marques d'amitié.

— Messieurs, dit-il, j'ai toujours regardé l'époque où tous les pouvoirs constitués seraient en plein exercice, comme celle qui devait terminer les fonctions créées par la révolution et acceptées pour elle. Cependant je les aurais quittées à regret, si l'organisation de la garde nationale n'en était pas à ce point où les opérations préparatoires qui dépendaient de moi sont terminées. Il ne manque plus à la milice parisienne que les élections des officiers auxquelles les magistrats civils doivent seuls présider ; en laissant, pendant les jours d'élection, le commandement à un chef de division, je me conforme, le plus tôt que je le puis, aux intentions sages de la loi et aux sentiments qui ont toujours réglé ma conduite... »

Lafayette parla ensuite avec une vive sensibilité des témoignages d'affection et de confiance que, dans le cours de cette révolution, il avait reçus des citoyens de Paris, et il termina son discours en faisant les vœux les plus affectueux pour la prospérité de la capitale.

Bailly répodit au nom de la municipalité :

« Vous nous annoncez une perte bien douloureuse; je voudrais pouvoir vous exprimer dignement les regrets et les sentiments de la Commune. Je ne vous parlerai pas des services que vous avez rendus à la Nation et à la ville de Paris; ils sont connus de toute la France et de l'Europe entière : je ne vous parlerai point de notre reconnaissance; elle est proportionnée à vos services et à votre gloire. Nous sommes accoutumés depuis le commencement de la révolution à vivre avec nos frères d'armes, et nous perdons notre ami et notre général!... Mais soyez bien sûr que nous n'oublierons jamais le héros des deux mondes, qui a eu tant de part à la révolution... »

Quand le maire eut cessé de parler, la salle retentit d'applaudissements, et tous les membres de la municipalité, tous les citoyens présents à la séance, entourèrent le général pour lui exprimer les regrets que leur causait son départ.

Après la sortie de Lafayette, on arrêta, à l'unanimité, que le conseil général serait convoqué pour le jeudi suivant, à l'effet d'aviser de quelle manière digne de ce grand citoyen on pourrait reconnaître les importants services qu'il avait rendus à la patrie. Puis le conseil décida que le chef de la première division, Charron, serait provisoirement chargé du commandement de la garde nationale, jusqu'à l'organisation définitive de l'armée parisienne.

Deux jours après, la commune prenait un arrêté relativement aux compagnies de chasseurs volontaires : le conseil général décida que les citoyens qui composaient les compagnies seraient comme tous les citoyens actifs, et fils de citoyens actifs, compris dans les quatre compagnies de fusiliers.

Le 13 octobre, le même conseil décida qu'il serait frappé en l'honneur de Lafayette une médaille d'or, dont l'Académie des inscriptions et belles-lettres donnerait l'emblème et l'exergue, et qu'elle serait offerte à ce général au nom de la commune de Paris.

Lafayette adressa ses adieux à la garde nationale de Paris dans une lettre pleine de modestie, de cœur et de patriotisme. Cette lettre remarquable, que l'espace ne nous permet pas de rapporter ici, contenait un résumé de sa conduite, ses remerciements, ses conseils et ses espérances.

Cette lettre produisit l'effet qu'on en devait attendre. Les soixante districts nommèrent chacun un député pour formuler la réponse. Cette réponse fut digne et touchante. On délibéra ensuite l'offre d'une épée d'honneur pour le général. La lame fut forgée avec du fer provenant des verroux de la Bastille. La poignée était en or, et on avait gravé dessus cette inscription : « *A Lafayette, l'armée parisienne reconnaissante. L'an III de la liberté.* »

Le général était dans sa terre d'Auvergne lorsqu'il vit arriver la députation qui lui apportait ce gage de gratitude et d'honneur. Il répondit par ces simples paroles : « Vous me voyez rendu aux lieux qui m'ont vu naître. Je n'en sortirai que pour défendre ou consolider notre liberté commune, si l'on voulait y porter atteinte, et j'espère être fixé ici pour longtemps. »

Nous n'avons pas à faire le panégyrique de Lafayette dans cette partie de sa vie politique. Il est des faits qui parlent d'eux-mêmes et que le moindre éloge semblerait atténuer.

La garde nationale existait donc désormais en vertu d'une loi organique. Elle avait montré sa force et son influence au dedans ; il manquait à sa gloire de se montrer au dehors, pour accomplir tout entier son glorieux programme. L'occasion ne se fit pas attendre, et nous allons suivre les volontaires nationaux aux frontières de la France.

VII

Gardes nationaux volontaires. — Leur organisation. — Bataillon de femmes. — Les demoiselles Fernig. — Les trois armées. — Retraite de Mons. — Courage des volontaires. — La pièce de canon du 2ᵉ bataillon de Paris. — 1ᵉʳ bataillon de la Côte-d'Or. — Le lieutenant-colonel Cazotte. — Affaire de Glisuelle. — Mort de Gouvion. — Augmentation de la garde nationale parisienne. — Ses opinions, son esprit. — Excitation du peuple à la révolte dans le Morbihan. — A Rennes. — A Caen. — Décret concernant les prêtres. — *Veto* de Louis XVI. — Préparatifs du 20 juin. — Description du cortége populaire. — Envahissement des Tuileries. — Pièce de canon montée au premier étage. — Défilé du peuple dans les appartements. — Le bonnet rouge. — La bouteille. — Licenciement de l'état-major. — La patrie en danger. — Enthousiasme des volontaires. — Troisième fête de la Fédération. Manifestation des volontaires avant de quitter Paris. — Arrivée des Marseillais. — Collision regrettable. — Écrits royalistes. — Sans-culottes de fabrique royale. — Manifeste du duc de Brunswick. — Indignation générale. — Désaveu du roi. — Les 48 sections demandent sa déchéance.

A la fin de l'année 1791, l'armée de ligne ne présentait pas un effectif de 145,000 hommes ; encore cette armée était-elle désorganisée par la désertion des officiers aristocrates, dont beaucoup attendirent, pour émigrer, que l'on eût déclaré la guerre. Toutefois les soldats, les sous-officiers et les officiers patriotes étaient pleins de zèle, pleins de bravoure ; mais la malveillance des anciens nobles répandait l'inquiétude dans les différents corps qui, voyant chaque jour des officiers passer à l'ennemi, se défiaient des intentions des chefs ex-nobles qui restaient encore à leur poste. A la moindre indécision de ces chefs, les soldats criaient à la trahison !

Le fatal *Sauve qui peut!* se faisait entendre, et l'on voyait des régiments entiers fuir en désordre, sans brûler une cartouche.

Cet état de choses fut la cause de nos premiers revers.

La France n'avait donc à opposer aux troupes étrangères qu'une armée de ligne brave, mais peu nombreuse et se défiant de ses chefs. Mais, derrière cette armée, il y avait une ardente jeunesse qui, l'œil dirigé vers la frontière et le cœur, bondissant d'impatience, n'attendait que le moment de s'élancer à la rencontre de l'ennemi. Aux premiers bruits de guerre, les gardes nationaux volontaires s'offrirent de toutes parts; l'Assemblée nationale n'eut qu'à les organiser, ce qu'elle fit par décrets des 4 août et 28 décembre 1791.

D'abord les bataillons de gardes nationaux volontaires ne furent que de 574 hommes; mais plus tard, pas un décret du 6 mai 1792, les bataillons reçurent une augmentation de 226 hommes. Dans chaque département il y avait autant de bataillons qu'il était possible de réunir de corps présentant un effectif de 574 volontaires. Le bataillon, composé de neuf compagnies, dont une de grenadiers et huit de fusiliers, avait son drapeau sur lequel était inscrit le nom du département et le numéro, si le département fournissait plusieurs bataillons.

Les volontaires nommaient leurs officiers, à l'exception des deux adjudants. Ils devaient s'habiller et s'équiper à leurs frais; toutefois, comme il y en avait qui n'étaient pas en position de le faire, l'Assemblée nationale décréta, le 4 décembre 1791, que « les directoires des départements pourvoiraient sans délai à l'équipement des gardes nationaux volontaires enrôlés, qui n'avaient pas les moyens d'y fournir, lesquels souffriraient respectivement et successivement la retenue de la dépense relative sur la solde qui leur était attribuée. »

Cette solde était de quinze sols par jour pour les simples volontaires. Il était accordé de plus trois sous par lieue à chaque garde national volontaire pour se rendre de son domicile au lieu du rassemblement, et de l'endroit de son licenciement à son domicile.

Telle fut l'organisation donnée aux gardes nationaux volontaires à pied ; quant aux volontaires à cheval, le nombre en fut très restreint.

A Paris, trois cents jeunes gens de familles aisées se réunirent pour former une troupe à cheval et demandèrent à être employés à la défense de la frontière. Ils s'obligeaient à servir jusqu'au 15 novembre 1792, et s'engageaient à subvenir à leurs propres dépens, aux frais de leur habillement, équipement et de l'équipement de leurs chevaux. L'Assemblée nationale consacra le 12 septembre 1791 un décret à l'organisation de ce petit corps de cavalerie, qui reçut le nom de *Gardes nationales volontaires parisiennes à cheval*, et fut divisé en quatre escadrons, dont un auxiliaire destiné à recevoir et former les recrues. Du jour où ce corps fut reçu par les commissaires de guerre, les volontaires touchèrent une solde de vingt sous par jour.

On le voit, la garde nationale montrait la même ardeur, le même élan, le même patriotisme pour courir aux frontières où sa vie était plus exposée, que pour assurer au dedans l'ordre et les institutions nouvelles tant par son énergie que par son influence morale. C'est qu'elle ne voyait qu'une chose : l'achèvement à tout prix de l'œuvre qu'elle avait entreprise ; elle ne voulait qu'une chose, la liberté du pays, et cette liberté était menacée aux frontières par les armées des rois de l'Europe, par les enfants mêmes de la France qui s'armaient contre leur mère, et sans calculer leurs forces, leur habileté, leur nombre, les volontaires nationaux, confiants dans leur courage et leur noble cause, se levèrent en masse et marchèrent aux frontières; exemple vivant de la devise nouvellement inscrite sur leurs drapeaux : *la Liberté ou la Mort.*

L'enthousiasme pour la guerre était si vif et si général, qu'il gagnait jusqu'au beau sexe : à Paris, des femmes demandaient à se former en bataillon; et, dans le département du Nord, on vit deux jeunes personnes, les demoiselles Félicité et Théophile Fernig, filles du secrétaire-greffier de la municipalité de Mortagne, endosser l'uniforme national. Ces jeunes amazones servirent dans l'armée du Nord; nous retrouverons leur nom dans les pages de cette histoire.

En décembre, trois armées, de 50,000 hommes chacune, protégeaient nos frontières du nord et de l'est. En Flandre se trouvait *l'armée du Nord,* commandée par le maréchal Rochambeau. L'*armée du Centre,* placée sous les ordres de Lafayette, occupait les environs de Metz. Strasbourg était le quartier général de *l'armée de l'Est ou du Rhin,* que commandait le maréchal Luckner.

La guerre fut déclarée le 20 avril 1792, et huit jours après, les opérations commencèrent. Le 28, le général Biron marcha de Valenciennes sur Mons, à la tête de dix bataillons et de dix escadrons. Après avoir dispersé un détachement autrichien au village de Boussu, il arriva en vue des hauteurs qui se trouvent en avant de Mons. Là, il dut s'arrêter : les hauteurs étaient occupées par un corps d'armée considérable. D'ailleurs, il apprit bientôt que la division française, sortie de Lille sous les ordres du général Théobald Dillon, avait été défaite à Marquain. Dès lors, Biron ne pensa plus qu'à rétrograder. Ce fut la première opération militaire à laquelle prirent part les gardes nationaux volontaires. Désespérés de ce malheur, ils surent du moins ennoblir la retraite.

Plus fermes et plus ardents que les 5ᵉ et 6ᵉ régiments de dragons qui s'étaient mis à fuir en criant : Nous sommes trahis ! ils se retirèrent avec ordre et sang-froid ; ce qui fit écrire au maréchal Rochambeau les paroles suivantes : *Les gardes nationaux volontaires ont marqué le plus grand zèle et la plus grande ardeur et méritent les plus grands éloges sous tous les rapports.*

Le 2e bataillon de Paris, surtout, se fit remarquer par son courage et sa subordination. « Je ne connais pas, dit le général Biron dans son rapport, de bataillon de grenadiers plus brave, plus ferme, plus soumis aux ordres que le 2e bataillon du département de Paris. »

Ces braves avaient enlevé une pièce de canon aux Autrichiens; forcés de rétrograder et n'ayant pas de chevaux pour traîner leur conquête, ils étaient sur le point de l'abandonner, lorsque l'un d'eux s'écria : « Eh bien ! attelons-nous nous-mêmes à la pièce et traînons-la. » Aussitôt ils se divisent ; les uns, en effet, tirent à force de bras ce canon, malgré les inégalités du terrain, tandis que les autres forment la haie et protégent à la fois leurs camarades et leur trophée, ne cessant de tenir à distance les Autrichiens par un feu nourri et désespéré. Puis ils changent de rôle et se relayent tour à tour, jusqu'à ce qu'ils soient parvenus à Valenciennes, où la pièce de canon est déposée.

Telle était la manière dont les gardes nationaux enlevaient et conservaient les pièces de canon à l'ennemi; voici celle dont ils savaient défendre les leurs. Lafayette, qui était alors campé près de Givet, donna l'ordre au maréchal-de-camp Gouvion d'aller enlever, au-dessus de Philippeville, des fourrages destinés à l'ennemi. Cette commission fut heureusement exécutée ; mais au retour, la division française se vit attaquée, le 25 mai à la pointe du jour, par un corps beaucoup plus nombreux d'Autrichiens. Après avoir repoussé l'avant-garde ennnemie, les Français furent forcés de se retirer devant la masse des assaillants. Ils exécutèrent cette retraite en bon ordre; toutefois il leur fallut abandonner trois pièces de canon, dont les chevaux avaient été tués. Une quatrième pièce allait encore tomber au pouvoir de l'ennemi, lorsqu'une centaine de volontaires du 1er bataillon de la Côte-d'Or s'élancèrent sur les Autrichiens, ayant à leur tête le premier lieutenant-colonel du bataillon, le brave Cazotte, vieillard de soixante-quinze ans, qui comptait cinquante années de service dans l'artillerie. Ce vieux soldat, que l'ardeur du courage semblait avoir rajeuni, guida les jeunes volontaires dont l'intrépidité étonna et fit reculer l'ennemi, et la pièce de canon, dégagée sous un feu très vif, fut ramenée au milieu du petit corps français.

A cette affaire se trouvait encore le 2e bataillon de la Marne, qui s'y distingua également.

Mais les hasards de la guerre semblaient conspirer contre le désir des volontaires d'attaquer franchement l'ennemi. Les retraites, toutes glorieuses qu'elles étaient, semblaient humilier leur courage, et ils résolurent, si le sort ne les servait pas mieux, de vaincre son injustice, fût-ce au prix de la témérité. L'occasion ne tarda pas à se présenter. Au mois de juin, Lafayette se trouvait à Maubeuge, et son avant-garde, commandée par Gouvion, était placée à Glisuelle. Le 11, le général autrichien Clairfait, sorti de grand matin de Mons, vint attaquer Gouvion, qui, ne se croyant pas en force, ordonna la retraite. Cette manœuvre commençait à s'exécuter avec ordre, lorsque le général aperçut un de ses bataillons qui, au lieu de reculer, s'avançait intrépidement contre l'ennemi. C'était le 1er bataillon de la Côte-d'Or. Gouvion lui envoie en toute hâte l'ordre de se replier. « Toujours battre en retraite! s'écrient les volontaires. Sommes-nous donc des lâches?... En avant! Vive la liberté! vive la nation! Allons mourir pour elle! » Les tambours battent la charge, et le bataillon continue sa marche audacieuse. Alors Gouvion se dirige lui-même au galop vers ces braves et obstinés volontaires. Mais à peine est-il arrivé en tête du bataillon, qu'un boulet lui brise la poitrine. Il tombe, et les volontaires, au lieu de s'arrêter, avancent vers l'ennemi, plus rapides encore. La mort du général, loin d'abattre leur courage, n'a fait que l'exalter encore : « Vengeons notre général! s'écrient-ils. » Et ils se précipitent au pas de charge sur les Autrichiens. Les premiers bataillons qu'ils rencontrent sont enfoncés; mais bientôt, entourés par des ennemis dix fois plus nombreux, ils se voient attaqués à la fois en tête, en queue et sur les flancs. Alors commence une lutte terrible. Le brave Cazotte et son collègue, le lieutenant-colonel en deuxième, tombent percés de coups; en même temps, les rangs s'éclaircissent d'une manière affreuse. Sans reculer d'un pas, les volontaires se forment en groupe, combattent avec acharnement, avec rage, jurent, aux cris de vive la nation, de mourir plutôt que de se rendre. Et déjà, fatigués de la lutte, ils allaient accomplir ce serment en succombant jusqu'au dernier, lorsque Lafayette accourt à leur secours et force les Autrichiens à battre en retraite.

Gouvion avait été major général de la garde nationale parisienne; son noble caractère lui avait acquis bien des amis dans cette garde. Sa mort fut sincèrement pleurée.

Pendant ce temps, que se passait-il à Paris?

La garde nationale, conformément au décret du 12 septembre 1791, n'avait plus de commandant général; chacun des six chefs de légion exerçait le commandement supérieur pendant un mois, à tour de rôle. Il n'y avait plus dans les rangs que des citoyens : on en avait extrait les compagnies soldées, dites *compagnies du centre*, et composées surtout des ci-devant gardes françaises. Ces soldats d'élite, d'abord distribués en qualité de sous-officiers dans les régiments de ligne, furent plus tard réunis en corps et formèrent la 35e légion de gendarmerie qui se distingua par sa valeur dans les guerres de la Vendée. Mais, pour recompléter les rangs éclaircis par le départ des compagnies du centre et des volontaires qui combattaient aux frontières, on avait admis dans la garde nationale des citoyens que, faute de fusils, l'on avait armés de piques. On ne s'était même pas contenté de remplir les vides, on avait augmenté l'effectif de la milice parisienne, qui s'élevait alors à 60,000, dont 30,000 à peu près étaient habillés.

Quoiqu'ainsi augmentée, la garde nationale ne parvenait pas à calmer le mécontentement populaire, qui déjà ne s'évaporait plus en petites émeutes, mais se traduisait en manifestations armées qui ressemblaient à des mouvements insurrectionnels. Les motifs de cette impuissance ou plutôt de cette inertie puisaient leur source dans la situation des choses et dans les nouvelles opinions qui commençaient à germer en France.

La garde nationale avait franchement adopté le nouveau mode de gouvernement, qu'elle avait juré de maintenir au péril de sa vie. Elle voulait protéger la Constitution et le roi; mais le roi échappait malgré elle à cette protection salutaire et s'en rendait indigne à chaque instant.

En effet, Louis XVI, déjà en suspicion légitime par sa fuite à Varennes, sans moyens et sans vigueur, continuait à se laisser gouverner par les inspirations de la reine et de quelques courtisans rétrogrades, appelait l'étranger de tous ses vœux, et espérait par là seulement relever son trône absolu, ébranlé par une nation qui voulait une sage liberté.

La constitution de 1791 lui accordait la faculté de s'opposer à l'exécution des décrets de l'Assemblée nationale; c'était là ce qu'on appelait le droit de *veto*, et c'est seulement pour se servir de cette arme que Louis XVI retrouva, non pas de l'énergie, mais de l'entêtement qui était alimenté par son entourage. En outre, l'influence du clergé et la dévotion outrée de ce monarque faisaient passer les devoirs d'une conscience étroite avant ceux d'un roi qui gouverne un grand peuple. L'usage qu'il faisait constamment du *veto* était aussi maladroit qu'abusif, et avait fini par lui aliéner la plupart de ceux qui étaient sincèrement constitutionnels, et par lui attirer la haine du peuple.

Le parti constitutionnel de l'Assemblée législative n'était pas en majorité; les Girondins et les Montagnards réunis étaient plus nombreux que lui. Les Girondins auraient accepté le régime constitutionnel s'ils avaient vu un roi plus sincère et plus ferme, qui acceptât loyalement le nouveau régime; mais, désespérant de Louis XVI sous ce rapport, ils penchaient vers la république, que les Montagnards voulaient franchement. Ces trois opinions avaient nécessairement trouvé de l'écho dans la garde nationale, dont le sentiment général se traduisait par une défiance extrême envers le chef de l'État.

Dès lors, et par les motifs que nous venons de décrire, autant la garde civique s'était montrée énergique et dévouée pour défendre le roi, attaqué au champ de Mars et soutenu par les élus du peuple, ainsi que nous l'avons vu, autant elle se montrait tiède depuis qu'elle le voyait lutter contre la constitution. Cette tiédeur fut la première manifestation qu'elle fit et qui ne profita pas à Louis XVI. De la tiédeur elle passa à l'indifférence, de l'indifférence à l'abandon, et le pouvoir royal, ne pouvant plus s'appuyer sur elle, croula par sa base, et fut balayé au souffle de ses manifestations puissantes.

On n'en était encore qu'au prologue du drame, au 20 juin. Beaucoup de prêtres s'étaient refusés à prêter le serment civique exigé par la constitution ; forcés d'abandonner leurs cures, ils faisaient une guerre sourde aux prêtres constitutionnels, qu'ils appelaient des intrus.

Les gardes nationales d'Angers et de Cholet avaient saisi chez des missionnaires établis au bourg de Saint-Laurent, district de Montaigu, des manuscrits, rédigés en forme d'instructions pour le peuple des campagnes, qui excitaient les paroissiens contre leurs nouveaux pasteurs. On voyait même des ministres du Dieu de paix prêcher publiquement la guerre civile.

Le dimanche 13 février 1791, des prêtres rassemblèrent des paysans de plusieurs paroisses du département du Morbihan. Étant montés en chaire après la messe, ils vomirent mille imprécations contre l'Assemblée nationale et contre les administrateurs du département; ils excitèrent leurs auditeurs à s'armer, leur firent baiser le crucifix, et, se mettant à la tête de cette bande de fanatiques, ils marchèrent contre le chef-lieu du département. Mais la municipalité de Vannes était prévenue, les gardes nationaux avaient été convoqués. Avec l'aide de la gendarmerie, de cent cinquante hommes du régiment de Walsh et de quelques dragons nationaux, dont un détachement, envoyé en reconnaissance, avait eu quatre hommes blessés, ils mirent les révoltés en déroute, après leur avoir tué plusieurs hommes.

A Rennes, les prédications violentes d'un supérieur de Capucins faillirent amener des scènes aussi sanglantes; l'attitude ferme de la garde nationale et des dragons d'Orléans imposa aux fanatiques.

A Caen, le sang des gardes nationaux coula; le 5 novembre, des aristocrates tirèrent, à l'instigation d'un certain curé Bunel, sur la milice citoyenne, qui, faisant bonne contenance, s'empara d'une vingtaine de conspirateurs.

Ces mouvements séditieux n'avaient pas lieu seulement dans l'Ouest; on les voyait éclater dans le Midi : partout des prêtres insermentés fomentaient la discorde. Il fallait réprimer et prévenir de pareils désordres : le 29 novembre l'Assemblée nationale lança un décret contre les prêtres insermentés; mais Louis XVI apposa son *veto* sur cette loi.

Forts de l'appui du roi, les ecclésiastiques récalcitrants ne cessèrent pas leurs menées factieuses. Alors le Corps Législatif les frappa, le 28 mai 1792, d'un nouveau décret beaucoup plus sévère que le premier : les prêtres, convaincus d'avoir excité quelque mouvement séditieux, étaient condamnés à la déportation.

Quelques jours après, le 7 juin, les représentants de la nation, considérant qu'il était important d'ôter tout espoir aux ennemis de la chose publique qui tramaient des complots dans l'intérieur, décrétèrent que la force armée serait augmentée de vingt mille hommes, qui se réuniraient à Paris le 14 juillet suivant. Ce décret mécontenta l'état-major de la garde nationale parisienne, qui prétendit que demander la réunion de vingt mille hommes à Paris, c'était douter de la milice citoyenne de la capitale, et la croire incapable de veiller au maintien du bon ordre. On rédigea dans ce sens une protestation qui fut couverte de 8,000 signatures et présentée à l'Assemblée nationale. Mais le Girondin Vergniaud ayant accusé les pétitionnaires d'avoir été de porte en porte quêter des signatures, et d'avoir fait signer jusqu'à des femmes et des enfants, la protestation n'eut aucun succès. Cette circonstance indisposa la majorité de la garde nationale contre l'état-major.

Cependant le roi ne voulait sanctionner ni le décret du 28 mai, ni celui du 7 juin; il hésita longtemps à faire connaître sa résolution : enfin, le 19 juin, il signifia son double *veto* au Corps Législatif. On s'attendait, généralement, à voir Louis XVI s'opposer à l'exécution des décrets, et, le 16 juin, une députation d'ouvriers était venue à l'Hôtel-de-Ville demander, au nom des citoyens des faubourgs Saint-Antoine et Saint-Marceau, l'autorisation de se réunir en armes, le jour anniversaire du serment du Jeu de Paume, et d'aller présenter des pétitions à l'Assemblée et au roi. Le conseil général de la commune avait refusé de donner cette autorisation : *Ils demandaient à marcher en armes, sans justifier d'être gardes nationales, sans réquisition légale,* dit Pétion, le 20 juin, à la séance du soir de l'Assemblée nationale.

Le 19, dans la soirée, la municipalité apprit que la nouvelle de l'opposition du roi aux décrets s'étant déjà répandue par la ville, les citoyens des deux faubourgs avaient résolu de se rendre en masse à l'Assemblée, malgré l'arrêté du conseil général. Sur les dix heures, les chefs de bataillon parurent à l'Hôtel-de-Ville et dirent au maire : *Que les intentions des citoyens étaient bonnes; mais que ces citoyens voulaient marcher en armes; que déjà plusieurs députations l'avaient fait et que les autorités constituées l'avaient permis.* Ce rapport donna fort à penser au corps municipal. Le lendemain matin il envoya quelques uns de ses membres dans les faubourgs. Partout les officiers municipaux recueillirent la même réponse : « Nous ne voulons pas d'émeute, disaient les citoyens; nous demandons seulement à défiler en armes devant l'Assemblée nationale, comme l'ont déjà fait plusieurs députations. » Alors le corps municipal crut devoir prendre, par prudence, l'arrêté suivant : « Le chef de légion, commandant-général de la garde nationale de Paris, donnera à l'instant les ordres nécessaires pour rassembler sous les drapeaux les citoyens de tout uniforme et de toutes armes, lesquels marcheront ainsi réunis sous le commandement des officiers du bataillon. »

Cet arrêté fut remis au chef de la 3ᵐᵉ légion, M. de Romainliers, qui exerçait alors le commandement supérieur. Mais déjà les citoyens des faubourgs s'étaient réunis sur l'emplacement de la Bastille, puis mis en marche par les boulevards, sous la direction de Santerre, commandant du bataillon des Enfants-Trouvés, et de l'ex-marquis de Saint-Hurugue, habitant du faubourg Saint-Marceau. En tête du cortége l'on voyait, entre plusieurs pièces de canon, d'énormes tables sur lesquelles étaient inscrits les *Droits de l'homme,* et un arbre de la liberté que l'on se proposait de planter dans le jardin des Tuileries, en face du château. Puis, suivaient pêle-mêle des gardes nationaux, des ouvriers, des invalides, des charbonniers, des forts de la halle, des femmes, des enfants. Dans cette foule, diaprée de bonnets rouges, chacun avait une arme ou un objet symbolique : les hommes portaient des fusils, des piques, des fourches, des broches, des haches, des faux et des tranchets, des coutelas, des pointes de fer plantées au bout de gros bâtons; quelques femmes étaient armées de sabres et de piques; mais, en général, elles n'avaient à la main, comme les enfants, que des rameaux, des bouquets de fleurs et des épis de blé. On apercevait aussi, çà et là, au-dessus des têtes, de longues perches garnies de banderolles, sur lesquelles on lisait des inscriptions telles que celles-ci : *Peuple, garde nationale, nous ne faisons qu'un, nous ne voulons faire qu'un.* — *Nous ne voulons que l'union, la liberté.* — *Vive l'égalité!* — *La nation, la loi.* — *Vive l'Assemblée nationale!* — *La constitution ou la mort!* — Une mauvaise culotte noire, placée au bout d'une gaule, était surmontée de cet écriteau : *Libres et sans culottes, nous en conserverons au moins les lambeaux.* Enfin, un homme couvert de haillons, un véritable sans-culotte, portait au bout d'une pique un cœur de veau avec cette inscription : *Cœur d'aristocrate.*

Le cortége arriva sans opposition jusqu'à la rue du Dauphin :

Les postes, que le maire de Paris avait fait doubler, assistaient, l'arme au bras, au passage de l'attroupement ; ils devaient seulement s'opposer à toute tentative de désordre.

Le lieu des séances de l'Assemblée nationale était un ancien manége qui avait deux issues principales, l'une donnant sur la rue du Dauphin, et l'autre sur le jardin des Tuileries. Au moment où la tête de la colonne populaire arrivait dans la rue du Dauphin, le Corps Législatif se trouvait dans une grande agitation : une députation du Directoire du département s'était rendue à l'Assemblée pour lui apprendre ce qui se passait ; la Montagne et les Girondins voulaient l'admission des citoyens des faubourgs ; les Constitutionnels s'y opposaient. Après une discussion vive et tumultueuse, la majorité se prononça pour l'admission. Aussitôt une députation vint d'abord à la barre donner lecture de la pétition du peuple ; puis les citoyens des deux faubourgs furent admis à traverser la salle. Ils mirent deux heures et demie à défiler.

Pendant qu'une partie de la colonne occupait encore la rue du Dauphin, l'attroupement avait traversé tranquillement le jardin des Tuileries, sous les yeux de plusieurs détachements de la garde nationale ; il était sorti par la grille du Pont-Royal et avait gagné la place du Carrousel par les guichets du Louvre. Là, seulement, il s'arrêta pour planter l'arbre de la liberté dans la cour des Capucins. Un curieux s'étant informé pourquoi on reléguait dans ce lieu le peuplier destiné dans l'origine au jardin des Tuileries, il lui fut répondu : *Que les Feuillantins avaient tendu un piége au peuple; qu'ils avaient braqué du canon dans le jardin; mais que le peuple ne donnait pas dans le panneau.*

Des bataillons de la garde nationale, des Suisses, des gendarmes et de l'artillerie occupaient la cour, ou plutôt les cours des Tuileries ; car cette cour immense que nous voyons aujourd'hui était alors divisée en trois compartiments, séparés par des murs et des habitations.

Après que le peuple eut achevé de planter l'arbre de la liberté, il se présenta à la porte Royale. Un des officiers municipaux que l'on voyait dans la cour avec les troupes, M. Mouchet, harangua les citoyens des faubourgs, et leur fit entendre que l'on ne pouvait admettre dans le palais qu'une députation de vingt membres. Le peuple, se rendant aux raisons de l'officier municipal, allait envoyer au roi ses vingt députés chargés de la pétition, lorsque Santerre parut, revenant de l'Assemblée nationale. A sa vue l'agitation et le bruit recommencèrent, et des scènes de désordre furent sur le point d'éclater. Ce fut alors que deux officiers municipaux, sur le nom desquels les historiens ne sont pas d'accord, donnèrent l'ordre d'ouvrir, et le flot populaire envahit la cour, puis le palais, sans opposition de la part des troupes.

En ce moment, Louis XVI se trouvait dans la salle du Conseil, entouré seulement de quelques personnes, au nombre desquelles étaient le brasseur Acloque, chef de la 2me légion, quatre grenadiers et deux artilleurs du bataillon des Filles-Saint-Thomas. Les portes étaient fermées en dedans; elles furent attaquées avec des sabres, des fusils et des haches. Au besoin elles auraient été brisées à coups de canon, car le peuple avait hissé, à force de bras, une pièce d'artillerie jusqu'au premier étage, et l'eût mise en batterie dans la salle des Cent-Suisses.

Le roi ordonna d'ouvrir. Aussitôt le peuple se précipita en désordre, et les grenadiers entraînèrent Louis XVI dans la pièce de l'OEil-de-Bœuf, se barricadèrent derrière une longue table, dans l'embrasure d'une fenêtre, et se groupèrent autour de lui avec quelques officiers du palais et une vingtaine de gardes nationaux qui se joignirent bravement à eux. Parmi tous ces personnages on remarquait le jeune colonel du régiment de Vintimille qui, avec M. Acloque, ne quitta pas les côtés du roi. Ce colonel de Vintimille était ce même Desperrière dont nous avons déjà parlé. En un clin d'œil, le groupe fut entouré d'une foule bruyante qui allait toujours grossissant : bientôt la vaste salle se trouva comble. Ce fut pendant quelques instants un tumulte effroyable, au milieu duquel on pouvait toutefois saisir ces cris, parce qu'ils étaient souvent répétés : « Plus de *veto*! — La sanction! — Le camp sous Paris! — Le décret contre les prêtres! — Le rappel des ministres patriotes! » Le roi, monté sur une banquette, chercha plusieurs fois à se faire entendre. On lui dit de crier vive la Nation. — « Oui, dit-il en élevant son chapeau, vive la Nation! Je suis son meilleur ami. — Eh bien! prouvez-le, réplique en ce moment un homme qui lui présente un bonnet phrygien au bout d'une pique. » Louis XVI prend le bonnet rouge et le met sur sa tête. Comme il souffrait beaucoup de la chaleur, et qu'il paraissait épuisé de fatigue, un citoyen lui offre une bouteille de vin, en lui disant de boire à la santé de la nation. Le roi saisit la bouteille, et répète, en la portant à ses lèvres : « A la santé de la nation! »

L'agitation s'étant un peu calmée, on donna lecture au prince de la pétition, qui demandait la sanction des décrets des 28 mai et 7 juin, et le rappel des ministres girondins Servand, Roland et Clavières, congédiés quelques jours auparavant. Plusieurs citoyens insistaient pour avoir sur-le-champ une réponse favorable ; Louis XVI répondit avec fermeté : « J'ai juré de maintenir la constitution, et je la maintiendrai au péril de ma vie ; mais ce n'est ni le lieu, ni le moment de me présenter une pareille demande. » Alors les cris et le tumulte recommencèrent, les uns approuvant, les autres blâmant les paroles du roi, lorsque Pétion parut enfin dans la salle.

Il était six heures. Il avait appris, dit-il, à quatre heures seulement l'envahissement du château. Alors il s'était rendu en toute hâte aux Tuileries ; mais la foule était si épaisse sur la place, dans les cours et dans les appartements, qu'il lui avait fallu près d'une heure pour arriver jusqu'au roi.

S'occupant aussitôt de faire évacuer le palais, il engagea le peuple à *terminer sans tumulte une journée commencée avec dignité et sagesse.* Quelques représentants et Santerre joignirent leurs exhortations à celles du maire de Paris, et le torrent populaire, obéissant, commença à s'écouler lentement. Il eut à repasser par la salle du conseil, où se tenait la reine Marie-Antoinette, qui avait cherché à rejoindre le roi et n'avait pu arriver jusqu'à lui. Elle était assise derrière la table du conseil, protégée par deux lignes de gardes nationaux disposés en demi-cercle ; à son côté l'on voyait sa fille, et devant elle, sur la table, se trouvait le Dauphin, coiffé d'un énorme bonnet rouge. Cette coiffure gênait le pauvre enfant, et Santerre eut l'humanité de l'en délivrer.

Les citoyens des faubourgs n'aimaient pas celle qu'ils appelaient *l'Autrichienne;* cependant ils défilèrent devant elle sans beaucoup de bruit : les yeux pleins de larmes et la profonde affliction peinte sur les traits de la reine désarmèrent la colère du peuple.

A huit heures les Tuileries étaient libres.

Si l'on analyse les diverses circonstances de cette journée, on ne peut s'empêcher de remarquer que la conduite de la garde nationale est exempte de reproches. Commandée par la Commune et se contentant d'obéir à ses ordres, elle les exécuta en restant témoin impassible des faits qui se déroulèrent sous ses yeux. Elle ne put empêcher le tumulte, mais elle prévint le désordre, et une partie de ses membres se groupa courageusement autour de Louis XVI et de sa famille pour les défendre au péril de leur vie.

Que dans toute autre circonstance, si elle avait eu foi dans la loyauté de Louis XVI, elle eût su, malgré la Commune elle-même, empêcher l'envahissement du château et la violation de la demeure royale ; mais, dans la disposition d'esprit où l'avaient mise les actes de la cour, elle crut devoir permettre, sans l'empêcher, cette manifestation redoutable et se borner à préserver l'existence du roi et de sa famille. Elle voulut que le roi pût connaître et apprécier l'opinion populaire et qu'il survécût pour s'y conformer.

A l'occasion de cette journée, une adresse, rédigée par un ancien constituant, M. Guillaume, avoué au tribunal de cassation, fut signée par sept mille quatre cent onze gardes nationaux. On présenta cette pétition à l'Assemblée nationale, comme émanant de vingt mille citoyens ; mais elle n'eut pas plus de succès que la protestation des huit mille. Les Girondins et la Montagne accueillirent d'une tout autre manière une adresse de la section de Bonne-Nouvelle, qui demandait le licenciement de l'état-major de la garde nationale parisienne. A la séance du 2 juillet, une députation de gardes nationaux de toutes les sections s'étant présentée avec une pétition qui demandait également le renvoi de l'état-major, le Corps Législatif décréta que tous les états-majors dans les villes de plus de cinquante mille âmes, seraient dissous et réélus.

Cependant on recevait des frontières et de l'étranger des nouvelles fort alarmantes : le maréchal Luckner, qui avait remplacé Rochambeau dans le commandement de l'armée du Nord, était forcé de battre en retraite devant les masses autrichiennes ; 80,000 Prussiens, Hessois et émigrés menaçaient la Lorraine, et les rois de l'Europe se coalisaient contre la France. Alors l'Assemblée nationale déclara la patrie en danger. A ce cri d'alarme, bientôt répété par toute la France, des milliers d'hommes se levèrent pour repousser l'invasion de l'étranger. Les citoyens qui pouvaient marcher s'armaient tous, célibataires et hommes mariés. Ceux qui étaient obligés de demeurer dans les villes donnaient de l'argent pour subvenir aux frais de la guerre et secourir les familles des volontaires, ou bien ils s'offraient pour élever et instruire gratuitement les enfants de ceux qui se rendaient aux frontières. On voyait jusqu'à de pauvres journaliers venir déposer aux municipalités des offrandes de 50 centimes, de 1 franc, et prier avec instance de ne pas les refuser, si les officiers municipaux faisaient quelques difficultés pour recevoir cet argent, trop souvent prélevé sur le strict nécessaire.

C'était surtout dans nos provinces du Nord et de l'Est, que les volontaires étaient nombreux. A Valenciennes, trois compagnies de grenadiers de la garde nationale demandaient à être mobilisées. A Nancy, des négociants fermaient leurs comptoirs et envoyaient à la frontière leurs fils et leurs commis. En Alsace, à peine restait-il dans les villes quelques jeunes gens pour les défendre. *Jeunes et vieux, riches et pauvres, tout s'engageait, jusqu'aux séminaristes.*

A Paris, comme partout ailleurs en France, la proclamation du danger de la patrie se fit solennellement, et, comme partout, le cri de détresse fut accueilli avec une belliqueuse indignation : en une seule semaine, on enregistra dix mille sept cent volontaires.

Ce spectacle, digne des regards du monde, aurait dû faire comprendre aux ennemis de la France l'énergie, le patriotisme et les ressources de son grand peuple. Il n'en fut rien, comme on va le voir, et les rois de l'Europe crurent triompher en attaquant au dehors par des armées, au dedans par des menées sourdes fomentées par les royalistes. Alors, au lieu d'être accablé sous tant de menaces et de dangers, le peuple rebondit et se leva de toutes parts pour les affronter et les vaincre.

La capitale continuait d'être dans une grande agitation. Le maire, que le Directoire du département accusait d'avoir négligé, dans la journée du 20 juin, l'exécution de la loi, avait été suspendu de ses fonctions par un arrêté du 6 juillet. Le roi ayant approuvé cet arrêté du Directoire, Pétion comparut devant l'Assemblée nationale. Mais il répondit victorieusement à ses accusateurs ; il fut admis aux honneurs de la séance au milieu des applaudissements et des acclamations, et un décret le replaça à la tête de la municipalité. Le 14 juillet fut même pour lui un jour de triomphe : son nom se trouvait mêlé à tous les *vivats*; et au milieu de la foule, dans les rangs de la garde nationale, on pouvait lire sur bien des chapeaux ces deux inscriptions : *Vive Pétion ! — Pétion ou la mort !*

A ce troisième anniversaire de la prise de la Bastille, les gardes nationaux de province étaient peu nombreux : ils ne s'élevaient pas à trois mille hommes. Cela venait de ce que les départements n'avaient pas été invités à une fédération générale ; on avait simplement décidé que les volontaires de la province qui se trouveraient à cette époque dans la capitale assisteraient à la cérémonie du 14 juillet. Aussi quelques villes furent-elles seules représentées à cette fête patriotique.

Après la fédération, les volontaires des départements devaient se rendre aux frontières ; mais ils refusèrent de quitter Paris sur-le-champ. « Nous voulons triompher ou mourir, disaient-ils dans une pétition, présentée le 17 juillet à l'Assemblée nationale ; mais nous ne voulons pas combattre sous les ordres des courtisans et des complices des tyrans. On nous parle de faire la guerre à l'Autriche et l'Autriche est dans nos rangs et dans le conseil du roi, et l'Autriche est à la tête de nos armées..... »

Cette pétition resta sans résultat. La leçon du 20 juin n'avait pas profité, la manifestation de tous les jours, les écrits, les observations laissaient le roi muet et inerte, et les dangers augmentaient à chaque heure. Ce silence et cette inertie devaient pousser le peuple à la révolte.

Déjà un mouvement insurrectionnel avait été projeté pour le 26 ; mais il avait avorté. Le 29, un nouveau plan fut arrêté à Charenton, à l'occasion de l'arrivée d'un bataillon de cinq cents Marseillais. On convint que les citoyens des faubourgs marcheraient en armes, le lendemain, au-devant des Marseillais : Santerre promettait d'amener 40,000 hommes ; il arriva le lendemain à Charenton avec deux cents fédérés des départements et *deux douzaines de Parisiens, armés de piques et de coutelas.* Il fallut bien encore ajourner l'insurrection, et l'on se rendit en corps à l'Hôtel-de-Ville. Là, au milieu des embrassements, on offrit aux Marseillais un banquet fraternel. L'invitation ayant été acceptée, l'on déposa les fusils pour gagner les Champs-Élysées. Santerre conduisit les fédérés chez un restaurateur, dont le jardin était occupé par une société de gardes nationaux des bataillons des Filles-Saint-Thomas et des Petits-Pères, tous dévoués à la cour. Alors éclata cette malheureuse rixe, à la suite de laquelle l'agent de change Duhamel, lieutenant des grenadiers du bataillon des Petits-Pères, fut tué à l'entrée de la rue Saint-Florentin. Les Marseillais et les gardes nationaux s'accusèrent réciproquement d'avoir provoqué cette échauffourée. Barbaroux fait entendre qu'il y avait là une infernale machination de la cour, qui voulait se défaire des Marseillais. « Toute la section des Filles-Saint-Thomas s'était armée, dit-il, et s'emparait du poste de la Comédie Italienne, par où les Marseillais devaient passer dans leur retraite. On répandait partout qu'ils avaient massacré les Parisiens ; on provoquait à s'armer contre eux. »

Nous ne saurions dire jusqu'à quel point l'accusation portée par

Barbaroux contre la cour était fondée ; mais toujours est-il que les Marseillais furent très prompts à mettre le sabre au poing, et que les gardes nationaux, après avoir été fort malmenés, se rendirent, pour demander justice, à l'Assemblée nationale, où ils se virent accueillis par des huées de la part d'un certain nombre de représentants et des habitués des tribunes.

Dans l'intention d'empêcher le retour de pareilles scènes, le Corps Législatif fit, le 31 juillet, une *adresse aux gardes nationaux de Paris et à leurs frères d'armes les gardes nationaux des divers départements, venus à Paris pour se rendre au camp de Soissons ou pour se réunir aux armées qui sont sur la frontière.*

Mais pendant que les représentants de la nation engageaient les gardes nationaux à conserver la paix au milieu d'eux, et à s'unir contre les ennemis du dedans et du dehors, les brochures royalistes continuaient de souffler la discorde et la guerre civile. L'une d'elles, le *Conseil à la garde nationale parisienne, relativement aux événements des Champs-Élysées,* excitait les gardes nationaux parisiens à s'armer, à se ranger autour du roi, à chasser l'armée de brigands qui s'était introduite dans la capitale et à les mettre dans l'impossibilité de nuire. Alors se forma, sur la place du Carrousel, et aux frais de la cour, le *club français national*, qui devint le rendez-vous des gardes nationaux royalistes. Mais cela ne suffisait pas, il fallait à la royauté un faux-semblant d'appui populaire : on ramassa dans les cabarets et dans les lieux de débauche plusieurs centaines de vauriens ; on les coiffa de bonnets rouges, on les arma de piques, et ces sans-culottes, de fabrique royale, furent adjoints en qualité d'auxiliaires aux gardes nationaux dévoués à la cour. Bertrand de Molleville, ancien ministre de Louis XVI, avoue qu'il était chargé par le roi de payer la dépense de cet établissement, qui *fut complétement formé en moins de quatre jours.*

Ainsi l'on s'armait de part et d'autre, et l'on ne semblait attendre que le signal pour commencer la lutte. Ce signal, des aveugles le donnèrent croyant faire triompher leur parti, comme si la terreur de l'étranger était possible sur un peuple qui veut la liberté.

Le duc de Brunswick, généralissime des armées coalisées, lança son fameux manifeste. Cet écrit disait entre autres choses : « 4° Que les gardes nationales étaient sommées de veiller provisoirement à la tranquillité des villes et des campagnes, à la sûreté des personnes et des biens de tous les Français, jusqu'à l'arrivée des troupes de leurs majestés impériales et royales, ou jusqu'à ce qu'il en fût autrement ordonné, sous peine d'en être personnellement responsables ; qu'au contraire, ceux des gardes nationaux qui auraient combattu contre les troupes des deux cours alliées, et qui seraient pris les armes à la main, seraient traités en ennemis, et punis comme rebelles à leur roi et comme perturbateurs du repos public... — 7° Que les habitants des villes, bourgs et villages qui oseraient se défendre contre les troupes de LL. MM. I. et R., et tirer sur elles, soit en rase campagne, soit par les fenêtres, portes et ouvertures de leurs maisons, seraient punis sur-le-champ suivant la rigueur du droit de la guerre, et leurs maisons démolies ou brûlées... — 8° Que la ville de Paris et tous ses habitants, sans distinction, seraient tenus de se soumettre sur-le-champ et sans délai au roi, de mettre ce prince en pleine et entière liberté, et de lui assurer, ainsi qu'à toutes les personnes royales, l'inviolabilité et le respect auxquels le droit de la nation et des gens oblige les sujets envers les souverains, leurs majestés impériales et royales rendant personnellement responsables de tous les événements, sur leur tête, pour être jugés militairement, sans espoir de pardon, tous les membres de l'Assemblée nationale, du département, du district, de la municipalité et de la garde nationale de Paris, les juges de paix et tous autres qu'il appartiendra ; déclarant en outre, leurs dites majestés, sur leur foi et parole d'empereur et roi, que si le château des Tuileries est forcé ou insulté, que s'il est fait la moindre violence, le moindre outrage à leurs majestés le roi, la reine et à la famille royale, s'il n'est pas pourvu immédiatement à leur sûreté, à leur conservation et à leur liberté, elles en tireront une vengeance exemplaire et à jamais mémorable, en livrant la ville de Paris à une exécution militaire et à une subversion totale, et les révoltés coupables d'attentats, aux supplices qu'ils auront mérités..... »

A la lecture de cet insolent manifeste, un long cri d'indignation s'éleva d'un bout à l'autre de la France, et l'effet contraire à celui qu'on attendait fut produit tout à coup. A part le petit nombre de ceux qui ne reculaient pas devant l'oppression et le sang pour rétablir à leur profit une royauté impossible, tous les Français furent unanimes dans leur sentiment de dignité nationale blessée, dans le mépris des menaces, dans le désir de venger cet affront : tous, car bien des patriotes, qui conservaient encore au fond du cœur un reste d'amour pour Louis XVI, se détachèrent entièrement de la monarchie. Cependant, le malheureux prince se hâta de désavouer le manifeste par un message ; mais on ne voulut pas croire à la sincérité de ses paroles, et on le lui prouva bientôt d'une manière cruelle.

Un décret du 25 juillet ayant déclaré les sections de Paris en permanence, les citoyens se trouvaient appelés à délibérer sur les affaires publiques. Ils se prononcèrent à une grande majorité pour la déchéance de Louis XVI, et, le 3 août, les quarante-huit sections en firent la demande à l'Assemblée nationale, par l'organe de Pétion. Après des débats assez vifs, le corps législatif ajourna la discussion au jeudi 9 août. Cependant différentes sections n'en continuèrent pas moins d'envoyer à la barre des pétitionnaires demandant la déchéance avec une énergie toujours croissante. L'une d'elles déclara même que si elle n'était pas prononcée le 9 août avant minuit, on ferait sonner le tocsin, battre la générale, et qu'on marcherait contre le château. Cet arrêté, envoyé aux quarante-sept autres sections, fut approuvé par quarante-six.

La garde nationale avait abandonné la royauté. La royauté n'avait plus que quelques heures à vivre.

VIII

Préliminaires du 10 août. — Commune insurrectionnelle. — Mandat, commandant-général. — Forces des Tuileries. — Pétion. — Ordre de repousser la force par la force. — Plan de défense. — Mandat à l'Hôtel-de-Ville. — Sa mort. — Revue passée par Louis XVI. — Énergie de la reine. — Le roi se réfugie à l'Assemblée nationale. — Réunion des Fédérés et de l'armée parisienne. — Santerre commandant-général. — Attaque du château. — Combat. — Suisses sauvés. — Suisses massacrés. — Le garde national Clémence. — Le comte d'Affry. — Portrait de Santerre. — Traits de sa vie. — Louis XVI conduit au Temple. — Désarmement, Réorganisation. — Sections armées. — Massacres de septembre. — Conduite de la garde nationale. — Volontaires aux armées. — Conquête de la Savoie et du comté de Nice. — Le bal aux avant-postes. — Les demoiselles Fernig. — Retraite des bataillons de la Côte-d'Or et du Pas-de-Calais. — Bataille de Valmy. — Héroïque réponse des gardes nationaux. — Adieu, frère, je te vengerai. — Mort du lieutenant-colonel Lormier. — Siége de Lille. — Histoire de sa garde nationale. — Origine du corps des canonniers. — Bombardement. — Traits de courage. — Le canonnier. — Le capitaine Ovigneux, etc. — Levée du siége. — Immenses résultats. — Bataille de Jemmapes. — Intrépidité d'un volontaire. — La Marseillaise. — Le vétéran Jolibois. — Prêtres réfractaires. — Insurrection des paysans dans les provinces de l'Ouest. — Garde nationale de Vannes. — De Pontivy. — De Josselin. — De Guémené. — De la Roche-Bernard. — Massacre de Sauveur. — Affaire de Saint-Pol. — Nantes. — Bouteillier. — Piter-Deurbroucq. — Nort. — Meuris le ferblantier. — Siége de Nantes. — Canclaux et Cathellineau. — Le maire Baco. — Les canonniers nantais. — Le prêtre Gambard. — Le cordonnier. — Mort de Cathellineau. — Charette repoussé par la garde nationale.

La journée du 10 août n'a aucun des caractères d'un faste de la garde nationale. Sous ce rapport nous aurions pu la passer sous silence. Mais, outre que nous n'avons pas voulu donner lieu au reproche de partialité qu'on aurait pu nous faire, nous avons cru devoir aborder franchement cet événement dont l'importance et les conséquences furent extrêmes, et présenter, comme leçon du passé pour l'avenir, le danger fatal de la division des gardes civiques, soit qu'elle vienne d'elles-mêmes, soit qu'elle vienne des chefs, soit qu'elle vienne de l'autorité qui la fait agir.

Cette désunion, et nous sommes larges en l'appelant ainsi, car c'était une minorité désespérante contre une majorité imposante; cette désunion, nous en avons déjà indiqué les causes dans notre précédent chapitre. Le mode adopté par la nouvelle loi de donner le commandement général durant un mois à chaque chef de légion, y avait beaucoup contribué. Ce chef, à peine instruit de l'esprit et de l'opinion de la garde nationale, ayant à peine élaboré les mesures nécessaires, était obligé de céder le commandement à un autre qui, ainsi que cela arrive toujours, voulait innover, et abandonnait les errements de son prédécesseur. De là trouble, confusion, mécontentement et chose nuisible à l'esprit général de cette milice qui, jusque là, avait fait sa force et sa puissance. Les discussions intestines, les actes de la cour, la désaffection que le roi attirait sur sa personne, tandis que, par un reste d'habitude ou par l'espérance d'un retour de sa part, quelques uns tenaient encore pour lui; enfin, l'arrivée des fédérés de la province, et le conflit de deux autorités, achevèrent de tout perdre. La garde nationale, on ne l'oublie pas, était soumise aux ordres de la Commune. Or, dans la nuit du 9 août, à minuit, heure fixée pour le dernier terme de la royauté, cent soixante-douze commissaires, élus par les sections, entraient à l'Hôtel-de-Ville, s'emparaient du pouvoir communal, et formaient ce qu'on appela *la Commune insurrectionnelle*, qui avait mission de renverser la monarchie. Pendant ce temps, l'ancienne Commune, représentée par son chef, Pétion, et plusieurs de ses membres, était aux Tuileries pour protéger le roi. Entre les Tuileries et l'Hôtel-de-Ville, un espace immense, impénétrable par les masses, rendait toute communication impossible. De sorte que lorsqu'au son du tocsin et du tambour, les gardes nationaux se rendaient à leurs postes, selon l'indication qui était donnée, ou selon l'opinion qui les guidait, ceux qui étaient aux Tuileries avec Pétion croyaient obéir aux ordres de la Commune, ceux qui étaient dans les autres quartiers avec les commissaires nouvellement élus, croyaient également obéir à des ordres légaux. De là survint cette désunion que l'histoire signale, et qui n'eût pas eu lieu si, ayant conservé son influence morale, sa puissance réelle et l'union de sa force, la garde nationale eût simplement manifesté, sous les armes, ses vœux et sa volonté pour la déchéance comme elle l'avait manifesté dans les délibérations des sections dont elle faisait partie.

Nous l'avons dit et nous écrivons ce livre pour prouver ceci: Il n'est pas d'homme plus puissant que celui qui a le droit de mettre d'une main son vote dans l'urne, tandis que de l'autre il en défend le triomphe numérique avec la baïonnette de l'ordre et de la liberté.

Après ces éclaircissements indispensables pour bien comprendre les faits et les choses, nous allons faire le récit du 10 août au point de vue du rôle de la garde nationale.

Le chef de la 4e légion remplissait les fonctions de commandant général; c'était Antoine-Jean Gaillot de Mandat, ancien capitaine aux gardes françaises. On ne l'aimait pas aux Tuileries à cause de son opinion constitutionnelle; cependant, comme il passait pour un militaire énergique, instruit et plein de loyauté, le roi et la reine le voyaient en ce moment avec plaisir à la tête de la force armée.

Il avait dirigé sur le château un nombre de gardes nationaux s'élevant à 2,400 environ pris dans les bataillons des Cordeliers, des Prémontrés, de la Croix-Rouge, etc., et surtout dans ceux des Filles-Saint-Thomas et des Petits-Pères dont le dévouement à la cour était bien connu. Parmi les officiers supérieurs on voyait l'adjudant général de la garde parisienne, de Courchamps, Gayaux, commandant du bataillon des Cordeliers, Bendieu de la Chesnaye, Belair, Montjourdain, etc. Un millier de Suisses, et deux à trois cents gentilshommes, les mêmes appelés les chevaliers du poignard, arrivant à la nouvelle de l'insurrection, complétaient l'armée royaliste.

Ces gentilshommes n'avaient que des épées, de mauvais sabres et des pistolets; plusieurs en étaient même réduits à s'armer avec des pincettes, des pelles et des chenets enlevés aux cheminées du château. D'ailleurs c'étaient des auxiliaires plus nuisibles qu'utiles; car les gardes nationaux les voyaient avec défiance. « Ils sont amis du roi, disaient-ils, mais ils détestent la constitution. S'ils l'aimaient, on les verrait parmi nous revêtus de l'uniforme national.»

Vers minuit, au moment où l'on commençait à entendre au loin, le son lugubre du tocsin, Pétion parut au palais avec Rœderer, procureur-général syndic, et deux officiers municipaux. On se hâta de lui faire signer l'ordre de repousser la force par la force, puis on voulut le retenir en otage; mais à deux heures et demie du matin, des huissiers, précédés de grenadiers du corps législatif, vinrent signifier au maire un décret qui l'appelait à la barre de l'Assemblée. Les défenseurs du château n'osèrent pas retenir plus longtemps Pétion, qui bientôt fut libre de retourner chez lui.

Le commandant général, une fois en possession de l'ordre du maire, s'était occupé d'arrêter entièrement son plan de défense. Déjà il avait fait la distribution de ses troupes : la cour des Suisses, celle du milieu et celle des Princes étaient occupées par des Suisses et des gardes nationaux, soutenus de plusieurs pièces d'artillerie ; les grenadiers des bataillons des Petits-Pères et des Filles-Saint-Thomas se trouvaient le long du château, du côté du jardin ; un poste nombreux avait été placé au Pont-Tournant avec deux pièces de canon ; enfin de forts avant-postes de gendarmes à pied et à cheval se tenaient sur la place du Carrousel, devant la colonnade du Louvre et à l'Hôtel-de-Ville. Comme Mandat s'attendait à voir arriver par les quais de l'École et du Louvre, la principale bande d'assaillants, il avait fait ses dispositions pour la recevoir. L'escadron de gendarmerie placé à la colonnade devait laisser passer sans opposition les insurgés le long des quais, puis les prendre en queue pendant que les troupes établies sur la place du Carrousel attaqueraient la tête de la colonne, en débouchant par les guichets du Louvre. L'escadron devait être soutenu dans son attaque par les gendarmes et les gardes nationaux de l'Hôtel-de-Ville. Mandat avait envoyé un ordre en conséquence au commandant de bataillon de service à la ville.

Ce plan pouvait réussir avec des troupes sur lesquelles on aurait compté ; mais les gendarmes n'étaient rien moins que royalistes ; au lieu de charger les insurgés, lorsqu'ils se présentèrent, ils se joignirent à eux en grand nombre ; aussi ne les avons-nous pas compris parmi les défenseurs du château. D'ailleurs Mandat n'eut pas le temps de mettre son plan de défense à exécution. Entre trois et quatre heures, il lui arriva une lettre qui le mandait à l'Hôtel-de-Ville. Il hésitait à se rendre à cet appel ; mais Rœderer et les membres du département qui se trouvaient au château l'engagèrent à obéir. Le commandant général partit à quatre heures : en ce moment on ignorait encore aux Tuileries l'installation à la Ville des cent soixante-douze commissaires nommés par les sections. Arrivé à la Commune, Mandat fut introduit en présence de cette autorité nouvelle. On lui demanda l'ordre du maire qui lui prescrivait de repousser la force par la force ; mais il l'avait laissé aux Tuileries ; on lui donna ensuite lecture de la lettre suivante : « Le commandant-général ordonne au commandant du bataillon de service à la Ville de dissiper la colonne d'attroupement qui marcherait pour se porter au château, tant avec la garde nationale qu'avec la gendarmerie, soit à pied, soit à cheval, en l'attaquant par derrière. *Signé,* le commandant-général Mandat. » Cet ordre fut l'arrêt de mort du signataire. *L'assemblée générale des représentants des quarante-huit sections* arrêta d'abord qu'il serait déposé dans la prison de la maison commune ; puis elle décida de le transférer dans la prison de l'Abbaye.

On fit donc sortir Mandat de l'Hôtel-de-Ville. A peine fut-il descendu sur la place qu'il se vit entouré d'une foule rugissante. On lui tira à bout portant un coup de pistolet qui le renversa ; il fut achevé à coups de sabre et de pique, et son corps jeté à la Seine.

Cette mort laissait sans chef capable les gardes nationaux royalistes, que d'ailleurs la faiblesse de Louis XVI acheva de décourager. A cinq heures, ce pauvre prince passa la revue de ses défenseurs. Il était vêtu d'un habit violet qu'on lui avait vu la veille, portait le chapeau sous le bras et l'épée au côté ; sa coiffure était en désordre ; il paraissait extrêmement triste et avait les yeux humides de larmes. Les Suisses et un grand nombre de gardes nationaux l'accueillirent avec des cris répétés de *Vive le roi !* Mais les canonniers, qui *étaient tous, sans exception, des révolutionnaires forcenés,* nous apprend Bertrand de Molleville, ne cessèrent de crier : *Vive la Nation !* En ce moment arrivèrent deux nouveaux bataillons, rassemblés plus tard que les autres. L'un était le bataillon du faubourg Saint-Marcel, armé moitié de piques et moitié de fusils ; il répondit au cri de *Vive le roi !* par ceux

de : *Vive Pétion! vive la Nation! A bas le veto! à bas le traître!*
Les canonniers, se voyant soutenus, débourrèrent leurs pièces en s'écriant qu'ils ne s'en serviraient pas contre la nation. Il y eut alors un instant de désordre, à la suite duquel on désarma les canonniers, et l'on ordonna aux deux bataillons retardataires d'aller prendre position sur la terrasse du bord de l'eau.

Après avoir passé la revue des troupes distribuées dans les cours, le roi, s'étant aventuré dans le jardin, fut encore accueilli par ces cris de réprobation : *A bas le veto! à bas le traître!* Et il eut la douleur de voir les bataillons, nouvellement arrivés, abandonner la terrasse du bord de l'eau pour aller attendre sur le Carrousel l'arrivée des insurgés. Louis XVI rentra désespéré dans ses appartements. Ce fut peu de temps après que Rœderer et les membres du département conseillèrent à la famille royale de se réfugier à l'Assemblée. La reine repoussa d'abord cette proposition avec énergie. « Je me ferai clouer aux murs de ce château, plutôt que d'en sortir, s'écria-t-elle »; puis elle ajouta, en présentant un pistolet au roi : « Allons, monsieur, voilà le moment de vous montrer! » Le roi garda le silence. « Madame, dit Rœderer, vous voulez donc la mort du roi, celle de vos enfants, la vôtre même. » Marie-Antoinette, désespérée du peu d'énergie du roi, se résigna enfin à le suivre à l'Assemblée nationale.

Louis XVI fit ses adieux aux gentilshommes qui l'entouraient en les assurant qu'il les reverrait bientôt. Puis, ayant échangé son chapeau contre celui d'un garde national, dont il se coiffa à l'instant même, il descendit dans le jardin. Le voyage de la famille royale fut court, mais bien pénible; il lui fallut essuyer les injures d'une foule considérable, répandue sur la terrasse des Feuillants. Au milieu des cris de : *Vive la Nation! à bas le veto! à bas le traître!* une voix fit entendre aux oreilles royales ces paroles terribles : *La mort! la mort! nous ne voulons plus de tyrans!*

Un fort détachement de Suisses et de gardes nationaux avait accompagné la famille royale ; c'étaient plusieurs centaines d'hommes enlevés à la défense du château. En outre, sitôt que la nouvelle du départ du roi se répandit dans les cours, beaucoup de gardes nationaux royalistes ne songèrent plus qu'à leur sûreté personnelle ; les Suisses restèrent presque seuls. Les quelques gardes nationaux qui demeurèrent fidèles jusqu'au bout à la royauté reçurent l'ordre, ainsi que les Suisses, de monter dans les appartements, et les cours furent complétement abandonnées.

Cependant la municipalité insurrectionnelle avait fait sonner le tocsin et battre la générale dans tous les quartiers ; mais au moment de frapper le coup décisif, les Parisiens montraient de l'hésitation et ils se réunissaient avec lenteur. Les Marseillais et les fédérés des départements, au contraire, étaient prêts à marcher depuis le milieu de la nuit. Ils avaient attendu assez longtemps les citoyens des faubourg Saint-Antoine et Saint-Marcel ; puis, las d'attendre, ils s'étaient mis en marche contre le château. Les gendarmes qu'ils avaient rencontrés sur leur route les avaient accueillis aux cris de : *Vive la Nation!* et s'étaient joints à eux pour la plupart. Enfin, vers six heures, les colonnes des deux faubourgs quittèrent leurs quartiers pour aller rejoindre les fédérés sur la place du Carrousel. Le faubourg Saint-Marceau était commandé par Lazouski, capitaine des canonniers du bataillon de ce faubourg; à la tête des citoyens du faubourg Saint-Antoine, se trouvaient Westermann, ancien sous-officier, qui devint plus tard général, et le brasseur Santerre. « Mais à la maison commune, dit Barbaroux dans ses mémoires, Santerre quitta la troupe pour aller se faire nommer commandant-général, et on ne le vit plus de toute la journée. »

A huit heures, une foule immense couvrait la place du Carrousel. La porte de la cour principale, attaquée à coups de hache, est bientôt abattue. Les assaillants se répandent dans les cours ; quelques uns pénètrent même sous le vestibule et s'avancent jusqu'au grand escalier, au bas duquel se trouvent des gardes nationaux, des gentilshommes et des Suisses. Ils demandent que les Suisses mettent bas les armes et que le château leur soit livré. Mais tout à coup une vive fusillade éclate au dehors ; à ce bruit vient bientôt se joindre le fracas de l'artillerie : le combat s'engageait. Alors les assaillants qui s'étaient aventurés jusque dans le vestibule, se hâtent de regagner la cour et de rejoindre les fédérés qui, d'abord surpris, reculaient en désordre. Pendant que la majeure partie de la foule entassée sur le Carrousel fuit dans toutes les directions, les Marseillais et les Brestois se reforment, des gendarmes se joignent à eux ; des gardes nationaux parisiens les secondent. Après avoir un moment répondu par un feu terrible à celui qu'on leur fait essuyer, ils se précipitent dans la cour, sous les décharges continuelles des Suisses toujours postés aux fenêtres. Arrivés au vestibule, ils sont accueillis par un feu roulant venant du grand escalier. Cependant cet escalier est enlevé d'assaut, malgré la vigoureuse résistance des Suisses et des volontaires gentilshommes, qui sont forcés de battre en retraite jusqu'au premier étage. Là, l'action recommence avec une nouvelle fureur : les gentilshommes, et surtout les Suisses, défendent les salles les unes après les autres avec acharnement ; pour conquérir chacune de ces pièces, il faut un nouveau combat. Enfin, les assaillants sont entièrement maîtres du château.

Les fédérés et les gardes nationaux avaient perdu beaucoup de monde ; dans le premier moment d'exaspération, l'on fait main basse sur tous les hommes que l'on rencontre. Quelques femmes allaient même être immolées, quand un garde national fait entendre ces paroles généreuses : « Grâce aux femmes ! ne déshonorez pas la nation. » Alors les femmes sont épargnées ; mais on continue de poursuivre les défenseurs du palais qui, jusque là, ont pu échapper à la mort. C'est surtout contre les Suisses que s'acharnent les hommes à piques, entrés aux Tuileries à la suite des fédérés et des soldats-citoyens : tous les *habits rouges* que ces hommes atteignent sont impitoyablement massacrés.

Cependant les gardes nationaux, dont la colère s'est bientôt calmée, parviennent à soustraire quelques uns de ces malheureux à la fureur populaire. Quatre-vingts Suisses sont cachés dans les caves du château ; puis on les en extrait, dans la crainte qu'ils ne soient découverts. Un détachement de la garde nationale les prend sous sa protection et parvient à les conduire jusqu'à l'Hôtel-de-Ville ; mais là une foule immense entoure l'escorte. Ce cri terrible se fait entendre : « Vengeance ! vengeance ! les habits rouges ont égorgé nos frères ! » Et, malgré les efforts des gardes nationaux, les quatre-vingts Suisses sont tous égorgés.

Un garde national, qui s'était conduit vaillamment pendant l'attaque du château, fut plus heureux dans sa bonne action. Il s'était emparé d'un Suisse ; il réussit à le conduire sain et sauf jusque dans le sein de l'Assemblée nationale qui siégeait depuis deux heures du matin. Il se présenta à la barre, encore tout noir de poudre, les habits en désordre, et traînant son prisonnier derrière lui. « Législateurs, dit-il, parmi les hommes dont la cour a voulu se servir pour opprimer le peuple, il en est qui n'ont été qu'égarés ; ils ont versé notre sang en esclaves, nous les traiterons avec la générosité des hommes libres. Voici un de ces hommes que j'ai eu le bonheur de sauver ; il est vaincu, je me rends son gardien et son défenseur. Je ne réclame qu'une seule rançon de lui :

c'est qu'il se rende dans ma maison et qu'il ne se sépare jamais de moi. » On applaudit avec transport, et l'Assemblée décrète par une acclamation unanime que ce trait de magnanimité sera consigné dans le procès-verbal de la séance, avec le nom du généreux garde national. Il se trouva que son nom était analogue à la beauté de cette action : il s'appelait *Clémence!*

Pendant que les gardes nationaux qui se trouvaient aux Tuileries s'efforçaient ainsi d'arracher à la mort les malheureux soldats Suisses, dans le faubourg Saint-Antoine, d'autres gardes nationaux sauvaient la vie d'un de leurs principaux officiers. Le comte d'Affry, major-général des Suisses, demeurait dans la section des Quinze-Vingt. Ce jour-là il n'était point passé au château, ainsi qu'il le prouva le 23 août, quand il comparut devant le tribunal institué pour juger *les conspirateurs du 10 août.* Cependant la foule, qui s'était amassée devant sa demeure, menaçait de lui faire un mauvais parti. Mais des gardes nationaux s'empressèrent de le protéger. Pour mettre le comte à l'abri de toute violence, le juge de paix de la section des Quinze-Vingt le fit transporter dans les prisons de l'Abbaye, et, après s'être saisi des clés des différents appartements, il fit apposer partout les scellés, afin d'empêcher la dévastation de la demeure du major-général.

Une lettre du juge de paix apprit cet événement à l'Assemblée nationale, dans le courant de la séance du 10 août. Ce fut à cette même séance qu'une députation de commissaires des sections vint notifier au Corps Législatif l'existence de la municipalité insurrectionnelle. « Les circonstances commandaient notre élection, dit l'un des députés; notre patriotisme saura nous en rendre dignes.... Pétion, Danton et Manuel sont toujours nos collègues. Santerre est à la tête de la garde nationale.... » L'orateur demandait ensuite la déchéance du roi et la dissolution de l'Assemblée. Mais déjà les représentants avaient décrété la suspension provisoire de Louis XVI et la réunion d'une Convention nationale.

Telle fut cette journée dans laquelle le trône de France fut abattu. Les réflexions que nous avons faites au commencement de ce chapitre nous dispensent d'en faire de nouvelles.

La garde nationale avait donc un nouveau chef, et reçut une nouvelle organisation plus en harmonie avec le système républicain. Nous avons eu occasion de parler de Santerre ; mais nous n'avons pas encore fait connaître cet homme. Le nouveau commandant-géral avait une haute taille, des manières brusques, la voix forte et une sorte de faconde populaire qui lui avait acquis une certaine réputation dans le faubourg Saint-Antoine ; mais « il n'était au fond qu'un homme extrêmement médiocre, nous apprend Barbaroux, lourd d'esprit et de corps, orgueilleux, incapable d'élever sa pensée à rien de grand. » Il suffira de trois petits faits détachés de la vie de Santerre pour convaincre le lecteur de la ressemblance de ce portrait.

Le 14 juillet 1789, alors que l'on faisait encore le siége de la Bastille, Santerre venait à l'Hôtel-de-Ville conseiller sérieusement d'incendier la forteresse avec de l'huile d'aspic et d'œillet, injectée au moyen de pompes. Ce fait est consigné dans les procès-verbaux des électeurs qui, sans approfondir le moyen proposé, le rejetèrent à la seule idée des victimes inséparables d'une telle action.

En 1793, Santerre commandait une division dans l'une des armées de l'Ouest. Au mois d'août, il engageait le gouvernement à se servir de fumées soporifiques pour endormir les Vendéens et conquérir plus facilement le pays. « Des mines ! des mines à force ! écrivait-il dans une lettre qu'il adressait, le 22 août 1793, au ministre de la guerre. Des fumées soporifiques, et puis tomber dessus. » Ceci n'est pas seulement stupide, c'est cruel et lâche en même temps.

En 1800, Santerre se trouvait à Paris sous une sorte de surveillance; il était tenu de se présenter tous les quinze jours à l'état-major de la place. Un matin il aperçut dans le salon du général Junot, qui commandait alors la place de Paris, un dynamomètre placé sur une table. « Tiens, dit-il, ça ressemble à ces outils que j'ai emportés avec moi, quand je suis allé là-bas dans l'Ouest avec Ronsin et Rossignol. J'avais un aide-de-camp qui était un savant, il était mathématicien. Il déclara à la Convention que j'avais besoin, pour faire la campagne, de tous les instruments dont il donnait la liste; on lui remit tout ce qu'il avait demandé : il y en avait deux petits chariots remplis. J'ai emporté tout cela ; mon aide-de-camp Platière s'en servait, et puis je les ai vendus. »

Voilà le général que l'on mettait à la tête de la garde nationale de Paris. Mais il fallait à la nouvelle municipalité un homme qui lui fût entièrement dévoué, qui exécutât, sans hésitation, sans raisonner, tous les ordres qu'on lui donnerait. L'homme était bien choisi.

Dans ces moments de trouble et d'agitation, au contraire, où la garde nationale était appelée à exécuter les mesures les plus sévères, à exercer une surveillance parfois tyrannique par le soupçon du danger, il eût fallu pour chef un homme qui sût dissimuler la brutalité du rôle sous la noblesse de l'exécution de la loi, sous l'impartialité du devoir, sous l'inspiration de la majorité des voix de la France. Cette conduite devenait d'autant plus nécessaire que tous les citoyens étant appelés, comme nous allons le voir, à faire partie de la garde civique, il devait s'en trouver dans le nombre une grande partie qui apportaient dans les rangs les passions politiques poussées à l'extrême, qui font toujours dépasser le but. Il était donc du devoir du commandant-général de faire sentir au soldat citoyen la dignité et la mesure de ses fonctions, et de semer dans les légions cet esprit d'union, d'ordre et de fermeté qui avait rendu la première garde nationale si belle. L'homme que nous a peint Barbaroux ne pouvait remplir ces conditions. Sa première mission fut de conduire Louis XVI dans la prison du Temple. Les légions, à demi désorganisées, qui furent appelées à former la haie sur le passage du roi, sauf le désordre et le vide de leurs rangs, sauf quelques cris isolés qui furent réprimés aussitôt, semblèrent avoir adopté la même attitude qu'au retour de Varennes.

On eut aussi recours à la garde nationale pour faire des visites domiciliaires et rechercher les *ennemis du bien public*. La milice citoyenne ne recula pas devant l'accomplissement de cette mesure ni devant celle du désarmement de certains qui fut ordonné. C'était la conséquence naturelle de ce qui venait d'avoir lieu, et le parti vainqueur, tout nombreux qu'il était, ne pouvait laisser des armes au parti vaincu.

On désarma donc le bataillon des Filles-Saint-Thomas, qui avait fourni des défenseurs au château. Beaucoup d'autres gardes nationaux de différents bataillons suspectés de royalisme se virent également dépouillés de leurs armes. Par suite, il y eut bien des vides dans les rangs de la milice parisienne; mais ces vides furent promptement remplis. La garde nationale reçut même une augmentation considérable : tout citoyen vivant de son travail en faisait partie. Aussi *le Moniteur* du 31 août nous apprend-il que l'on vit plus de trois cent cinquante mille citoyens armés à la cérémonie funèbre, célébrée en l'honneur des victimes de la journée du 10.

Comme on le voit, on donnait à la milice citoyenne une organisation tout à fait démocratique. Le 19 août, l'Assemblée nationale avait décrété que la garde nationale de Paris serait divisée en quarante-huit sections, *sous la dénomination de sections armées.* A la tête de chaque section, qui se composait de plus ou moins de compagnies de 126 hommes, suivant sa population, se trouvaient un commandant en chef, un commandant en second, un adjudant et un porte-drapeau ; il y avait un commandant-général élu par tous les citoyens composant les sections armées ; enfin, il était attaché à chaque section une ou plusieurs compagnies d'artillerie, et à chaque compagnie d'artillerie l'on adjoignait un certain nombre d'ouvriers pris parmi les citoyens armés de piques, pour être employés dans les manœuvres et à la défense des retranchements.

On doit mieux apprécier maintenant combien sont justes nos réflexions relativement au commandant-général, pour lequel la tâche devenait chaque jour plus rude, s'il voulait l'accomplir avec noblesse et justice, s'il voulait que les sections armées fussent réellement une garde nationale animée d'un même esprit, toujours fidèle à la conduite qu'elle s'était tracée au milieu des déchirements de cette époque.

Peu de temps après son organisation, en effet, arrivèrent les massacres de septembre.

Nous n'avons pas à rendre compte ici des effets et des causes de ces déplorables journées ; nous avons à dire comment il a pu se faire qu'au sein de Paris, dont l'ordre et la sûreté étaient confiés à la garde nationale, un pareil fait ait eu lieu sans répression de sa part. La réponse est simple et facile : la garde nationale ne fut pas convoquée. La Commune, qu'elle ait trempé ou non dans les massacres, ne donna aucun ordre, et le commandant-général ne crut devoir prendre aucune initiative. Ce ne fut que le 8 septembre qu'il reçut injonction du ministre de l'intérieur de faire *respecter la liberté des personnes et des propriétés.* Mais tout était fini depuis plusieurs jours.

Si le commandant-général avait compris ses devoirs, à la première nouvelle des massacres, qu'il apprit à temps, il l'a écrit lui-même, s'il n'avait pas cru devoir prendre l'initiative, il serait accouru à la Commune demander des ordres ou remettre le commandement qu'il ne pouvait convenablement conserver au sein d'une ville de la sûreté de laquelle il répondait et dans laquelle *on commettait des massacres*; ou bien, s'il approuvait ce fait, il n'aurait pas dû écrire la lettre en réponse au ministre où il déplore de pareils actes. C'est à lui surtout que l'histoire doit demander compte de l'inertie et de l'absence de la garde civique; car la garde nationale, à peine réorganisée, avait surtout besoin d'être guidée et commandée à cette époque. Nul doute que si elle eût été convoquée, elle eût empêché les égorgeurs d'agir. Mais sans ordre, sans direction, que pouvait-elle faire? Ce qu'elle fit en réalité; car si plusieurs historiens attestent qu'on a vu parmi les massacreurs des gardes nationaux, d'autres attestent aussi les efforts de gardes nationaux pour détourner les massacres, pour arracher des victimes à la mort. Ce sont des faits isolés, tenant à la personne et non à la milice, qui, nous le répétons, si elle avait régulièrement marché aux prisons réunie et en armes, eût énergiquement arrêté le sang qui coula pendant ces tristes jours.

Vainement on voudrait l'accuser en s'emparant de la déclaration de Sergent qui dit que : « appelée par l'autorité, elle refusa de se réunir ; que le commandant Santerre l'annonça à Pétion (5): » cette assertion est détruite par la lettre même de Santerre au ministre de l'intérieur. En effet, le commandant-général écrit : « Vous renouvelez les plaies dont mon cœur est ulcéré en apprenant à chaque instant la violation de ces mêmes lois et les excès auxquels on s'est livré. J'ai l'honneur de vous représenter qu'aussitôt la nouvelle que le peuple était aux prisons, j'ai donné les ordres les plus précis de former de nombreuses patrouilles aux commandants de bataillons et aux commandants du Temple et autres, voisins de la demeure du roi, et de l'hôtel de la Force, à qui j'ai recommandé cette prison qui n'était pas encore attaquée, etc. »

Dans cette lettre on voit que Santerre cherche à excuser sa conduite ; or, quelle excuse plus naturelle avait-il à donner que celle du refus de la garde nationale qui sauvait sa responsabilité ? Il l'aurait annoncé à la Commune, et quand il écrit au ministre de l'intérieur que *son cœur est ulcéré,* par tout ce qui vient de se passer, il ne lui décrit pas l'impuissance dans laquelle il s'est trouvé ! Santerre déclare, en outre, qu'il a donné les ordres les plus précis de former de nombreuses patrouilles pour surveiller le Temple, et l'hôtel de la Force, *qui n'était pas encore attaqué,* et qu'il a spécialement recommandé. Aurait-il donné ces ordres si la garde nationale eût refusé d'obéir ? et ces ordres, que sont-ils devenus ? qui les a reçus ? qui les a exécutés ? Les massacres de la Force ont été les plus terribles des prisons. C'est là qu'a eu lieu celui de la princesse de Lamballe, la victime la plus importante, dont la tête fut promenée, une journée entière, dans Paris. Comment Santerre, commandant-général de la milice civique, qui ne pouvait l'ignorer, s'il voulut empêcher les massacres à la Force, ne s'y est-il pas porté de sa personne alors qu'il a appris que, malgré ses ordres, ils avaient lieu ? Comment n'est-il pas allé à la Commune chercher des instructions ? Si on les lui a refusées, pourquoi n'a-t-il pas donné sa démission, plutôt que d'accepter la responsabilité d'actes qu'il devait réprouver dans sa lettre au ministre ? Si l'on a refusé de lui obéir, pourquoi a-t-il conservé le commandement ? Il était bien alors de protester en brisant son épée. S'il a cru être obéi et qu'il ne l'ait pas été, pourquoi n'a-t-il pas sévi, après les événements, contre la désobéissance ? Mais rien, ni les commandants, auxquels il avait donné des ordres, révoqués, ni la Commune consultée, ni le chef auquel on refuse obéissance, démissionnaire ; et dans tout cela, où l'a-t-on vu pendant ces fatales journées ? quel effort, quelle tentative lui a-t-on vu faire pour empêcher *la violation des lois* qu'il réprouve ? Il aurait dû être partout, il n'a été nulle part ; et de lui seul et de la Commune dépendaient la réunion et la direction de la garde nationale qui, nouvelle dans son organisation comme nous l'avons dit, attendait l'ordre de ses chefs ; et dans ces chefs, s'il n'y a pas eu complicité, il y a eu peur et lâcheté dans l'inaction, faiblesse coupable dans l'indifférence. Dans le commandant général, il y a eu impéritie s'il n'a pas pris l'initiative, faute s'il n'a pas arrêté, absence de dignité et d'honneur s'il n'a pas brisé son épée devant la Commune, s'il n'a pas puni ceux qui désobéissaient à ses ordres ; ou bien il n'a écrit au ministre que des paroles hypocrites et menteuses. A chacun la responsabilité de ses actes. La garde nationale est pure du sang versé par les égorgeurs.

Mais ne nous arrêtons pas plus longtemps sur cette milice qui se désorganisa de jour en jour, et de fait et d'esprit, à l'intérieur, et suivons-la aux frontières, où du moins le sang que nous verrons couler ne sera versé que pour une sainte cause, la défense de la patrie et de la liberté.

Les armées coalisées avaient envahi le sol français ; le 26 août on apprend à Paris que Longwi s'est rendu le 22 aux Prussiens après un bombardement de quelques heures. Cette nouvelle cause une agitation extrême, et sur la demande de la Commune, le Corps Législatif décrète que Paris et les départements voisins fourniront sous quelques jours une armée de 30,000 hommes ; sous quelques jours les 30,000 hommes sont prêts à marcher.

Nous n'avons pas encore parlé de l'armée du Midi, bien que cette armée fût déjà formée en juin; mais le roi de Sardaigne ayant hésité à se joindre à la coalition jusqu'au mois de septembre, nos volontaires avaient été forcés de demeurer l'arme au bras jusqu'à ce moment. D'après les rapports officiels, il y avait en juin, dans cette armée, cinquante bataillons de gardes nationaux volontaires; cependant, lorsque le général en chef, Montesquiou, reçut, le 10 septembre, l'ordre d'envahir la Savoie, il eut quelque peine à réunir une quinzaine de mille hommes. Montesquiou n'en résolut pas moins de marcher en avant. Il prescrivit au général Anselme, qui commandait sous ses ordres dans le département du Var, d'attaquer le comté de Nice, et il envahit la Savoie, qu'il enleva après une campagne de quelques jours, et presque sans tirer un coup de fusil. Le général Anselme conquit avec le même bonheur et la même rapidité le comté de Nice, à la tête d'une division forte de 8,000 hommes, dont 6,000 avaient été fournis par les gardes nationales de Marseille et des Bouches-du-Rhône. La Savoie et le comté de Nice, réunis bientôt à la France, formèrent les deux départements du Mont-Blanc et des Alpes-Maritimes.

Dans le Nord, nos soldats avaient à combattre des ennemis un peu moins faciles que les Piémontais. Nous devrions parler assez longuement des opérations militaires, puisque les bataillons de volontaires composaient les deux tiers de nos armées, et qu'ils assistaient à toutes les affaires; mais l'espace nous manque, nous sommes forcés de nous restreindre. D'ailleurs, après la proclamation du danger de la patrie, il se forma beaucoup de corps de volontaires, où se trouvaient peu de citoyens qui eussent servi dans les gardes nationales, et les bataillons déjà existants se recrutèrent bientôt d'hommes qui ne sortaient pas des rangs de la milice citoyenne. Dès lors ce ne sont plus, à proprement parler, des bataillons de gardes nationaux volontaires que l'on voit dans nos armées. Nous allons donc nous borner à choisir, pour les présenter, les traits les plus saillants de nos gardes nationaux sur les champs de bataille.

Au mois d'août, une division de l'armée du Nord occupait le camp de Maulde, sous le commandement du lieutenant-général Beurnonville. Non loin du camp, au-delà de l'Escaut, se trouvait le village de Flines, *où messieurs les Autrichiens venaient ordinairement manger la poule,* écrivait le général Beurnonville dans une lettre qu'il adressait, le 27 août, au citoyen Couthon. En effet, les troupes légères de l'ennemi occupaient une forêt située tout près du village. Le 26 août, c'était la fête de Flines. Le général français résolut, à cette occasion, de donner un bal champêtre, et il fit inviter les jeunes filles des villages environnants à se rendre à la fête de Flines pour danser. Le jour convenu, après les vêpres, des officiers, des soldats français et des paysans, précédés de la musique du 1er bataillon de Paris, s'avancent dans la plaine qui s'étendait entre la rivière et la forêt. Aussitôt une foule endimanchée accourt du village. Le bal s'improvise; les parents s'établissent autour des pots de bière ; les garçons et les filles se rendent à la danse. Le temps était magnifique, le pied des danseurs glissait doucement sur la pelouse, et la bière coulait à flots : vieillards et jeunes gens, mères et jeunes filles, tout était dans la joie. Les Français, galants et aimables, courtisaient les danseuses et les animaient au plaisir, oubliant, dans ces moments si rares de gaieté et de bonheur, la guerre que faisaient les uns, les malheurs dont souffraient les autres, quand tout à coup, au plus fort de l'animation et de la danse, un corps d'Autrichiens débouche par le bois et apparaît à tous les yeux. A cet aspect, les groupes de buveurs se lèvent effrayés, la musique s'arrête, les danses s'interrompent. La confusion règne dans cette fête si gaiement commencée. Les cris des danseuses se font entendre de toutes parts et elles entraînent dans cette panique subite les officiers et les soldats qui dansaient avec elles, tandis que d'autres sont les premiers à s'échapper. Les Autrichiens s'ébranlent aussitôt, envahissent l'espace, doublent le pas pour s'emparer des *soldats danseurs* sans armes en ce moment, lorsqu'ils sont arrêtés tout à coup par une vive fusillade qui les fait reculer à leur tour. En même temps on voit les haies se hérisser de volontaires formés en bon ordre. A la rapidité de leur course, les Autrichiens avaient cru qu'ils fuyaient; ils étaient allés chercher leurs armes et ils étaient revenus combattre en se joignant à ceux qui étaient déjà embusqués crainte de surprise. Alors, sans donner le temps aux ennemis de revenir de leur étonnement, les volontaires franchissent les haies, se précipitent sur eux au pas de course, avancent au milieu des cris, les pressent, les poursuivent et les refoulent dans la forêt. Bientôt ils reviennent sur le lieu du bal, où ils retrouvent les groupes reformés autour de pots de bière, les danseuses à leurs places attendant leurs danseurs, la musique sur son orchestre, et, noirs de poudre encore, inondés de la sueur du combat, jetant leurs armes et prenant la main des jeunes filles, ils continuent la danse comme si le plus simple accident l'avait interrompue. Les Autrichiens n'osèrent pas reparaître et la fête se prolongea jusqu'à la nuit.

Le caractère français est tout entier dans ce trait que des auteurs contemporains mirent sur le théâtre, et qu'on y a remis, de nos jours, dans *le Bal aux avant-postes*.

Au nombre des volontaires embusqués se trouvaient les demoiselles Fernig, qui furent les premières à aborder les Autrichiens, et ne les quittèrent qu'à regret. Déjà, dans une affaire précédente, un jour que l'ennemi faisait une démonstration contre le camp français, on avait vu ces deux jeunes amazones s'élancer à la tête des volontaires et des soldats de ligne, et les électriser par leurs paroles et leur intrépidité.

Le 6 septembre, Beurnonville reçut l'ordre d'aller rejoindre, avec sa division, le général Dumouriez, qui commandait alors les troupes françaises, depuis Metz jusqu'à Dunkerque, et se trouvait en ce moment dans les Ardennes. Abandonnant le camp de Maulde, Beurnonville se mit en marche, laissant derrière lui le 3e bataillon de la Côte-d'Or à Mortagne, et le 4e bataillon du Pas-de-Calais à Château-l'Abbaye, avec ordre de se replier, l'un et l'autre, aussitôt qu'ils se verraient attaqués par des forces supérieures. Le lendemain matin, les Autrichiens se présentèrent au nombre de quatre à cinq mille. L'intrépide bataillon de la Côte-d'Or se replia en soutenant un long combat, pendant lequel il fit éprouver à l'ennemi une perte considérable. Le bataillon du Pas-de-Calais, attaqué, lui aussi, par un ennemi trop nombreux, battit en retraite avec le même ordre, sans se laisser entamer : dans l'action, son drapeau fut coupé en trois morceaux par la mitraille.

Pendant ce temps, Beurnonville continuait sa marche vers les Ardennes. Il rejoignit Dumouriez assez à temps pour assister, le 20, à la bataille de Valmy, qui arrêta la marche triomphante des coalisés. Les volontaires se conduisirent là comme partout, et se firent remarquer par leur bravoure. Les traits suivants attestent l'esprit qui les animait.

Au commencement de cette mémorable journée, le feu de l'ennemi, placé dans une meilleure position que les Français, faisait beaucoup de ravage au milieu de nos troupes. Beurnonville, qui parcourait les rangs de ses volontaires et les encourageait à se conduire bravement, craignit que ce feu meurtrier ne finît par répandre le désordre dans les rangs de ces jeunes soldats. «Asseyez-

vous, mes enfants, leur dit-il; vos dangers seront moins grands.
— Vous êtes bien à cheval, s'écrient les volontaires. » Pas un de ces braves ne veut plier le jarret; tous restent debout, affrontant les boulets ennemis avec la froide intrépidité des vieilles troupes.

En ce moment se passait une scène touchante, qui émut bien des cœurs. Un volontaire voit tomber son frère, atteint par un boulet. Après en avoir obtenu la permission, il se précipite vers ce corps sanglant et inanimé, le saisit et le tient embrassé quelque temps. Enfin il le replace doucement sur la terre, puis, essuyant son visage inondé de larmes, il attache sur le cadavre un long et dernier regard : « Adieu, frère! dit-il; dors en paix; je te vengerai! »

Cet épisode est bien vite oublié. Le cri de *Vive la Nation!* poussé par Kellermann, retentit avec enthousiasme sur tout le front de l'armée française et frappe de surprise les Prussiens, qui sont bientôt forcés de se replier. C'est alors que Lormier, lieutenant-colonel du 5ᵉ bataillon de grenadiers volontaires, est blessé mortellement. Ses camarades s'empressent autour de lui les larmes aux yeux. « Mes amis, leur dit le brave Lormier, vos soins me sont inutiles; retournez à l'ennemi. Je meurs content : la cause de la liberté triomphe. » Et il expire un moment après.

Telle était la garde nationale devant l'ennemi sur un champ de bataille. Nous allons la voir maintenant derrière les murs de sa ville, qu'elle défend au prix de sa vie, de ses biens, de sa famille.

Un corps d'armée autrichien, fort de 33,000 hommes, menaçait le Nord. Entré en Flandre au commencement de septembre, le duc Albert de Saxe-Teschen, qui commandait ce corps, était maître, le 5, de Roubaix et de Lannoy; le 8, il occupait Saint-Amand; le 10, Orchies et Turcoing; le 11, une partie de sa cavalerie infestait les bois de Ronchin. Bientôt il devint évident que les Autrichiens voulaient tenter de s'emparer de Lille.

La garnison de cette ville était insuffisante pour soutenir un siége et les magasins n'étaient pas approvisionnés. La municipalité écrivit à Roland, ministre de l'intérieur, pour demander du renfort. Roland lui répondit par une lettre insultante, qui blessa profondément les habitants; mais les Lillois, mettant de côté tout ressentiment, ne pensèrent bientôt plus qu'à se préparer à une vigoureuse résistance. La conduite de leurs pères dans le passé leur indiquait ce qu'ils avaient à faire. La garde nationale résolut de suppléer à l'insuffisance de la garnison, et les citoyens en état de porter les armes s'armèrent tous pour seconder la milice citoyenne et les troupes.

Cette milice citoyenne, en effet, avait vu se perpétuer d'âge en âge dans ses rangs ces sentiments de liberté et de courage qui marquèrent l'origine des gardes bourgeoises. Ils avaient éclaté surtout dans cette ville frontière exposée aux attaques de l'ennemi, que son attitude et son énergie avait toujours tenu en respect, et depuis 1789 elle avait brillé au premier rang pour sa garde nationale.

Nous en avons promis l'histoire à cette époque, nous allons l'esquisser. De tout temps Lille avait été défendue par ses propres enfants. C'est d'abord la garde bourgeoise qui veille au maintien du bon ordre à l'intérieur et court à la défense des murailles, lorsque l'ennemi menace la cité. Au moyen âge, la principale force de cette garde résidait dans ses confréries d'archers et d'arbalétriers; mais l'invention de l'artillerie ne se fut pas plus tôt répandue, que l'on vit des miliciens lillois s'exercer à la manœuvre du canon. Bientôt il s'organisa un corps de canonniers bourgeois, qui fut définitivement institué par une charte du 2 mai 1483. Depuis lors ce corps n'a pas cessé d'exister, et il forme aujourd'hui le bataillon d'artillerie de la garde nationale. Ainsi les canonniers bourgeois subsistaient encore en 1789, alors que la garde urbaine était tombée en désuétude. A cette époque mémorable, la nouvelle du renvoi de Necker et de la prise de la Bastille causa une grande fermentation à Lille. Le 21 juillet, un soulèvement populaire éclata.

La maison d'un conseiller-pensionnaire fut pillée ainsi que celle d'un subdélégué de l'intendance, et les magasins de M. Martel, négociant signalé comme accapareur, furent livrés aux flammes. Le lendemain, des citoyens amis de l'ordre se réunirent et se décidèrent à s'organiser en garde bourgeoise. Ce fut aux cris de *Vive le tiers-état! vive la Nation!* que ces volontaires, au nombre de deux mille, prirent les armes. Ils s'occupèrent aussitôt de ramener le bon ordre dans la cité, conjointement avec la garnison; mais les perturbateurs, chassés de la ville, se répandirent dans les environs et se mirent à piller et à brûler les châteaux. Alors la garde bourgeoise, qui venait de recevoir de la municipalité une organisation provisoire, s'astreignit à un pénible service de patrouilles extérieures : ses détachements sillonnèrent incessamment la banlieue, et parvinrent à saisir deux misérables qui, à la tête de plusieurs centaines de malheureux qu'ils égaraient, jetaient la désolation et la terreur dans les campagnes. Ces deux hommes, dont l'un se nommait Massandor et l'autre Monnet, furent pendus, et leur supplice ayant frappé de crainte les êtres pervers qui auraient été tentés de les imiter, la tranquillité se rétablit peu à peu.

A Lille, comme dans toutes les villes de France, la garde nationale fut bientôt instituée légalement et reçut une organisation définitive. Les citoyens briguaient à l'envi l'honneur d'être admis dans ses rangs, et le peuple lui-même se montrait fort jaloux de la dignité de sa milice citoyenne. L'exécuteur des hautes-œuvres, s'étant permis de revêtir l'uniforme national, faillit à être lapidé par le peuple furieux, et un laquais, ayant eu l'audace de monter derrière un carrosse en grande tenue de grenadier, fut roué de coups pour cette insolence.

Lorsque la France, menacée par la coalition des rois, fit un appel au patriotisme de ses enfants, Lille ne fut pas la dernière ville à fournir des volontaires pour les armées et de l'argent pour les frais de la guerre, au moyen de souscriptions patriotiques. L'on vit même plus d'une fois des détachements de la garde nationale sédentaire sortir de la ville avec les soldats pour combattre les troupes étrangères.

C'était ainsi que la milice lilloise se préparait au siége mémorable de 1792, où elle s'est couverte de gloire. Aussi la municipalité, abandonnée à ses propres forces par le refus de Roland de la secourir, après avoir repassé dans sa tête les faits que nous venons de rapporter, après avoir sondé le courage et l'énergie de ses concitoyens, sentit qu'avec des hommes héritiers de pareilles traditions elle ne devait pas douter du succès.

A ce moment, la garde nationale, commandée par le colonel Briant, composait une légion de 8,000 hommes, divisée en douze bataillons. Il y avait en outre deux compagnies de canonniers bourgeois, fortes chacune de 110 hommes. Ces deux compagnies, dont les citoyens Niquet et Ovigneur étaient capitaines, furent d'une grande utilité pour la défense, car la garnison ne comptait que 132 soldats d'artillerie.

Cependant les Autrichiens avaient ouvert la tranchée dans la nuit du 25 au 26 septembre. Le 29, leurs batteries étant prêtes, le duc de Saxe fit sommer le commandant de Lille et la municipalité de rendre la place. Le général Ruault répondit comme devait le faire un soldat à la sommation qui lui était adressée; quant à la municipalité, elle formula une réponse sublime de simplicité et de noblesse que l'histoire nous a conservée. La voici :

« Nous venons de renouveler notre serment d'être fidèles à la nation, de maintenir la liberté et l'égalité, ou de mourir à notre poste ; nous ne sommes pas des parjures. »

A ces paroles, dont il ne comprenait pas la portée, Albert de Saxe répondit par des boulets, comme si des boulets pouvaient soumettre les hommes qui avaient écrit ces mots.

Le jour même, à trois heures de l'après-midi, le bombardement commença. Il se prolongea jusqu'au 5 octobre. Pendant sept jours les boulets rouges, les obus et les bombes tombèrent comme une grêle ardente sur la malheureuse ville, crevant les toits, renversant les maisons, et répandant partout l'incendie, la destruction et la mort. Ces braves habitants surent résister avec constance.

Les ravages de l'artillerie autrichienne jetèrent tout d'abord la stupeur et l'effroi au milieu de la population lilloise ; mais cette héroïque population se remit bien vite : dès le 30 septembre, elle était faite à son existence de dangers. Les hommes se rendaient sur les remparts pour répondre au feu de l'ennemi, ou bien ils s'employaient au service des pompes à incendie dans l'intérieur de la ville ; les enfants faisaient, avec des casseroles, des pinces et des pelles, la chasse aux projectiles incendiaires, qu'ils se hâtaient de plonger dans des réservoirs pleins d'eau, préparés à cet effet dans les rues ; les femmes s'occupaient de donner des soins aux blessés, de faire de la charpie ; et, si parfois les bras manquaient, elles traînaient elles-mêmes aux remparts les brouettes chargées de boulets. Tous n'avaient qu'une seule pensée, s'ensevelir jusqu'au dernier sous les décombres de leur ville plutôt que de la rendre aux Autrichiens.

C'était un spectacle à la fois bizarre et sublime que celui de l'héroïsme, de la philosophie, et de la gaieté de toute cette population. Les uns affrontaient la mort avec la courageuse majesté des héros antiques; les autres, souriant au milieu des dangers et des souffrances, jetaient un de ces mots qui étaient répétés durant la journée entière. On fit des chansons populaires, on crayonna des caricatures, on contracta des mariages; l'un d'eux fut achevé sur la place publique, parce qu'au commencement de la cérémonie une bombe avait démoli le mur de la municipalité; enfin, un perruquier s'était gaiement emparé d'une moitié d'obus, qui lui servait pour faire la barbe à ses pratiques; c'est ce qu'on appela *le plat à barbe lillois*.

A côté de cela, bien des actes de dévouement, de désintéressement et d'héroïsme, illustrèrent les habitants et la garnison pendant ce siége. Ne pouvant les rapporter tous, nous prenons au hasard dans ce faisceau de belles actions.

Un grenadier d'un des bataillons de volontaires de la garnison voit tomber son capitaine; pour l'aider à se relever, il tend à son chef la main gauche : une balle la lui fracasse; il offre la droite : un éclat de bombe emporte cette main! Sans faire entendre un gémissement, le grenadier présente au capitaine son bras mutilé.

Quand une maison s'écroulait, ses habitants étaient recueillis avec empressement par les voisins, qui les traitaient comme des frères. A cette occasion, la municipalité invita par une proclamation les bons citoyens qui s'empressaient ainsi d'offrir un asile à leurs frères ruinés par le bombardement, d'aller se faire inscrire à la mairie, afin qu'on pût les récompenser comme ils le méritaient. Personne ne voulut se rendre à cet appel.

Le conseil général du district offrait des secours aux ouvriers. « Nous avons encore de quoi vivre quatre ou cinq jours, répondaient noblement les ouvriers; après cela, nous irons vous voir. »

ÉPISODE DU SIÈGE DE LILLE.
en 1792.

Le citoyen Ovigneur, capitaine d'une compagnie de canonniers bourgeois, commandait une des batteries. « Dans un moment où le capitaine, couché sur la culasse d'une pièce de 24, vérifiait le pointage d'un coup difficile, un homme se présente dans la batterie : « Citoyen Ovigneur, ta maison brûle et ta femme accouche ! — Ma femme est-elle dans ma maison? — Non, citoyen. — Eh bien, alors, je reste à mon poste, et je vais leur rendre feu pour feu. » Pendant ce dialogue, le capitaine n'a pas même tourné la tête ; il est resté l'œil cloué sur la pièce, et il ne se relève que pour commander d'une voix calme autant que sonore : « Amorcez ! » (6)

Les canonniers bourgeois rivalisaient de zèle et d'ardeur avec les soldats d'artillerie : une bombe, lancée par le citoyen Reboux, le plus adroit pointeur des canonniers lillois, tomba au milieu d'un convoi, sur un caisson chargé de poudre, qu'elle fit sauter ; l'explosion tua plusieurs assiégeants. Un boulet, parti d'un canon servi par des Lillois, creva la culasse d'un mortier autrichien, que l'on peut voir encore aujourd'hui à Lille, sur un piédestal, dans la cour de l'Hôtel des canonniers.

Dans la journée du 5 octobre, le feu des Autrichiens s'était ralenti ; le 6, il s'éteignit tout à fait ; le 7, il ne restait plus à la garde des retranchements autrichiens, que deux ou trois bataillons ; le 8, l'ennemi avait complétement disparu. Les ravages qu'il avait faits étaient affreux : deux faubourgs avaient été livrés aux flammes, et deux quartiers de la ville étaient détruits. Des rues entières ne présentaient plus qu'un monceau de décombres, au milieu desquels se dressaient çà et là quelques pignons noircis par le feu. Seuls le courage et la constance des Lillois étaient restés debout, et le patriotisme et la liberté éclairaient d'un reflet divin ces ruines éloquentes.

L'héroïque défense des Lillois frappa d'admiration la France entière : la municipalité reçut de toutes parts des lettres de félicitations, et la Convention nationale décréta que les citoyens de Lille avaient bien mérité de la patrie, et les fit indemniser des pertes qu'ils avaient éprouvées.

Le résultat de la belle défense de Lille fut immense sous tous les rapports. D'abord, Albert de Saxe y épuisa toutes ses munitions; cela devait être. Les bombes et les boulets des rois qui veulent asservir finissent par s'user; le courage et l'énergie des peuples qui combattent pour la liberté et la patrie sont éternels comme Dieu. Il n'est pas de fer si dur, d'acier si bien trempé, qu'il ne s'émousse et s'épuise contre un sentiment, contre une idée. Albert de Saxe fut donc contraint de lever le siége faute de munitions; mais ce ne fut pas tout. Ces jours d'héroïque résistance de nos frères laissèrent le temps à nos armées de combattre et de vaincre sur d'autres points, sans que l'étranger pût franchir les remparts de la France. Après la victoire de Valmy, Kellermann et Dumouriez s'étaient séparés, et pendant que l'armée du premier s'attachait à la poursuite des coalisés vaincus, les troupes du second avaient pris la route du Nord pour secourir Lille.

Les cris de détresse et de patriotisme poussés par la garde nationale de cette noble cité avaient été entendus par les volontaires de l'armée, et ils accouraient se joindre à elle. A cette nouvelle, Albert de Saxe avait disparu. Mais, poursuivi sans relâche, il avait été atteint vers la fin d'octobre, ainsi que le prince de Cobourg, et après quelques petites affaires, les deux armées se trouvèrent en présence le 5 novembre au soir. C'était la veille de la bataille de Jemmapes.

Le lendemain, l'action s'engagea entre huit et neuf heures du matin. Ce n'était encore que la seconde bataille rangée à laquelle assistaient nos volontaires, et les Autrichiens, retranchés sur des hauteurs, étaient protégés par des pentes rapides, des bois, des abattis et quatorze redoutes défendues par une artillerie formidable. Cependant les soldats français engagèrent l'affaire avec intrépidité. Un moment toutefois les bataillons de volontaires, avec lesquels nous avons fait connaissance au camp de Maulde, montrèrent de l'hésitation. Écrasés par un feu terrible, ils étaient encore menacés par la cavalerie d'Albert de Saxe. Mais Dumouriez accourt; il ranime par ses paroles le courage des troupes. Alors les volontaires attendent froidement les cavaliers autrichiens, les dispersent par un feu à bout portant, et s'élancent ensuite à l'assaut des redoutes, précédés par Dumouriez, qui entonne *la Marseillaise*. Ce chant magique retentit aussitôt et n'est couvert à intervalles que par la grande voix du canon ; il anime, il exalte, il électrise les volontaires, et c'est en chantant cet hymne patriotique que, prompts comme la foudre, nos soldats abordent et enlèvent les retranchements ennemis. A deux heures, la victoire était à nous.

Au plus fort de l'action, le général Dampierre précédait de quelques pas les grenadiers du 1er bataillon de Paris; près de lui se tenait un vieillard qui faisait un feu continuel, et à chaque coup de fusil qu'il tirait contre l'ennemi, s'écriait en pleurant : « O mon fils, faut-il que le souvenir de ta honte empoisonne un moment aussi glorieux ! » Dampierre, étonné, interroge cet homme. « Je suis vétéran dans la garde nationale de Paris, répond le vieillard, je m'appelle Jolibois. Mon fils était volontaire au 1er bataillon de Paris. Ayant appris qu'il avait déserté, je suis arrivé ce matin pour réparer son honneur et le mien. » Pendant la bataille, ce vétéran montra le plus grand courage. Les volontaires du 1er bataillon de Paris, enthousiasmés, chargèrent le général Dampierre de prier Dumouriez de demander un brevet d'officier pour le brave Jolibois.

Après la victoire de Jemmapes, Dumouriez conquit la Belgique.

Déjà Custine, un des généraux de l'armée du Rhin, avait envahi le Palatinat et était maître de Worms et de Mayence. Bientôt l'armée du centre, que l'on appelait alors armée de la Moselle, franchissant la frontière, attaqua le grand-duché du Bas-Rhin. Ainsi nos soldats, après avoir rejeté du sol français les troupes étrangères, portaient l'invasion sur le territoire ennemi.

Mais, tandis que la France conquérait au midi, à l'est et au nord, la guerre civile éclatait dans son sein; pendant que nos volontaires s'illustraient au-delà de la frontière, les gardes nationales de l'ouest avaient à combattre l'insurrection.

Après le 10 août, l'Assemblée nationale avait fait promulguer le décret qu'elle avait lancé le **28 mai 1792** contre les prêtres séditieux, et que Louis XVI n'avait pas voulu sanctionner. Dans les départements de l'ouest, le nombre des ecclésiastiques qui ne voulaient pas prêter le serment civique était considérable. Comme ils excitaient partout le désordre, les municipalités les faisaient rechercher avec soin. Pendant l'année 1792, des colonnes mobiles, composées principalement de gardes nationaux, sillonnèrent incessamment les campagnes de la Bretagne et de la Vendée. Mais il était difficile de découvrir les prêtres réfractaires, les paysans cachaient trop bien leurs *bons prêtres;* au besoin même ils s'armaient pour les défendre. Plus d'une fois e sang coula à l'occasion et même à l'instigation des *bons prêtres*, car, comme ceux de nos jours, ils n'avaient pas compris, ce que nous constaterons avec bonheur à notre troisième époque, leur mission de paix et de concorde. Une des plus sérieuses rencontres fut l'affaire de Fouesnant, bourg à quatre lieues de Quimper, où cent cinquante gardes nationaux de cette dernière ville et quinze gendarmes mirent en déroute plusieurs centaines de campagnards.

Cependant la République avait été proclamée à Paris le **22** septembre. Elle fut accueillie avec défiance par les paysans bretons et vendéens, toujours sous l'influence des prêtres. Bientôt il se manifesta sur tous les points de la Bretagne et de la Vendée des symptômes menaçants de guerre civile. L'insurrection éclata lorsqu'on voulut mettre à exécution le décret du 24 février 1793, qui prescrivait la levée immédiate de 300,000 hommes. Quand on parlait aux paysans de cette loi, ils répondaient ironiquement : « Nous marcherons tous. » En effet, ils marchèrent tous en même temps, armés de fusils, de faux, de fourches, de fléaux, et se ruèrent comme des furieux sur les villes. En ce moment, il y avait fort peu de troupes dans l'ouest, nos soldats se trouvaient aux frontières. Aussi fut-il difficile alors de résister à ce débordement insurrectionnel, et presque toutes les petites villes furent envahies et saccagées.

Dans le Morbihan, il ne se trouvait que quelques centaines de soldats, dispersés en petits détachements sur la surface du département. La municipalité de Vannes, avertie le 13 mars de l'agitation des campagnes, se prépara à recevoir les insurgés. La garnison se composait d'un bataillon de Maine-et-Loire, fort de quatre cents hommes, de cinquante soldats du 109e régiment, et de quelques gendarmes. Ces troupes et la garde nationale se portèrent sur toutes les routes, pour éclairer les environs de la ville. Le 14, Vannes fut attaquée de tous les côtés à la fois par les attroupements de paysans. Partout la garde nationale et les troupes firent bonne contenance, et mirent les rebelles en déroute, après leur avoir enlevé cent cinquante prisonniers. Ces malheureux furent conduits devant les juges de paix chargés de les interroger. « Nous n'avons plus de roi, répondirent-ils, nous n'avons plus de prêtres ; nous voulons *crocher* avec la nation ; nous voulons savoir de quelle autorité on prétend recruter. »

Pendant que le chef-lieu du département était attaqué, la ville de Pontivy se trouvait investie par une foule immense. Après un combat de cinq heures, les gardes nationaux, accablés par le nombre, commençaient à plier, lorsqu'ils furent secourus par ceux de Loudéac, de Josselin et de Gueméné. Avec l'aide de ces frères d'armes, ils dispersèrent complétement les insurgés.

La petite ville de La Roche-Bernard, menacée par les habitants des campagnes environnantes, avait fait demander du secours au chef-lieu; mais Vannes, toujours inquiétée, n'avait pu se dégarnir du peu de troupes qui la protégeaient. Le vendredi 15 mars, vers midi, cinq à six mille paysans attaquèrent la pauvre petite ville, qui avait pour défenseurs une cinquantaine de gendarmes et de soldats du 109e régiment, et cent cinquante gardes nationaux. Ces deux cents hommes résistèrent aussi longtemps qu'ils le purent; mais à la fin ils furent repoussés. Alors les insurgés se répandirent dans la ville, qu'ils mirent au pillage. Le citoyen Sauveur, président du district, n'avait pas voulu abandonner son poste. Les paysans l'arrêtent, le chargent de chaînes, et le jettent en prison. Le lendemain, ils le tirent de son cachot et le promènent par la ville en le torturant. Un des forcenés qui l'entourent lui tire un coup de pistolet à poudre dans la bouche; puis on lui ordonne de crier *Vive le roi!* « *Vive la République!* s'écrie Sauveur. » Alors les mauvais traitements redoublent; on le frappe, on le mutile; bientôt il est tout couvert de sang. Ces mauvais traitements, Sauveur les supporte avec courage. Lorsque l'horrible cortége passe devant le calvaire, on veut qu'il fasse amende honorable. Il lève les yeux sur la croix, adresse à Dieu une courte et fervente prière, puis il s'écrie : *Vive la Nation!* A ce cri, un long rugissement de fureur s'élève du milieu de la bande sanguinaire. Un second coup de pistolet crève l'œil gauche du malheureux Sauveur, que l'on traîne à quelques pas du calvaire en l'accablant de coups et d'injures. Enfin, on lui dit de recommander son âme à Dieu. On lui tire un premier coup de fusil; il tombe, mais, blessé seulement, il se relève. Une autre balle le renverse de nouveau, mais il n'est pas encore mort : il se dresse tout sanglant sur le genou, et dit, avec une grande tranquillité d'âme : « Mes amis, achevez-moi, ne me faites pas tant languir… *Vive la Nation!* » Alors la bande entière se précipite sur ce corps sanglant, qu'elle perce de coups. Ainsi mourut ce martyr.

Les crimes des guerres civiles sont atroces; ils portent souvent avec eux le cachet de la barbarie. Nous n'avons tant insisté sur celui-ci que pour montrer qu'aucun parti dans ces temps de troubles n'était exempt des plus cruels excès. La mort de Sauveur peut être comparée au plus terrible massacre de septembre. Nous avons dit comment, à cette époque, la garde nationale resta impuissante et inerte. Ici il n'en fut pas de même. Réunie à temps, ou prenant l'initiative, elle se leva tout entière pour marcher contre ces nouveaux massacreurs; expression sage et clémente de la nation; force morale et matérielle qui se dressait entre les deux extrêmes, elle essayait d'abord la persuasion et n'avait recours à ses armes que pour comprimer l'insurrection et la révolte contre le gouvernement établi.

Les 18 et 19 mars, le Finistère envoya au secours du Morbihan de l'artillerie et 900 hommes, composés en grande partie de gardes nationaux. Cependant les campagnes du Finistère étaient dans une grande fermentation; mais dans ce département, comme dans ceux des Côtes-du-Nord et de l'Ille-et-Vilaine, les gardes nationales comprimèrent facilement les tentatives insurrectionnelles des paysans, plus timides ou moins fanatisés que les Morbihanais. Toutefois il y eut, le 23 mars, un combat fort sérieux à Saint-Pol-de-Léon, où le général Canclaux s'était rendu avec quelques soldats, des gardes nationaux de Brest, de Lesneven et de Morlaix, et un bataillon de volontaires du Calvados. Le 23 mars, jour fixé pour le tirage, était précisément un jour de foire; aussi la foule était nombreuse à Saint-Pol. Il s'y trouvait non seulement les jeunes gens qui devaient tirer au sort, mais encore des hommes, des femmes, des enfants et des marchands ambulants avec leurs voitures. Cette foule, les chevaux, les charrettes et les étalages de marchandises encombraient les rues. Tous les paysans étaient venus armés; on les voyait boire dans les cabarets, le fusil entre les jambes, en attendant le moment de combattre. Les troupes de Canclaux occupaient la place de la Cathédrale et les avenues de la ville.

Le combat ne tarda pas à s'engager. La fusillade fut très vive, surtout sur la place de la Cathédrale. Les insurgés en occupaient les maisons et tiraient par les fenêtres. Ils frappèrent mortellement le lieutenant-colonel du bataillon du Calvados, et tuèrent ou blessèrent un certain nombre de volontaires et de soldats; mais ils furent bien vite délogés, puis chassés de Saint-Pol. Une fois hors de la ville, ils cherchèrent à s'embusquer derrière les haies. Les gardes nationaux ne leur laissèrent pas le temps de s'y établir; ils les poursuivirent la baïonnette dans les reins jusqu'au pont de Kériduff, situé environ à deux lieues de Saint-Pol. Là, les insurgés, soutenus par de nouvelles bandes de paysans accourus aux sons du tocsin, voulurent encore se défendre; mais ils furent battus de nouveau et complétement dispersés. Le lendemain, les communes vinrent faire leur soumission. Il fut convenu que les insurgés remettraient leurs armes et que les communes paieraient 100,000 livres et les frais généraux de l'expédition avant le départ des troupes.

Il y eut aussi quelques mouvements insurrectionnels dans le département de la Loire-Inférieure; les gardes nationaux et les patriotes eurent à combattre les paysans révoltés à Guérande, à

Blain, à Ancenis, à Machecoul. La garde nationale de Nantes fit des sorties jusqu'à Couëron et Saint-Philbert. Un rassemblement considérable s'étant formé, le 11 mars, à Mauves; on y envoya un bataillon de la garde nationale, qui mit les insurgés en déroute, après avoir eu quelques hommes blessés. Le 17, un détachement de la milice citoyenne sortit encore de la ville pour disperser une bande de royalistes qui s'était fortifiée au pont de Cens, sur la route de Rennes, et venait faire des excursions jusque dans les faubourgs de Nantes. Les rebelles furent débusqués, et les Nantais eurent quelques jours de calme. Mais il leur fallut bientôt reprendre le fusil : une bande nombreuse d'insurgés interceptait la route de Vannes. La garde nationale fit une sortie générale, ayant à sa tête ses deux chefs de légion, Charles Bouteiller et Piter-Deurbroucq. Après avoir repoussé un poste avancé à l'auberge du Massacre, elle rencontra la masse des insurgés à Sautron, les battit et leur fit plusieurs prisonniers. A quelque temps de là, Charles Bouteiller, dont la santé était fort délabrée, ayant donné sa démission, Piter-Deurbroucq commanda seul les deux légions de la garde nationale nantaise.

Dans la Vendée, dans les Deux-Sèvres et dans une partie du département de Maine-et-Loire, l'insurrection ne tarda pas à prendre des proportions formidables. Il n'y avait point là de grand centre de population qui pût envoyer ses citoyens armés pour comprimer la révolte dès sa naissance. Les petites villes, dispersées sur la surface du pays, étaient dépourvues de garnison et n'avaient pour se défendre que leurs citoyens. Quelques gardes nationales voulurent résister, entre autres celles de Pornic, de Montaigu, de Vihiers, de Chemillé, de Chollet, qui soutint un long combat sur la lande de la Pagane ; mais elles ne purent que retarder de quelques heures l'envahissement de leurs villes. Les prêtres et les nobles s'emparèrent promptement du mouvement pour le faire tourner à leur profit. Les insurgés furent enrégimentés par paroisse, et divisés en plusieurs corps d'armée, qui marchaient aux cris de *Vive le roi!* Favorisés par la disposition du pays entrecoupé de chemins creux, de fossés, de haies élevées, n'ayant d'abord affaire qu'à des soldats de nouvelle levée, sans fermeté, sans expérience, ils eurent bientôt conquis tout l'intérieur de la contrée.

En juin, ils étaient maîtres des deux rives de la Loire. Ils s'avancèrent alors contre Nantes, qui avait été mise, le 19, en état de siège par un arrêté des représentants du peuple en mission près de l'armée des côtes de Brest. Le 27 juin, le corps d'armée vendéen commandé par d'Elbée attaquait dans la soirée le bourg de Nort, défendu par 400 hommes du 3e bataillon de volontaires de la Loire-Inférieure. Un ferblantier de Nantes, nommé Meuris, était lieutenant-colonel de ce bataillon. Avant l'attaque, il fait former le cercle pour donner lecture à ses soldats d'une lettre du Comité central qui lui recommandait de défendre son poste jusqu'à la dernière extrémité; puis, saisissant le drapeau d'une main et brandissant de l'autre son épée, il s'écrie : « Frères, jurons de mourir pour l'honneur de notre drapeau et pour sauver la République! —Nous le jurons ! répondent tous les volontaires avec enthousiasme. *Vive la République!* » Pendant douze heures, ces braves se maintinrent dans le bourg de Nort, que ne protégeait aucun ouvrage; mais les assauts consécutifs qu'ils avaient eu à repousser pendant la nuit les avaient réduits considérablement; quand vint le jour, ils étaient quarante! Alors Meuris, se voyant dans l'impossibilité de défendre plus longtemps son poste, ordonna la retraite, et l'héroïque débris du 3e bataillon de la Loire-Inférieure rentra à Nantes avec son drapeau criblé de balles et de mitraille.

Dans la soirée du 28, 60,000 Vendéens entouraient Nantes.

Pour défendre une ville d'une aussi vaste étendue, le général Canclaux n'avait que 11 à 12,000 hommes, y compris les deux légions de la garde nationale. Mais, gardes nationaux, volontaires, soldats, tous étaient décidés à vaincre ou à mourir. Le 29, à deux heures du matin, Charrette, qui occupait la rive gauche de la Loire avec son armée du bas Poitou, commença l'attaque par une vive canonnade. Aussitôt la générale battit par les rues, appelant les citoyens aux armes. Les quinze bataillons de la garde nationale furent promptement réunis, et, pendant que le bataillon de vétérans se divisait en détachements pour veiller, à l'intérieur, au maintien du bon ordre, les autres se rendaient en toute hâte aux différents postes qui leur avaient été assignés. La canonnade ne tarda pas à se faire entendre tout autour de la ville. Les Vendéens attaquaient des différents côtés à la fois ; mais la route de Rennes était le point principal de leur attaque. Là se trouvaient les chefs des deux armées, le général Canclaux, commandant l'armée des côtes de Brest, et le paysan Cathelineau, généralissime des armées vendéennes. C'était le poste le plus dangereux ; c'est là que s'était porté le maire Baco. Une balle lui casse la cuisse pendant qu'il encourageait ses concitoyens ; on l'emporte sur un tombereau. « C'est un char de triomphe que chacun doit m'envier, dit-il en traversant les rangs ; ne me plaignez pas. »

A la porte de Rennes, l'artillerie était servie par les canonniers nantais, qui se faisaient remarquer par leur froide intrépidité. Tout entiers à leurs canons, ils les manœuvraient avec adresse et promptitude, et l'on n'entendait au milieu d'eux d'autres cris que les commandements des chefs de pièce. Ce fut encore en ce lieu qu'un garde national, le prêtre Gambart, voyant un père de famille trop exposé, lui fit quitter son rang et prit sa place, en disant : « Retire-toi ; tu es père de famille, je suis célibataire ; c'est à moi d'affronter le plus grand danger. » Un instant après, le généreux Gambart tombait mort.

Cathelineau, désespérant de forcer ce poste, se porta, à la tête de quelques centaines de ses meilleurs soldats, vers la route de Vannes. 400 hommes du 109e régiment se maintenaient avec avantage en cet endroit depuis le matin; mais la présence de Cathelineau ranime le courage des Vendéens, qui se précipitent tête baissée sur les soldats et les font plier. Le brave 109e rétrograde lentement jusqu'à la place de Viarmes, et là, soutenu par un détachement du 34e, il s'arrête pour recommencer le combat. Pendant que les Vendéens et les soldats se battaient sur la place, un ouvrier cordonnier, qui tiraillait par la fenêtre d'un grenier, voit Cathelineau donner des ordres. Il le reconnaît alors pour chef vendéen, et dirige son fusil contre lui. La balle fracasse le bras et laboure la poitrine du généralissime, qui tombe. Aussitôt le bruit de sa mort se répand au milieu de ses soldats. Cependant il n'était que blessé; mais assez dangereusement : il mourut le 14 juillet 1793.

Cette nouvelle répandit la consternation dans l'armée vendéenne, qui ne tarda pas à battre en retraite, après dix-huit heures de combat. Toutefois, Charrette demeura jusqu'au lendemain dans la même position, et, le 30, dès le matin, il recommençait à canonner la ville. Pour le décider à partir, la garde nationale fit une sortie sous les ordres de son commandant-général Piter-Deurbroucq, qui avait fait preuve la veille d'une grande intrépidité. Alors Charrette abandonna la place.

Tels sont les fastes des gardes nationaux dans cette partie de la France.

Si l'on médite tout ce que nous venons d'écrire, si l'on analyse les traits de courage, de dévouement, d'énergie des soldats citoyens, on sera promptement convaincu de la puissance de cette milice à laquelle la France dut peut-être son salut à cette époque.

Nous ne connaissons pas de louanges assez fortes pour exalter ces actions que l'amour du pays et la liberté peuvent seuls inspirer à des hommes qui ne font pas métier de la vie des camps ; mais nous proclamons avec bonheur une vérité qui doit résulter de ce livre, c'est qu'avec une garde civique bien organisée, dont l'esprit est en harmonie avec les mœurs, les institutions, la liberté; avec une garde civique, expression de la volonté générale, les partis, les factions, les révoltes, les révolutions sont impossibles, et que tout gouvernement qui s'appuie sur elle est impérissable.

IX

La garde nationale sous Santerre. — Plaintes du ministre de l'Intérieur. — Jugement et exécution de Louis XVI. — Départ de Santerre pour la Vendée. — Boulanger. — — Henriot. — Réorganisation. — Solde. — 9 thermidor. — Nouvelle organisation. — Nouveaux services. — Les Parisiens à la ration. — 12 germinal. — Envahissement de la Convention. — Elle est dégagée par la garde nationale. — Pichegru commandant temporaire. — Les déportés. — Opposition à leur départ. — Comité insurrectionnel. — 1ᵉʳ prairial. — Section de la Fontaine-de-Grenelle. — Combat aux portes et dans l'enceinte de la Convention. — Le représentant Féraud. — Courage de Boissy d'Anglas. — La Convention délivrée. — Section de Montreuil. — Popincourt. — Quinze-Vingts. — Fin des troubles. — Assassin de Féraud. — Le faubourg Saint-Antoine désarmé. — Réorganisation. — 13 vendémiaire. — Le général Bonaparte. — Mutilations de la garde nationale. — Directoire. — 18 brumaire. Fin de la première époque.

Les gardes nationales continuaient leur service dans toutes les villes, mais sans ordre, sans unité, sans cet esprit général qui est le principal bienfait de l'institution.

Celle de Paris, qui donnait l'impulsion aux autres, dégoûtée et mal dirigée, semblait avoir perdu tout son zèle.

Dans un rapport en date du 29 octobre 1792, le ministre de l'intérieur Roland se plaignait de la manière dont se faisait le service. Les postes étaient souvent dégarnis; on n'y envoyait jamais qu'un nombre d'hommes insuffisant, et on les laissait souvent quarante-huit et même soixante heures sans les relever; enfin il y avait un défaut d'ordre dans le service qui exposait la chose publique. Cela venait en grande partie de l'insouciance, de l'impéritie du commandant-général Santerre, qui était le premier à pousser au désordre et à semer la discorde dans les rangs de la milice citoyenne. En voici un exemple. Aucune loi n'abrogeait encore les compagnies d'élite; les grenadiers et les chasseurs ne furent dissous que par décret du 20 septembre 1793. Cependant Santerre publiait à la fin de février un ordre du jour ainsi conçu : « Une classe d'hommes méchants et pusillanimes voudrait, avec des bonnets et des moustaches, rétablir une caste dangereuse ; le règne de l'égalité ne peut endurer cette distinction que vis-à-vis des ennemis aux frontières, ou que la loi n'ait prononcé : en conséquence, ordre est donné d'arrêter toute patrouille de grenadiers, de les désarmer et de les conduire à la police pour y être jugés. »

C'était de la force extra-légale que faisait Santerre par cet arrêté, et ceci prouve combien la garde nationale était loin de son origine et de son institution, puisqu'un commandant général pouvait, de sa seule autorité, proscrire un costume autorisé par la loi ; ceci légitime encore le découragement et le dégoût de la milice parisienne, si mal dirigée. Cependant, comme c'était la seule force de la capitale, on la vit toujours debout dans les circonstances critiques. Lors du jugement du roi, elle prévint le désordre et les complots projetés. Dans ce moment, comme le jour de son exécution, elle se rangea calme, sévère et triste sur son passage, et assista à ce spectacle dans un morne silence. Le commandant-général seul oublia la dignité de son grade dans ces deux occasions. Il se conduisit comme un gendarme. Il prit par le bras Louis XVI à la descente de voiture pour le conduire vers la salle de la Convention, et ordonna le roulement de tambour pour étouffer sa voix sur l'échafaud. Cette dernière circonstance résulte de sa propre déclaration à la Commune et se trouve consignée dans le procès-verbal de la séance du 21 janvier.

Après neuf mois de commandement, Santerre, qui avait été nommé maréchal de camp au mois d'octobre précédent, partit pour la Vendée. D'après le décret du 19 août, le commandant-général devait être élu par tous les citoyens composant les sections armées. Mais la Commune ne s'occupa nullement de faire nommer un nouveau commandant-général; elle attendit depuis le 3 mai jusqu'au 17, avant-veille du départ de Santerre, et alors elle nomma elle-même un chef de la force armée, sous prétexte qu'il était nécessaire que le nouveau commandant-général se concertât avec Santerre pendant les vingt-quatre heures que celui-ci devait encore rester à Paris, et qu'il était physiquement impossible que le lendemain les sections pussent être convoquées et émettre leur vœu.

Son choix tomba sur un bijoutier de la rue Saint-Honoré, Servais-Audoin Boulanger, commandant en second de la section de la Halle-aux-Blés. Toutefois sa nomination n'était que provisoire, et le conseil-général avait arrêté de la soumettre aux quarante-huit sections; mais il espérait bien enlever cette nomination, comme celle de Santerre, après le 10 août. Le nouveau commandant-général se rendit le lendemain, 18 mai, à la Commune pour prêter serment. Le jour même, des députés des trois sections du Panthéon-Français, de l'Arsenal et du Temple vinrent faire des réclamations au sujet de la nomination de Boulanger. Alors celui-ci ne crut pas devoir conserver un commandement qu'on lui contestait; le 20, il se démit de ses fonctions.

Les sections proposèrent différents candidats; mais aucun ne fut accepté. Il fallait à la Commune un commandant-général dont elle fût entièrement sûre, un homme de la trempe de Santerre. Le 31 mai, des commissaires envoyés par trente-trois sections de Paris se rendirent à l'Hôtel-de-Ville pour former avec la Commune une municipalité insurrectionnelle afin de renverser la Gironde.

Cette municipalité choisit pour commandant-général provisoire Henriot, commandant de la section des Sans-Culottes. C'était un véritable sans-culotte, un homme encore plus incapable que Santerre, mais aussi dévoué à la Commune que l'ancien brasseur du faubourg Saint-Antoine.

Dans la même séance, le conseil-général révolutionnaire arrêta qu'il serait accordé 40 sous par jour aux citoyens peu fortunés, tant qu'ils resteraient sous les armes; que tous les citoyens suspects seraient désarmés, et que leurs armes seraient remises aux patriotes qui n'en avaient pas. Ainsi l'on fit subir de nouvelles mutilations à la garde nationale lors de la chute des Girondins. Bientôt, par des mutilations successives, on finit par défigurer entièrement cette belle institution. On donna des armes à tous les désœuvrés de la place publique que l'appât d'une solde attirait dans les rangs des sections armées. La force morale, intelligente de la garde nationale effrayait les terroristes; il leur fallait une force aveugle, passive. Alors ils accordèrent une indemnité de 40 sous par séance aux citoyens sans ressource qui assistaient aux assemblées des sections, et ils donnèrent une solde de 40 sous également aux sectionnaires de service. Comme les autres sectionnaires, tous les canonniers reçurent une paie.

L'on ne tarda pas à attacher la moitié des compagnies d'artillerie des sections à l'armée révolutionnaire, que l'on forma à Paris par décret du 5 septembre 1793, pour comprimer les contre-révolutionnaires et protéger les subsistances.

Dès lors, la condition première qui distingue le garde national du soldat de nos armées disparut entièrement. Ce ne fut plus par amour de la patrie, par intérêt pour la chose publique, qu'on s'astreignit à des sacrifices de tous les jours que nécessitait un service pénible et incessant, ce fut pour toucher une solde ; ce qu'on avait appelé les épurations était devenu des proscriptions. Aucun citoyen n'apporta plus dans les rangs sa liberté d'opinion, son indépendance d'idées; il n'y apporta que l'obéissance passive du soldat payé pour exécuter les ordres des chefs. Toute manifestation alors en faveur de l'opinion générale devint impossible, elle aurait même été taxée de rébellion et de révolte. Les sections armées devinrent des troupes soldées et soumises au régime militaire, à quelques restrictions près, et la garde nationale disparut, avec ses nobles institutions, son esprit, sa force morale et son patriotisme.

Aussi ne croyons-nous pas devoir rendre compte des déchirements nombreux qui se succédèrent jusqu'au 9 thermidor, et auxquels prirent part les sections armées sous le commandement d'Henriot. A cette journée célèbre, la Convention trouva des défenseurs isolés dans les anciens gardes nationaux, qui reprirent les armes par amour de la patrie; mais ce ne fut pas le fait d'une garde nationale organisée, et nous ne mentionnons cette époque que pour prouver que le pouvoir d'alors, qui crut devoir s'appuyer sur les sections armées et soldées au lieu de le faire sur une véritable garde civique, s'écroula précipitamment, malgré la terreur qu'il avait imprimée, et qui semblait proscrire jusqu'à l'idée d'une tentative pour l'ébranler.

Ce fait est remarquable, et nous le retrouverons encore dans le cours de cette histoire. La puissance de la garde nationale est telle, que sa destruction, son indifférence ou son absence sont toujours funestes au pouvoir qui la néglige ou l'anéantit.

On sait que le représentant Barras avait été nommé commandant général des forces de Paris pour la circonstance du 9 thermidor. Après les événements, il déposa son commandement, et le 19 thermidor la Convention rendit un décret relatif au commandement de la garde nationale de Paris. Les grades de commandant-général et de chefs de légions étaient supprimés ; l'état-major ne se composait plus que de cinq membres, qui devaient être en exercice pendant cinq jours seulement. Ils étaient pris successivement parmi les commandants de la garde nationale de chaque section, par ordre de numéros. Le plus ancien d'âge de l'état-major commandait en chef pendant cinq jours, les quatre autres membres faisaient fonctions d'adjudants. Le bureau de l'état-major se trouvait près de la Convention, et les dispositions pour le service devaient être arrêtées par les Comités de salut public et de sûreté générale. La gendarmerie nationale et les autres troupes employées à Paris, à la solde de la République, étaient, pendant la durée de leur service, aux ordres de celui qui exerçait les fonctions de commandant-général de la garde nationale.

Un décret, du 28 germinal an III, réorganisa la garde nationale parisienne, qui fut composée d'infanterie et de cavalerie. La garde à pied était formée en bataillons de sept cent soixante et un hommes, fournis par les quarante-huit sections en raison de la population de chacune. Le bataillon se divisait en dix compagnies, une de piquiers d'avant-garde de cinquante et un hommes, huit de fusiliers de quatre-vingt-deux hommes, et une de piquiers d'arrière-garde de même force que la première. L'état-major de chaque bataillon se composait d'un chef de bataillon, d'un adjudant de bataillon, et d'un porte-drapeau. Les bataillons d'une même section étaient commandés par un chef de brigade, qui avait sous lui un adjudant de section. A chaque section était attachée une compagnie de canonniers de cinquante hommes, avec deux pièces d'artillerie. Quatre sections formaient une division. L'état-major de chacune des divisions comprenait un adjudant-général et quatre adjudants de division, qui tous étaient nommés par le Comité de la guerre. La garde nationale à cheval, formée jusqu'à concurrence de deux mille quatre cents hommes, à raison de deux cents hommes par division, était répartie en trois brigades de quatre escadrons chacune. L'escadron se composait de deux compagnies, ayant chacune cent hommes. L'état-major de chaque brigade comprenait un chef de brigade, quatre chefs d'escadron, et quatre adjudants-majors.

Les fusiliers de la première et de la huitième compagnie de chaque bataillon, les canonniers et les cavaliers devaient s'habiller, s'équiper et s'armer à leurs frais. Les fusiliers de la première compagnie portaient deux épaulettes rouges, ceux de la huitième deux épaulettes vertes. La cavalerie avait une aiguillette aux trois couleurs, et la veste et la culotte jaunes.

La garde civique ainsi réorganisée ne tarda pas à être appelée à rendre de nouveaux services à la cause de l'ordre et de la liberté.

Le parti Montagnard avait été vaincu au 9 thermidor, mais il n'était pas encore éteint. Ce qu'il en restait ne cherchait qu'à exciter du trouble et de l'émotion à son profit. Il crut surtout en avoir trouvé l'occasion dans le printemps de 1795.

L'hiver avait sévi avec beaucoup de rigueur, et la récolte de 1794 avait été peu productive; la sécheresse, puis l'humidité, l'avaient en partie détruite. Aussi les grains étaient rares à Paris, et la Convention s'était vue forcée de décréter la mise à la ration des habitants de la capitale. Il n'était délivré à chaque personne qu'une livre de pain par jour; les ouvriers seuls avaient droit à une livre et demie. Ce décret fut la cause de quelques troubles dans les quartiers populeux, à la fin de ventôse et au commencement de germinal. Le 12 de ce mois (1er avril), les citoyens des faubourgs Saint-Antoine et Saint-Marcel, excités par les agitateurs, se soulevèrent et se rendirent en masse à la Convention; les attroupements se composaient d'enfants, de femmes, et d'hommes armés de bâtons, et portant sur leurs chapeaux cette inscription : *Du pain et la Constitution de 93.*

La représentation nationale avait alors une garde peu nombreuse. Cette garde fit de vains efforts pour empêcher l'envahissement de l'Assemblée; elle fut repoussée après un instant de lutte, et la multitude se précipita dans la salle des séances en poussant ces cris : *Du pain! Du pain! La Constitution de 93!* Les représentants montrèrent beaucoup de calme au milieu du tumulte, qui dura quelques heures. Plusieurs d'entre eux voulurent prendre la parole, dans l'espoir de faire entendre raison au peuple; mais ils furent toujours interrompus par les mêmes clameurs : *Du pain! Du pain!* Enfin, les bataillons des sections, rassemblés à la hâte, arrivèrent pour dégager la Convention, qui, une fois libre, ordonna la déportation de quatre Montagnards, Billaud-Varennes, Collot-d'Herbois, Barrère et Vadier, et l'arrestation de sept autres représentants, Choudieu, Châles, Foussedoire, Huguet, Léonard Bourdon, Duhem et Amar. De plus, elle déclara Paris en état de siège, nomma pour commandant de la force armée Pichegru, qui se trouvait alors dans la capitale, et ne leva la séance qu'à six heures du matin, le 13 germinal.

Il avait été décidé que les députés montagnards mis en arrestation seraient conduits au château de Ham. Le 13 germinal, on les fit monter dans des voitures et partir sous l'escorte d'un détachement de gendarmerie. Aux Champs-Élysées, un rassemblement nombreux arrêta ce convoi; mais des bataillons de gardes nationaux arrivèrent promptement, ayant Pichegru à leur tête. Les insurgés s'étaient emparés du poste de la barrière de l'Étoile, où ils avaient trouvé du canon, qu'ils avaient braqué sur l'avenue. Ils en tirèrent deux coups, et accueillirent les bataillons avec une fusillade assez vive. Sans se laisser émouvoir, les gardes nationaux abordèrent intrépidement les rebelles, les dispersèrent, et les voitures purent continuer leur route.

Force resta encore à la garde nationale; mais les agitateurs, loin de se décourager, conçurent de nouveaux complots, dans lesquels ils résolurent d'employer toutes leurs ressources.

D'obscurs terroristes avaient formé, rue Mauconseil, un Comité central insurrectionnel; dans ce lieu, il fut décidé qu'on marcherait de nouveau contre la Convention le 1er prairial (20 mai).

Le jour convenu, dès le matin, en effet, on entendit battre la générale, sonner le tocsin et tirer le canon dans les faubourgs Saint-Antoine et Saint-Marceau, dans le quartier du Temple et dans la Cité. Le Comité de sûreté générale envoya sur l'heure l'ordre aux sections fidèles de rassembler leurs bataillons; mais les insurgés furent prêts avant les défenseurs de la Convention. A dix heures, les Tuileries étaient entourées par des bandes d'hommes et de femmes armées de piques, de sabres, de bâtons, et soutenues par plusieurs bataillons de sectionnaires. « *Du pain!* s'écriait cette foule, *Du pain et la Constitution de* 93! » Ces clameurs arrivaient jusqu'à la salle des séances, où les représentants s'étaient réunis en toute hâte. Les gardes nationaux de service n'étaient qu'en nombre ordinaire. Ils se préparèrent pourtant intrépidement à défendre la Convention.

La multitude ne tarde pas en effet à faire irruption dans la salle. Ce sont d'abord des femmes qui envahissent les tribunes, en criant : *Du pain! Du pain!* Les gardes nationaux s'empressent de faire sortir ces femmes, tandis que d'autres assaillants attaquent les portes du parquet et les enfoncent. Descendue promptement des tribunes, cette poignée de soldats citoyens parvient à refouler hors de la salle le flot populaire; mais, assaillis par de nouvelles masses de rebelles, ils commençaient à plier, lorsque tout à coup la section de la Fontaine-de-Grenelle se précipite à leur aide, et la foule est aussitôt chassée. Un instant de calme est accordé à la Convention, qui, pour premier acte, décrète avec acclamations que la section de la Fontaine-de-Grenelle, accourue la première au secours de la Convention, a bien mérité de la patrie. L'instant d'après, on voit arriver deux autres sections, qui viennent se joindre à la première, mais là se borne, pour l'instant, la force qui vient défendre la représentation nationale : les autres bataillons ne sont pas encore réunis, ou bien ils ne peuvent parvenir jusqu'aux Tuileries, toutes les avenues étant obstruées par la multitude. Et bientôt la foule, ralliée et excitée de nouveau, recommence ses tentatives audacieuses.

A cet aspect, les gardes nationaux croisent la baïonnette; des derniers rangs de la foule partent aussitôt des coups de feu pour rompre ce rempart de fer; la garde civique riposte, et le combat s'engage à l'entrée de l'enceinte. Mais à mesure que les hommes du peuple armés de fusils portent la mort dans les rangs de la garde nationale, les autres poussent avec force ceux qui sont devant eux et les jettent sur les baïonnettes qui s'opposent en vain à leur passage. Bientôt le torrent engloutit le petit nombre des défenseurs de la Convention, et les fait reculer jusque dans l'enceinte. Là, par un suprême effort, ces derniers arrêtent encore la foule frémissante. Le représentant Féraud se jette courageusement au milieu des balles, des piques et des baïonnettes; mais c'est vainement qu'il conjure la multitude de rétrograder; le flot populaire continue d'envahir la salle; le malheureux Féraud, bientôt renversé, disparaît sous les pieds des assaillants, et les insurgés sont maîtres de la Convention.

Il était trois heures.

Alors, au milieu des cris, des hurlements, des vociférations, des menaces, cette multitude exerce sur la Convention la pression la plus horrible, en lui commandant de rendre certains décrets. Quelques Montagnards, fauteurs de l'insurrection, secondent les insurgés et les poussent, tandis que d'autres représentants conservent dans cette occasion le calme et la dignité qui inspire un respect involontaire. Le président, Boissy-d'Anglas, s'immortallise par le salut respectueux et triste qu'il adresse à la tête de Féraud, qu'on lui présente au bout d'une pique. Il ne quitte pas le fauteuil, malgré les menaces, malgré les fusils dressés sur sa poitrine, attendant avec une héroïque résignation la mort, qu'il préfère à la lâcheté de la fuite ou d'une concession.

Enfin, au bout de quelques heures, on voit reparaître tout à coup Legendre, qui avait en vain essayé de se faire entendre pour ordonner à la foule de sortir.

Cette fois, il est suivi d'Auguis, de Kervélégan, de Chénier, de Bergoeng et de Delecloi, et derrière eux se pressent à l'une des issues des gardes nationaux rangés en bon ordre, l'arme au bras. Legendre engage de nouveau la foule à sortir; on lui répond encore par des huées. Le président somme, au nom de la loi, les rebelles d'évacuer l'enceinte de la représentation nationale; il reçoit la même réponse que Legendre. Alors on donne l'ordre aux gardes nationaux de croiser la baïonnette. Ils se précipitent au pas de charge sur la foule, qui, après un moment de résistance, prend la fuite, et s'écrie en fuyant : « A nous les sans-culottes! » Les insurgés qui se tenaient en dehors accourent à cet appel. Le premier détachement de la garde nationale est obligé de reculer, mais il est bien vite secouru par de nouveaux pelotons qui débouchent successivement dans la salle, s'élancent sur les révoltés, et finissent par les mettre en déroute après un instant de combat. A minuit, l'enceinte de la Convention se trouvait tout à fait libre.

L'insurrection était battue, mais elle n'était pas encore domptée.

Le 2 prairial, les instigateurs de la révolte s'emparent de la commune et s'y forment en municipalité insurrectionnelle. Toutefois, ne se trouvant pas assez en sûreté dans cette position, ils la quittent vers le milieu du jour pour aller établir leur quartier général dans le faubourg Saint-Antoine. Ils n'attendent pas l'attaque, ils la préviennent audacieusement. Les trois sections armées de Montreuil, de Popincourt et des Quinze-Vingt sortent du faubourg en bon ordre et avec leurs canons. Ils s'avancent jusque sur la place du Carrousel et braquent leur artillerie contre la Convention. Les défenseurs de la représentation nationale se rangent en bataille devant le palais, bien résolus à en défendre l'entrée. De part et d'autre on donne l'ordre de charger les armes. Le sang allait couler de nouveau, lorsque quelques membres des Comités s'avancent courageusement entre les deux troupes, dans l'espoir de prévenir le combat. Les citoyens des faubourgs ne demandaient pas à répandre le sang de leurs concitoyens; ils respectaient la représentation nationale; ils voulaient seulement faire quelques réclamations, et se plaignaient surtout de la misère et de la disette. C'est ce qu'ils disent aux membres des Comités. Sur la demande de ceux-ci, la Convention envoie douze membres pour faire entendre le langage de la raison aux bataillons des faubourgs. Ces sectionnaires témoignent aux représentants beaucoup de respect; ils écoutent leurs observations avec déférence. Les deux troupes, qui un instant auparavant étaient prêtes à se combattre, se rapprochent, se confondent peu à peu, et l'on fraternise jusqu'à onze heures du soir. Alors seulement les citoyens des faubourgs se retirent.

Ce fut ainsi que se termina cette démonstration menaçante; mais la paix n'était pas encore faite. A l'instigation des terroristes, les mécontents conservaient dans leurs faubourgs une attitude hostile. Un homme que l'on accusait d'être l'assassin du représentant du peuple Féraud avait été condamné à mort. Le 3, dans l'après-midi, on l'envoya au supplice ; mais, lorsqu'on allait le faire monter à l'échafaud, une troupe d'hommes armés se rua sur l'escorte de gendarmes, la dispersa, et sauva le condamné, qui fut conduit au faubourg Saint-Antoine et promené en triomphe. Alors, la Convention résolut d'agir avec énergie; elle décréta le désarmement du faubourg Saint-Antoine, et fit marcher, le 4, des forces imposantes contre les rebelles. Le représentant Fréron, qui était chargé, avec Aubri, Gilet et Delmas, de diriger la force armée de Paris, fit sommer les citoyens du faubourg de se soumettre, et leur déclara que, si dans une heure ils n'avaient pas obéi aux prescriptions du décret, le faubourg serait bombardé. Cette menace produisit son effet : l'heure ne s'était pas encore écoulée, que les citoyens du faubourg rendaient leurs armes et leurs canons. Ainsi fut étouffée l'insurrection de prairial, dernier effort du parti terroriste.

A la suite de ces journées, on procéda, dans les différentes sections de Paris, au désarmement de tous les hommes reconnus pour révolutionnaires. De plus, la Convention décréta, le 28 prairial, la réorganisation immédiate des gardes nationales de la République. Les ouvriers ambulants et non domiciliés, ceux qui travaillaient dans les manufactures et n'avaient pas de domicile fixe ne pouvaient plus en faire partie ; mais s'ils étaient cautionnés par écrit par les citoyens chez lesquels ils travaillaient, ils pouvaient être admis dans les rangs de la compagnie de leur quartier lorsque la générale battait. Les citoyens peu fortunés, domestiques, journaliers et manœuvres des villes, n'étaient plus compris dans les contrôles des compagnies, à moins qu'ils ne réclamassent contre cette disposition. Quand on battait la générale, ils prenaient place dans la compagnie de leur quartier, pour contribuer au secours ou à la défense commune.

Les bataillons se divisaient en dix compagnies de soixante-dix-sept hommes chacune, dont une de grenadiers et une de chasseurs. Deux, trois ou quatre bataillons composaient une brigade, et cinq, six, sept, huit, neuf ou dix bataillons formaient une division. Les citoyens d'une même compagnie nommaient le capitaine, le lieutenant, le sous-lieutenant et les sous-officiers de la compagnie; les capitaines, lieutenants, sous-lieutenants et sergents d'un bataillon se réunissaient pour nommer le chef de bataillon, l'adjudant et le porte-drapeau; enfin, les-chefs de bataillon et les capitaines élisaient les chefs de brigade et le chef de division. Tout officier et sous-officier était tenu de savoir lire et écrire. Pour le service et la discipline, on devait observer la loi du 29 septembre 1791.

Ainsi, l'on revenait à la première organisation de la garde nationale dans son ensemble, mais on en avait négligé la mesure la plus importante : l'élection d'un commandant général qui concentrait en ses mains la direction de cette force publique, recevait ses inspirations et devenait un centre d'union, la guidait pour le bien de l'ordre et de la liberté.

C'est de l'absence d'un commandant général, nous en avons la conviction, que vinrent la désertion que nous avons déjà signalée dans les journées de prairial, et le long temps que mit la garde nationale à se réunir pour marcher au secours de la Convention. C'est de l'absence du commandant général encore que résulta la journée du 13 vendémiaire.

Nous n'avons pas ici à en faire le détail, à en raconter les causes; il est acquis à l'histoire aujourd'hui, que les sections, égarées par les menées royalistes, marchèrent sur la Convention sous le prétexte qu'elle voulait se perpétuer. Plusieurs d'entre elles, du reste, qui virent le piége, se rangèrent de son côté pour la défendre, mais ce fut le petit nombre. On sait comment le plan d'insurrection put s'organiser, par la négligence du général Menou, à la section des Filles-Saint-Thomas, section si connue pour son royalisme; on sait enfin comment le jeune général Bonaparte vainquit les insurgés dans cette journée.

Nous n'avons à ajouter à ces faits qu'une seule réflexion. Les gardes nationales de province restèrent étrangères à ce mouvement et le désapprouvèrent lorsqu'elles l'apprirent. La majorité seule de la garde nationale de Paris voulut détruire les élus de la France, et n'y put réussir ; car, malgré son immense poids dans la balance, cette garde nationale n'est qu'une fraction de l'opinion publique. L'esprit de ses sœurs de province, présentes ou absentes, exerce son influence, et la garde civique ne devient puissance invincible que lorsque son esprit est général, son union intime. Nul doute que si les gardes nationales de province avaient voulu ce que voulait celle de Paris, la Convention eût succombé sous cette imposante volonté, comme la royauté succomba au 10 août. Mais la Convention avait fait appel aux gardes civiques de province dans la personne des Marseillais et de ce qui restait de fédérés à Paris, dont elle ordonna l'enrôlement pour sa défense, et c'est ce qui explique encore l'ardeur de l'armée à marcher au milieu d'eux. La troupe ne se croyait pas désunie de la garde nationale tant qu'elle voyait des fédérés et quelques sections dans ses rangs.

Du reste, la journée du 13 vendémiaire fut le dernier coup porté à cette grande institution de la garde nationale jusqu'à la fin de notre première République.

Si, après la victoire, la Convention montra de la clémence pour les vaincus, elle mutila sans pitié l'institution de la garde nationale. Un décret du 16 vendémiaire supprima l'état-major de la milice parisienne. Cette garde ne devait plus être composée que d'infanterie. Les compagnies de canonniers étaient dissoutes, ainsi que celles de grenadiers et de chasseurs, et il était défendu de porter les marques distinctives que l'on avait accordées à ces compagnies d'élite, sous peine d'un mois d'emprisonnement pour la première fois, et de deux ans en cas de récidive. Par suite, chaque bataillon se trouvait réduit à huit compagnies. La Convention devait nommer un commandant temporaire, chargé de diriger tous les mouvements de la garde nationale parisienne, et placé sous les ordres immédiats du général en chef de l'armée de l'intérieur. La garde nationale ne pouvait plus avoir qu'un tambour par section; la caisse destinée au tambour devait être déposée au comité civil, et elle ne pouvait être délivrée au tambour qu'en vertu d'un ordre du commandant temporaire.

Ce ne fut pas encore tout. Les sections Lepelletier et du Théâtre-Français furent entièrement désarmées. S'il n'en fut pas de même des autres sections, elles eurent du moins à subir des conditions assez humiliantes. Un arrêté du comité de salut public, en date du 18 vendémiaire, ordonna à tous les gardes nationaux de remettre, sous douze heures, leurs fusils aux comités de leurs sections. Ces armes devaient être enlevées et transportées en lieu sûr, à l'exception de quatre-vingts fusils, qui restaient en dépôt à chacun des comités de section. Quand un garde national était de service, il se rendait au comité de sa section, où, sur la présentation de son billet de garde, on lui délivrait un fusil, qu'il était tenu de rapporter sitôt le service fait.

Ainsi l'on ne voulait plus confier d'armes aux citoyens; les habitants de Paris étaient devenus suspects au gouvernement qui, dès lors, alla chercher un appui contre eux dans l'armée. Cependant, au mois de thermidor an v, des voix s'élevèrent, dans le conseil des Cinq-Cents, en faveur de la garde nationale. Le général Pichegru, qui avait commandé la force armée de Paris, aux journées de germinal, s'exprima en ces termes dans la séance du 20 juillet 1797 : « Le seul remède aux maux dont la patrie est menacée, c'est la réorganisation des gardes nationales ; jamais on n'aura la liberté sans elles. C'est dans leur sein que se formèrent les bataillons nombreux qui parurent tout à coup aux yeux de l'Europe étonnée, et qui se trouvaient armés et presque instruits à la voix de la patrie en danger. On ne leur fit jamais un appel qui les ait trouvés sans énergie. Que leur réorganisation soit pour les citoyens un signal de réunion. »

Ces paroles émurent l'assemblée qui adopta le plan de réorganisation présenté par le général. Mais la loi, votée par les conseils des Cinq-Cents et des Anciens, ne reçut aucune exécution. Le Directoire se défiait toujours de la milice citoyenne ; il ne voulait d'autre soutien que l'armée, la force brutale. Ce soutien le renversa. Le 18 brumaire, la garde nationale, mutilée d'abord par la Convention, puis négligée par le Directoire, assista, impassible, au renversement de ce pouvoir et à la destruction de la représentation nationale. Bientôt après, elle fut complétement désorganisée. Aux termes de la loi, les citoyens devaient être réunis tous les ans pour renommer leurs officiers ; mais, par ordre supérieur, les maires ne convoquèrent point les citoyens pour cette réélection. Dès ce moment, il n'y eut plus de gardes nationales en France.

Ainsi fut anéantie cette belle institution, cette noble force, cette salutaire influence de la réunion des citoyens de toutes les classes marchant sous le même drapeau.

Ici finit naturellement la première époque de l'histoire des gardes nationales de la République.

Nous ne croyons pas devoir analyser leurs grandes actions dans toute cette période ; les faits ont prouvé, comme nous l'avons dit, qu'absente ou présente, la garde civique avait pesé de tout son poids sur nos événements politiques les plus importants : qu'elle avait au prix de son sang, par son esprit, par son union, maintenu l'ordre au dedans, vaincu l'ennemi au dehors, établi la liberté, réprimé la licence, éteint l'anarchie.

Il est pourtant remarquable d'observer combien toutes les institutions, pures et nobles à leur origine, se corrompent entre les mains des hommes du pouvoir que possèdent et égarent les mauvaises passions politiques.

Il est remarquable aussi d'observer que ces institutions, quand elles ont des racines profondes et justes, finissent par survivre, malgré les attaques dont elles sont l'objet, et qui tournent toujours contre ceux qui ont la folie et la mauvaise foi de les entreprendre. C'est l'histoire de la première époque que nous venons de tracer.

La garde nationale, nous l'avons vu, était instituée pour protéger les divers gouvernements qu'elle sanctionnait. Les gouvernements qui s'étaient succédé, ne pouvant l'asservir à leurs systèmes, avaient étouffé son indépendance et annihilé sa puissance, tantôt par des mutilations, tantôt par des changements qui la frappaient dans ses bases, tantôt par le choix du commandant-général à leur dévotion, toujours en altérant ses droits, en détournant ses devoirs. C'est ainsi qu'à la fin de la période républicaine, cette milice qui avait tenu le sort de la France entre ses mains, ne comptait plus dans l'État. Mais, vainement, on avait voulu fausser son origine, en empêcher les conséquences, en restreindre les libertés. Du jour où ce pouvoir, quel qu'il fût, voulut la remplacer ou se passer d'elle, ce pouvoir fut frappé de mort; car l'indifférence, l'impassibilité ou l'absence de la garde civique, tuent aussi sûrement que sa colère. L'une mine sourdement par le mépris et l'abandon, l'autre frappe comme la foudre.

La Terreur voulut remplacer la garde nationale : la Terreur succomba.

Le Directoire voulut se passer de la garde nationale : le Directoire périt.

Ici nous devons nous arrêter sur le seuil des monarchies qui, elles aussi, vont apporter leurs preuves au principe que nous soutenons.

DEUXIÈME ÉPOQUE.

I

La garde nationale sous l'Empire.—Politique de l'empereur à son égard.— Cohortes. — Le sénateur Rampon. — Le maréchal Lefebvre. — Kellermann. — Aboville. — Débarquement des Anglais à Walkeren. — Levée en masse. — Gardes nationales devant Anvers. — Départ de Napoléon pour la Russie. — Nouvelle organisation. — 1ᵉʳ Ban. — 2ᵉ Ban. — Arrière-Ban. — La garde nationale à l'armée du Rhin. — Cohortes mobilisées — Montereau. — Fère-Champenoise.— 6,000 gardes nationaux contre une armée. — L'empereur commandant en chef de la garde nationale parisienne.— Le maréchal Moncey, commandant en second. — Serment des officiers. — Napoléon leur confie l'impératrice et le roi de Rome. — Diverses revues. — Fusils des prisonniers. — On ne veut pas armer la garde nationale. — Ordres de l'empereur non exécutés. — Journée du 30 mars. — Bataille de Paris. — Dispositions militaires des légions. — Combat de la 9ᵉ légion à Bercy.— M. de Saint-Romain à Saint-Mandé. — Lepileur de Brevannes à la butte de Fontarabie. — Butte Saint-Chaumont. — Montmartre. — Mort de Fitz-James. — Le maréchal Moncey à Clichy. — Capitulation de Paris. — MM. Tourton et de Laborde.

Nous ne nous occuperons pas de la garde nationale sous le Consulat, où elle n'eut qu'une existence nominative. Sa reconstitution date réellement du commencement de l'Empire dans quelques départements.

Napoléon, qui éprouvait le sentiment de sa force et de sa puissance, avait mis son génie au-dessus de la liberté. Dès lors, il ne considéra la garde nationale ni comme un appui, ni comme un danger pour son trône ; il ne ressentit ni le besoin de la rappeler autour de lui, ni la crainte de la reconstituer dans sa primordiale origine ; il se borna à considérer cette institution au point de vue de sa politique. A ce point de vue, il avait besoin de soldats plus que de citoyens; des citoyens il fit des soldats. Son génie avait deviné qu'il pouvait impunément déshériter la garde civique de ses droits les plus précieux, pourvu qu'il lui en conservât un seul, celui de mourir pour la France. Son attente ne fut pas trompée, et l'élan fut aussi beau pour défendre le sol contre l'étranger à cette époque, qu'il l'avait été autrefois pour conquérir la liberté.

Avant de partir pour commencer la glorieuse campagne d'Austerlitz, Napoléon, qui allait laisser derrière lui la France presque entièrement dégarnie de troupes, pensa à réorganiser les gardes nationales de quelques départements frontières. Un sénatus-consulte du 24 septembre 1805 lui permit de réorganiser les gardes nationales par décrets impériaux, aux époques et dans les départements qu'il lui plaisait de désigner. Ce sénatus-consulte lui accordait en outre la nomination des officiers de ces milices, qui devaient être employées au maintien de l'ordre dans l'intérieur, et à la défense des frontières et des côtes.

Le 30 septembre, l'empereur, qui se trouvait alors à Strasbourg, rendit un décret relatif aux gardes nationales. Tous les Français valides, depuis l'âge de vingt ans jusqu'à soixante, pouvaient être appelés à en faire partie. Les bataillons prenaient le nom de cohortes. Chaque cohorte se divisait en dix compagnies, une de grenadiers, une de chasseurs, et huit de fusiliers. Plusieurs cohortes pouvaient être réunies en légion. L'empereur nommait les officiers, sur la présentation des ministres de l'intérieur et de la police, et d'après l'avis du préfet du département. Quant aux sous-officiers, ils étaient choisis, les sergents par le chef de cohorte, sur la présentation du capitaine de la compagnie, sauf l'approbation du chef de la légion, ou, à son défaut, du préfet, et les caporaux par le capitaine, sauf l'approbation du chef de cohorte. L'uniforme était le même que dans l'ancienne garde nationale, seulement les boutons étaient changés, et les officiers portaient des épaulettes d'argent.

Un second décret du même jour, 8 vendémiaire, ordonna la réorganisation des gardes nationales dans les départements de la Somme, du Pas-de-Calais, du Nord, de la Lys, de la Roër, de Rhin-et-Moselle, du Mont-Tonnerre, du Haut-Rhin, du Bas-Rhin, du Doubs, du Jura et du Léman.

Le sénateur Rampon fut nommé commandant des gardes nationales de la Somme, du Pas-de-Calais, du Nord et de la Lys. Il dut organiser au plus vite des compagnies de grenadiers et de chasseurs, de manière à former une force prête à se porter à Boulogne et sur les divers points des côtes, de la Somme à l'Escaut, pour les défendre contre les invasions des Anglais.

Les gardes nationales des départements de la Roër, de Rhin-et-Moselle et du Mont-Tonnerre, furent placées sous le commandement du sénateur maréchal Lefebvre, qui était chargé de former, avec les compagnies de grenadiers et de chasseurs, une force toujours prête à se porter sur la frontière du Rhin et à la défendre. Il devait en outre organiser le service de la place de Mayence de manière que la garde nationale suffît à sa défense.

Le sénateur maréchal Kellermann, nommé commandant des gardes nationales du Haut et du Bas-Rhin, devait former un corps de vingt mille grenadiers et chasseurs destinés à défendre, en cas d'attaque, la frontière du Rhin. Il était en outre chargé d'organiser le service de la place de Strasbourg et des autres places, de manière qu'il suffît de la garde nationale pour les défendre.

Le sénateur Aboville fut placé à la tête des gardes nationales du Doubs, du Jura et du Léman. Il devait composer, lui aussi, avec les compagnies de grenadiers et de chasseurs des trois départements, une force toujours prête à se porter sur la frontière.

Comme on le voit, la garde nationale n'était plus une institution destinée à défendre les libertés, à maintenir l'ordre ; on ne lui conservait que le devoir de protéger le territoire contre l'invasion étrangère. Napoléon ne se montrait envers elle qu'un roi guerrier. Toutefois, dans ce moment d'étourdissement et de gloire, s'il oublia que la garde civique, reconstituée dans la pureté de son origine, pouvait mieux défendre un trône qui assurerait la liberté de la France; la garde nationale ne songea pas elle-même à revendiquer ses anciens droits; heureuse d'aller partager les périls et la gloire de nos armées, elle accepta avec enthousiasme la mission de confiance que lui donnait le chef de l'Empire, et ne poussa alors que deux cris qui se confondirent dans son âme : *Vive l'empereur! Vive la France!* L'empereur comptait principalement sur les compagnies de grenadiers et de chasseurs pour défendre les frontières dans le cas d'une diversion de la part des coalisés. Ces compagnies, ainsi que nous l'apprend un rapport du ministre de l'intérieur en date du 17 septembre, devaient se composer de sujets ayant le temps, les moyens et la volonté de se livrer à un service un peu actif et s'équipant à leurs frais, s'offrant par un dévouement spontané ou bien étant l'objet d'un choix honorable. C'est-à-dire, que les compagnies d'élite se formaient de la portion jeune et riche de la population, et qu'elles pouvaient être mises en activité, tandis que les citoyens de la classe la moins fortunée, composant les compagnies de fusiliers, étaient chargés de la défense des places fortes.

Cette organisation, aussi habile que rapide, prouve d'une part combien était vaste et actif le génie de Napoléon, et de l'autre combien sont grandes et inépuisables les ressources de la France, le courage, le patriotisme et l'honneur des Français.

L'empereur se préoccupait surtout des diversions que pouvait tenter l'Angleterre. Il craignait de voir cette puissance attaquer avec ses flottes les côtes de l'Empire, pendant que les troupes françaises étaient à combattre en Allemagne. Ce fut en effet ce qui arriva. A la fin de juillet 1809, une flotte formidable, portant 45,000 hommes de débarquement, parut devant l'île de Walkeren. Les Anglais débarquèrent dans cette île, chassèrent les quelques centaines de soldats qui la défendaient, et allèrent mettre le siége devant Flessingue. Il y avait alors fort peu de troupes en France ; ces troupes se composaient surtout des dépôts des régiments qui se trouvaient avec l'empereur en Autriche, et ces dépôts étaient dispersés dans les garnisons.

Le gouvernement, à la tête duquel se trouvait l'archi-chancelier Cambacérès, ordonna, sur la proposition de Fouché, ministre de la police générale, et ministre par intérim de l'intérieur, la levée immédiate d'un certain nombre de cohortes de gardes nationales, dans plusieurs départements du nord, de l'est et du centre. Ces départements ne fournirent pas tous le même contingent; les uns, tels que ceux de la Moselle, de l'Aisne et de la Seine-Inférieure, envoyèrent trois mille hommes ; les autres n'en fournirent que deux mille, comme les Ardennes et le département d'Eure-et-Loir; enfin quelques autres, comme l'Yonne et la Haute-Marne, levèrent seulement mille gardes nationaux. Mais partout les colonnes mobiles se formèrent avec promptitude, et, aussitôt qu'elles furent organisées, elles se dirigèrent à marches forcées vers la Hollande.

Les gardes nationales des départements du Nord, du Pas-de-Calais et de la Lys n'avaient pas attendu l'appel ministériel pour s'élancer à la défense de la frontière. Moins de huit jours après le débarquement des Anglais dans l'île de Walkeren, un corps d'armée de vingt-cinq à trente mille gardes nationaux, commandés par le sénateur Rampon, se trouvait en ligne sur la partie de l'Escaut qui séparait la Hollande de l'Empire français. Le département du Nord avait fourni à lui seul quinze mille hommes, parmi lesquels on comptait plusieurs centaines de grenadiers et de chasseurs, et une compagnie de canonniers bourgeois envoyés par la ville de Lille.

Les gardes nationaux, séparés de Flessingue par un bras de mer, ne purent empêcher la prise de cette place, qui capitula le 18 août; mais ils arrêtèrent l'invasion anglaise et sauvèrent Anvers, ainsi que la belle flotte qui s'était réfugiée dans ce port. Forcés de camper sur un terrain marécageux, ils eurent beaucoup à souffrir de l'humidité de l'atmosphère, et les fièvres firent plus de ravages dans les rangs des volontaires que l'artillerie anglaise.

A la première nouvelle du débarquement des Anglais, la majeure partie de la garnison de la capitale s'était mise en route pour le Nord. Par suite, le service étant devenu fort pénible pour les militaires, un arrêté du préfet de la Seine avait remis la garde nationale de Paris en activité. Par cet arrêté, les maires étaient chargés de désigner les citoyens qu'ils jugeaient devoir être proposés pour remplir les divers grades d'officiers, dans la supposition provisoire de deux bataillons par arrondissement. Le même jour, 18 août, le préfet de police écrivit, d'après les ordres du ministre de la police générale, aux maires des communes rurales du département de la Seine, une lettre qui leur enjoignait d'organiser sur-le-champ les gardes nationales communales.

On ne se contenta point de former à Paris vingt-quatre cohortes sédentaires; deux escadrons de garde nationale à cheval furent en outre organisés sous le nom de chevau-légers. Cette cavalerie eut un uniforme vert, comme les chevau-légers de l'armée.

Un décret impérial, daté de Schœnbrunn, le 3 septembre 1809, nomma le maréchal Serrurier, sénateur, commandant-général de la garde nationale parisienne. Le 21 septembre, le corps municipal de Paris donna un repas magnifique à l'état-major de sa milice citoyenne. Le 30, un ordre du jour du commandant de la place apprit aux habitants de la capitale que, *conformément aux intentions de S. M., et d'après les ordres de S. E. le ministre de la guerre, à compter du 1er octobre, la garde nationale de Paris serait dispensée de faire le service de cette place.* En conséquence les différents postes occupés par les soldats-citoyens furent relevés par les troupes de la garnison. Il en fut de même dans toutes les villes de l'Empire où la garde nationale avait été rétablie pour remplacer momentanément les garnisons dirigées vers l'Escaut. Partout les cadres furent supprimés, et l'on n'entendit plus parler de garde nationale jusqu'au printemps de 1812.

C'est ainsi que la milice citoyenne répondit à l'appel du chef de l'État, et inaugura les éminents services qu'elle rendit à son règne. Napoléon, sentant la force dont il pouvait disposer, se hâta d'en user encore, lorsqu'il entreprit la campagne de Russie.

Le 13 mars 1812, un sénatus-consulte divisa la garde nationale de l'Empire en premier ban, second ban et arrière-ban. Le premier ban se composait des hommes de vingt à vingt-six ans qui, appartenant aux six dernières classes de la conscription mises en activité, ne s'étaient point vus appeler sous les drapeaux, lorsque ces classes avaient fourni leur contingent. Le second ban comprenait tous les hommes valides depuis l'âge de vingt-six jusqu'à quarante ans. Les hommes valides de quarante à soixante ans formaient l'arrière-ban. Cent cohortes du premier ban furent mises à la disposition du ministre de la guerre ; mais ces cohortes ne devaient point sortir du territoire du l'Empire ; elles étaient exclusivement destinées à la garde des frontières, à la police intérieure et à la conservation des grands dépôts maritimes, arsenaux et places fortes.

Un décret impérial en cinquante-six articles, et portant la date du 14 mars, organisa les cohortes mises à la disposition du ministre de la guerre. Chaque cohorte se composait de huit compagnies, six de fusiliers de cent quarante hommes chacune, une d'artillerie de cent hommes, et une de dépôt également de cent hommes. Un chef de cohorte, ayant le rang de chef de bataillon, un adjudant-major, un lieutenant ou sous-lieutenant faisant fonctions d'officier payeur, un chirurgien aide-major, deux adjudants-sous-officiers, un caporal tambour et quatre maîtres ouvriers, formaient l'état-major de chaque cohorte. Les officiers et les sous-officiers des cohortes pouvaient être pris parmi les officiers, les sous-officiers et les soldats jouissant de la solde de retraite, et parmi ceux qui avaient été réformés des corps de la ligne pour blessures ou infirmités, pourvu que les uns et les autres fussent jugés en état de reprendre du service. Les capitaines seulement et les officiers, les sous-officiers et les soldats qui avaient déjà servi dans les bataillons de gardes nationales en activité, étaient susceptibles d'être admis à servir dans les cohortes. Ils pouvaient y être employés dans leurs grades respectifs; les soldats y étaient reçus comme caporaux pour la première formation seulement. La solde et les masses des cohortes étaient les mêmes que celles de l'infanterie. Les gardes nationaux des compagnies de fusiliers et de la compagnie de dépôt avaient un uniforme et un armement semblables à ceux de l'infanterie de ligne, seulement les boutons d'uniforme, timbrés d'un aigle, étaient de métal blanc et portaient cette légende : *Premier ban de la garde nationale.* Les compagnies de canonniers portaient l'uniforme et l'armement des canonniers à pied, à ces exceptions près, que le collet de l'habit était bleu, et les boutons de métal blanc, timbrés de deux canons en sautoir. Pour le service, la police et la discipline, les cohortes du premier ban étaint soumises aux mêmes lois et aux mêmes règlements que la troupe de ligne.

Cette organisation militaire était plus complète que la première. Le grand capitaine, en quittant la France pour s'aventurer dans le Nord avec cette armée intrépide qui ne calculait ni les obstacles ni les dangers, avait pourvu à la sûreté du territoire qu'il abandonnait, certain du courage et du patriotisme des Français toutes les fois qu'il s'agissait de repousser l'invasion étrangère. Il partit tranquille, ne songeant pas que la garde nationale pût lui être utile sous d'autres rapports, et voulant seulement convertir la baïonnette intelligente en baïonnette du soldat. Cette pensée, qui domina son règne, aurait cependant dû être tempérée par la conspiration qui éclata pendant son absence, et qui faillit réussir en partie. Si la garde nationale eût été organisée sur ses véritables bases, Mallet n'eût pas osé tenter son entreprise; l'esprit et la volonté de cette milice auraient suppléé à une régence, que l'empereur avait oublié d'établir.

Aux termes de l'article 7 du sénatus-consulte du 13 mars, le premier ban de la garde nationale ne devait pas sortir du territoire de l'Empire; mais, après la désastreuse campagne de Russie, la France, épuisée d'hommes, n'avait plus que des enfants à donner à l'empereur, qui, trouvant les cohortes du premier ban toutes organisées, en envoya la majeure partie au-delà du Rhin. Les cohortes se confondirent avec les bataillons de ligne, dont elles portaient l'uniforme, et s'illustrèrent, comme eux, par de beaux faits d'armes. Mais que pouvait la valeur contre l'immense supériorité du nombre? Les troupes françaises, réduites à environ 60,000 hommes, repassèrent le Rhin dans les premiers jours de novembre 1813.

Une innombrable armée d'Allemands, de Russes, d'Anglais et de Suédois, qui s'étendait depuis la Suisse jusqu'à la Hollande, menaçait l'Empire à la fin de 1813. Pour repousser ces hordes étrangères, la France n'avait pas trop de tous ses soldats. L'empereur retira des garnisons la majeure partie des troupes, et, par un décret du 17 décembre, il créa des compagnies d'artilleurs, des cohortes de grenadiers, des cohortes de fusiliers et des cohortes mixtes, composées de compagnies de grenadiers et de fusiliers, pour la garde des places fortes et la police des villes ouvertes. Les cohortes de grenadiers étaient de deux classes. Les unes et les autres avaient quatre compagnies; mais les compagnies des cohortes de première classe comptaient cent vingt-cinq hommes, tandis que celles de deuxième classe n'en avaient que soixante-quinze. Les cohortes de fusiliers et les cohortes mixtes avaient la même organisation et la même force que les cohortes de grenadiers de première classe. Les compagnies d'artilleurs étaient composées de la même manière que les compagnies de grenadiers de la ville où elles étaient formées; mais elles avaient de plus quatre ouvriers en bois, quatre ouvriers en fer, et quatre ouvriers artificiers. Les cohortes et les compagnies de grenadiers, ainsi que les compagnies d'artilleurs, se composaient d'hommes pris parmi les propriétaires les plus imposés de la ville, ou les négociants patentés. Ces citoyens devaient s'armer, s'habiller et s'équiper à leurs frais, et ils ne pouvaient se faire remplacer. Les ouvriers attachés aux compagnies d'artillerie étaient choisis parmi ceux qui exerçaient des métiers analogues. S'ils n'avaient pas les moyens de s'habiller, la municipalité devait leur fournir un uniforme. Les cohortes et les compagnies de fusiliers étaient organisées par quartier et par canton; elles se composaient des hommes les plus aisés après ceux qui étaient entrés dans les grenadiers ou les artilleurs. Ces citoyens étaient tenus de se revêtir de l'uniforme. Les officiers des cohortes et des compagnies d'artilleurs étaient nommés par l'empereur, sur les listes formées par le préfet et sur la présentation du ministre de l'intérieur.

A la fin de janvier, les cohortes de gardes nationales étaient partout organisées et faisaient le service. Dans les petites villes et dans les villes moyennes, il n'y avait qu'une cohorte de deuxième ou de première classe ; mais les grandes villes renfermaient plusieurs bataillons. Ainsi, l'on voyait à Strasbourg quatre cohortes urbaines ; deux à Toulouse ; Brest comptait trois mille gardes nationaux, Lyon quatre mille.

Le 6 janvier, l'empereur avait ordonné la formation de deux armées de réserve de l'intérieur, l'une à Soissons, Meaux, Nogent, Troyes et Lyon, l'autre à Toulouse et à Bordeaux. Ces deux armées devaient être composées de cohortes de gardes nationales mobilisées. En conséquence, chaque département eut à fournir une légion active de deux bataillons. Mais, au commencement de février, toutes les cohortes mobilisées n'étaient pas encore organisées. D'ailleurs, quelques unes reçurent une autre destination : ainsi, le deuxième bataillon du Calvados et le deuxième de la Manche allèrent tenir garnison à Cherbourg ; les deux cohortes de la Charente-Inférieure et celles des départements voisins furent dirigées sur Rochefort, où l'on devait organiser un corps d'armée destiné à la défense des côtes. Aussi, peu de cohortes de gardes nationaux mobilisés prirent une part active à la guerre. Cependant partout elles furent appelées en face de l'ennemi, elles se comportèrent avec bravoure, et se montrèrent les vaillantes sœurs des vieilles phalanges impériales. C'est ainsi que l'on vit à Montereau, le 18 février, un corps de gardes nationaux bretons, arrivés depuis quelques jours seulement, et commandés par le général Gérard, aborder à la baïonnette et avec une rare intrépidité les Wurtembergeois, qui occupaient un faubourg, et les rejeter jusqu'aux ponts. Mais le plus beau fait d'armes des gardes nationales mobilisées fut assurément le combat de Fère-Champenoise, où six mille gardes nationaux de l'Ouest et du Centre résistèrent, pendant plus de sept heures, aux attaques successives de toute une armée.

Ces six mille hommes, formant deux petites divisions commandées par les généraux Pacthod et Amey, conduisaient, le 25 mars, de Meaux et de Sézanne à l'empereur, un convoi assez considérable d'artillerie. Elles rencontrèrent, près du village de Morin, les premiers détachements ennemis. Les généraux Pacthod et Amey, entendant sur leur droite une vive canonnade, ne doutèrent point du voisinage d'un corps de troupes françaises, et se dirigèrent de ce côté. C'étaient en effet les maréchaux Mortier et Marmont, qui se trouvaient aux prises avec la grande armée des alliés; mais, trop faibles pour résister à cette armée, les deux maréchaux battaient en retraite. Au lieu de donner dans les bataillons de Marmont et de Mortier, les divisions Pacthod et Amey tombèrent au milieu de l'armée ennemie. Elles furent bien vite entourées. Les deux tiers de ces gardes nationaux étaient encore couverts de leurs vêtements de paysans; enlevés la veille à la charrue, ils ne connaissaient pas encore les manœuvres militaires. Aussi les coalisés espéraient écraser facilement cette poignée de Français. Ils n'envoyèrent d'abord contre eux que quelques escadrons; mais les généraux Pacthod et Amey, qui avaient formé leurs divisions en carrés par brigade, avaient exhorté leurs soldats à se conduire vaillamment. Les gardes nationaux avaient tous juré de mourir plutôt que de rendre leurs armes. Ils tinrent leur serment.

Les premiers escadrons sont repoussés avec force; l'ennemi les double : même résistance; il les triple, il les quintuple : l'acharnement mêlé de dépit augmente du côté des coalisés; le courage augmente du côté des Français. Les charges deviennent incessantes, mais, inébranlables comme l'airain, les carrés de nos colonnes restent debout et ne peuvent être entamés. La cavalerie des gardes

COMBAT DE LA FÈRE-CHAMPENOISE.
(25 Mars 1814.)

russe, autrichienne et prussienne vient se briser elle-même sur les baïonnettes de ces héroïques paysans, qui reçoivent le choc avec une fermeté étonnante, et les repoussent par un feu terrible, qui porte l'épouvante et la mort. Alors, chose inouïe, les généraux ennemis font avancer soixante-dix-huit pièces de canon, qui mitraillent quelque temps cette poignée de braves; le carnage est affreux; pour la première fois ces soldats improvisés voient tomber à leurs côtés leurs frères d'armes, au milieu des cris de douleur, de désespoir et de rage; ils se voient perdus, accablés par le nombre, et ils ne reculent pas. Enfin, lorsque l'artillerie a fait de larges brèches dans les rangs français, les escadrons des coalisés chargent tout à coup, et, cette fois, trois carrés sont enfoncés; mais le quatrième, celui du général Thévenet, de la division Amey, résiste encore. En vain le nombre, la fureur de l'attaque, le pressent de toutes parts, il ne fuit pas; il fait paisiblement sa retraite en bon ordre, en opposant aux charges instantanées le mur de fer de ses baïonnettes, en ripostant à coups de feu aux coups qui lui sont portés. Et déjà, pour prix de sa sublime résistance, il allait être hors d'atteinte, déjà il touchait Beaune et échappait à l'ennemi, lorsqu'avec une fureur qui empruntait quelque chose à la barbarie, on dirige contre eux quarante pièces de canon. Alors, ce n'est plus un combat, c'est un massacre, et ce débris glorieux tombe sous la mitraille et s'ensevelit dans sa gloire.

Un millier de gardes nationaux blessés furent faits prisonniers, avec les généraux Pacthod, Amey, Jamin, Delort, Bonté et Thévenet; mille à douze cents s'échappèrent par un marais; les autres, au nombre de trois mille et quelques cents, restèrent couchés sur le champ de bataille.

Tel fut le sublime fait d'armes de Fère-Champenoise, qui n'a pas d'exemple dans nos annales guerrières, surtout si l'on réfléchit que le patriotisme seul remplaçait dans la garde nationale l'expérience, la tactique, l'habitude de nos vieux soldats. C'est que, comme Dieu, en effet, le patriotisme enfante des miracles.

Le général Delort, commandant l'une des brigades de la division Pacthod, écrivit, dans un rapport qu'il adressa au ministre de la guerre : « Je ne saurais trouver d'expression pour caractériser la bravoure des gardes nationaux sous mes ordres ; les épithètes de brave et d'héroïque, dont tout le monde s'honore, sont sans valeur et sans force pour donner une idée juste et précise de leur conduite (6). »

Nous ne saurions rien ajouter à l'éloge que fait le général Delort de la garde civique. L'auréole de gloire dont la main d'un général d'armée entoure la garde nationale devient impérissable sur son front.

La Fère-Champenoise n'avait été que le prologue de la bataille de Paris : elle avait détourné les coalisés de la poursuite des maréchaux Mortier et Marmont. Ces six mille gardes nationaux avaient arrêté l'armée étrangère et sauvé la nôtre au prix de leur sang. Mortier et Marmont purent arriver jusque sous les murs de la capitale. Là encore la garde nationale était debout ; là encore elle prodigua son sang et sa vie. Là elle fut vaincue, non par les hommes, le nombre ou le courage, mais par la trahison.

L'empereur, voyant le danger qui menaçait la patrie, avait eu recours à la garde civique, seule force capable peut-être de la sauver. Il avait mis la garde nationale de Paris en activité, et s'en était nommé commandant en chef.

L'état-major général se composait d'un major-général, commandant en second, de quatre aides-majors-généraux, de quatre adjudants-commandants et de huit adjoints-capitaines. Il y avait par arrondissement une légion, qui se divisait en quatre bataillons de cinq compagnies de cent vingt-cinq hommes chacune, et dont une de grenadiers. Les quatre compagnies de grenadiers d'une légion formaient un bataillon d'élite. Chaque légion était commandée par un colonel et un adjudant-major, qui devaient être choisis parmi les officiers en retraite. A la tête de chaque bataillon se trouvaient un chef de bataillon et un adjudant. Les officiers et les sous-officiers étaient tenus de porter l'uniforme de garde national. Les grenadiers devaient s'armer, s'habiller et s'équiper à leurs frais.

Un second décret du 8 janvier avait nommé major-général, commandant en second, le maréchal Moncey, duc de Conégliano;

Adjudants-majors-généraux : le général de division comte Hullin, le comte Bertrand, grand-maréchal, le comte Montesquiou, grand-chambellan, et le comte de Montmorency;

Adjudants-commandants : le baron Laborde, adjudant-commandant de la place de Paris, le comte Albert de Brancas, le comte Germain, le sieur Tourton;

Adjoints-capitaines : le comte La Riboissière, le chevalier Adolphe de Maussion, les sieurs Montbreton fils, Collin fils jeune, Lecordier fils, Lemoine fils, Cardon fils, Mallet fils;

Chefs de légion : le comte de Gontaut père, le comte Regnaud de Saint-Jean-d'Angely, le baron Hottinger, le comte Jaubert, les sieurs Dauberjon de Murinais, Defraguier, Lepileur de Brevannes, Richard-Lenoir, Devins de Graville, le duc de Cadore, le comte de Choiseul-Praslin et le sieur Salleron.

Le 16 janvier, le maréchal Moncey, les aides-majors-généraux, les adjudants-commandants et les chefs de légion, prêtèrent serment entre les mains de l'empereur. Le serment des capitaines, lieutenants et sous-lieutenants, fut reçu par l'archi-chancelier Cambacérès, les 20, 21 et 22 janvier. Enfin, le dimanche 23, eut lieu une scène qui prouva que Napoléon avait compris la puissance de cette milice.

Le corps entier des officiers des douze légions était rangé par numéros dans la vaste salle des maréchaux. Tout à coup, l'empereur parut, tenant par la main le roi de Rome et l'impératrice. Sa démarche était solennelle et mélancolique. Il promena son regard d'aigle sur ceux qui l'entouraient, et leur parla en ces termes : « Messieurs les officiers de la garde nationale de Paris, je compte partir cette nuit pour aller me mettre à la tête de l'armée ; en quittant la capitale, je vous laisse avec confiance, au milieu de vous, l'impératrice et le roi de Rome, ma femme et mon fils, reprit-il d'une voix émue, ma femme et mon fils, sur lesquels sont placées tant d'espérances. Je devais ce témoignage de confiance à tous ceux que vous n'avez cessé de me donner dans les principales époques de ma vie. Je partirai avec l'esprit dégagé d'inquiétudes, lorsqu'ils seront sous votre garde. Je vous laisse ce que j'ai au monde de plus cher après la France, et le remets à vos soins.... »

L'accent de l'empereur, son attitude, ses paroles, tout semblait annoncer un sentiment indéfinissable. Peut-être en ce moment, sentant le néant des trônes qui ne s'appuient pas sur la nation, éprouva-t-il le regret de n'avoir pas rétabli dans toute l'étendue de ses droits et de ses devoirs cette grande institution, qui fait la force des empires. Quoi qu'il en soit, ces paroles, et surtout l'accent avec lequel elles étaient prononcées, touchèrent profondément les officiers, qui firent retentir la salle des maréchaux de longs cris de : *Vive l'empereur! Vive l'impératrice! Vive le roi de Rome!*

Dans ce moment, la nationalité était dans la personne de Napoléon, luttant contre l'étranger. Dans ce moment tout avait disparu devant le danger de la patrie.

Napoléon quitta Paris le 25 janvier. Il laissait le gouvernement à l'impératrice régente, et le frère de l'empereur, le roi Joseph, était nommé son lieutenant-général. Le 11 février, ce dernier passa

NAPOLÉON CONFIANT L'IMPÉRATRICE & LE ROI de ROME à LA GARDE NATIONALE.

la revue des grenadiers des douze légions dans la cour des Tuileries. Pendant le défilé, un courrier apporta la nouvelle de la victoire de Champ-Aubert, que Joseph se hâta de communiquer aux gardes nationaux, et qui fut accueillie par de grandes acclamations.

Le lendemain, un ordre du jour du maréchal Moncey annonça aux grenadiers qu'ils pouvaient occuper de suite le poste d'honneur qui leur était destiné dans l'intérieur du château des Tuileries. Par ce même ordre du jour, le commandant en second invitait les gardes nationaux à se procurer eux-mêmes des fusils de chasse et des munitions. « Les chefs de légion, disait-il, qui auront un nombre suffisant de gardes nationaux exercés à la chasse et munis de fusils à deux coups, pourront en former dans chaque compagnie une ou plusieurs sections de tirailleurs. Les tirailleurs porteront les épaulettes et le pompon verts. Ils pourront être habillés en veste ou en capote, pourvu que l'habillement et le chapeau soient uniformes dans la même section. Les chefs de légion pourront former de même, pour marcher à la tête de la légion, un détachement de sapeurs avec la hache.... »

Le roi Joseph passa une seconde revue, dans la cour des Tuileries, le 27 mars. Cette fois, les gardes nationaux étaient au nombre de douze mille. Cette revue présenta un étrange coup d'œil. Dans les rangs de la garde nationale, on voyait fort peu de fusils de munition de fabrique française ; en revanche, il y avait beaucoup de mousquets de prisonniers russes, autrichiens et prussiens, de fusils de chasse, de carabines et de mousquetons. Toutefois, les piques ornées de banderolles tricolores s'y trouvaient en majorité ; des compagnies entières étaient armées de ces piques, de six pieds de longueur, que les gardes nationaux payaient aux mairies dix et même vingt francs. On ne voulait pas leur confier d'autres armes.

Vainement le maréchal Moncey demandait-il l'armement complet de la garde nationale. Le général Clarke, duc de Feltre et ministre de la guerre, refusait de se dessaisir des fusils qui se trouvaient dans les arsenaux. « Il y avait plus d'un mois, nous apprend par ses Mémoires le duc de Rovigo, qui était en ce moment ministre de la police, il y avait plus d'un mois que la garde nationale demandait avec instance qu'on lui délivrât des fusils de munition au lieu de ces piques ridicules avec lesquelles on l'avait en grande partie armée ; elle avait renouvelé plusieurs fois sa demande sans pouvoir rien obtenir. J'en avais écrit à l'empereur, qui m'avait répondu : « Vous me faites une demande ridicule ; l'arsenal est plein de fusils ; il faut les utiliser. »

Cependant, le ministre de la guerre n'avait pas encore voulu délivrer d'armes. Ce ne fut que le 29 mars au soir et le 30 dans la matinée, qu'il consentit enfin à remettre *quatre mille fusils* à la garde nationale. Ce nombre n'était pas le quart de ce qu'il aurait fallu.

Le 27 janvier, le corps des officiers étant allé présenter une adresse aux Tuileries, l'impératrice lui avait fait cette réponse : « Messieurs les officiers de la garde nationale de Paris, j'ai partagé les sentiments que l'empereur éprouvait en vous parlant ; comme lui, j'ai une entière confiance dans votre courage, votre dévouement et votre fidélité. » Toutefois, la régente quitta Paris avec le roi de Rome, le 29 mars dans la matinée, sous l'escorte de trois mille hommes de la garde. Le même jour, une proclamation du roi Joseph apprit aux Parisiens que *le Conseil de régence avait pourvu à la sûreté de l'impératrice et du roi de Rome.* « Je reste avec vous ! disait bravement le lieutenant-général de l'empereur. Armons-nous pour défendre cette ville, ses monuments, ses richesses, nos femmes, nos enfants, tout ce qui nous est cher ! Que cette vaste cité devienne un camp pour quelques instants, et que l'ennemi trouve sa honte sous ces murs, qu'il espère franchir en triomphe! »

Joseph exhortait les Parisiens à s'armer, et l'élan était général sur ce point; mais, quand les citoyens allaient aux mairies, à l'Hôtel-de-Ville et au ministère de la guerre pour se procurer des armes, ils recevaient partout la même réponse : *Il n'y a point de fusils.* Ceci n'était rien moins que vrai, ainsi que le prouvent l'historien des deux restaurations, M. Vaulabelle, et le général de Vaudoncourt, auteur de l'*Histoire des campagnes de* 1814 *et* 1815 *en France.* Si le gouvernement avait voulu faire usage des moyens de défense qui étaient à sa disposition, la capitale n'aurait certainement pas été souillée par les troupes étrangères. En effet, il y avait tant à Vincennes qu'à l'École-Militaire quatre cents bouches à feu de gros calibre, et vingt mille fusils neufs au moins. Il se trouvait dans le magasin de Grenelle deux cent cinquante milliers de poudre en barils, cinq millions de cartouches, vingt-cinq mille gargousses et trois mille obus chargés. Les bras ne manquaient pas plus que les munitions. A Paris, à Versailles et dans la banlieue, on comptait, à la fin de mars, vingt-cinq à trente mille hommes, conscrits, soldats de dépôts et gardes nationaux mobilisés. Douze mille hommes seulement de la garde nationale de Paris faisaient le service. Cependant, il y avait trente et un mille hommes enrôlés, mais plus de vingt mille manquaient d'armes. Les 28 et 29 mars, deux mille officiers sans emploi vinrent offrir leurs services au ministère de la guerre. Quinze à vingt mille ouvriers, pour la plupart anciens militaires, demandaient des armes. On aurait pu former avec ces braves citoyens des compagnies et des bataillons auxquels on aurait donné pour chefs les officiers en demi-solde. On pouvait, en réunissant les hommes des dépôts, les trente et un mille gardes nationaux parisiens et les ouvriers volontaires, rassembler une force de soixante à quatre-vingt mille hommes, qui, joints aux vingt-trois mille soldats de Marmont et de Mortier, et appuyés par quatre cents pièces de canon, auraient tout au moins tenu en échec, jusqu'à l'arrivée de l'empereur, les cent quarante-cinq mille coalisés. Voilà bien en effet ce que l'on devait faire, et que fit-on?

En partant, Napoléon avait donné l'ordre d'élever des fortifications en terre en avant de Paris, afin de mettre la capitale à l'abri d'une attaque; on s'était borné à construire quelques méchants ouvrages, uniquement pour pouvoir dire à l'empereur que l'on avait fortifié Paris. Les hommes des dépôts de Versailles et de la banlieue demeurèrent dans leurs casernes ou furent dirigés sur Blois; on joignit seulement aux corps de Marmont et de Mortier les quelques milliers d'hommes qui se trouvaient à Paris. On laissa dormir les pièces de grosse artillerie au Champ-de-Mars et à Vincennes, et l'on se contenta de mettre en batterie, sur les hauteurs de l'est et du nord, une trentaine de canons de petit calibre, que desservirent trois cents élèves de l'Ecole polytechnique, et quatre cents canonniers invalides. On distribua quatre mille fusils à la garde nationale, et quelques milliers de cartouches; quelques centaines de gargousses furent seules extraites du magasin de Grenelle, de sorte que, dans l'après-midi du 30 mars, les munitions manquèrent. Les munitions de Grenelle profitèrent uniquement aux alliés, qui firent main-basse sur cet approvisionnement. Quant aux officiers sans emploi et aux ouvriers qui étaient venus offrir généreusement leur vie pour la défense de la capitale, ils furent brutalement repoussés dans leur demande; les officiers, qui s'offraient à marcher comme simples soldats, ne purent même obtenir de fusils. En un mot, on se contenta d'opposer à la grande armée des alliés quelques misérables ouvrages, défendus par une artillerie mal approvisionnée, et trente à quarante mille hommes, y compris la garde nationale parisienne.

Que si une véritable organisation de la garde civique eût existé depuis longtemps, un tel état de choses n'eût pas affligé la Patrie. Les gardes nationaux, armés et prêts au combat, n'auraient eu qu'à marcher et à vaincre, et si la trahison eût osé lever la tête, elle eût péri sous les baïonnettes intelligentes.

Mais ni le manque d'armes et de munitions, ni le petit nombre, ne purent ralentir l'ardeur de la milice civique, et la première elle s'élança au devant de l'ennemi.

Le 30 mars, dès que le jour parut, les tambours battirent la générale dans tous les quartiers de Paris. Les gardes nationaux armés de fusils, au nombre de onze à douze mille, répondirent avec empressement à cet appel, et se rassemblèrent aux lieux de réunions des différentes légions. De là, on les dirigea bientôt vers le mur de l'octroi. Les légions furent réparties ainsi qu'il suit : les 1re et 4e, depuis la barrière de Passy jusqu'à celle de Clichy; les 2e, 3e, 5e, 6e et 7e, depuis la barrière de Clichy jusqu'à celle de Charonne; enfin, les 8e et 9e, depuis la barrière de Charonne jusqu'à la Seine. Quant aux 10e, 11e et 12e légions, elles occupaient les barrières de la rive gauche du fleuve, et, comme ce côté de Paris n'était pas menacé, ces légions fournirent une forte réserve, qui se tint à l'Hôtel-de-Ville, pour marcher partout où besoin serait, soit pour défendre les barrières attaquées, soit pour veiller à l'intérieur au maintien du bon ordre.

Chacune des grandes barrières de la rive droite avait une garde de cent hommes; les petites barrières pouvaient être défendues au besoin par douze cents hommes, divisés en douze grand'gardes; deux mille quatre cents hommes, formant douze réserves, se tenaient prêts à se porter au secours des points menacés; le reste de la garde nationale fut employé dans l'intérieur de Paris, ou bien combattit au dehors avec les troupes de ligne. Le maréchal Moncey ayant dit aux chefs de légions qu'il ne voulait pas donner à la garde nationale l'ordre de sortir du mur d'enceinte, mais qu'il verrait avec beaucoup de satisfaction des grenadiers et des chasseurs se joindre aux soldats, trois à quatre mille volontaires s'offrirent aussitôt pour défendre, conjointement avec les troupes, les hauteurs en avant de Paris.

Le combat avait commencé entre cinq et six heures du matin. Les petits corps d'armée des maréchaux Mortier et Marmont, qui s'étendaient depuis la plaine Saint-Denis jusqu'à la Marne, par Pantin et Montreuil, reçurent le premier choc des alliés et se maintinrent avec avantage dans leurs positions jusque vers midi; mais, assaillis par des troupes toujours croissantes, ils commencèrent à céder le terrain pied à pied, sans toutefois discontinuer de combattre vaillamment. A midi un aide de camp de Marmont accourut au pavillon du Château-Rouge, situé au pied de la butte Montmartre, où le roi Joseph avait établi son quartier-général. Il venait dire au lieutenant-général de l'empereur que le maréchal ne voyait plus la possibilité de tenir encore longtemps contre les masses des alliés. Alors Joseph envoya aux deux maréchaux l'autorisation d'entrer en pourparlers avec l'ennemi; puis il se hâta de s'enfuir au grand galop, avec le général Clarke.

Cependant, le combat continua avec acharnement. Les gardes nationaux placés aux barrières ne tardèrent pas à se trouver engagés sur toute la ligne. A Bercy, ceux de cette commune, joints aux hommes de la 9e légion, repoussèrent les attaques des Wurtemburgeois. En avant de la barrière Saint-Mandé, quatre cents hommes de la 8e légion, commandés par le chef de bataillon Saint-Romain, protégèrent la retraite de vingt-huit pièces de canon, que l'officier sous les ordres duquel elles se trouvaient avait engagées imprudemment, et qui étaient chargées par des cavaliers russes. Des tirailleurs de la 8ᵉ légion, unis à d'autres gardes nationaux de la 7ᵉ, dont le chef, Lepileur de Brévannes, se trouvait sur la butte de Fontarabie avec un bataillon, occupaient les jardins et les clos sur le flanc de Charonne. Une division russe se présente; elle était dirigée contre le village de Charonne. Aussitôt une centaine de gardes nationaux s'élancent bravement à la rencontre de l'ennemi; ils ouvrent contre lui un feu de tirailleurs, qui fait perdre beaucoup de monde aux Russes. Nonobstant, ceux-ci continuent leur marche; ils s'avancent jusqu'à Charonne; mais là, les balles des tirailleurs et le feu d'une batterie de quatre pièces, établie sur la butte de Fontarabie, sous la protection du bataillon de la 7ᵉ légion, les forcent de s'arrêter.

Une seconde batterie de quatre pièces d'artillerie se trouvait sur la butte Saint-Chaumont. Des gardes nationaux de la 5ᵉ et de la 6ᵉ légion la défendaient. Ils eurent affaire aux troupes légères russes, et ce ne fut qu'après un long combat que les détachements des 5ᵉ et 6ᵉ légions, accablés par le nombre, cédèrent le terrain.

Neuf pièces de canon seulement défendaient Montmartre, où se trouvaient des volontaires de toutes les légions, mais en trop petit nombre pour résister. Ce fut en ce lieu que l'on vit le chef de la 2ᵉ légion, le comte Regnault de Saint-Jean d'Angely, abandonner ses soldats et s'enfuir. Le commandant en second de la garde nationale parisienne le remplaça par le chef de bataillon Odiot. Ce fut aussi là que fut tué le garde national Fitz-James. Ce double spectacle fut à la fois triste et glorieux. Fitz-James, l'escamoteur, donna sa vie pour la France; Saint-Jean d'Angely ne voulut pas la risquer pour son maître, qui l'avait comblé de bienfaits.

Après quelques instants de lutte, les tirailleurs de la garde nationale établis à Montmartre furent refoulés vers les Batignolles. En ce moment même, le corps d'armée du comte de Langeron s'avançait par la route de Saint-Ouen. Le maréchal Moncey, dont le quartier-général était à la barrière de Clichy, fit sortir aussitôt deux pièces d'artillerie légère, et donna l'ordre aux tirailleurs qui descendaient de Montmartre de se loger dans les maisons. Les gardes nationaux n'obéirent pas sur-le-champ. « Nous n'avons pas peur, disaient-ils, nous ne voulons pas nous cacher. — Croyez-vous donc, leur répondit le général Lapointe, chef d'état-major, croyez-vous donc que le doyen des maréchaux vous conseille une lâcheté? » Les tirailleurs se résignèrent à s'établir dans les maisons, et se préparèrent à recevoir l'ennemi.

Comme les coalisés avaient débordé la gauche du corps de Mortier, le maréchal Moncey donna l'ordre aux gardes des barrières, depuis les Batignolles jusqu'à l'Arc-de-Triomphe, et aux réserves qui devaient les soutenir, d'occuper les éminences qui dominent les Thermes et la plaine. De plus, il fit porter en avant de la barrière de l'Étoile la batterie de quatre pièces qui se trouvait en ce lieu, et la fit couvrir par des abattis. Les gardes nationaux de la 1re légion, auxquels était confiée la défense de ce point, ne tardèrent pas à se voir assaillir par quelques escadrons alliés; mais ils repoussèrent ces attaques, et se maintinrent dans leur position jusqu'au moment où les hostilités furent suspendues.

Cependant, un combat très vif s'était engagé à la barrière de Clichy. Les gardes nationaux, forcés d'abandonner les maisons des Batignolles, s'étaient repliés vers la barrière, en ramenant avec eux les deux pièces d'artillerie légère que le maréchal Moncey avait fait sortir. Ces pièces furent placées aux embrasures ménagées dans les palissades, et les gardes nationaux se retranchèrent derrière

Combat de la barrière de Clichy.
(30 mars 1814.)

ces palissades et dans les bâtiments de la barrière. La mitraille et une fusillade fort vive arrêtèrent bien vite l'avant-garde du corps de Langeron. Le combat ne cessa point pour cela ; il se continua avec acharnement jusqu'à cinq heures. Alors fut proclamée la suspension des hostilités, et le feu s'éteignit de part et d'autre ; mais il fut rallumé tout à coup par quelques tirailleurs russes. Les gardes nationaux ripostèrent avec vigueur, et le combat recommença. Toutefois, au bout de quelques instants, le feu cessa tout à fait : la capitulation de Paris avait été signée à la Villette.

Parmi les officiers qui se firent remarquer était M. Emmanuel Dupaty, qui combattit avec d'autant plus de courage qu'il avait éprouvé les rigueurs impériales.

Aux termes de l'article 6 du traité, les puissances alliées pouvaient, si bon leur semblait, licencier et désarmer la garde nationale de Paris. MM. Tourton et Laborde, adjudants-commandants de cette garde, se rendirent auprès du généralissime, le prince de Schwarzemberg, et obtinrent que la garde nationale conserverait, soit à l'intérieur, soit aux barrières, tous les postes utiles à la tranquillité publique.

Pendant la journée du 30 mars, « la garde nationale de Paris eut trois cents hommes tués et le double de blessés, » dit l'historien des campagnes de 1814 et 1815. Les troupes françaises perdirent quatre mille hommes, tués, blessés ou pris ; quant à l'armée des alliés, elle eut près de dix-huit mille hommes hors de combat.

Telle est la manière dont Napoléon usa des gardes nationales. Un rapport de M. de Montesquiou porte à cent quatre-vingt-sept mille leur nombre dans la seule année de 1813.

Les réflexions que nous avons faites dans le cours de ce chapitre nous dispensent d'en faire de nouvelles en terminant. Il est certain pour tout homme qui pense que si l'empereur eût rétabli la garde nationale telle qu'elle était à son origine, elle eût certainement empêché sa chute.

Le trône du plus puissant monarque ne peut être solide, s'il n'a pas pour étai la nation.

II

Gouvernement provisoire. — Le comte Dessolles, commandant-général. — La cocarde tricolore et la cocarde blanche. — Rentrée des Bourbons. — Ils flattent la garde nationale. — La revue et les *fleurs de lis*. — Le comte d'Artois, colonel-général des gardes nationales de France. — La garde nationale, d'abord séduite, se détache des Bourbons. — Débarquement de Napoléon. — Ses promesses. — Sa marche triomphale. — Son arrivée à Paris. — Il reprend le commandement de la garde nationale parisienne. — Réorganisation des gardes nationales de l'empire. — Bataillons de grenadiers et de chasseurs mis en activité. — Revue du 16 avril. — Allocution de l'empereur. — Fédération en province et à Paris. — Les fédérés des faubourgs Saint-Antoine et Saint-Marceau. — Acte additionnel aux Constitutions de l'empire. — Le Champ de mai. — Distribution des aigles. — Départ de Napoléon pour l'armée. — Bataille de Waterloo. — M. de Billing. — La Chambre protégée par la 3e légion. — Abdication. — Gouvernement provisoire. — Le maréchal Masséna, commandant-général — Il remet le commandement au comte Dessolles. — La garde nationale demande à conserver la cocarde tricolore; on lui impose la cocarde blanche. — Retour des Bourbons. — Comité d'inspection. — Épuration des gardes nationales. — Officiers royalistes et soldats patriotes. — Les députés Bellart et Guilhem. — Charivari et sérénade. — *A bas le côté droit! vive le côté gauche!* — Dissolution de la garde nationale de Brest. — Exclusion de Manuel. — Le sergent Mercier refuse de l'expulser de la Chambre. — Manuel *empoigné* par des gendarmes. — Mercier rayé des contrôles. — Charles X et les ultra-royalistes. — Réduction des cadres et du service de la garde nationale parisienne. — Service du 12 avril. — Revue du 29 avril 1827. — *Vive la Charte! A bas les ministres! A bas les jésuites!* — Licenciement de la garde nationale de Paris.

Le 1er avril, le lendemain de l'entrée des alliés à Paris, le Sénat élut un gouvernement provisoire composé de cinq membres. Un des premiers actes de ce pouvoir fut de donner un chef à la garde nationale de la capitale. Le 30 mars au soir, le maréchal Moncey avait quitté Paris avec les troupes de Marmont et de Mortier, en laissant le commandement à M. Allent, chef d'état-major de la garde nationale, et directeur du dépôt des fortifications; mais M. Allent, refusant cette charge, avait fait accepter à sa place le comte de Montmorency, ancien émigré, rentré sous le consulat, et l'un des aides-majors-généraux de la milice parisienne. Le gouvernement provisoire ne ratifia point ce choix; il nomma pour commandant supérieur le comte Dessolles, lieutenant-général.

Conformément à ce qui avait été convenu dans la nuit du 30 au 31 mars avec le prince de Schwartzemberg, les troupes des alliés ne tenaient dans Paris que les points militaires; les autres postes étaient occupés par la garde nationale, qui était plus spécialement chargée de veiller au maintien du bon ordre. Ce service, comme on le sent, était aussi pénible que délicat, au milieu des troupes étrangères qui inondaient Paris. La garde nationale sut le faire avec autant de fermeté que de prudence, et le soldat citoyen conserva sa dignité tout entière. Cette milice, plusieurs jours après l'entrée des étrangers, portait encore la cocarde tricolore; mais un ordre du jour de son nouveau commandant en chef, publié le 10 avril, lui prescrivit de remplacer la cocarde aux trois couleurs par la cocarde blanche.

Le Sénat ayant prononcé la déchéance de Napoléon, les Bourbons rentrèrent à Paris. Monsieur, comte d'Artois, se montra le premier; il fit son entrée le 12 avril, revêtu de l'uniforme de garde national. Neuf jours après, parut le duc de Berri. Le commandant supérieur, l'état-major et des détachements de garde nationale étant allés au-devant du prince, se virent accueillis par lui aux cris de : *Vive la France! Vive la garde nationale!* Le 3 mai, ce fut le tour de Louis XVIII, qui, comme son frère et son neveu, montra beaucoup de bienveillance à la garde nationale.

L'armée étant entièrement dévouée à l'empereur, la garde nationale offrait seule alors une base solide au trône de la légitimité. Les Bourbons avaient résolu de se faire un appui de cette force intelligente. Pour se l'attacher, ils se prodiguèrent en revues et en grandes parades ; ils répandirent à Paris et dans les provinces un déluge de décorations de *fleurs-de-lys*, et partout ils firent de nombreuses et de belles promesses; les descendants de Henri IV devaient rendre à la France les libertés refusées par l'empereur.

Ce fut encore pour *donner un témoignage éclatant de sa satisfaction particulière aux gardes nationales de son royaume, et notamment de sa bonne ville de Paris,* que Louis XVIII nomma, par décret royal du 13 mai 1814, Monsieur, comte d'Artois, colonel-général de toutes les gardes nationales de France. Le lieutenant-général Dessolles, choisi pour chef d'état-major-général des gardes nationales du royaume, conserva le commandement de la milice parisienne, sous les ordres du colonel-général. Le 16 juillet suivant, une autre ordonnance plaça entre les mains du comte d'Artois toute l'administration des gardes nationales ; les projets de lois, d'ordonnances et de règlements généraux devaient être soumis à l'approbation du prince avant d'être remis au ministre de l'intérieur.

Ainsi, après avoir *octroyé* la Charte, après avoir déclaré qu'il voulait sincèrement continuer le règne constitutionnel de son frère, Louis XVIII commençait par porter atteinte aux libertés et aux droits de la garde civique, en créant un chef suprême de cette milice pour toute la France, en en rattachant le titre au droit de naissance; cette mesure, qu'il avait prise de bonne foi peut-être, pour plaire à la garde nationale, dévoilait ses tendances vers le régime détruit par tant de révolutions. On se rappelle l'énergique proposition de Lafayette, et la délibération de l'Assemblée nationale, lors de la première fédération, concernant un chef suprême de la garde civique, qui ne pouvait jamais être élu ; et ce chef suprême, un roi venait de le nommer de par son bon plaisir.

Cependant, les gardes nationaux se laissèrent d'abord séduire par les promesses des Bourbons ; mais ils revinrent bien vite de leur engouement, lorsqu'ils virent ces princes répudier tous les souvenirs chers au pays, s'entourer d'hommes incapables ou indignes, dont le seul mérite était d'avoir émigré, et chercher à faire revivre les vieilles idées des siècles du despotisme. Aussi, quand Louis XVIII fit un appel aux gardes nationales de son royaume, à la nouvelle du débarquement de Napoléon à Cannes, ces milices demeurèrent indifférentes. On se souvint que Napoléon avait illustré la République par ses victoires, qu'il était l'élu du peuple, et l'on vit partir sans regret ces Bourbons, qui, suivant la parole de Carion-Nisas, membre du Tribunat, n'avaient rien oublié, rien appris.

En mettant le pied, le 1er mars, sur la terre française, Napoléon avait fait entendre des paroles de liberté. Le 8, il avait dit aux autorités civiles et militaires de Grenoble : « Mes droits ne sont autres que les droits du peuple ; je viens les reprendre, non pour régner, le trône n'est rien pour moi, mais pour rendre notre belle France libre, heureuse et indépendante. Je veux être moins son souverain que le premier et le meilleur de ses citoyens.... J'ai trop aimé la guerre, je ne la ferai plus. Nous devons oublier que nous avons été les maîtres du monde. » Aussi était-il accueilli partout avec enthousiasme ; son voyage fut une longue marche triomphale ; on ne voyait plus en lui qu'un empereur converti à la liberté.

De son côté, Louis XVIII avait aussi fait appel à la garde civique. Une ordonnance du 11 mars disposait le prompt armement des gardes nationales sédentaires du royaume, qui devaient *garder les places fortes, contenir les factieux dans l'intérieur, dissiper les rassemblements,* etc. Mais, cette fois, ce n'était plus l'étranger qui se présentait, et la garde nationale punit les Bourbons par son immobilité.

Le 20 mars, à neuf heures du soir, Napoléon fit son entrée à Paris, au milieu d'une foule immense, et d'un enthousiasme impossible à décrire. Il s'occupa d'abord de la garde nationale, et promit à Carnot, qui l'exigea en qualité de ministre de l'intérieur, de la rétablir sur les bases de son institution, en 1789. Six jours après, il en reprit le commandement en chef, pour Paris seulement, et il nomma commandant en second de cette garde son aide-de-camp, le comte Durosnel, lieutenant-général. Son premier acte fut de donner la croix de la Légion-d'Honneur au garde national qui seul avait accompagné dans sa fuite le comte d'Artois de Lyon à Paris.

Le *Moniteur* du 11 avril publia trois décrets portant la date du 10, et relatifs à l'organisation des gardes nationales, et à la mise en activité d'un certain nombre de bataillons de grenadiers et de chasseurs. Tous les Français, depuis l'âge de vingt jusqu'à soixante ans, étaient obligés au service. Les bataillons de chaque arrondissement de sous-préfecture, quel que fût leur nombre, ne formaient qu'une légion. Ces bataillons se composaient de six compagnies de cent vingt hommes chacune, dont une de grenadiers, une de chasseurs et quatre de fusiliers. Les grenadiers et les chasseurs étaient pris parmi les hommes de vingt à quarante ans. Ils pouvaient être détachés de leurs bataillons pour former des bataillons séparés, dont la force devait être de six compagnies, moitié de grenadiers, moitié de chasseurs, ils devaient s'habiller et s'armer à leurs frais de fusils de calibre. Toutefois, les citoyens qui payaient moins de cinquante francs de contributions recevaient un uniforme et des armes du département. Les fusiliers étaient armés de fusils de calibre ou de chasse, sans sabre ; ils pouvaient faire le service avec leurs vêtements accoutumés, en mettant à leur chapeau la cocarde nationale. Les colonels de légion et les chefs de bataillon de grenadiers et de chasseurs étaient nommés par l'empereur. Quant aux autres officiers, des comités d'arrondissement dressaient des listes de présentation, sur lesquelles des comités de département choisissaient les chefs de bataillon, et les capitaines, les lieutenants et les sous-lieutenants. Les officiers ainsi nommés recevaient leur brevet de l'empereur. Comme par le passé, les sous-officiers étaient désignés par les chefs de bataillon, sur la présentation du capitaine, et sauf l'approbation des chefs de légion.

Comme on le voit, l'empereur n'avait tenu que la moitié de la promesse faite à Carnot.

Les compagnies de grenadiers des bataillons des départements du Nord, du Pas-de-Calais, de l'Aisne, de la Somme, du Doubs, du Jura, de la Haute-Saône et de l'Ain, furent mises sur-le-champ en activité, ainsi que les compagnies de grenadiers et de chasseurs des bataillons du Haut-Rhin, du Bas-Rhin, des Vosges, de la Meurthe, de la Moselle, des Ardennes, de la Meuse, de la Marne, du Mont-Blanc, de l'Isère, de la Drôme et des Hautes-Alpes. Avec ces compagnies détachées, on forma deux cent quatre bataillons, pour tenir garnison dans les places frontières et occuper les défilés, passages de rivières, postes et ouvrages de campagne qui devaient être indiqués par le comité de défense.

Le 16 avril, Napoléon passa en revue les quarante-huit bataillons de la garde nationale de Paris. Comme il avait donné l'ordre de recevoir tous les gardes nationaux qui se présenteraient, avec ou sans l'uniforme, les rangs étaient bigarrés d'habits et de vestes de différentes couleurs. Les bataillons, au complet, remplissaient la cour des Tuileries, et couvraient la place du Carrousel. Le défilé s'exécuta au milieu de nombreux cris de : *Vive l'empereur!* Quand il fut terminé, la garde nationale se forma en un immense carré, au centre duquel se réunirent les officiers des douze légions. L'empereur, à cheval au milieu d'eux, leur adressa ce discours :

« Soldats de la garde nationale de Paris, je suis bien aise de vous revoir. Je vous ai formés, il y a quinze mois, pour le maintien de la tranquillité publique dans la capitale, et pour sa sûreté. Vous avez rempli mon attente. Vous avez versé votre sang pour la défense de Paris, et si les troupes ennemies sont entrées dans vos murs, la faute n'en est pas à vous, mais à la trahison, et surtout à la fatalité qui s'est attachée à nos affaires dans ces malheureuses circonstances.

» Le trône royal ne convenait pas à la France; il ne donnait aucune sûreté au peuple sur ses intérêts les plus précieux. Il nous avait été imposé par l'étranger. S'il eût existé, il eût été un monument de honte et de malheur. Je suis arrivé armé de toute la force du peuple et de l'armée pour faire disparaître cette tache, et rendre tout leur éclat à l'honneur et à la gloire de la France.

» Soldats de la garde nationale, nos armées sont toutes composées de braves qui se sont signalés dans plusieurs batailles, et qui présenteront à l'étranger une muraille de fer, tandis que quatre cent cinquante mille grenadiers et chasseurs des gardes nationales garantiront nos frontières. Je ne me mêlerai point des affaires des autres nations; malheur aux gouvernements qui se mêleront des nôtres! Des revers ont retrempé le caractère du peuple français; il a repris cette jeunesse, cette vigueur qui, il y a vingt ans, étonnaient l'Europe.

» Soldats, vous avez été forcés d'arborer les couleurs proscrites par la nation, mais les couleurs nationales étaient dans vos cœurs. Vous jurez de les prendre toujours pour signe de ralliement, et de défendre ce trône impérial, seule et naturelle garantie de vos droits. Vous jurez de ne jamais souffrir que des étrangers, chez lesquels nous avons paru plusieurs fois en maîtres, se mêlent de nos institutions et de notre gouvernement. Vous jurez enfin de tout sacrifier à l'honneur et à l'indépendance de la France. »

La garde nationale répondit par un immense cri : Nous le jurons ! Puis, de vives acclamations firent retentir de nouveau le palais des Tuileries. Ces acclamations étaient sincères : la garde nationale voyait encore dans Napoléon le grand homme de guerre dont le génie devait faire respecter la France par toutes les nations, et le réformateur qui devait doter la patrie d'institutions libérales. Aussi, comme l'avait dit l'empereur dans son discours à la garde nationale de Paris, le peuple français avait repris cette jeunesse et cette vigueur qui étonnaient l'Europe vingt ans auparavant. Tous les hommes s'armaient ; partout on se préparait à la guerre. Au nord et à l'est, les bataillons de grenadiers et de chasseurs s'organisaient avec une rapidité merveilleuse. On travaillait activement à fortifier les villes jusque dans l'intérieur de la France ; des ouvrages de campagne s'élevaient partout où il y avait une issue à fermer, et, dans la banlieue de Paris, on voyait toutes les hauteurs se hérisser de redoutes. Les jeunes gens s'enrôlaient en foule, et des corps francs se formaient de toutes parts. A Paris, les ouvriers fabriquaient deux à trois mille fusils par jour ; dans les lycées, les élèves de dix-sept à vingt ans s'exerçaient à la manœuvre du canon. Dans tout l'empire s'ouvraient des souscriptions pour subvenir aux frais de la guerre, aux besoins de la patrie et à l'habillement des gardes nationales. Enfin, les patriotes de la Bretagne s'étant liés par une confédération, on vit se former dans toutes les provinces des fédérations qui, de même que celle des patriotes bretons, prirent ces mots pour devise : *Patrie ! Liberté ! Empereur !*

La capitale, comme la province, eut ses fédérés. Le 14 mai, ceux des faubourgs Saint-Antoine et Saint-Marceau, au nombre de douze ou quinze mille, se rendirent aux Tuileries, marchant par pelotons, sous le commandement de commissaires qui portaient des brassards tricolores. Napoléon descendit au milieu d'eux. Les fédérés n'avaient pas d'armes, l'empereur leur en promit ; il leur dit que, dans le cas où l'ennemi menacerait de nouveau Paris, ils serviraient d'éclaireurs à la garde nationale. Les fédérés lui répondirent par d'unanimes acclamations.

C'est à cette revue qu'un fédéré présenta à l'empereur une adresse où l'on remarquait le passage suivant : « Nous vous avons accueilli avec enthousiasme, parce que vous êtes l'homme de la nation, le défenseur de la patrie, et que nous attendons de vous une glorieuse indépendance et une sage liberté. » Cette adresse formulait l'esprit général de cette milice. Aussi, dans cette croyance, la garde nationale était redevenue telle qu'à ses beaux jours, avec son courage, sa force morale, sa puissance et son énergie, elle eût, certes, rendu impérissable le trône de Napoléon, si on eût continué à motiver ce sublime élan. Un seul acte de l'empereur détruisit tout, ce fut l'acte additionnel. La France demandait une constitution vraiment libérale, Napoléon se contenta de lui donner cet *Acte additionnel aux constitutions de l'empire*. C'était là un palliatif bien faible au despotisme impérial. Une foule d'hommes, qui s'étaient jetés résolument dans l'arène, parce qu'ils croyaient voir dans Napoléon le régénérateur de la France, se retirèrent découragés, et bientôt l'Europe coalisée ne trouva plus devant elle qu'une armée tout impériale et une nation toute silencieuse. La France et l'empereur, liés franchement l'un à l'autre, devenaient invincibles ; l'armée pouvait succomber, accablée par le nombre.

La solennité du champ de mai fit luire le dernier éclair de l'enthousiasme populaire. Après avoir prêté, sur un immense autel dressé au milieu du champ de Mars, son serment à la nouvelle

Constitution, et après avoir reçu ceux du peuple, des armées de terre et de mer et des gardes nationales, par la députation électorale et par les ministres de la guerre, de la marine et de l'intérieur, l'empereur distribua lui-même les aigles à la garde nationale de Paris et à la garde impériale. « Vous jurez de les défendre, leur dit-il. — Nous le jurons ! répondirent gardes nationaux et soldats. Vive l'empereur ! » Ce cri retentit dans tout le champ de Mars, répété avec transport par les milliers de spectateurs qui couvraient les talus, et sur lesquels Napoléon, son génie et sa gloire exerçaient encore un ascendant magique.

Dans la nuit du 11 au 12 juin, l'empereur quitta Paris pour aller se mettre à la tête de son armée. Le 18, fut livrée la bataille de Waterloo. Le 21, Napoléon était de retour à Paris.

Si la garde nationale ne se leva point pour soutenir le trône impérial qui s'écroulait, ce ne fut point pour punir le général d'une défaite, mais parce que le chef de l'Etat n'offrait à la France, pour prix de son sang, que d'insuffisantes libertés.

Elle le témoigna surtout par le fait suivant :

Deux partis étaient en présence à la chambre, celui qui voulait séparer la cause du pays de celle de l'empereur, et celui qui, ne voulant pas les désunir, personnifiait la patrie dans Napoléon. Les questions de déchéance et d'abdication vivement débattues excitaient les débats les plus tumultueux au milieu desquels tombait la menace d'une démonstration séditieuse contre la chambre pour forcer sa volonté en faveur de Napoléon. A cette nouvelle, la garde nationale s'émut, et fidèle à ses vieilles traditions, voyant plus que jamais l'expression de la volonté nationale dans le corps électif, elle jura de protéger ses délibérations en lui laissant la liberté de son vote.

Ce fut M. de Billing, garde national de 1789, qui avait déjà payé de sa personne à cette époque, et en avait conservé les traditions et le patriotisme, ce fut lui qui, devenu colonel de la troisième légion par suite de la démission de M. Ternaux, eut l'honneur de prendre l'initiative.

Les 21 et 22 juin, il se rendit à la tête de sa légion à la chambre des députés pour l'entourer et la protéger contre l'invasion projetée des faubourgs. Ce secours puissant permit aux représentants de délibérer en pleine liberté, car M. de Billing, par l'attitude ferme et énergique qu'il avait fait prendre, sut repousser la pression qu'on voulait exercer (8).

Le duc de Rovigo assure dans ses mémoires que cette démarche de la garde nationale fut d'un grand poids dans la détermination de l'empereur, qui abdiqua en faveur de son fils.

La chambre des pairs et celle des représentants nommèrent un gouvernement provisoire, qui confia, le 23 juin, au maréchal Masséna, prince d'Essling, le commandement de la garde nationale de Paris ; mais le prince ne conserva ce commandement que quatorze jours. Le 7 juillet, il le remit, d'après les ordres de Louis XVIII, entre les mains du comte Dessolles.

La veille, les chefs et les majors des légions étaient venus déclarer, au nom de leurs soldats, au maréchal Masséna, qu'ils tenaient à honneur de conserver à jamais les couleurs nationales, qui ne pouvaient être abandonnées sans danger. Le 8 juillet, un ordre du jour du général en chef Dessolles enjoignit à la garde nationale de reprendre la cocarde blanche, et d'arrêter tout citoyen qui arborerait un autre signe de ralliement.

A cet ordre du jour les colonels se réunirent de nouveau. M. de Billing rédigea une adresse qui fut approuvée par ses collègues, et dans laquelle le désir de conserver la cocarde nationale était énergiquement exprimé. Cette adresse fut apportée par les colonels eux-mêmes à Louis XVIII à Saint-Ouen. Elle n'obtint pas de succès ; mais la démarche n'en doit pas moins être consignée dans l'histoire. Elle prouve l'esprit de la garde nationale et la conséquence de sa conduite. M. de Billing, ce même colonel qui avait volé au secours des représentants de la France en faveur du pays, en faveur du pays encore réclamait cette cocarde nationale, signe de gloire, d'indépendance et de liberté.

De retour à Paris, le 8 juillet, Louis XVIII confia de nouveau au comte d'Artois, colonel-général des gardes nationales de France, la direction absolue de cette grande force publique. La légitimité soumit la garde nationale, comme l'armée, à son infâme système d'épuration. On créa un comité d'inspection composé de trois inspecteurs généraux, qui furent le comte de Bruges, le comte Jules de Polignac et M. Allent. Ce comité était chargé principalement de pourvoir à tous les grades des gardes nationales du royaume. Les officiers qui n'étaient point de purs royalistes reçurent leur démission, et furent remplacés par des nobles et d'anciens émigrés.

Ainsi, de nouveau l'institution de la garde nationale était détruite dans sa base par la suppression du droit d'élection, par la nomination d'un chef suprême. Si elle n'avait été fatiguée de toutes les commotions que venait d'éprouver le pays, elle aurait certes chassé ce gouvernement menteur ; mais elle s'arrêta devant la nécessité et l'inconnu. Elle attendit tout du temps, certaine de réussir, car il lui suffisait, comme nous l'avons prouvé, de ne pas soutenir un gouvernement pour qu'il mourût.

En attendant, remontant notre histoire, comme sous Louis XVI, elle manifesta son esprit dans toutes les occasions, voulant user de longanimité et de clémence envers le trône.

Les soldats-citoyens ne se laissaient nullement influencer par leurs chefs aristocrates. Si les membres des différents états-majors étaient royalistes *quand même*, les simples gardes nationaux étaient avant tout patriotes. Ils s'indignaient, comme tous les cœurs généreux, des concessions faites à l'étranger par les *fils de saint Louis et de Henri IV*, de l'institution des cours prévôtales, des condamnations à mort et des proscriptions de nos gloires militaires, de l'établissement de la censure, des lois contre la presse, du jésuitisme des Bourbons, de leurs préjugés rétrogrades, en un mot de toutes les mesures liberticides de la légitimité, qui ne tendaient à rien moins qu'à annihiler la nation. Au contraire, les sympathies de la majorité des soldats-citoyens, de même que celles de la majorité de la nation, étaient acquises aux hommes qui osaient élever la voix dans les chambres en faveur du pays. Les gardes nationaux entouraient ces courageux citoyens de respect et d'amour, et ils manifestaient souvent avec énergie leur mécontentement aux impopulaires députés du côté droit, comme le fit la garde nationale de Brest, au mois d'août 1820.

Le 5 août, à six heures du soir, M. Bellart, un des satisfaits du côté droit, arriva à Brest. Le même soir, sur les neuf heures, plusieurs centaines de citoyens se réunirent devant la maison de ce député impopulaire, et lui donnèrent un superbe charivari. « A bas Bellard! s'écriaient-ils. A bas le traître! à bas le côté droit!» Ce fut, pendant quelques instants un vacarme effroyable qui mit en émoi tout le quartier. Le lendemain, M. Guilhem, membre de l'opposition, fit son entrée dans la ville, au milieu d'un cortège nombreux d'hommes à pied et à cheval, qui le conduisirent jusqu'à sa demeure, en faisant retentir l'air de ces cris mille fois répétés : *Vive Guilhem! vivent les députés du côté gauche!* Dans la soirée, on lui donna une sérénade; et puis les musiciens, après avoir changé d'instruments, se rendirent, accompagnés d'une foule considérable, sous les fenêtres de M. Bellart, où ils firent entendre les mêmes cris et le même tapage que la veille. M. Bourdeau, membre de la chambre des députés et procureur général près la cour royale de Rennes, ayant reçu l'ordre d'informer contre les auteurs des scènes qui avaient eu lieu à Brest, arriva dans cette ville le 16 août. C'était, lui aussi, un satisfait du côté droit; il fut accueilli comme l'avait été M. Bellart : les Brestois lui donnèrent un charivari dans la soirée du 17. Le maire, prévenu de ce qui devait arriver, avait fait convoquer la garde nationale; mais cette milice partageait les sentiments de la population. Peu de citoyens répondirent à l'appel municipal, et ceux qui s'y rendirent ne furent pas plus tôt rassemblés, qu'ils exprimèrent énergiquement leur attachement pour les députés de la gauche et leur mécontentement au sujet du servilisme des membres du côté droit. Quelques uns même, dit le *Moniteur*, se mêlèrent aux *perturbateurs*.

La garde nationale de Brest s'était prononcée contre les tendances liberticides de la légitimité; elle avait refusé de faire la police pour le compte d'un gouvernement rétrograde; elle fut dissoute par ordonnance royale du 24 août 1820.

La garde nationale parisienne donna, elle aussi, un témoignage éclatant de respect aux membres de l'opposition. Déjà dans plusieurs occasions elle avait manifesté pour eux ses sympathies, et les avait protégés contre des insultes; notamment le jour où des gardes du corps tentèrent d'envahir le café Lemblin, où se trouvaient M. de Corcelles et le colonel Varlet. M. Barré, adjudant-major de la 2ᵉ légion, s'y porta spontanément à la tête de gardes nationaux, et préserva les deux personnes menacées. Pour prix de cet acte de courage, M. Barré ne tarda pas à être destitué, sous prétexte de réduction dans les officiers qui exerçaient les fonctions d'adjudants-majors.

Enfin, le 3 mars 1823, la majorité de la chambre des députés prononça l'exclusion de Manuel, que les membres de la droite accusaient d'avoir proféré contre les Bourbons des paroles injurieuses. Manuel protesta noblement contre cette exclusion. « Arrivé dans cette chambre par la volonté de ceux qui avaient le droit de m'y envoyer, dit-il en terminant son discours, je ne dois en sortir que par la violence de ceux qui n'ont pas le droit de m'en exclure ; et, si cette résolution de ma part doit appeler sur ma tête de plus graves dangers, je me dis que le champ de la liberté a été quelquefois fécondé par un sang généreux. »

En effet, le lendemain Manuel entra dans la salle des séances à la tête des membres de l'opposition. Après avoir fait appeler le chef des huissiers de la chambre, et après s'être entretenu assez longtemps avec les membres de la droite, qui montraient une grande agitation, le président, M. Ravez, invita le représentant de la Vendée à se retirer : « Monsieur le président, j'ai annoncé hier que je ne céderais qu'à la violence, répondit Manuel avec calme et dignité ; aujourd'hui je tiens ma parole. »

Le président proposa à la chambre de suspendre la séance pendant une heure, et de se retirer dans ses bureaux. Cette proposition fut adoptée par la majorité. Le côté droit sortit avec le président ; mais les membres du côté gauche et du centre gauche restèrent immobiles sur leurs bancs.

A trois heures, le chef des huissiers parut, suivi des huissiers de la chambre ; il s'approcha de Manuel et lui donna lecture, d'une voix très émue, d'un ordre du président. « Monsieur, dit Manuel, j'ai déjà déclaré deux fois que je ne céderais qu'à la violence ; il faut que l'on m'arrache d'ici. — En cas de refus de votre part, répliqua le chef des huissiers, j'ai ordre de faire entrer la force armée. — Exécutez vos ordres. »

Le chef des huissiers se retira, et, au bout de quelques minutes, on vit entrer un peloton de la 1re compagnie du 3e bataillon de la 4e légion, à la tête duquel se trouvait le sergent Mercier, passementier rue Aux-Fers, puis un détachement de vétérans, commandé par le chef de bataillon Duchet. A l'aspect de la garde nationale, tous les membres de la gauche se levèrent avec agitation : « Quoi ! la garde nationale ! s'écrient-ils. C'est la garde nationale qu'on choisit pour violer le sanctuaire de la représentation nationale, c'est la garde nationale qui attenterait à la personne d'un député de la nation ! On veut la compromettre ! On veut la déshonorer ! »

Après un moment d'hésitation, le chef de bataillon Duchet somma trois fois Manuel de sortir. Le courageux député ne bougea point. Alors le commandant donna aux gardes nationaux l'ordre de saisir Manuel. Mais les gardes nationaux ne firent aucun mouvement. Le commandant réitéra l'ordre en termes plus précis, et le sergent Mercier, sur lequel tous les yeux étaient fixés, refusa énergiquement; ainsi que ses camarades, en témoignant unanimement par des gestes expressifs qu'ils ne voulaient pas exécuter cet ordre. Des applaudissements, des cris de *vive la garde nationale!* éclatèrent aussitôt dans les tribunes publiques, et firent longtemps retentir la salle.

Le chef de bataillon Duchet sortit précipitamment. Par la porte qu'il venait de franchir entra, un instant après, un détachement de gendarmes, armés de sabres et de carabines. Le vicomte de Foucault, colonel de gendarmerie, qui se trouvait à leur tête, adressa quelques paroles aux députés. « La gendarmerie, dit-il en terminant, n'est venue ici que pour seconder les efforts de la garde nationale.... — C'est faux ! s'écrièrent avec indignation les membres de la gauche. La garde nationale a refusé d'être complice de cet attentat. Ne la déshonorez pas ! — Laissez-lui toute sa gloire ! dit M. de Lafayette. »

Le vicomte de Foucault se tourna alors vers ses gendarmes : « Empoignez-moi M. Manuel, dit-il, en désignant l'honorable député. » Les membres du côté gauche se précipitèrent au-devant des gendarmes : « Tous ! tous ! s'écrièrent-ils. Nous sommes tous Manuel ! »

Le représentant de la Vendée fut saisi et entraîné hors de la salle. Tous les députés de l'opposition le suivirent et furent reçus au dehors par les applaudissements enthousiastes d'une foule immense.

Les chefs des douze légions, qui étaient tous de purs royalistes nommés par le roi, s'empressèrent de protester contre toute participation à l'acte d'insubordination dont s'était rendu coupable le sergent Mercier. Ce courageux citoyen eut l'honneur d'être rayé des contrôles de la garde nationale, par ordonnance royale. A cet avantage se joignirent les félicitations de Lafayette, qui lui adressa une lettre de compliments, celles d'un grand nombre de députés et d'une foule immense de citoyens, qui vinrent lui rendre visite, et enfin les injures grossières qui lui furent prodiguées par les journaux ministériels. Rien ne manqua à son triomphe.

Ces deux faits se passèrent sous le règne de Louis XVIII, qui vécut jusqu'au 5 septembre 1824. Ce prince s'était ménagé entre les partis : son successeur, Charles X, suivit une politique tout opposée ; il s'abandonna entièrement aux inspirations des ultra-royalistes qui l'entouraient. Pour ne pas être gêné par la garde nationale dans la voie rétrograde que l'on comptait suivre, on se détermina, en haut lieu, à se débarrasser de cette institution. Dans les provinces, on la laissa tout doucement tomber en désuétude ; quant à la garde nationale de Paris, qui faisait un service journalier, on résolut de profiter du premier prétexte pour la licencier, et déjà elle l'était presque de fait. Protestant contre une organisation vicieuse, dégoûtée de sa constitution qui ne lui offrait aucune garantie, honteuse de la nullité du rôle auquel on la réduisait, elle ne se contenta pas de l'indifférence et de l'abandon, elle jeta elle-même du ridicule sur elle. Elle renouvela les *bisets* et ne parla des gardes nationaux habillés que comme de *gens déguisés*. Alors aussi avait lieu cette plaisanterie d'abandonner le poste et d'inscrire sur la porte ou sur la guérite du factionnaire : *La clef du corps de garde est chez le marchand de vin.*

Le pouvoir vit ces symptômes avec bonheur. Il ne songeait pas que l'excès même de ce ridicule cachait des germes dangereux; que la garde nationale riait pour ne pas se mettre en colère, qu'elle plaisantait pour ne pas frapper. Les deux partis s'observaient, tous deux avec les mêmes projets, le pouvoir, pour anéantir la garde civique, la garde civique pour se relever et se venger de l'injure. Tous deux aboutirent : le pouvoir le premier, par une ordonnance de dissolution, la garde nationale la seconde, par les barricades de juillet, et si le livre que nous écrivons n'avait le sérieux de l'histoire, continuant la métaphore commencée, nous rappellerions ici le proverbe : *Rira bien qui rira le dernier.*

En attendant on diminua les cadres et l'on restreignit le service. Une ordonnance royale du 30 janvier 1825 réduisit les cadres d'activité de la garde nationale de Paris, par légion, à deux bataillons, chacun de cinq compagnies, dont deux de grenadiers et trois de chasseurs, et limita le service, à partir du 1er mars, aux trois postes du château des Tuileries, de l'Hôtel-de-Ville et de l'état-major. Toutefois la milice parisienne conservait la prérogative que lui avait octroyée Louis XVIII, de faire seule le service auprès de la personne du roi et des princes de sa famille, le jour anniversaire de leur retour dans la capitale. Pour Charles X, ce jour était le 12 avril. En conséquence, chaque année, au 12 avril, des détachements des treize légions relevaient les divers postes occupés

DEUXIÈME ÉPOQUE.

par la maison militaire du roi et par la garde royale, et gardaient seuls pendant vingt-quatre heures la famille des Bourbons.

En 1827, le service du 12 avril fut remis au 16, *à cause de la solennité du jeudi saint*. Ce jour-là le roi voulut passer une revue particulière. Revêtu de l'uniforme de colonel général de la garde nationale, et accompagné du Dauphin, il inspecta les différents détachements d'infanterie et de cavalerie. Partout il fut accueilli avec un morne silence. Un courtisan, qui appartenait à l'état-major, le vicomte Gauthier de Brécy, hasarda bien un cri de *vive le roi!* mais ce cri ne trouva point d'écho dans les rangs de la garde nationale.

Cependant le lendemain, le maréchal Oudinot, duc de Reggio, qui avait succédé, le 9 octobre 1815, au général Dessolles, dans le commandement de la garde nationale de Paris, publia un ordre du jour, qui se terminait par ces lignes : « Le roi, satisfait de la belle tenue de la garde nationale, et de la régularité avec laquelle les divers mouvements furent exécutés, voulant donner à la garde nationale de Paris un nouveau témoignage de sa constante bienveillance, et prouver combien il apprécie le zèle et le dévouement de ce corps, a chargé le maréchal commandant en chef d'annoncer qu'il en passerait la revue générale le dimanche 29 de ce mois.

Quel était le motif secret qui avait dicté cette mesure? On pensa que Charles X voulait ou connaître ou séduire l'esprit de la garde nationale, en opposition avec le système suivi par le ministère d'alors. Fidèle à ses principes et reprenant le sentiment de sa force, la garde civique, loin de céder à la séduction dont on la menaçait, résolut, tout en respectant le roi constitutionnel, de manifester ouvertement son opinion et ses vœux.

La revue eut lieu au champ de Mars. Les douze légions d'infanterie étaient rangées sur deux lignes dans toute la longueur du cirque, et la légion de cavalerie, adossée à la Seine, faisait face à l'École-Militaire. A une heure, le roi, ayant à sa droite le dauphin, à sa gauche le duc d'Orléans, et suivi d'un grand nombre d'officiers généraux, entra au champ de Mars par l'avenue de Lamotte-Piquet.

Derrière ce brillant état-major, on voyait, en calèches découvertes, la dauphine, la duchesse de Berri, la duchesse d'Orléans et sa belle-sœur, la princesse Adélaïde. Le cortége fut d'abord accueilli par de nombreux cris de *vive le roi!* Mais des cris de *vive la Charte! vive la liberté de la presse!* se mêlèrent bientôt aux premiers vivats. Des exclamations plus énergiques vinrent même frapper les oreilles du roi et de sa famille. *A bas le ministère! A bas les jésuites!* s'écrièrent plusieurs gardes nationaux. Un homme de la 8ᵉ légion, qui poussait ces clameurs *séditieuses*, fut arrêté, sur la désignation du roi. Un autre garde national de cette légion, étant sorti des rangs, s'approcha de Charles X pour lui demander le changement de son ministère. « Je suis venu ici pour recevoir des hommages et non des leçons, répondit le roi. »

Cependant le monarque, qui n'avait senti ni la portée ni la puissance de ces cris, ne se montra pas trop mécontent. A son retour aux Tuileries, il dit aux officiers généraux qui l'avaient accompagné : « Cela aurait pu mieux se passer, mais au total je suis content. » Charles X ne pensait nullement à licencier la garde nationale; il autorisa même le duc de Reggio à dire, dans son ordre du jour, qu'il était satisfait de la revue. Mais les ultra-royalistes ne voulurent pas laisser échapper une aussi belle occasion de se défaire d'une institution qui les gênait, et les ministres se promirent bien de se venger des cris de réprobation poussés contre eux par la garde nationale. MM. de Villèle et de Peyronnet étaient surtout furieux contre la milice parisienne : plusieurs légions, en revenant du champ de Mars, avaient fait entendre les cris de *à bas Villèle! à bas Peyronnet!* sous les fenêtres du ministre des finances et sous celles du garde des sceaux.

Sur la demande du ministre de l'intérieur, le roi réunit son conseil le soir même. Après trois heures de délibération, le licenciement de la garde nationale de Paris fut arrêté, et, le lendemain matin, on lut dans le *Moniteur* l'ordonnance suivante :

« Charles, par la grâce de Dieu, roi de France et de Navarre,
» Sur le rapport de notre ministre secrétaire d'état au département de l'intérieur, avons ordonné et ordonnons ce qui suit :

» Article 1er. La garde nationale de Paris est licenciée.

» Article 2. Notre ministre secrétaire d'état au département de l'intérieur est chargé de l'exécution de la présente ordonnance.

» Donné en notre château des Tuileries, le 29e jour du mois d'avril de l'an de grâce 1827, et de notre règne le troisième.

» CHARLES. »

Ceux qui provoquèrent et approuvèrent cette mesure furent coupables d'ignorance ou de despotisme.

D'ignorance, s'ils crurent pouvoir gouverner la France sans s'appuyer sur la garde nationale; de despotisme, s'ils voulurent faire ce coup d'Etat pour anéantir une institution, gardienne naturelle des libertés.

On cite trois ministres qui s'opposèrent énergiquement à cette mesure, MM. de Chabrol, d'Hermopolis et de Doudeauville. Ce dernier, plus ferme dans ses opinions, donna au roi sa démission, qui fut acceptée; les autres se soumirent à la majorité, et l'ordonnance parut dans le *Moniteur*.

La garde nationale de Paris était, à la vérité, à peu près la seule qui fonctionnât encore. Dans les départements, les légions avaient été dissoutes ou leur service était tombé en désuétude; en un mot la milice citoyenne était, pour les époques, dans le même état qu'en 1789. Comme en 1789 elle devait surgir d'un même élan.

Le jour où il signa la dissolution de la milice parisienne, Charles X ajourna à trois années la chute de son trône.

III

Les gardes nationaux aux 28 et 29 juillet 1830.— Faits isolés. — MM. Manpetit. — Simon. — Mobler. — Stoffel. — Piquefeu. — Nicol. — Miel. — Jeannisson. — Cretu. — Pelvilain. — Charles Maurice, etc. — Gardes nationaux de la 7e légion à l'Hôtel-de-Ville. — La 3e légion à la place des Petits-Pères et à la Banque. — Combat. — Les gardes nationaux de la 1re légion et la garde royale. — Des gardes nationaux de la 12e légion défendent les barricades du Pont-Neuf. — La 10e légion à l'Abbaye, au pont de l'Archevêché, sur le quai Malaquais, au Louvre, aux Tuileries, à la caserne des gardes du corps. — Garde du corps sauvé par un garde national. — La 2e légion. — Gouvernement provisoire. — Proclamations du général Lafayette. — Réorganisation de la garde nationale de Paris. — La révolution en province. — Nantes. — Le peuple demande la réorganisation de la garde nationale. — Le maire la refuse. — Combat. — Bordeaux. — Lyon. — Lille. — Rouen. — Le Havre. — Brest. — Le duc d'Orléans, lieutenant-général du royaume. — Lafayette, commandant-général des gardes nationales de France. — Louis-Philippe Ier. — Le roi-citoyen. — Cocarde tricolore. — Article 66 de la Charte. — Procès des ministres de Charles X. — Agitation. — Journée du 21 décembre. — Les gardes nationaux au bivouac. — Lafayette donne sa démission. — Le comte Lobau, commandant-général de la garde nationale de Paris. — Loi du 22 mars 1831. — Troubles. — Émeutes des 5 et 6 juin 1832, 13 avril 1834 et 12 mai 1839. — Le gouvernement personnel. — Dissolution de gardes nationales dans les départements. — Réclamations des députés de l'opposition. — Séance du 21 mars 1846. — Interpellations. — Partialité du gouvernement à l'égard de la garde nationale de Paris. — Manifestation réformiste. — La garde nationale veut la réforme électorale et des améliorations. — Résistance opiniâtre du gouvernement au progrès. — Désaffection de la garde nationale.

Nous l'avons déjà dit et prouvé dans cet ouvrage : « L'indifférence, l'impassibilité ou l'absence de la garde civique tuent aussi sûrement que sa colère. L'une mine sourdement par le mépris et l'abandon, l'autre frappe comme la foudre. »

La dissolution de la garde nationale en 1827 fut une des causes principales qui amenèrent la chute du trône de Charles X en 1830.

En effet, le pouvoir avait cru se débarrasser d'une institution, qui, bien qu'annihilée autant que possible, était encore une espèce de frein pour ses empiétements sur nos libertés; il avait pensé détruire l'esprit de cette milice en détruisant ses cadres et en la désarmant, calcul aveugle et faux, car dès qu'il fut libre, ce pouvoir entraîné par la pente rapide de l'arbitraire, alla peut-être plus loin qu'il ne l'eût fait si la garde civique lui eût donné des avis pareils à ceux qu'elle avait exprimés dans la revue et qu'il méprisa; calcul plus aveugle et plus faux encore, quant à l'anéantissement de la garde nationale qui survivait dans son esprit quoique dépouillée de son uniforme et du contrôle de ses compagnies, et qui avait reçu au cœur l'injustice et la brutalité de sa dissolution. La garde nationale est un principe; on détruit une armée, on ne détruit pas un principe.

La preuve de ce que nous avançons se trouve écrite dans l'histoire des trois années qui s'écoulèrent jusqu'au rétablissement de la garde nationale.

Sa dissolution entraîna d'abord celle de la chambre au profit du ministère Villèle, qui fit en vain une fournée de pairs.

Le pouvoir avait méconnu la voix de la garde civique au champ de Mars, comme si ce n'était pas celle de la France; la voix de la France se fit entendre à son tour et envoya à la chambre une majorité d'opposition.

Les élections donnèrent lieu, à Paris, à des troubles qui furent sérieux. Des barricades furent élevées sur plusieurs points de la capitale. La gendarmerie fut impuissante à les prendre, et un grand renfort de troupes de ligne en put seul venir à bout. Le sang coula dans les rues, et l'on sentit surtout en ce moment l'absence de cette garde nationale qu'on avait licenciée comme nuisible, et qui eût été si utile dans ces jours d'alarmes et de danger.

Enfin, pour que la leçon fût complète, la chambre sanctionna la réprobation exprimée par la garde parisienne et contraignit le ministère Villèle à se retirer, malgré la victoire de Navarin dont il s'attribuait la gloire.

Charles X, contraint lui-même, forma, après beaucoup d'hésitations, le ministère Martignac. Celui-ci, loyal et intelligent, comprit l'importance du rétablissement de la garde nationale et la sollicita avec ténacité. Mais toujours repoussé par le roi, il vit ses efforts échouer contre l'influence de la cour et de cette fameuse *congrégation*, née de la loi qui réglementait les empiétements des jésuites. Bientôt ce parti triompha dans le cœur du monarque dont la faiblesse n'embrassait, dans la religion, que la superstition, au lieu de la vraie croyance; que le prêtre ambitieux et temporel, au lieu du ministre de Dieu. On vit alors Charles X, comme aux époques de la monarchie absolue, conspirer lui-même contre son ministère pour le renverser, jusqu'au jour où il put proclamer celui dont M. de Polignac devint le chef. Aux manifestations qui éclatèrent de toutes parts, on peut juger de celle qu'aurait faite la garde nationale, si elle eût existé. Cette manifestation eût été salutaire et eût éclairé le chef de l'État s'il avait voulu prendre la garde civique pour ce qu'elle est, pour ce qu'elle était encore alors, l'expression de la majorité intelligente et sincère du pays; mais ce roi, qui avait renoncé à être gardé par des citoyens, à consulter leur opinion, à écouter leurs vœux et leurs conseils, ce roi, qui s'était rendu libre de cette entrave à son omnipotence, persévéra dans la route dangereuse qu'il avait prise.

La chambre vota une adresse contre le ministère avec la majorité de 221 députés. Le roi cassa la chambre.

Les élections ramenèrent les mêmes hommes. Le roi cassa les élections.

La presse formula énergiquement l'indignation du pays, annonça des élections plus constitutionnelles. Le roi, en violation de la Charte jurée par lui, bâillonna la presse par la censure et changea le système électoral.

Ce fut l'objet des ordonnances de juillet 1830.

La garde nationale se leva alors, soit isolément, soit en masse, pour marcher à la tête du peuple et reconquérir les libertés du pays si impudemment violées. Le canon lui servit cette fois de rappel, et cette fois encore elle chassa ce roi qui avait méconnu sa puissance, et qui porta dans l'exil le poids de sa réprobation et de sa colère.

Pour quiconque a étudié la révolution de juillet ou y a assisté comme nous, il est démontré que l'influence de cet habit de garde national qui empruntait un nouveau prestige à sa proscription de trois années, fut immense sur les combattants de juillet et sur l'armée de la ligne qui, comme toujours, s'empressa de fraterniser. Cet habit, il y avait dans ce moment à le porter un courage qu'on admirait; cet habit rappelait les devoirs et les droits du soldat citoyen; cet habit inspirait confiance, prouvait que l'esprit de la milice civique existait toujours, et par ce qu'il avait fait déjà depuis 89 disait ce qu'il pouvait faire encore.

Ce fut dans ce sens que le peuple accueillit les uniformes nationaux qui se présentaient isolément ou en masse devant lui; ce fut à ces épaulettes d'argent et de laine qu'il déféra le commandement de ses bandes. Ce fut avec la conscience du danger politique et réel auquel ils s'exposaient dans cette lutte incertaine, que les citoyens revêtirent ces insignes et qu'ils marchèrent au premier rang pour la défense de nos libertés ; et que si ces insignes furent peu nombreux en comparaison des autres combattants, cela tient surtout à ce qu'ils n'existaient plus depuis le licenciement de la garde civique. La majeure partie de la garde nationale dissoute combattit dans les trois journées ; mais elle ne put être reconnue, car rien ne la distinguait des autres. Cependant, historiens scrupuleux, nous ne croyons devoir mentionner ici que les faits auxquels prirent part ceux qui portaient au grand jour l'uniforme national.

Nous ne croyons pas devoir faire ici le récit des trois journées de juillet dont les détails ont été publiés tant de fois. Nous nous bornerons à dire le rôle qu'y ont joué les gardes nationaux.

Ce ne fut que le second jour, le 28, jour où le combat commença, réellement qu'on en vit apparaître. Celui qui fut signalé le premier est M. Maupetit, grenadier de la 5e légion. Il parut tout à coup sur le boulevard Saint-Martin, et à sa vue le groupe des combattants battit des mains dans le plus grand enthousiasme, l'entoura, le porta en triomphe et le nomma son chef comme pour se mettre sous son égide, et par intuition de l'influence morale et de la force de cette garde civique qu'on avait proscrite, M. Maupetit accepta le commandement qui lui était déféré, et défendit à la tête de sa troupe improvisée la position qu'elle occupait à son arrivée. Puis le lendemain il se signala à l'attaque du Louvre et des Tuileries.

Sur le même point, vers le milieu de la journée du 28, des gardes royaux, fantassins et cavaliers, s'établirent à la porte Saint-Martin ; mais on ne les laissa point paisibles possesseurs de cette position. Des tirailleurs, postés à l'angle de chaque rue, faisaient sur eux un feu continuel. Au nombre de ces tirailleurs se trouvait un caporal de la 6e légion, M. Simon, peintre-vitrier qui, embusqué au coin de la rue Meslay, échangea pendant trois heures des coups de fusil avec les gardes royaux.

Dans une rue voisine, un autre garde national de la 6ᵉ légion, M. Mobler, mécanicien, causait avec des bourgeois qui se tenaient sur leur porte. Tout à coup des cavaliers paraissent à l'extrémité de la rue et chargent le peuple. M. Mobler saisit et arme promptement son fusil, pendant que les bourgeois se hâtent de refermer leur porte. Il tire son premier coup de feu ; mais au moment où il va pour recharger, il s'aperçoit que le pan de son habit se trouve pris dans la rainure de la porte qui vient d'être si précipitamment fermée. Sans se déconcerter, il charge son fusil, tire un second coup, fait un dernier effort, se dégage et court vers le peuple qui le prend de nouveau pour chef. Alors s'élançant à sa tête, il force les cavaliers à se replier sur la porte Saint-Martin.

Pendant cette même journée, M. Stoffel, bottier et caporal des grenadiers du 2ᵉ bataillon de la 3ᵉ légion, se distingua par son courage et son humanité. Il contribua à faire prisonniers dix hommes de la garde royale, et, après avoir aidé à les désarmer, il les protégea contre la colère du peuple, irrité de la conduite des gardes royaux et des Suisses.

Ces quatre citoyens se retirèrent sains et saufs du combat ; mais les gardes nationaux qui prirent part à la sanglante journée du 28 juillet n'eurent pas tous le même bonheur. Plusieurs succombèrent, entre autres Achille Piquefeu, chasseur de la 8ᵉ légion, qu'une balle blessa mortellement au marché Saint-Jean ; Charles Nicol, garde national de la 3ᵉ légion, qui fut atteint de plusieurs coups de feu, non loin de son domicile, rue Montmartre, 15, après avoir abattu trois Suisses ; le dentiste Miel, tué rue des Prouvaires, et Jeannisson, grenadier de la 3ᵉ légion, qui succomba rue de Richelieu. Ce citoyen, propriétaire des bains Saint-Guillaume, s'était posté en tirailleur dans la maison du café Minerve, près du Théâtre-Français. Il avait déjà tué plusieurs Suisses, quand il fut frappé d'une balle; il tomba en s'écriant : *Vive la liberté!*

Deux gardes nationaux de la 2ᵉ légion, le sergent Pelvilain et le chasseur Crétu, faillirent avoir le même sort. Faits prisonniers rue de Choiseul par un détachement de la garde royale, ils furent conduits à la place de la Concorde pour y être fusillés; mais le sergent Pelvilain avait, le jour même, sauvé la vie à trois officiers supérieurs de l'état-major de la place. Reconnu par eux, il fut relâché, ainsi que son camarade le chasseur Crétu.

Sur un autre point parut aussi, en costume de garde national, un homme de lettres, M. Charles Maurice. Choisi pour chef comme tous les autres, il mena les volontaires qui s'étaient mis sous ses ordres aux combats qui se livraient dans la rue Saint-Honoré avec les Suisses des écuries du roi, à la caserne de la Pépinière avec les gardes royaux; tout à coup on vint lui annoncer que la Bourse était abandonnée aux chances des événements. A cette communication, qu'il dut à son uniforme, il courut à la place qui porte ce nom, s'empara du monument, et nommé commandant des forces qui étaient sur ce point il prit toutes les dispositions nécessaires. Un premier mouvement d'humanité lui suggéra de faire de la salle de la Bourse une ambulance pour les blessés; ensuite il réunit et groupa tout son monde aux débouchés des rues et pointa une pièce de canon, prise par le peuple sur les artilleurs royaux.

Dès ce moment tout vint aboutir à la place de la Bourse, comme à un centre de commandement, et ce commandement, cette autorité réelle, cette influence morale, étaient dus à l'uniforme de la garde civique.

Celui qui le portait en comprit admirablement les droits et les devoirs et sut déployer autant de générosité que d'énergie.

Ce fut tantôt un officier d'état-major qu'il sauva de la colère du peuple ; tantôt un suisse qu'on traînait côte à côte avec un homme blessé à la cuisse, peut-être par lui ; enfin des prisonniers qu'on amenait avec des cris de mort et qu'il fit respecter en les montrant sans défense.

Le conservateur de la Bibliothèque lui envoya demander deux factionnaires pour garder les livres et les manuscrits. L'homme de lettres envoya un poste tout entier. Bientôt parurent devant lui le concierge et le chef de la comptabilité du duc d'Orléans, qui à leur tour vinrent supplier le garde national pour le Palais-Royal déjà envahi et à la merci de la fureur populaire. Le danger paraissait si imminent que M. Charles Maurice n'hésita pas à s'y rendre de sa personne. Il partit en effet à la tête de gens sur lesquels il pouvait compter ; arriva au Palais-Royal, chassa des caves les hommes qui y avaient déjà pénétré, empêcha d'entrer, de monter dans les appartements ; établit une garde autour du Palais, mit de l'ordre, de la régularité dans les factionnaires, et organisa des patrouilles qui rayonnaient incessamment pour maintenir la cause du peuple et empêcher ses excès. Des aides de camp du duc qui se trouvèrent là, reconnurent l'influence du garde national, comme les autres, et se mirent sous son égide ; enfin le Palais fut préservé et rendu à son maître.

La fin de cet épisode est triste. Louis XVIII, devenu roi, **avait** oublié les injures faites au duc d'Orléans ; Louis-Philippe fit le contraire : devenu roi, il oublia les services.

Pas un remercîment ne fut adressé à celui qui, au péril de sa vie, avait sauvé le Palais, *destiné à être brûlé le second par droit de naissance* (9).

Le garde national et le roi des Français devaient pourtant se revoir encore ; ce fut le 24 février, sur la place de la Concorde, où nous les retrouverons face à face.

Les rois comme les autres hommes sont inscrits au livre de Dieu.

Tels sont les principaux faits isolés des gardes nationaux dans les trois journées de juillet. Mais la garde civique ne borna pas là ses démonstrations et ses actes. Partout où elle put se réunir, même en petit nombre, elle le fit, protestant ainsi contre sa dissolution si brutale et si injuste, et prouvant ce que nous avons avancé, que bien que ses cadres fussent détruits, son institution et son esprit existaient toujours.

Le même jour, entre six et sept heures du matin, une centaine de gardes nationaux de la 7e légion se réunirent chez MM. Pagès, à l'hôtel de Saint-Aignan. Ayant à leur tête le capitaine Fessart, ils se rendirent sur la place de Grève et prirent possession de l'Hôtel-de-Ville, qu'ils conservèrent pendant plusieurs heures. Mais, attaqués par des gardes royaux et des Suisses, ils furent forcés de battre en retraite, après une résistance assez vive, avec les citoyens qui s'étaient joints à eux.

Dans la journée, la place des Petits-Pères servit de lieu de ralliement à un certain nombre de gardes nationaux de la 3e légion. Ces soldats citoyens se portèrent près du poste de la Banque; ils furent bien reçus par les soldats de la ligne qui s'y trouvaient de garde. Ils venaient de s'accorder avec les officiers pour faire le service conjointement avec la troupe, quand la charge se fit entendre au loin. Bientôt les 5e et 53e régiments de ligne débouchèrent, l'un par la rue des Bons-Enfants, l'autre par celle de la Vrillère. Les gardes nationaux les accueillirent aux cris de : *Vive la ligne!* « Vive la garde nationale! » répondirent les soldats. Mais tout à coup la scène change. Derrière l'infanterie arrive un escadron de gendarmes, au milieu desquels se trouve le maréchal Marmont, duc de Raguse, que Charles X a chargé de mitrailler le peuple.

Ce maréchal sort des rangs et s'avance vers le peloton de gardes nationaux. « Rendez-vous ! leur crie-t-il. — Jamais ! répondent les gardes nationaux. — Bas les armes, ou je vous fais tous fusiller ! » Un second refus, aussi énergique que le premier, est la seule réponse qu'il obtient. Alors il commande lui-même le feu. Les gardes nationaux ripostent courageusement aux feux de peloton ; mais, trop peu nombreux pour tenir tête à la troupe, ils battent en retraite, en se divisant en petits détachements pour offrir moins de prise aux balles. Ils teignent de leur sang le pavé des rues, ils laissent des morts sur la place, et poussent au milieu de la mitraille ce cri puissant : Vive la liberté !

Des gardes nationaux de la 1re légion, au nombre d'une centaine, s'étaient rassemblés à la mairie du 1er arrondissement, sous le commandement d'un lieutenant de grenadiers du 2e bataillon, M. Gabillot. Le général Saint-Hilaire, après les avoir vainement fait sommer à plusieurs reprises de se disperser, envoya contre eux un fort détachement du 6e de la garde royale. L'officier qui commandait ce détachement avait reçu du général l'ordre de disperser les gardes nationaux par la force et de faire prisonniers tous ceux qu'il pourrait saisir. Les soldats citoyens de la 1re légion attendirent de pied ferme les gardes royaux. Leur contenance imposa à l'officier de la troupe, qui n'osa pas mettre ses ordres à exécution, et demanda à parlementer. Les gardes nationaux ne voulurent pas d'abord entendre parler de quitter le poste dont ils avaient pris possession ; mais, après de longs pourparlers, ils finirent par céder aux prières de l'officier de la garde royale. Toutefois aucun d'eux ne fut retenu prisonnier, et tous se retirèrent avec leurs armes.

Sur la rive gauche, les gardes nationaux ne restaient pas indifférents à la lutte qui avait lieu de l'autre côté de la Seine. Un peloton de soldats citoyens de la 12ᵉ légion, à la tête duquel on voyait un ancien soldat de l'empire, M. Bremer, descendit jusqu'au Pont-Neuf, et s'occupa de défendre les barricades que l'on avait élevées en ce lieu.

Dès le matin, des gardes nationaux de la 10ᵉ légion s'étaient rendus à la mairie de leur arrondissement. Ils invitèrent le maire, M. Hutteau d'Origny, à se mettre à leur tête. Ce magistrat se rendit à cette demande. Il conduisit d'abord ses soldats devant la prison de l'Abbaye, et après leur avoir donné l'ordre de faire halte, il s'approcha seul du poste de soldats de ligne qui gardait la prison militaire. L'officier, sommé de remettre son poste à la garde nationale, obéit à cette réquisition. Tous les militaires détenus pour cause d'insubordination furent mis en liberté; ils s'armèrent avec les fusils des hommes de garde et se joignirent aux gardes nationaux. La colonne, ainsi renforcée, se divisa en deux détachements : l'un se porta vers le pont de l'Archevêché et soutint longtemps la fusillade des gardes royaux qui occupaient la place de Grève; l'autre se rendit sur le quai Malaquais et échangea de nombreux coups de fusils avec les Suisses qui gardaient le Louvre.

Le lendemain, la 10ᵉ légion se rassembla sur la place de l'Abbaye. Elle envoya des volontaires à l'attaque de la caserne de Babylone, à celle du Louvre, des Tuileries et à l'hôtel des gardes du corps. En ce lieu, la résistance ne fut pas longue; après avoir tiré quelques coups de fusil, les gardes du corps s'enfuirent. Cependant tous n'avaient pas encore quitté la caserne, quand le peuple et la garde nationale l'envahirent. Pendant que l'on enfonçait les portes des chambres, un garde du corps se présente tout à coup, tenant par la main une femme et des enfants. Dans le premier moment, des cris de mort se font entendre, et plusieurs fusils sont dirigés contre la poitrine du militaire; mais un garde national, dont nous regrettons de ne pouvoir citer le nom, se précipite courageusement entre les armes menaçantes et l'homme que l'on voulait immoler. « Mes amis, dit-il, cet homme est désarmé, il nous demande la vie; ne déshonorons pas notre victoire par un assassinat. » Toutes les armes se relèvent aussitôt. En ce moment entre un citoyen, qui, n'ayant pas entendu les paroles du garde national, aperçoit le garde du corps, le couche en joue et tire..... l'amorce seule part, comme si Dieu voulait s'associer à la belle action du soldat citoyen. Cet homme généreux ne voulut pas la laisser incomplète : il ne quitta le garde du corps qu'après l'avoir vu en lieu de sûreté avec sa femme et ses enfants.

Des volontaires de toutes les légions assistèrent à l'attaque du Louvre et à la prise des Tuileries. Parmi eux nous citerons MM. Maupetit, Michel Goudchaux, chef d'une maison de banque, garde national de la 6e légion, et Georges Wazelles, ébéniste, caporal de la 8e légion, qu'une troupe nombreuse d'ouvriers du faubourg Saint-Antoine avait choisi pour chef.

Pendant que l'on se battait encore dans cette partie de la capitale, la 2e légion s'organisait rapidement. M. de Laborde s'était mis à la tête de cette légion, et il avait établi son quartier-général au manège de la rue Cadet. M. Barré, l'adjudant destitué, vint se joindre à lui, et reprenant ses fonctions, l'aida de toute son activité et de tout son courage. Trois compagnies se formèrent en un instant, et nommèrent leurs officiers sans désemparer. L'une de ces compagnies, dans les rangs de laquelle on voyait MM. Ferrère-Laffitte, Eugène et Adrien Laffitte, Morlot, Bainière, agent de change, et Larreguy, banquier, l'un des collaborateurs du *Journal du Commerce,* était commandée par le capitaine Servatius. Aussitôt qu'elle fut organisée, on lui enjoignit d'aller prendre position à l'entrée du faubourg Montmartre et d'y attendre de

UN GARDE DU CORPS SAUVÉ PAR UN GARDE NATIONAL

nouveaux ordres. Les ordres ne tardèrent pas; mais ils étaient contradictoires. Le capitaine Servatius en donna lecture à sa compagnie. «Vous le voyez, mes camarades, dit-il ensuite, d'un côté on nous ordonne de rester dans notre arrondissement et de rentrer chez nous en attendant un nouveau rappel; de l'autre on nous demande du secours sur un point où l'on se bat; que voulez-vous faire?» La compagnie répondit par ce cri unanime : *Au feu!* En conséquence, les gardes nationaux se mirent en marche, guidés par un élève de l'Ecole polytechnique, qui était chargé de diriger des renforts vers le Théâtre-Français (10).

Dans l'après-midi, la capitale tout entière était au pouvoir de l'insurrection; les troupes, qui s'y trouvaient encore, avaient fait cause commune avec le peuple. Un gouvernement provisoire s'était établi à l'Hôtel-de-Ville, et dès le soir même il publia, entre autres proclamations, les deux suivantes, qui prouvent, outre la part que la garde nationale prit à la victoire, la nécessité de son existence pour tout gouvernement qui naît et demande son appui :

« Mes chers amis et braves camarades !

» La confiance du peuple de Paris m'appelle encore une fois au commandement de sa force publique. J'ai accepté avec dévouement et avec joie les devoirs qui me sont confiés, et, de même qu'en 1789, je me sens fort de l'approbation de mes honorables collègues aujourd'hui réunis à Paris. Je ne ferai point de profession de foi, mes sentiments sont connus. La conduite de la population parisienne, dans ces derniers jours d'épreuve, me rend plus que jamais fier d'être à sa tête. La liberté triomphera, ou nous périrons ensemble.

» Vive la liberté ! vive la patrie !

» LAFAYETTE. »

« Garde nationale parisienne !

» La garde nationale parisienne est rétablie. MM. les colonels et officiers sont invités à réorganiser immédiatement le service de la garde nationale ; MM. les sous-officiers et gardes nationaux doivent être prêts à se réunir au premier coup de tambour. Provisoirement ils sont invités à se réunir chez les officiers et sous-officiers de leurs anciennes compagnies, et à se faire inscrire sur les contrôles.

» Il s'agit de faire régner le bon ordre; et la commission municipale de la ville de Paris compte sur le zèle ordinaire de la garde nationale pour la liberté et l'ordre public.

» MM. les colonels, ou, en leur absence, MM. les chefs de bataillon sont priés de se rendre de suite à l'Hôtel-de-Ville, pour y conférer sur les premières mesures à prendre dans l'intérêt du service.

» Fait à l'Hôtel-de-Ville, ce 29 juillet 1830.

» Lafayette. »

La garde nationale s'était rétablie sur les débris du trône occupé par celui qui avait voulu l'anéantir. Son esprit et son influence l'avaient ébranlé, ses baïonnettes l'avaient détruit.

Alors eut lieu, comme nous l'avons dit, un mouvement pareil à celui du 14 juillet 1789, qui, comme à cette époque, parcourut toute la France.

Le 31 juillet, la milice parisienne était réorganisée. Dans tout le département, les gardes nationales se reformèrent avec la même rapidité.

La publication des fameuses ordonnances de Charles X avait soulevé partout la même indignation qu'à Paris. A Nantes, un combat avait ensanglanté les rues. Les ordonnances avaient été placardées dans la matinée du 29 juillet. Dès ce moment, la fermentation avait commencé. Le soir, des groupes nombreux couvraient la place de la Comédie. Les cris de *Meure Charles X! A bas Charles X! Vive la Liberté!* se faisaient entendre au milieu de ces groupes. Les autorités firent charger l'attroupement par des gendarmes. Tout en évacuant la place, les citoyens lancèrent une grêle de pierres sur ces cavaliers : ce fut le commencement de la lutte.

Le 30, dès que le jour paraît, de nombreux rassemblements se forment. A l'arrivée du courrier, on apprend que l'on se bat à Paris ; mais on ne peut encore savoir quel est le parti victorieux : seulement on remarque que les fleurs de lys de la malle-poste ont disparu.

Dans la matinée, les notables du commerce se rendent chez le maire, M. Levesque, pour lui demander la réorganisation de la garde nationale. M. Levesque, qui était royaliste, repousse cette demande. Au milieu d'un attroupement, qui couvrait la place Graslin, le refus du maire circule. Aussitôt des cris de colère s'élèvent de toutes parts : *A bas le maire! A bas Levesque! La garde nationale! Nous voulons la garde nationale!* « Eh bien, dit un citoyen, allons en demander la réorganisation au maire. — Oui, allons chez le maire ! » s'écrie-t-on. Et l'attroupement se dirige sur-le-champ vers la demeure de M. Levesque.

Une députation pénètre chez ce magistrat, pour lui exposer la demande du peuple. Le maire ne donne d'abord que des réponses évasives ; mais l'attroupement est là, qui s'impatiente bruyamment de ces lenteurs.

M. Levesque cède enfin ; il promet de s'occuper de suite de l'organisation de la garde nationale, et il gagne à l'instant même l'Hôtel-de-Ville, sous l'escorte d'une troupe de jeunes gens. Dès qu'il se voit sous la protection des troupes de la garnison, il signifie aux citoyens qui l'avaient accompagné, qu'il ne veut plus entendre parler de l'organisation de la garde nationale. La mauvaise foi du premier magistrat de Nantes indigne profondément le peuple, qui pousse de longs cris de vengeance, lorsque, sur la place Graslin, un homme adresse ces paroles aux groupes : « Eh bien ! vous êtes là comme des filles ; vous criez bien haut, mais vous n'agissez pas. Est-ce ainsi qu'on fait les révolutions ? L'occasion est propice, il faut la saisir... Aux armes ! — Oui ! Aux armes ! Aux armes ! » s'écrie le peuple.

Moins d'une heure après, cent cinquante hommes, armés tant bien que mal, se dirigeaient vers la demeure du général Despinois, commandant de la garnison, pour réclamer plusieurs jeunes gens arrêtés la veille. Sur la place Louis XV, ils trouvent des soldats du 10e léger rangés en bataille. La lutte ne tarde pas à s'engager. Les Nantais mettent en fuite une partie des soldats ; mais un fort détachement du 10e arrive au pas de charge de la caserne. Il se place de manière à former un demi-cercle avec les postes de l'Hôtel d'Aulx et de Saint-Pierre. Les Nantais soutiennent quelque temps la fusillade, et ils ne se retirent qu'après avoir eu dix hommes tués et trente-sept autres blessés.

Le sang avait coulé ; l'exaspération du peuple était au comble. Les postes de l'intérieur de la ville sont désarmés ; tous les ponts de l'Erdre sont fermés ; des barricades s'élèvent dans les rues ; partout on se prépare à une vigoureuse résistance. C'est ainsi que se passa la fin de la journée.

Le lendemain, les autorités avaient disparu. La chambre du commerce prit sur elle d'administrer en leur absence. Elle s'occupa tout d'abord de la garde nationale ; le 2 août, la milice citoyenne était presque entièrement réorganisée (11).

Dissoute par la royauté, la garde civique fut rétablie par le peuple, car, mieux que les rois, les peuples comprennent leur véritable point d'appui.

A Bordeaux, le sang coula également, et s'il y eut peu de victimes, ce fut grâce à la courageuse intervention de la garde nationale. La publication des ordonnances avait occasionné une grande fermentation. Le 30 juillet, le préfet, M. de Curzay, fut forcé de s'enfuir. Il y eut quelques désordres; mais la soirée et la nuit se passèrent assez tranquillement. Le lendemain, dès le matin, on vit des citoyens courageux sortir de leurs demeures avec les armes qu'ils avaient pu se procurer, se réunir sur les places publiques et se former immédiatement en compagnies de volontaires, pour reprendre le service de la garde nationale, qui ne se faisait plus à Bordeaux depuis longtemps. Ces hommes, dont plusieurs arborèrent dès ce moment la cocarde tricolore, établirent des postes dans tous les établissements publics et s'astreignirent à faire des patrouilles. Ils agissaient ainsi, sans autorisation, mus seulement par amour du bon ordre. La municipalité était royaliste; elle se serait bien certainement opposée à la réorganisation de la garde nationale; la garde nationale se réorganisa toute seule.

Dans la journée même, cette milice improvisée prévint une sanglante collision. Un conseiller de préfecture avait remplacé M. de Curzay; il rédigea une proclamation qui commençait par ces mots : « Un horrible assassinat a été commis sur la personne du premier magistrat du département. » Un commissaire de police fut chargé de donner lecture de cette proclamation au peuple; il était escorté par un peloton de chasseurs à cheval. Sur la place du Palais, le commissaire et son escorte furent entourés par des gens du port qui accueillirent la lecture avec des sifflets. Le commissaire de police s'effraya; il s'interrompit au milieu de la proclamation et regagna au plus vite l'Hôtel-de-Ville. Les gens du port, courant derrière les cavaliers, les poursuivirent de leurs huées jusqu'à l'Hôtel-de-Ville, devant lequel se trouvait rangé en bataille un escadron de chasseurs. Ces cavaliers reçurent l'ordre de disperser les attroupements. Après trois sommations, ils firent une décharge sur les groupes. Un homme tomba mort; deux femmes furent mortellement atteintes et plusieurs autres personnes furent blessées plus légèrement.

Au bruit de la fusillade succéda un court moment de silence, puis d'immenses cris s'élevèrent : *Vengeance! mort aux assassins!* Les citoyens se faisant une arme de tout ce qui leur tombait sous la main, se préparaient à assaillir les chasseurs; une lutte sanglante allait s'engager, quand une compagnie de garde nationale, qui venait de se former sur une place voisine, accourut et s'interposa intrépidement entre le peuple et les cavaliers. Les citoyens étaient profondément irrités, et les gardes nationaux eurent bien de la peine à calmer leur juste fureur; mais ils parvinrent enfin à leur faire comprendre que commencer un combat ce serait répandre inutilement le sang français, et que d'ailleurs ce combat ne rendrait pas la vie au mort et la santé aux blessés.

Sur l'heure on fit partir les chasseurs à cheval; les gardes nationaux les escortèrent jusqu'aux portes de la ville. Quant aux autres troupes de la garnison, le général Janin, qui commandait par intérim la division militaire, les avait fait rentrer dans les casernes, et il avait promis au peuple qu'elles ne tenteraient aucun mouvement hostile.

Deux jours après on apprenait la victoire du peuple de Paris (11).

Le jour même, et presque aux mêmes heures où la garde nationale de Bordeaux s'était reformée d'elle-même, sans autorisation, on avait vu se réorganiser à Lyon la milice citoyenne, malgré l'opposition du préfet, M. de Brosses. Le 29 juillet, on connaissait dans cette ville les ordonnances. Dès le 30, d'anciens gardes nationaux parlèrent de reconstituer la milice citoyenne, et se donnèrent rendez-vous pour le lendemain sur le quai de Retz, devant le café de la Perle, à quelques pas de l'Hôtel-de-Ville. En effet, le 31 dès le matin, on commença à voir arriver des citoyens en armes au lieu désigné, malgré les proclamations menaçantes du préfet. A midi, le nombre des citoyens armés était d'environ quinze cents. Plusieurs compagnies se formèrent et choisirent sur-le-champ leurs officiers.

Pendant que la garde nationale s'organisait, le préfet et le général Paultre de Lamotte, commandant la division militaire, se tenaient avec la municipalité à l'Hôtel-de-Ville, que protégeaient de l'artillerie et deux régiments de ligne, le 10e et le 47e. Les autorités étaient engagées dans une discussion assez vive, quand on vint leur dire qu'un citoyen, député par la garde nationale, désirait leur parler. L'envoyé était M. Prévost, qui venait d'être nommé capitaine d'une des compagnies de la milice lyonnaise. Ayant été introduit, il demanda que la milice citoyenne fît conjointement avec la troupe le service à l'Hôtel-de-Ville. Le préfet lui répondit par un refus. « Messieurs, dit le capitaine Prévost, en tirant tranquillement sa montre, qu'il déposa sur la table du conseil, vous avez cinq minutes pour accepter ce que je vous propose. Si, ce temps écoulé, je ne suis pas de retour auprès de mes camarades, ils ont ordre d'attaquer. »

Le préfet repoussa la menace aussi énergiquement qu'il avait repoussé la demande; il était décidé à engager la lutte; mais il n'en était pas de même du général et des conseillers municipaux: ils acceptèrent le traité. En conséquence, les troupes, après avoir laissé un poste à l'Hôtel-de-Ville, retournèrent dans leurs casernes, et la garde nationale, qui dès lors put s'organiser dans tous les quartiers sans opposition, partagea le service avec les soldats. Cependant on n'apprit que le lendemain l'établissement d'un gouvernement provisoire à Paris (13).

A Lille, il y eut aussi beaucoup d'agitation, beaucoup de bruit ; mais le sang ne fut point répandu. Cependant les autorités mirent sur pied toutes les troupes de la garnison, à l'occasion de la résistance du journal l'*Echo du Nord* à l'exécution des ordonnances. Mais l'infanterie fraternisa avec les citoyens ; seul, le 3e régiment de cuirassiers se montra hostile. Il déboucha sur la Grand'Place, précédé de sa musique, jouant un air royaliste, comme pour narguer la foule. On l'accueillit avec des huées et à coups de pierre. Sans autres préliminaires, le colonel, M. de Saint-Belin, donna l'ordre de charger le peuple. Quelques citoyens, indignés, s'approchèrent du colonel. A la tête du groupe se trouvait un homme que les Lillois ne tardèrent pas à placer à la tête de la garde nationale, M. Montigny-Champon. Il adressa de vives remontrances à M. de Saint-Belin qui, pour toute réponse, menaça son interlocuteur de la pointe de son sabre. « Frappe, si tu l'oses ! » s'écria M. Montigny-Champon, en découvrant sa poitrine. Le colonel n'osa pas. Peu d'instants après, il fit rentrer ses cuirassiers à la caserne.

Bientôt le bruit se répandit que le peuple de Paris était victorieux sur tous les points ; mais en même temps une autre nouvelle mit en émoi toute la population lilloise : on disait que Charles X vaincu se dirigeait sur Lille pour s'enfermer dans cette place et y attendre les troupes étrangères qu'il avait fait appeler. Sur-le-champ plusieurs citoyens se rendirent chez le général Rottemberg, commandant la 16e division militaire, puis à l'Hôtel-de-Ville : le général et la municipalité promirent de ne point recevoir le roi fugitif. Pour plus de sûreté, la députation demanda la réorganisation de la garde nationale. Cette milice se reforma en quelques heures ; elle fut armée incontinent, et elle établit aussitôt des postes à toutes les portes de la ville (14).

La nouvelle de la victoire du peuple de Paris se confirma ; mais Charles X, comme on le sait, ne se présenta point devant Lille.

Dans toutes les autres villes de France, il y eut également de l'agitation, et dans toutes aussi la garde nationale, réorganisée comme par miracle, reprit sa puissance en étouffant l'arbitraire, ses droits en conquérant les libertés de la France, ses devoirs en maintenant l'ordre au dedans, en s'apprêtant à défendre le territoire au dehors ; son influence en fraternisant avec les troupes.

A Metz, dès le 28, quinze cents gardes nationaux occupent les remparts et arment la place ; mêlés aux troupes, ils répétaient avec elles que l'arrivée des Prussiens serait pour eux jour de fête.

A Calais, dès le 29, la garde civique s'organise sur les côtes.

A Strasbourg, dès le 31, elle partage le service de guerre avec les soldats.

A Verdun, le 1er août, elle fait placer une nombreuse artillerie sur les remparts.

Chalons-sur-Marne, Épernay, Château-Thierry, La Ferté, Meaux, la voient mettre leurs villes en état de défense.

A Caen, elle occupe les postes avec les troupes.

A Ivray, Mantes, Meulan, Limoges, Troyes, elle fait seule le service.

A Clermont-Ferrand, deux mille volontaires sont inscrits, armés, équipés et prêts à marcher au premier appel.

Riom en a réuni cent cinquante.

Aigueperse, Saint-Pourçain, Moulins, etc., font des levées pareilles.

Mayenne, Tours, Alençon, Poitiers, Orléans se lèvent et se hérissent de soldats citoyens.

Enfin, des extrémités comme du centre de la France, les gardes nationales, reprenant leur esprit et leur union, songent à marcher sur Paris, où la liberté est menacée, pour venir au secours de leurs frères.

Le 1er août, on apprend à Brest les événements, et la garde nationale surgit tout à coup; elle choisit pour colonel M. Lacrosse, fils de l'amiral de ce nom, dont la gloire avait illustré la Bretagne, qui lui donna naissance. Laissé pour mort lui-même à Waterloo, ce militaire avait déclaré qu'il ne porterait jamais d'autre cocarde que celle aux trois couleurs; il l'avait spontanément reprise pour commander à cette garde civique qui, à peine organisée, se préparait, comme en 1789, à envoyer un détachement à Paris.

Le Havre, Rouen, Louviers, font partir des renforts qui pénètrent dans la capitale.

Le colonel Montolier conduit deux mille volontaires d'Elbeuf. Pour que rien ne manque à cet élan sublime, à cet acte de patriotisme, on joint le sacrifice d'argent. M. Levasseur, au nom de la mairie de Rouen, charge M. Aymond, rue de Paradis, 46, de pourvoir aux dépenses de toutes les gardes nationales de la Seine-Inférieure pendant leur séjour à Paris.

La garde nationale de Montrouge arrive à l'Hôtel-de-Ville le 29 au matin, amenant dans ses rangs le 50e de ligne, qui s'est joint à elle. A leur tête sont le maire, M. Lallier, et le gérant du *Figaro*, M. Nestor Roqueplan.

Celles de Vaurigard, Issy, Vanves, Sèvres, Versailles, restent dans leurs villes, et s'organisent en face des troupes, dont partie va rejoindre Charles X à Rambouillet, partie attend des ordres du nouveau gouvernement.

Bientôt Charles X est forcé de quitter la France, et va s'embarquer à Cherbourg.

Partout il trouve sur sa route, debout et réorganisées, ces gardes nationales qu'il avait dissoutes ou annihilées, et qui, silencieuses et mornes, venaient se ranger sur son passage pour escorter sa fuite, comme autrefois, sur la route de Varennes, elles accouraient de toutes parts pour ramener à Paris Louis XVI, qui voulait fuir.

C'est que si les temps et les hommes étaient changés, l'institution et l'esprit de la garde civique étaient les mêmes, c'est que le grand livre de l'histoire semble toujours inintelligible dans les leçons qu'il écrit pour les rois.

En 1789, les gardes bourgeoises étaient toutes tombées en désuétude; les événements du 14 juillet, qui menaçaient la représentation nationale et les libertés promises, les firent lever de toutes parts, protester, marcher au secours de Paris, et entraîner les troupes à fraterniser avec elles.

Charles X avait vu ce spectacle devant lequel il avait pris la fuite, quand il n'était que prince; mais, parvenu au trône, il avait oublié, ou, n'écoutant que la faiblesse royale qui conduit à la violence, il avait cru pouvoir dominer la nation par la force brutale, et, après avoir dissous cette garde civique, seul obstacle à ses projets, il avait menti à sa foi par les ordonnances de Juillet, qui atteignaient la représentation nationale et les libertés de la France.

Alors, comme en 1789, les gardes nationales se levèrent de toutes parts, protestèrent, marchèrent au secours de Paris, et entraînèrent les troupes à fraterniser avec elles.

En 1830, c'était plus que la menace contre la représentation nationale, c'était sa destruction; c'était plus que les libertés promises, c'étaient les libertés jurées.

Et pourtant le 29 Juillet, qui fut pour Charles X le 10 Août de Louis XVI, conduisit l'un à l'échafaud, l'autre à l'exil.

Salutaire avantage des mœurs constitutionnelles et libérales ! A la fin du siècle dernier, on tuait les rois ; au commencement du nôtre, on les chasse.

En 1791, les gardes nationales ramenèrent Louis XVI à Paris, comme si la France ne pouvait se passer d'un roi ; en 1830, elles conduisirent Charles X en exil, comprenant mieux la force et la dignité de la France, dont le salut ne peut pas plus être attaché à un homme qu'à une dynastie.

Cependant les députés présents à Paris avaient, le 31 juillet, nommé le duc d'Orléans lieutenant-général du royaume. Deux jours après, Lafayette apprit à la milice parisienne, dans un ordre du jour, que le lieutenant-général venait de lui faire accepter le commandement supérieur de toutes les gardes nationales. « Je m'étais refusé en 1790, disait le général, au vœu de trois millions de mes camarades, parce que cette fonction était permanente et pouvait un jour devenir dangereuse. Aujourd'hui que les circonstances sont différentes, je crois devoir, pour servir la liberté et la patrie, accepter l'emploi de commandant général des gardes nationales de France. »

Ce langage, le général pouvait le tenir avec d'autant plus de raison, que pendant quelques jours il avait eu, comme en 1790, la destinée de la France entre les mains. On avait vu un grand nombre de députations se succéder à l'Hôtel-de-Ville. Les membres de l'une d'elles, qui étaient venus engager le général à prendre la couronne de France pour lui et sa famille, avaient reçu cette réponse : « Vous me rappelez, messieurs, l'anecdote du maréchal de Saxe, à qui l'Académie offrait une place dans son sein. Sa réponse est vraiment la seule que je puisse vous faire : Cela m'irait comme une bague à un chat (15). »

Le 7 août, la chambre des députés appela au trône le prince auquel avaient été confiées, huit jours auparavant, les fonctions de lieutenant-général du royaume. Le duc d'Orléans n'avait jamais porté les armes contre la France ; au contraire, on l'avait vu, à Valmy et à Jemmapes, combattre sous le drapeau tricolore. Depuis la Restauration, il vivait isolé de la cour ; il n'avait pas craint de faire profession de libéralisme, ce qui l'avait fait assez mal voir de la branche aînée. On ne pouvait lui reprocher la bigoterie des Bourbons ; il n'avait aucun de leurs préjugés rétrogrades ; bien loin de cela, contre l'habitude des princes, il faisait donner à ses fils, dans les lycées, l'éducation commune aux enfants de la bourgeoisie. Voilà ce que disaient les Orléanistes. Quant à l'avenir, ils citaient cette parole du prince, encore lieutenant-général du royaume, au général Lafayette : Il faut à la France *un trône entouré d'institutions républicaines*. Puis ils vantaient sa bonhomie, la simplicité affectueuse de ses manières, ses vertus privées, qui devaient être une garantie de ses vertus publiques ; ils savaient même tirer parti de ses défauts : suivant eux, les habitudes un peu parcimonieuses de Louis-Philippe devaient introduire une grande économie dans l'administration de l'État.

Le nouveau roi, du reste, flattait en toute occasion la garde nationale. La cocarde tricolore fut d'abord rendue à la France, et comme assurance de la durée des institutions libérales, l'article 66 de la nouvelle charte fut rédigé en ces termes, et juré par Louis-Philippe : « La présente charte, et tous les droits qu'elle consacre, sont confiés au patriotisme et au courage des gardes nationales. » Ces garanties séduisirent la milice civique qui, croyant avec Lafayette, que le meilleur gouvernement pour la France était une *royauté citoyenne*, se dévoua à la consolidation du trône que le pouvoir législatif venait d'élever.

Elle eut d'abord à faire un pénible service; les révolutions sont toujours suivies d'une longue effervescence. Elle se montra infatigable; on la vit continuellement veiller avec sollicitude au maintien du bon ordre.

Ce fut surtout pendant le procès des ministres de Charles X, que la milice civique fut appelée à montrer sa force et son influence, en déployant autant de fermeté que de justice, autant de générosité que de courage. La tâche était rude et périlleuse. Les soldats citoyens ne reculèrent ni devant la difficulté ni devant le danger. Il s'agissait pour eux de garantir la sûreté des accusés de la colère du peuple, et d'assurer la libre délibération des juges. Le prince de Polignac et MM. de Peyronnet, de Guernon-Ranville et de Chantelauze, arrêtés dans leur fuite par des gardes nationaux de la Normandie et du Nord, avaient été conduits, vers la fin d'août, au château de Vincennes. Leur procès s'instruisit avec une lenteur qui impatienta le peuple, et fut la cause de plusieurs mouvements. Enfin, le 10 décembre, les accusés furent transférés de Vincennes à la prison du Petit-Luxembourg, pour comparaître devant la chambre des pairs, constituée en cour de justice. Cinq jours après, les débats commencèrent.

Ils s'ouvrirent au milieu de l'agitation toujours croissante du peuple, sous le coup de ses menaces contre les ministres et les pairs s'ils ne condamnaient pas. Ces menaces étaient d'autant plus dangereuses que les gens qui les proféraient demandaient qui un père, qui un fils, qui un frère. Le général Lafayette qui, malgré son grand âge, semblait avoir reconquis la jeunesse et la vigueur, redevint le commandant général de 1789 et déploya autant d'énergie que de persuasion. Sa présence et ses paroles contribuèrent plus que les baïonnettes à calmer l'effervescence populaire. Cependant de grandes précautions avaient été prises pour assurer la tranquillité publique. Lafayette s'en était fié pour cela à M. de Billing, ce chef de la légion qui avait si noblement défendu la chambre en 1815. Appelé par lui aux fonctions de major-général de la garde nationale, M. de Billing comprit et exécuta admirablement ses devoirs dans cette circonstance délicate. Il fut aussi secondé avec un zèle infatigable par M. Boulay de la Meurthe, colonel de la légion dans laquelle était situé le Luxembourg. La moindre agression de la part des troupes seules eût été maladroite et dangereuse. En conséquence, un ordre du jour enjoignit aux gardes nationaux de ne pas quitter l'uniforme pendant toute la durée des débats. A partir du 14 décembre, il y eut continuellement de forts piquets aux mairies, et des appels inattendus; des alertes fréquentes tinrent continuellement en éveil les différentes légions.

Le 21 décembre, on fit un grand déploiement de forces : l'arrêt devait être rendu le jour même. Les rues de Seine, de Tournon, des Fossés-Monsieur-le-Prince, étaient occupées militairement, ainsi que les places Saint-Michel, de l'Odéon et de l'École-de-Médecine. Un bataillon de la garde nationale de la banlieue et deux escadrons de lanciers gardaient la porte du Luxembourg, située au bout de l'avenue de l'Observatoire. Tout le jardin était rempli de gardes nationaux et de soldats.

Vers trois heures, on fit courir le bruit parmi les gardes nationaux que le prince de Polignac et M. de Peyronnet venaient d'être condamnés à mort. Dans le même moment, on faisait partir les ministres sous bonne escorte, et au plus vite, pour le château de Vincennes. Bientôt la garde nationale apprit qu'on l'avait trompée, que la cour des pairs délibérait toujours, et qu'elle n'avait encore statué sur le sort d'aucun ministre. Plusieurs soldats citoyens, justement indignés, sortirent des rangs, en s'écriant qu'ils voulaient avertir le peuple. On eut d'autant plus de peine à les calmer, que l'injure de manquer de confiance envers des gardes nationaux qui montraient un tel dévouement à la chose publique était plus forte et plus hypocritement calculée. L'artillerie avait aussi menacé de marcher à cette nouvelle.

Ce fut là le premier éclair de cette politique cauteleuse qui enserra la France dans son inextricable réseau, le premier signe de défiance donné à la garde civique, qui se désaffectionna de la royauté, et la laissa tomber du trône, comme elle l'avait fait des autres.

Cependant la foule n'avait pas cessé d'assiéger les abords du Luxembourg, depuis le commencement des débats; ce jour-là, elle était immense. Le bruit de la condamnation à mort des ministres s'était aussi répandu dans les groupes; mais le peuple, comme la garde nationale, ne tarda pas à apprendre que ce bruit était mensonger. La nouvelle du départ des accusés pour Vincennes vint encore ajouter à son irritation. Alors la multitude, poussant des cris de mort, voulut pénétrer jusqu'à la chambre des pairs. Constante et ferme dans ses devoirs, équitable, surtout alors qu'elle avait à venger une insulte personnelle, la garde nationale, qui avait juré d'assurer la liberté des délibérations, resta ferme et inébranlable à son poste ; de concert avec les troupes, elle contint la masse populaire, et peu à peu la refoula loin des abords du Luxembourg.

La nuit était venue. On vit s'allumer des feux dans les rues et sur les places; les gardes nationaux et les soldats bivouaquèrent, pendant que les pairs, réunis dans la galerie de Rubens, délibéraient toujours. A dix heures enfin, la Cour rentra dans la salle des séances, et le président Pasquier donna lecture de l'arrêt, qui

BIVOUAC DE LA XI LÉGION.

condamnait les ministres de Charles X à la prison perpétuelle.

Cet arrêt ne fut bien connu que le lendemain. La majorité des citoyens voulait le supplice des ministres, signataires de ces ordonnances au nom desquelles tant de Français avaient été mitraillés. Aussi de nombreux rassemblements se formèrent le 22 décembre ; un homme déploya un drapeau noir sur la place du Panthéon ; le Palais-Royal et le Luxembourg furent entourés par la multitude, qui poussait des cris de vengeance.

Conséquente dans sa conduite, la garde nationale, qui avait su maintenir la liberté des délibérations des juges, se soumit à la sentence rendue, ne reconnaissant qu'à Dieu le droit de demander compte des consciences. Elle fit respecter le jugement de la cour des pairs, et apaisa ce nouveau tumulte avec l'aide des jeunes gens des écoles.

La prudence, la fermeté, l'énergie, l'activité déployée par cette milice dans une circonstance aussi périlleuse, la conclusion de cette affaire sans effusion de sang français sont au-dessus de tout éloge.

Les projets, les complots avaient été tellement imminents, que les départements avaient craint une guerre civile. Aussi, pénétrées d'admiration, et comme marque d'union et de sympathie, les gardes nationales de 31 villes adressèrent-elles des félicitations sur leur conduite à leurs frères de Paris. Parmi ces adresses, on remarquait celle de Lyon, couverte de 120 pages de signatures du *Moniteur*.

Lafayette, qui savait combien les remerciements tombés de sa plume étaient précieux, encourageants et honorables, voulut écrire aux principaux chefs de la garde nationale. Le 24, il avait formulé la lettre suivante à M. de Billing, que l'on conserve dans la famille de ce dernier comme un brevet d'honneur. « En joignant, au bout de trente années, ces nouveaux témoignages à ceux que reçut, en 1790, un des plus zélés gardes nationaux de 1789, j'aime à remplir, envers le major Billing, le devoir du commandant général à cette époque. Mais c'est aussi comme vice-président de la chambre des représentants de 1815, que j'ai retrouvé en lui le patriotisme pur, éclairé, inébranlable qu'il a constamment manifesté et pratiqué dans les vicissitudes de la révolution. J'ai donc à double titre le droit de parler de ceux qu'il s'est acquis à la confiance de la patrie et à l'amitié des bons citoyens. »

Pendant qu'il écrivait cette lettre, la chambre des députés, sans avoir égard à la grandeur du service que le vieux général venait de rendre, abolit le titre de commandant-général des gardes nationales de France, dans la séance du 24 décembre. Aussitôt que Lafayette eut connaissance de ce vote, qui l'offensa vivement, il envoya sa démission au roi. Louis-Philippe voulut lui faire accepter le commandement de la garde nationale de Paris ; mais le général le refusa : les prières du président du conseil, du ministre de l'intérieur et d'un aide-de-camp du roi ne purent vaincre sa résolution.

C'est au moment où ce grand citoyen venait pour la seconde fois de reconstituer les libertés de la France avec ce dévouement, cette abnégation, cette générosité et ce patriotisme désintéressé qu'il avait su inspirer à la garde civique, ce fut dans ce moment qu'il reçut l'offense qui le força à se retirer, et à laquelle la royauté ne demeura pas étrangère. Sa démission mécontenta toutes les gardes nationales de France. Plusieurs de ses aides-de-camp, parmi lesquels on cite MM. de Lasteyrie et Frédéric Desperrières, le fils du général dont nous avons déjà parlé, donnèrent leur démissions Enfin une souscription fut ouverte pour offrir au général un vase monumental et une épée d'honneur. Toute la France s'empressa de souscrire. Mais le vase ne fut terminé qu'en 1835. Le 20 mai 1834, Lafayette était mort : jour de deuil pour la France entière, jour de deuil surtout pour les gardes nationales, qu'il avait dotées de leur nom, de leur cocarde et de leur puissance.

Ce fut, du reste, à dater de la retraite de ce commandant général que la garde nationale, commençant à entrevoir le peu de franchise de la royauté, commença aussi à se désaffectionner d'elle.

On avait voulu se débarrasser de Lafayette comme d'un homme d'autant plus gênant qu'il avait fait Louis-Philippe roi par sa grâce, et que, plus que tout autre, il pouvait exiger une conduite que ce dernier ne voulait pas tenir, ainsi que l'a prouvé son règne. Lafayette était surtout dangereux dans cette position à la tête de la garde civique, il en fut élagué, et l'on nomma à sa place, le 26 décembre, le général comte de Lobau.

L'année 1831 fut mal inaugurée pour la garde nationale. Sur un rapport obscur du ministre de l'intérieur, M. de Montalivet, l'artillerie fut dissoute.

L'artillerie possédait deux chefs énergiques, républicains et honnêtes, Godefroi Cavaignac et Guinard. Ces deux chefs avaient deviné Louis-Philippe et ses tendances. Dès lors on résolut de se débarrasser d'eux, comme de Lafayette et de tant d'autres qui voulaient vraiment le trône assis sur des institutions républicaines. N'osant les frapper ouvertement, n'osant dire les motifs réels qui provoquaient la dissolution de ce corps, on en inventa d'autres, et on la prononça pour le reconstituer, soi-disant, sur de nouvelles bases. Il ne le fut jamais.

Dès lors aussi, les fils de Louis-Philippe, dont l'aîné faisait partie de l'artillerie, et les autres de diverses compagnies de volontaires nationaux, cessèrent tout service. Ils se renfermèrent dans leur titre de prince, qu'ils préférèrent à celui de soldat citoyen, si précieux pour s'attirer la sympathie des Français de toutes les classes, pour s'instruire des souffrances du peuple, des besoins de la France, de l'opinion de tous.

Enfin, la loi de la garde nationale, discutée le 11 décembre 1830 à la chambre des députés, fut sanctionnée par le roi le 22 mars 1831.

Cette loi rendait aux citoyens le droit d'élire les officiers et les sous-officiers des compagnies ; mais elle prescrivait l'élection à deux degrés pour le chef et le porte-drapeau de chaque bataillon, qui étaient nommés par tous les officiers du bataillon, réunis à pareil nombre de sous-officiers, de caporaux ou de gardes nationaux désignés par les compagnies. De plus, les chefs de légions et les lieutenants-colonels devaient être choisis par le roi sur une liste de dix candidats élus par tous les officiers de la légion, réunis à un même nombre de sous-officiers ou de gardes nationaux. Enfin les majors, les adjudants-majors, les chirurgiens-majors et les aides-majors étaient à la nomination du roi.

Cette loi, comme on le voit, était peu républicaine, pour une des premières institutions qui devaient entourer le trône ; elle était tout au plus libérale après les grands événements de juillet. Louis-Philippe tomba dans l'erreur commune à ses prédécesseurs ; il restreignit la garde civique dans ses droits, il crut en diriger l'esprit par la nomination de ses chefs, en restreindre la puissance. Il ne réfléchit pas qu'assez forte pour attendre, assez patiente pour souffrir, la garde civique devait, au jour marqué, reprendre, par la force des choses seulement, cette puissance que les rois et les gouvernements ont vainement tenté de lui arracher, et qu'elle a toujours su reconquérir quand elle l'a voulu.

Le roi est un ; la garde nationale, c'est tous

La justice de Dieu est lente, parce qu'elle est sûre ; elle est sûre, parce qu'elle est éternelle.

La justice d'une nation est la justice de Dieu.

Aux termes de l'article 123 de la nouvelle loi, il fut procédé, dans les trois mois qui suivirent la promulgation, à une nouvelle élection des officiers, des sous-officiers et des caporaux. Du moment où ces élections furent terminées, la garde nationale se trouva définitivement organisée dans toute la France.

Dans cette situation, toujours guidée par la noblesse de ses devoirs, mettant de côté ses intérêts personnels et les noms propres, elle continua à suivre la devise de ses drapeaux : Ordre public et Liberté. Elle eut encore à réprimer quelques désordres ; elle le fit avec sa fermeté et sa modération habituelles. Mais c'était peu jusque-là. Si quelques rixes isolées s'étaient élevées au milieu du tumulte, on n'avait eu du moins aucune lutte sanglante à regretter, lorsque les 5 et 6 juin 1832 arrivèrent, et des barricades s'élevèrent aux cris de : *Vive la République!*

Alors la garde nationale reprit la ligne de conduite qu'elle avait suivie au commencement de la première révolution envers Louis XVI. Elle croyait généralement à l'efficacité d'une royauté constitutionnelle ; Louis-Philippe, gouvernant d'après la charte, n'avait encore commis aucune de ces fautes qui lui aliénèrent plus tard la nation. Il commençait à ne plus accorder à la garde civique la considération et la confiance qu'elle était en droit d'attendre, il est vrai, mais la garde civique aussi était trop haut placée pour se montrer susceptible, même envers un roi ; elle ne vit que l'intérêt actuel du pays, que l'accomplissement de ses serments. Elle défendit la constitution et le trône qu'elle avait établi ; elle marcha contre les barricades, et les partisans de la république furent vaincus. Ils firent deux autres tentatives, le 13 avril 1834 et le 12 mai 1839 ; ces tentatives eurent la même issue que la première. La garde nationale combattit encore l'insurrection à cette époque, comme elle avait cru devoir la combattre en 1791, c'est-à-dire, qu'elle le fit bien moins par affection pour Louis-Philippe, que par respect pour la foi jurée, par amour du bon ordre, et par crainte de commotions auxquelles la France n'était pas préparée. Le roi ne se rappela pas dans ce moment que, comme lui, Louis XVI avait été défendu le 17 juillet 1791 contre les républicains, et que le 10 août 1792, cette même garde civique avait marché contre lui. De 1839 à 1848, elle fut conséquente dans sa conduite, comme elle l'avait été de 1791 à 1792. Seulement, plus généreuse et plus magnanime, elle accorda au pouvoir neuf années au lieu d'une.

En effet, bien des hommes n'avaient déjà plus foi en la royauté du 7 août ; ils étaient mécontents de la politique que suivait le pouvoir, tant à l'intérieur qu'à l'extérieur. Louis-Philippe ne se contentait plus de régner, il voulait gouverner. Les intérêts nationaux étaient sacrifiés à des intérêts dynastiques ; le gouvernement commençait à mettre en pratique cet infâme système de corruption électorale, qui souleva l'indignation de tous les honnêtes gens ; enfin les gardes nationales des départements, que dans le principe on avait pris grand soin de ne pas heurter, étaient impitoyablement licenciées, si elles se permettaient de protester contre les tendances peu constitutionnelles du pouvoir.

L'ingratitude royale commençait à se montrer. Elle sévissait contre ces hommes qui avaient prodigué leur sang pour soutenir le trône, parce que ces hommes demandaient pour le pays plus d'indépendance et de dignité au dehors, plus de liberté au dedans.

En 1839, beaucoup de gardes nationales étaient déjà dissoutes; nous citerons dans le nombre celles de Carcassonne, de Grenoble, de Lyon, de Saint-Etienne, d'Aurillac, de Perpignan, de Châlons-sur-Saône, de Metz, de Strasbourg. Plusieurs autres le furent postérieurement. Aux termes de l'article 124 de la loi du 22 mars

1831, chacune de ces gardes nationales aurait dû être réorganisée dans le délai d'un an. Cependant le gouvernement ne s'était nullement occupé de la reconstitution de ces différentes milices. La loi était effrontément violée. Aussi, dès 1835, on avait vu les membres de l'opposition se plaindre à la chambre des députés de cette inexécution de la loi. Leurs plaintes n'avaient produit aucun résultat; mais ils ne s'étaient pas découragés. Chaque fois que l'occasion se présentait, ils montaient à la tribune pour réclamer avec énergie l'exécution de la loi. Ainsi, dans la séance du 21 mars 1846, l'ordre du jour ayant appelé la discussion de la proposition du général Jacqueminot, tendant à introduire des modifications à la loi sur la garde nationale, les députés de l'opposition profitèrent de l'occasion pour interpeller le ministère sur la non-réorganisation des gardes nationales dissoutes.

Ce fut M. Lherbette qui commença l'attaque. « Messieurs, dit-il, c'est chose grave que la non-réorganisation d'une garde spécialement chargée de maintenir à l'intérieur la charte, les lois, l'ordre et la liberté. Le général Foy disait qu'on peut juger à deux points la bonté d'un gouvernement constitutionnel, à l'état du jury et à celui de la garde nationale. Sous le gouvernement actuel, le jury est faussé et la garde nationale non réorganisée dans une multitude de lieux. J'ai donc raison de dire que c'est là chose grave. Mais ce qui est plus grave mille fois, c'est la violation flagrante, avouée, des lois par le ministère. L'article 14 de la charte dit que, sous aucun prétexte, le gouvernement ne peut *suspendre les lois, ni dispenser de leur exécution.* Eh bien! oui ou non, y a-t-il une loi, celle de 1831, qui dit formellement que toute garde nationale suspendue ou dissoute devra être remise en activité ou réorganisée dans le délai d'un an, à moins qu'une nouvelle loi n'accorde une prolongation de délai? Oui ou non, y a-t-il des gardes nationales de dissoutes depuis plus d'un an et non réorganisées? Oui ou non, n'avez-vous pas déjà été forcé, Monsieur le ministre de l'intérieur, deux fois d'en convenir, et n'allez-vous pas y être forcé une troisième?...... »

« Messieurs, répondit M. Duchâtel, ministre de l'intérieur, la plupart des faits dont a parlé l'honorable préopinant, comme il l'a reconnu lui-même, sont antérieurs à mon administration; mais j'ai reconnu et accepté la responsabilité des actes de nos prédécesseurs. L'honorable M. Lherbette se trompe quand il dit qu'aucune observation n'avait été faite avant les dernières sessions sur la dissolution des gardes nationales; les mêmes observations ont été faites, je crois, en 1835 et 1836 : elles ont rencontré les réponses que je leur ai adressées dans la précédente session. J'ai dit, comme mes prédécesseurs l'avaient fait, que le gouvernement avait été déterminé par de très graves raisons d'ordre public, et qu'il prenait tous les faits sous sa responsabilité.....»

M. Ferdinand de Lasteyrie, qui prit la parole après le ministre, s'attacha à faire ressortir la futilité des *très graves raisons d'ordre public* pour lesquelles le gouvernement se refusait à réorganiser les gardes nationales dissoutes : « Ce qui est curieux, dit-il, ce sont les raisons données par le gouvernement pour justifier la non-réorganisation des gardes nationales. A Toulouse, par exemple, M. le ministre nous apprend que l'opportunité d'une réorganisation ne s'est pas manifestée. Il n'y a pas opportunité d'exécuter la loi! A Saint-Étienne, à Lyon, il y a d'autres motifs : les autorités ne sont pas d'avis de réorganiser. L'autorité n'est pas d'avis d'exécuter la loi, et M. le ministre se soumet à l'avis de l'autorité avec une parfaite docilité. A Strasbourg, il y a quelque chose de mieux : les autorités locales se refusent, et M. le ministre accepte le refus fait par les autorités locales d'exécuter la loi! Je voudrais savoir ce qu'aurait fait M. le ministre si, au lieu de se refuser à faire exécuter la loi, les mêmes autorités avaient voulu exécuter la loi malgré lui…. Tout cela est très grave, Messieurs, mais ce qui l'est plus, à mes yeux, c'est cette tendance à s'éloigner toujours de l'esprit de nos institutions, telles qu'elles ont été établies peu de temps après la révolution de Juillet… »

M. Odilon Barrot monte à la tribune après M. Ferdinand de Lasteyrie : « …. Quand il n'y a point réorganisation de la garde nationale, dit-il, quand on n'assigne aucune époque à cette réorganisation, quand le fait devient ainsi permanent, ce n'est pas seulement un acte violateur de la loi, c'est l'institution elle-même qui est atteinte, c'est la constitution qui est suspendue…. »

Les députés de l'opposition ne furent pas plus heureux dans cette session que dans les précédentes, ils ne purent obtenir la réorganisation des gardes nationales dissoutes. Néanmoins le pouvoir, bien qu'il n'aimât plus la force civique, sentait qu'il avait besoin de son soutien ; mais il croyait qu'il lui suffisait de s'appuyer sur la garde nationale de Paris. Aussi le voyait-on ménager cette milice, pendant qu'il traitait avec rigueur les gardes nationales des départements. Voici un exemple de cette partialité du pouvoir :

Le dimanche 12 janvier 1840, vers midi, plusieurs centaines de gardes nationaux se réunirent en uniforme sur la place de la Bourse ; au milieu d'eux on remarquait une quarantaine d'officiers. A une heure, ces gardes nationaux se rendirent chez M. Laffitte, président du comité de la gauche pour la réforme électorale. M. Vallé, capitaine de la 2ᵉ compagnie du 4ᵉ bataillon de la 4ᵉ légion, portant la parole au nom de ses camarades, remercia le célèbre député de l'appui qu'il voulait bien prêter à la question de la réforme électorale. M. Laffitte, après avoir exprimé à ses visiteurs sa reconnaissance de la confiance qu'ils lui témoignaient, ajouta : « Faite par le peuple et pour le peuple, la révolution de Juillet n'a pas encore porté ses fruits. Elle imposait des devoirs, elle proclamait des droits. Ces devoirs, vous les avez loyalement remplis; ces droits, ils ne sont pas encore reconnus. En demandant la réforme électorale, Messieurs, vous vous montrez fidèles à l'esprit de la révolution de Juillet, dont les destinées ont paru un moment compromises par ceux qui avaient mission de la consolider... »

Les gardes nationaux allèrent ensuite rendre visite à MM. Martin (de Strasbourg), Dupont (de l'Eure) et Arago. Ils traversèrent une partie de la capitale, marchant en colonne, par trois de front, et les officiers en tête.

Toute garde nationale de province qui se serait permis une manifestation aussi audacieuse aurait été dissoute sur-le-champ; mais il s'agissait de la milice citoyenne de Paris, et le gouvernement se montra moins sévère. Il se contenta de traduire devant le Conseil de préfecture du département de la Seine le capitaine Vallé et quelques uns des officiers qui avaient pris part à la manifestation réformiste. Un arrêté suspendit ces officiers pendant deux mois de leurs fonctions.

Comme on le voit, la garde nationale voulait la réforme; elle demandait aussi toutes les améliorations que le développement de la civilisation avait rendues nécessaires. Mais le gouvernement personnel, qui s'intronisait toujours avec une persévérance inquiétante, repoussait opiniâtrément toute idée de progrès politique et social; il continuait de sacrifier à ses intérêts les intérêts de la nation, et laissait avilir à l'étranger l'honneur de la France. La milice parisienne, indignée de cette politique, avait fait entendre dans une revue des cris désapprobateurs : « A bas Guizot ! A bas le ministère de l'étranger ! s'était-elle écriée. Vive la réforme ! »

Le pouvoir avait dissous, en 1838, la garde nationale de Strasbourg, parce qu'elle avait crié dans une revue : *A bas les bastilles! A bas les forts!* alors que l'on parlait d'embastiller Paris, et parce qu'elle avait répondu par le cri de : *Vive la liberté!* à celui de *Vive le roi!* poussé par les autorités. Pour être conséquent avec lui-même, il devait dissoudre aussi la garde nationale de Paris; mais il n'osa pas y toucher. La milice de la capitale fut maintenue; elle continua son service comme d'habitude : seulement le roi ne passa plus de revue.

Dès lors le gouvernement du 7 août perdit entièrement l'affection de la garde nationale; il n'eut plus d'appui que dans l'armée, car il ne changea pas de politique : il ne voulut pas s'arrêter dans la route qu'il s'était tracée. Se drapant effrontément de ses illégalités, fort de sa majorité de satisfaits, il suivait, sans s'inquiéter des remontrances, cette voie dangereuse, au bout de laquelle s'ouvrait un abîme.

Nous touchions au 24 février.

IV

Préludes de la Révolution. — Banquets réformistes. — Discours de la couronne. — Banquet du 12e arrondissement. — 20 février. — Manifeste. — Le général Jacqueminot. — Son ordre du jour. — Déclaration de M. Duchâtel à la tribune. — Forces réunies à Paris. — Les députés renoncent à assister au banquet. — Ordre et contre-ordre de convoquer la garde nationale. — Forces concentrées à Paris et aux environs. — Journée du 22. — Charge de dragons et de municipaux. — On bat le rappel. — Garde nationale et peuple réunis. — Episode de la barrière Monceaux. — Bataillon de la 2e légion. — Le commandant Léon Delaborde. — Ses paroles au chef des cuirassiers. — Conseil de guerre à l'État-Major. — MM. les commandants Besson et Bainières. — La 3e légion, les cuirassiers et les municipaux à la place des Petits-Pères. — Le lieutenant Degousée et la pièce de canon. — Le sergent Brelot au Château-d'Eau. — Prisonniers délivrés. — La 11e légion et les assommeurs. — La 10e légion et le colonel Lemercier. — La 4e légion et M. Crémieux. — Interpellation de M. Vavin sur la garde nationale. — Annonce du changement de ministère. — La légion de cavalerie et M. de Montalivet. — Joie de tout Paris. — Caserne Saint-Martin. — Le capitaine Favrel et le lieutenant Chaumont. — Le lieutenant Gaumont et la carabine du gamin. — La garde nationale protège les municipaux contre la colère du peuple. — Le capitaine Rouzé et la barricade de la rue Transnonain. — La fusillade du boulevard des Capucines. — Le lieutenant Lenvec sauve un lieutenant du 14e de ligne. — 24 février. — Proclamation du *Moniteur*. — Le maréchal Bugeaud. — Le général Bedeau — La 5e légion et la garde municipale — La 8e légion à la caserne de Reuilly. — M. Vée, maire du 5e arrondissement. — On appelle tous les citoyens aux armes. — Une colonne de la 5e légion part pour les Tuileries. — Affaire du Palais-Royal. — Le général Lamoricière. — Le capitaine d'état-major Brayer. — Campagne de la 3e compagnie du 4e bataillon de la 10e légion. — Le capitaine Dunoyer. — Envahissement des Tuileries. — 400 municipaux sauvés. — M. Lançon. — L'argent, les bijoux, l'argenterie. — Le lieutenant d'Enghen et les diamants de la couronne. — Fuite de Louis-Philippe. — Son dernier regard sur un garde national. — Le peuple à la Chambre des députés. — Gouvernement provisoire. — Réflexions.

Les événements qui précédèrent la révolution dont nous allons retracer l'histoire au point de vue de la garde civique étaient semblables à ces éclairs scintillants dont la vive lumière éclaire les uns tandis qu'elle aveugle les autres. Ils éclairaient la nation, ils aveuglaient le pouvoir.

Louis-Philippe, affaibli sans doute par l'âge, et n'ayant conservé que l'entêtement d'un vieillard, continuait à imposer à la France sa politique cauteleuse et personnelle, gênante pour nos libertés au dedans, humiliante devant l'étranger au dehors. Dans la voie pernicieuse qu'il suivait, il avait besoin de complices pour asservir la nation de ces deux manières. Ces complices, il les trouvait dans son ministère, qui, à son tour, les prenait dans la majorité des satisfaits envoyés à la chambre par le corps électoral, privilégié par le cens, et cette majorité n'était acquise qu'à prix de corruptions honteuses et effrontées de toutes sortes.

Le ministre de l'intérieur, M. Duchâtel, passait sa vie, usait ses jours et ses nuits à *triturer*, comme on le disait alors, la matière électorale, d'où devait sortir une chambre à la dévotion du ministère. Les honneurs, les distinctions, les croix, les places, l'or, les concessions, et même les promesses, mettaient les votes aux enchères. Les plans de ce ministre étaient si habilement dressés, ses filets si adroitement tissus, ses arguments si dorés, qu'il réussissait toujours sans pouvoir être convaincu de fraude et de mensonge. Quand l'opposition demandait l'enquête, corrupteurs et corrompus, solidaires les uns des autres, complices des mêmes crimes, se levaient en masse, et formaient une majorité qui repoussait la proposition loyale de faire le jour au milieu de ces hideuses ténèbres.

A l'abri de cette majorité coupable, le ministre des affaires étrangères, la tête et l'âme du conseil, M. Guizot, continuait aux yeux de l'Europe une politique capricieuse et contradictoire selon les intérêts personnels, désastreuse pour le pays, avilissante pour la France Attaqué de toutes parts pour ses antécédents, il se défendait avec assurance. Interpellé sur les affaires présentes, il répondait avec hauteur; pressé dans les prévisions de l'avenir, il ne montrait que rudesse et dédain.

Le ministère tout entier marchait comme un seul homme; il était uni et d'accord pour le mal, et il croyait à sa durée, car il avait encore des places à disposer, des concessions à faire, des rubans à donner, des hommes à corrompre.

Cependant, malgré le masque hypocrite dont elle était couverte, malgré l'adresse et la dissimulation dont elle était entourée, le pays sentait, voyait, touchait la corruption et ne pouvait l'atteindre ni la dévoiler. De là les premiers germes de la réforme électorale. Ne pouvant détruire le mal, on en voulait détruire la cause. De là cette manifestation de la garde nationale en 1840 ; ces cris sortis des rangs dans plusieurs occasions contre le ministère et sa politique, en faveur de la réforme électorale, manifestations qui, faites par la garde civique, n'étaient, comme toujours, que l'expression des vœux de la France. De là la réprobation de cette garde citoyenne que le chef de l'État ne voulait plus passer en revue, la négligence, l'abandon dans lequel on la laissa : la persévérance qu'elle mit dans son œuvre, la résistance que lui opposa le pouvoir.

Louis-Philippe, dont le règne s'était passé à user les hommes, et qui y était parvenu, crut pouvoir en faire autant de la garde nationale ; mais un homme s'use au frottement d'un autre homme plus hypocrite ou plus habile; une institution, un principe dévorent l'homme le plus fort et le plus adroit.

Depuis longtemps les deux partis étaient donc en présence. La garde civique, c'est-à-dire la nation, pour la réforme, afin que l'abaissement du cens électoral, l'adjonction des capacités permît d'espérer la majorité des électeurs dans les hommes indépendants; le pouvoir pour le *statu quo*, afin de continuer sa politique, si commode pour les gouvernants, si pénible pour les peuples, politique assise sur la corruption, qui disparaissait du jour où les gens honnêtes devenaient les plus nombreux ; et la lutte se serait ainsi prolongée longtemps encore, tant corrupteurs et corrompus avaient rendu leurs méfaits insaisissables, si la main de Dieu lui-même n'eût soulevé un coin du voile qui cachait tant de scandales.

Ce furent d'abord ceux des élections de Quimperlé. La vente d'un privilége de théâtre, des projets de lois mis aux enchères, etc.; puis le célèbre procès jugé par la Cour des pairs, devant laquelle comparurent d'anciens ministres, dont l'un prévaricateur dans l'exercice de ses fonctions, l'autre corrupteur et complice. L'audace du premier à nier les faits, dont plus tard les preuves l'accablèrent, inspira à la fois l'effroi et le dégoût. On apprit plus tard la vente illicite d'une recette générale, dont les conditions furent débattues jusque dans le cabinet de M. Guizot, qui perdit dans cette affaire son auréole de puritanisme dont il était si fier. Enfin un crime horrible fut consommé sur la personne d'une grande dame, et ce crime fut l'œuvre d'un duc et pair de France, son époux.

Dès lors toute la France vit à nu les plaies, les vices, les crimes des gouvernants ; elle s'émut et s'indigna, mais retenant encore sa colère, elle se borna à réclamer plus haut que jamais cette réforme qui devait frapper dans sa base ce système de honte et de corruption, balayer tous ces fauteurs de simonie, et, voyant que le pouvoir restait sourd à sa voix, elle se livra à des manifestations qui, quoique pacifiques et légales, n'en étaient pas moins énergiques et puissantes : elle forma partout ses banquets réformistes.

Là accouraient de nombreux adhérents, dont la plupart gardes civiques, qui témoignaient par leurs discours et par leurs toast la volonté de la réforme que les mille voix de la presse portaient d'échos en échos d'un bout à l'autre du pays.

Mais attaquée d'une manière si positive, la classe des corrupteurs et des corrompus, cette classe privilégiée qui, sauf les époques, avait ressuscité 1789, en confisquant à son profit le pouvoir soumis au gouvernement personnel, cette classe qui se voyait perdue par la réforme comme elle l'était déjà par le mépris, accepta le duel, et attaqua à son tour. Une phrase du discours de la couronne jetait sur cent députés qui avaient assisté aux banquets un blâme qui portait atteinte à leurs droits et calomniait leurs intentions d'une manière rude et blessante. Les débats de l'Adresse furent animés et violents, et l'opposition publia, dès le 14 février, une note dans laquelle elle déclarait *qu'aucun de ses membres, même ceux que le sort désignerait pour faire partie de la grande députation, ne participerait à la présentation de l'Adresse*. Elle décida ensuite à l'unanimité qu'un banquet réformiste aurait lieu, et que les membres de l'opposition y assisteraient.

Le douzième arrondissement en avait déjà annoncé un; cent sept membres de l'opposition s'y firent inscrire.

Une grande partie de la garde nationale suivit cet exemple, empressée de saisir l'occasion de renouveler les manifestations qu'elle avait déjà faites.

Aussi, le 20 février, la commission générale chargée d'organiser le banquet du douzième arrondissement, après avoir fait publier dans les journaux un manifeste, par lequel elle engageait les députés, les pairs de France et les autres personnes qui devaient assister au banquet, à se réunir le mardi suivant, à onze heures, au lieu ordinaire des réunions de l'opposition parlementaire, place de la Madeleine, n° 2, invitait spécialement les gardes nationaux souscripteurs à se rendre devant l'église de la Madeleine, et à former deux haies parallèles, entre lesquelles devaient se placer les convives. « Le cortége, disait-on dans le manifeste, aura en tête des officiers supérieurs de la garde nationale, qui se présenteront pour se joindre à la manifestation. Immédiatement après les invités et les convives se placera un rang d'officiers de la garde nationale. Derrière ceux-ci les gardes nationaux formés en colonnes suivant le numéro des légions. Entre la troisième et la quatrième colonne, les jeunes gens des écoles, sous la conduite de commissaires désignés par eux. Puis les autres gardes nationaux de Paris et de la banlieue dans l'ordre désigné plus haut. Le cortége partira à onze heures et demie, et se dirigera par la place de la Concorde et les Champs-Élysées vers le lieu du banquet. »

Comme il s'agissait d'une protestation légale et pacifique, qui devait être surtout puissante par le nombre et l'attitude ferme et tranquille des citoyens, la commission les engageait à ne pousser aucun cri, à ne porter ni drapeau ni signe extérieur, et elle invitait les gardes nationaux à se présenter sans armes.

Comme on le voit, l'opinion publique, bien dirigée, s'appuyait sur la garde nationale, dont le pouvoir commençait cependant à craindre la puissance. Il voulut tenter de l'influencer, et, aussi crédules que fidèles au système qui leur avait réussi jusque-là, les gouvernants espérèrent le succès.

Déjà, en vertu de ce système, on avait nommé général de la milice civique de Paris M. Jacqueminot, dont les seuls titres étaient son dévouement à la cour et son alliance de parenté avec M. Duchâtel, ministre de l'intérieur. La garde nationale avait vu cette nomination avec peine ; elle se rappelait que M. Jacqueminot, ancien colonel de l'empire, avait déclaré, dans une réunion électorale, qu'à la pensée d'une guerre *il avait eu peur*. Ce mot, qu'il avait cherché à expliquer, avait produit une impression déplorable. Il ne pouvait certainement pas s'appliquer à son courage, mais il était l'expression de l'homme entièrement soumis à la politique d'alors : *la paix à tout prix*, expression malheureuse dans la bouche d'un militaire. Elle était restée, et, dans les rangs de la garde nationale, on désignait M. Jacqueminot sous ce nom : *le général qui a eu peur*. C'était sur lui pourtant que comptait le pouvoir pour diriger l'esprit de la milice citoyenne, et la rendre favorable aux actes du gouvernement. Mais, outre la faiblesse du commandant général, pour lequel la tâche était trop lourde, les faits étaient trop évidents, et il se montrait lui-même trop soucieux de plaire à la camarilla, faisant bon marché de la dignité de la garde civique, pour laquelle il semblait partager l'indifférence et l'abandon du gouvernement.

Le 20 février, ce même jour où parut le manifeste de la commission du banquet, le général Jacqueminot donna à l'état-major une grande soirée où il avait invité les principaux officiers de la garde nationale, sur lesquels le pouvoir qui les nommait voulait essayer son influence. Ces chefs étaient généralement mécontents de la marche du gouvernement, mais leurs sentiments se traduisaient par des nuances différentes. Les uns se montraient hostiles ; les autres laissaient voir de l'hésitation, du découragement, parce qu'ils savaient leurs soldats fort mal disposés pour le ministère Guizot, et franchement dévoués à la réforme.

Nonobstant, le lendemain 21, dans la soirée, le général Jacqueminot publia l'ordre du jour suivant :

« Gardes nationaux du département de la Seine, tant que la manifestation qui se prépare n'a pas fait un appel direct à votre concours et à votre appui, je me suis abstenu de vous rappeler dans quelles limites la loi a renfermé vos droits et vos devoirs, parce que vous n'avez pas cessé de prouver, depuis dix-sept ans, que vous connaissiez bien les uns et les autres, et parce que vous n'y avez jamais manqué.

» Aujourd'hui que l'on cherche à vous égarer, au nom même de la légalité dont le maintien est confié à votre dévouement et à votre patriotisme ; que des hommes qui vous sont étrangers, vous convoquent, vous appellent et usurpent les droits de vos chefs, je dois protester hautement contre cette injure, et c'est au nom de la loi elle-même que je m'adresse à vous. »

(Ici le général cite textuellement les articles 1er, 7 et 93 de la loi du 22 mars 1831.)

« Peu d'entre vous, sans doute, sont disposés à se laisser entraîner à une démarche coupable ; mais je voudrais leur épargner et la faute et le regret de compter leur petit nombre au milieu des 85 mille gardes nationaux dont vos légions se composent.

» C'est donc au nom de la loi que je vous adjure de ne pas tromper la confiance du pays, qui a remis à votre garde la défense de la royauté constitutionnelle et de l'ordre légal.

» Vous ne voudrez pas, non plus, méconnaître la voix de votre commandant supérieur, parce qu'il ne vous a jamais abusés. Je compte sur votre sagesse et votre patriotisme, comme vous devez compter toujours sur ma loyauté et mon dévouement. »

Cet ordre du jour produisit peu d'effet par les motifs que nous avons dits, et encore parce qu'il était maladroitement affiché à la suite d'un arrêté du préfet de police à la même date, défendant les attroupements.

Cependant, comprenant dans ce moment de crise l'utilité et l'influence de la garde nationale, on avait envoyé aux états-majors des mairies l'ordre de la faire convoquer ; mais voyant que l'affiche de M. Jacqueminot ne la faisait pas changer de sentiment et que cette milice n'abandonnerait pas la question de la réforme, on donna contre-ordre le même jour. Dès lors le gouvernement, cessant de s'appuyer sur elle, la tenant en suspicion et lui déclarant en quelque sorte la guerre, ne voulut avoir recours qu'à la force brutale et à l'obéissance passive du soldat. C'était la quatrième fois qu'un trône allait périr pour avoir négligé, méconnu ou bravé la garde civique.

Conséquent dans sa marche funeste, le pouvoir, par l'organe du ministre Duchâtel, déclara, sur l'interpellation de M. Odilon Barrot qui portait la parole au nom de l'opposition, que, considérant le manifeste de la commission du banquet comme un acte qui viole la loi, surtout en ce qui concernait la garde nationale qui ne peut être convoquée que par ses chefs, *il maintiendrait l'ordre par tous les moyens qui étaient à sa disposition.*

A l'appui de cette déclaration un mouvement extraordinaire de troupes avait lieu dans la capitale et aux environs. 27,000 hommes étaient casernés dans Paris, 40,000 étaient à ses portes; le Mont-Valérien était occupé par une forte garnison; Vincennes avait son artillerie toute prête; et le soir, en imitation du général Jacqueminot, le duc de Montpensier donnait dans le fort une soirée aux officiers d'artillerie.

En outre, tous les corps de garde étaient déjà occupés par de forts détachements. Crénelés depuis longtemps, mais recouverts de plâtre, ils avaient été mis à jour pour la défense de la royauté.

On l'avait tant répété, la révolution de Juillet n'avait été qu'une surprise, le petit nombre de troupes avait laissé au peuple une victoire si facile!... L'héritier de cette révolution, Louis-Philippe, croyait fermement garantir son trône à force de baïonnettes et de canons; mais ce fut en vain. La branche aînée comme la branche cadette des Bourbons commirent la faute irrémissible qui entraîna leur chute ; au lieu de s'appuyer sur la garde nationale, ils la bravèrent ; elle les balaya de son souffle puissant.

Le soir de ce jour, les députés de l'opposition, réunis chez M. Odilon Barrot, prennent la résolution de ne pas se rendre au banquet pour ne pas amener de troubles. Un seul député persiste dans sa résolution première, c'est M. de Lamartine, qui se lève et dit : « La place de la Concorde dût-elle être déserte, et tous les députés dussent-ils se retirer de leur devoir, j'irai seul au banquet sans autre compagnon que mon ombre. »

En ce moment on annonce que les commissaires du banquet avaient fait disparaître tous les préparatifs de la réunion, et les députés se séparèrent après avoir signé l'acte d'accusation du ministère.

Le lendemain 22, cette résolution n'étant pas encore connue, la foule se rendit vers la Madeleine. A onze heures, elle encombrait la place et ses abords. Au milieu, tranquilles et sans armes, on remarquait beaucoup de gardes nationaux. Les cris de : *Vive la réforme! A bas Guizot!* se faisaient entendre de toutes parts ; enfin on entonna la *Marseillaise* et le chant des *Girondins*.

A la vue et au bruit de l'orage qui commençait à gronder, les boutiques se ferment sur les boulevards et dans les rues. Il était midi et demi, la place de la Concorde était couverte de monde : c'est là que les charges commencent. Les dragons font la première au trot, mais le sabre dans le fourreau. Les gardes municipaux font la seconde au galop, le sabre à la main, le juron à la bouche. Cette attaque est si brutale que beaucoup de personnes sont forcées de se jeter dans les fossés de la place pour échapper à la mort ; mais un homme est blessé, une femme est tuée. Des gardes nationaux sans armes cherchent vainement à s'interposer et à arrêter l'effusion du sang qui commence. Les gardes municipaux continuent ; bientôt la place est évacuée, et la foule chassée se divise en deux bandes ; déjà elle ne crie plus : *Vive la réforme! A bas Guizot!* elle commence à crier vengeance et va piller des boutiques d'armuriers, puis s'enfonçant dans les quartiers les plus tortueux de la capitale, elle dresse à l'instant des barricades.

La place de la Concorde a été fatale aux rois en 1789 ; sur le même lieu, pour s'opposer aussi à une manifestation en faveur du ministre Necker, le prince de Lambesc avait chargé le peuple à la tête de ses dragons et tué un vieillard. Comme en 1848, le peuple avait alors crié vengeance ; comme en 1848, la manifestation s'était changée en insurrection.

Si les gouvernants sont toujours les mêmes, le peuple est toujours le même aussi.

Cependant, à la vue de ce spectacle, on remarque avec étonnement l'absence de la garde nationale. Elle seule, en effet, pouvait ramener le calme par son influence en s'interposant et en faisant connaître la volonté du pays. Trois députés, MM. Vavin, Carnot et Taillandier, coururent chez le préfet de la Seine à cet effet. Plus tard, on sentit, à ce qu'il paraît, le besoin de cette garde civique qu'on avait tant méprisée. Quoiqu'on la redoutât encore en ce moment, on se hâta de la rassembler comme le meilleur moyen de salut. Le rappel commença à battre entre cinq et six heures du soir, dans tous les arrondissements par ordre du général Jacqueminot ; mais peu de gardes nationaux se rendirent à cet appel. Irrités d'avoir été mis en suspicion, voulant sincèrement la réforme, tenant en mépris le ministère, indignés du déploiement de forces et de la brutalité de charges où leurs voix avaient été méconnues, la plupart restaient chez eux et attendaient.

Le peuple, trompé lui-même sur les intentions de ceux qui se rendaient à l'appel du tambour, croyait voir des ennemis dans ces rares soldats citoyens. Il les désarmait quand il les trouvait isolés, et les poursuivait de coups de sifflet lorsqu'il les voyait par détachements. Ce fut de la sorte qu'il accueillit des gardes nationaux de la 12e légion qui se rassemblaient sur la place du Panthéon; mais les défenseurs de l'ordre et de la liberté ayant fait entendre le cri de : *Vive la réforme!* les sifflets se turent, et les assistants, après avoir poussé le même cri, y ajoutèrent celui de : *Vive la garde nationale!*

Les différents détachements de gardes nationaux se rendirent à leurs mairies respectives pour y attendre des ordres qui n'arrivèrent pas.

La nuit était venue, nuit sombre et triste, surtout sur les boulevarts, toujours si brillants et si fréquentés, même par le plus mauvais temps. Ce soir-là, toutes les boutiques se trouvaient fermées; les rues étaient silencieuses et désertes; des nuages noirs cachaient le ciel; il tombait une pluie fine; par moments on voyait s'avancer sur la chaussée huit à dix tambours, battant le rappel sous la protection d'un piquet de gardes nationaux; par moments aussi des groupes de citoyens en blouse passaient sur les trottoirs en poussant des cris. Puis, lorsqu'il se faisait un moment de silence, on entendait parfois le bruit lointain d'une fusillade venant de l'intérieur de la ville.

Entre onze heures et minuit, des coups de feu se firent entendre dans une autre direction, du côté des Batignolles et de la barrière de Monceaux : la garde nationale de la banlieue était aux prises avec une bande de malfaiteurs qui, profitant du trouble général, avaient envahi, pour les piller, un magasin de nouveautés et la boutique d'un marchand d'objets d'art. Ces pillards furent mis en fuite, après avoir eu trois hommes tués.

Le 23, le rappel commença à se faire entendre de bonne heure. Les gardes nationaux se rassemblèrent plus nombreux que le soir de la veille. Ils étaient tous résolus à maintenir l'ordre; mais ils faisaient entendre énergiquement, ainsi que le peuple, le cri de : *Vive la réforme!* qui devint le cri de guerre de la révolution de 1848, comme celui de : *Vive la Charte!* avait été celui de la révolution de 1830.

La garde nationale avait compris le rôle qui lui était dévolu dans ces graves circonstances. Baïonnette intelligente, elle se levait pour donner le dernier coup à ce gouvernement qui avait couru à sa perte en méconnaissant sa voix, et voulant braver son influence et sa force; mais ce coup, elle voulait le donner sans secousse, en maintenant l'ordre confié à sa garde.

Un bataillon de la 2ᵉ légion venait de se réunir sous l'auvent de l'Opéra; il était commandé par le chef de bataillon Léon Delaborde, fils d'un général fait baron par l'empereur sur le champ de bataille de Wagram. « Camarades, dit le commandant à ses soldats, je veux, avec votre aide, faire respecter l'ordre et la propriété; mais je n'ai nullement l'intention de soutenir le ministère Guizot.... » Un garde national l'interrompit : « Nous ne sommes pas ici, dit-il, pour faire de la politique. — Bien au contraire, répliqua le commandant. — Oui, oui! le commandant a raison! s'écrièrent les gardes nationaux : *Vive la réforme! à bas Guizot!* » Le commandant Delaborde comprit noblement les devoirs et les droits de la garde civique. Entre l'obéissance passive des troupes et celle intelligente des soldats citoyens, il y a la grande ligne de démarcation qui les sépare, l'opinion du pays que ces derniers ont le droit et le devoir d'exprimer et de soutenir. Voilà pourquoi les troupes se laissent entraîner là où la garde nationale veut les conduire, voilà pourquoi leur union est impérissable, de même que leur force inébranlable à jamais. Le premier exemple de ce que nous écrivons eut lieu quelques heures après.

Le bataillon du commandant Delaborde, s'étant mis en marche, se trouva, au coin de la rue Lepelletier, en présence d'un escadron de cuirassiers qui se disposait à entrer dans cette rue. M. Delaborde s'avança vers le chef d'escadron, tenant son épée par la pointe, et lui dit : « Monsieur, vous ne passerez pas ; le quartier est tranquille ; nous n'avons que faire de votre présence. » Les cuirassiers s'éloignèrent sans observation.

Les premières paroles du chef de la garde civique avaient porté ; ses premiers pas avaient marqué la limite où devaient expirer les efforts d'un pouvoir qui ne s'appuyait que sur la force brutale.

Pendant que les gardes nationaux de la 2e légion parcouraient l'arrondissement pour veiller au maintien de la tranquillité et prévenir toute espèce de collision entre les troupes et le peuple, le lieutenant-colonel de cette légion, M. Bainières, ancien agent de change, se rendit aux Tuileries. Un conseil y était réuni sous la présidence du duc de Nemours. Parmi les membres de ce Conseil, on remarquait le général Trézel, ministre de la guerre, le général Sébastiani, commandant de la division militaire, et le commandant supérieur de la garde nationale, le général Jacqueminot. Ce dernier, malade au moment où il aurait dû se bien porter, chaque fois qu'il arrivait un nouveau rapport à l'état-major de la garde nationale, ordonnait toujours à la personne qui apportait ce rapport, de s'adresser au duc de Nemours. Celui-ci, après avoir écouté froidement, se contentait de répondre : *C'est bien, monsieur*, et il ne donnait jamais d'ordres.

Ce fut donc au prince que M. Bainières dut s'adresser ; il lui fit connaître l'esprit de la 2e légion, et il ajouta que, si l'on ne faisait pas au vœu populaire de justes concessions, on ne devait pas compter sur le concours de la garde nationale.

Déjà M. Besson, pair de France, avait fait entendre dans le sein du conseil des paroles à peu près semblables, au nom de la 3e légion, dont il était colonel.

Mais ces gouvernants, dans leur aveugle orgueil, croyaient toujours pouvoir triompher par la force. Le grand nombre des troupes les rassurait. Ils comptaient sur les sabres des dragons, sur les fusils des soldats, sur les pièces des artilleurs; ils n'avaient à la bouche que le petit nombre de forces de 1830, et ils énuméraient avec une barbare espérance le déploiement de celles de 1848. Insensés! ils ne pensaient pas que la garde nationale n'existait plus en 1830; qu'elle était là, sous les armes en 1848, et que son influence morale allait seule briser les sabres et les baïonnettes, éteindre les fusils et les mèches, dès l'instant qu'on méprisait ses avis et ses vœux, dès l'instant qu'on voulait commencer la guerre contre elle.

En effet, des gardes nationaux de la 3e légion s'étaient rassemblés dès le matin sur la place des Petits-Pères. Une foule assez considérable les entourait; elle faisait entendre le cri de : *Vive la réforme!* et ce cri s'élevait aussi des rangs de la garde nationale.

A deux pas de là, sur la place des Victoires, se trouvait un corps de troupes composé d'infanterie et de cavalerie. Le général qui le commandait commença par envoyer un escadron de cuirassiers pour charger le rassemblement, dont les cris réformistes lui chatouillaient sans doute trop désagréablement les oreilles; mais la garde nationale croisa la baïonnette et protégea le peuple. Les cuirassiers rétrogradèrent, non par un sentiment de crainte, mais par celui que nous avons exprimé plus haut, et que savait inspirer la garde civique.

Plus tard, un détachement de la garde municipale à pied se présenta pour faire évacuer la place des Petits-Pères ; les baïonnettes citoyennes s'interposèrent encore entre la foule et les soldats, qui se retirèrent comme les cuirassiers. Une troisième tentative fut faite dans l'après-midi par un fort peloton de cavalerie ; elle n'eut pas plus de succès que les deux autres, et la garde nationale demeura maîtresse du terrain, sans effusion de sang, sans combat.

Des détachements de soldats citoyens partaient de temps en temps de la place des Petits-Pères pour faire des patrouilles. L'un de ces détachements, fort d'une centaine d'hommes, et composé en partie des soldats de la 4e compagnie du 2e bataillon, commandés par le lieutenant Degousée, gagna la porte Saint-Denis par la rue de Cléry. Les gardes nationaux trouvèrent le boulevart formidablement gardé. Il y avait là, à la porte Saint-Denis de l'artillerie, braquée dans la direction du boulevart Saint-Martin. A l'apparition de la patrouille de la 3e légion, une pièce fut vivement retournée et pointée contre les arrivants ; mais les gardes nationaux, sans se laisser intimider, s'avancèrent intrépidement entre deux haies d'infanterie, en s'écriant : « *Vive la réforme ! à bas la fusillade !* »

La pièce de canon demeura muette ; les servants qui l'entouraient restèrent immobiles, et le général qui commandait en cet endroit se découvrit, et salua ces intrépides défenseurs de l'ordre que rien ne paraissait effrayer.

La petite colonne s'avança vers la porte Saint-Martin, qu'elle trouva tout aussi bien gardée que la porte Saint-Denis ; puis elle s'engagea dans la rue Saint-Martin, et se porta au pas de course partout où elle entendit un coup de fusil, pour mettre fin aux hostilités.

Une ou deux heures auparavant, les troupes qui stationnaient sur le boulevard Saint-Martin avaient vu passer au milieu d'elles sept hommes et un sergent de la compagnie de grenadiers du 4e bataillon de la 5e légion. Le sergent, M. Brelot, avait commandé à ses sept hommes de porter les armes, puis les huit grenadiers avaient fait entendre le cri de *Vive la réforme!* Et ils étaient passés fièrement au milieu des soldats, étonnés de l'audace de ces huit gardes nationaux.

Ils se rendirent à la mairie. En ce moment, les bataillons de la 5e légion, comme ceux de toutes les autres légions, parcouraient leurs quartiers respectifs, pour veiller au maintien du bon ordre et prévenir l'effusion du sang; les huit grenadiers se trouvèrent seuls de gardes nationaux disponibles à la mairie. Ils mirent leurs fusils au ratelier en attendant; mais ils ne restèrent pas longtemps dans l'inaction.

Une foule nombreuse entourait le poste du Château-d'Eau, occupé par une compagnie de la ligne; cette foule demandait à grands cris des prisonniers, que l'on avait renfermés dans le poste. Le capitaine de la ligne se refusait à remettre ses prisonniers à la foule, qui ne tarda pas à faire entendre des cris de colère. Plusieurs hommes menaçaient d'attaquer le poste et d'escalader les grilles, derrière lesquelles se tenaient les soldats, l'arme au bras et le fusil chargé; en outre, des troupes se trouvaient à portée de défendre le poste en cas d'attaque : le sang allait couler.

Le sergent proposa à ses hommes de se rendre au poste du Château-d'Eau. Les huit grenadiers se jetèrent aussitôt au milieu de la foule; ils ne tardèrent pas à atteindre la grille, et le sergent Brelot pria le capitaine de la ligne de mettre en liberté les citoyens qu'il retenait prisonniers. « Soyez les bienvenus, Messieurs, leur répondit l'officier. Je ne pouvais pas rendre mes prisonniers à la foule; mais je puis les remettre à la garde nationale, et je vais sur-le-champ les faire sortir. » En effet, au bout d'un instant, les prisonniers, trois jeunes gens, sortirent du poste, en criant joyeusement : *Vive la garde nationale!* acclamation que répéta toute la foule.

Peu de temps après, le sergent Brelot et ses sept hommes se joignirent au 2e bataillon de la 5e légion, qui ne tarda pas à se rendre à la caserne du faubourg Saint-Martin, pour protéger les gardes municipaux qu'elle renfermait.

Les mêmes choses s'accomplissaient sur la rive droite comme sur la gauche. Entre onze heures et midi, trois cents gardes nationaux de la 11e légion occupaient avec quelques soldats la place du pont Saint-Michel. Une colonne d'étudiants, descendant par la rue de la Harpe, se présenta en criant : « *Vive la réforme! vive la garde nationale!* » Aussitôt une escouade d'assommeurs, soldés par la police, se rua le bâton levé sur les étudiants ; mais la garde nationale intervint et se hâta de faire remettre en liberté des jeunes gens que les hommes de police avaient arrêtés et qu'ils voulaient conduire à la préfecture. Un officier fut tellement indigné de la brutalité d'un de ces argousins que, cédant à un premier mouvement de colère, il leva son sabre sur lui; on arrêta le bras du garde national, et l'assommeur disparut épouvanté.

Mais là ne se bornait pas l'intervention puissante de la garde civique. Pendant qu'une partie empêchait l'effusion du sang en paralysant la baïonnette du soldat ou brisant le bâton de l'assommeur, l'autre indiquait à ses chefs la route qu'elle voulait suivre, et, toujours légale et respectueuse pour cette charte, dont l'exécution lui était confiée, s'adressait à la Chambre des députés pour le renvoi de ce ministère, dont elle ne voulait plus subir la honteuse administration.

Ainsi, dans la rue du Dragon, on avait vu se réunir quatre cents hommes de la 10ᵉ légion. Ces gardes nationaux allaient se mettre en marche, quand le colonel, M. Lemercier, parut à cheval. Il chercha à leur persuader de soutenir le ministère; à peine eut-il prononcé quelques paroles dans ce sens, qu'un garde national, sortant des rangs, lui déclara, au nom de ses camarades, que la 10ᵉ légion était dans la ferme intention de réclamer la réforme. M. Lemercier sauta à bas de son cheval et se mêla aux soldats citoyens, dans l'espoir de leur faire changer d'opinion. Ce fut alors que l'un d'entre eux s'écria près de lui : « *Vive la réforme!* » Le colonel se retourna vivement et voulut arrêter ce garde national; mais tous ses camarades s'y opposèrent énergiquement. « Colonel, dit aussitôt l'un d'eux, nous sommes tous aussi coupables que le camarade que vous voulez faire arrêter, car nous sommes tous disposés à répéter le même cri. »

— Oui, oui! Vive la réforme! s'écrièrent-ils tous d'une seule voix.

Le colonel remonta à cheval et s'éloigna.

Un instant après, la 10ᵉ légion s'ébranla aux cris de *Vive la réforme! A bas le ministère!* Au moment où elle parut sur la place Bourbon, des fourgons d'artillerie, pleins de munitions, y passaient; elle les arrêta.

En même temps, les gardes nationaux de la 4ᵉ légion, rassemblés à la mairie, place du Chevalier-du-Guet, signaient une pétition demandant le renvoi immédiat du ministère. Cette pétition, qui se couvrit promptement de signatures, était ainsi conçue :

« Messieurs les députés,

» Nous soussignés, citoyens du 4ᵉ arrondissement, déclarons, pour rendre hommage à la vérité et à nos convictions personnelles, être prêts à soutenir dans les rangs de la garde nationale sa devise : *Liberté, Ordre public*, et, à cet effet, à prendre les armes sous les ordres de nos chefs, pour maintenir l'ordre et la tranquillité; mais nous entendons bien formellement, par cette manifestation, ne pas nous constituer les soutiens d'un ministère corrupteur et corrompu, et dont nous repoussons de toute la force de nos convictions la politique et les actes, appelant de tous nos vœux sa mise en accusation et son renvoi immédiat. »

A trois heures, cinq cents soldats citoyens, sans armes, conduits par vingt-cinq officiers, et suivis d'une foule considérable, se rendirent chez M. Crémieux, pour prier ce député de présenter lui-même la pétition à la Chambre. M. Crémieux étant en ce moment à la Chambre des députés, les gardes nationaux et le peuple se dirigèrent vers le palais Bourbon. Des troupes les arrêtèrent au pont de la Concorde; mais M. Crémieux, prévenu sur-le-champ, se hâta d'accourir à la tête du pont. Il se plaça au milieu des soldats de la 4e légion, qui avaient formé le cercle, et, après avoir reçu la pétition, il leur adressa l'allocution suivante :

« Messieurs et chers concitoyens,

» Vous êtes les protecteurs de l'ordre public et de la liberté sur tous les points où des collisions éclatent; c'est à vous à mettre un terme à l'effusion du sang de vos frères, citoyens ou soldats, car les soldats sont vos frères, comme le peuple. Vous étiez frappés de la crainte que votre concours ne semblât un acquiescement à une détestable politique; je vous ai conseillé des pétitions à la Chambre, dans lesquelles vous feriez connaître votre opinion comme citoyens, en même temps que vous iriez dans les rangs comme gardes nationaux. Ces pétitions, je suis venu les recevoir, et je vais les déposer sur la tribune. Maintenant allez où des collisions s'élèvent, rétablissez l'ordre et la paix ; le ministère est frappé de mort, la garde nationale a prononcé son arrêt. »

En effet, voici ce qui venait de se passer à la Chambre, où il arrivait à chaque instant des pétitions demandant le renvoi du ministère et la réforme. M. Vavin avait interpellé les ministres sur les scènes cruelles qui désolaient la capitale depuis la veille.

« Depuis plus de vingt-quatre heures, avait-il dit, des troubles graves désolent la capitale. Hier la population a remarqué avec un douloureux étonnement l'absence de la garde nationale. Cet étonnement était d'autant plus pénible, qu'on savait que l'ordre de la convoquer avait été donné lundi dans la soirée.

» Il serait donc vrai que dans la nuit du lundi au mardi, cet ordre de réunir la garde nationale aurait été révoqué? Ce n'est qu'hier, à cinq heures, que le rappel a été battu dans quelques quartiers pour réunir quelques gardes nationaux. Dans la journée, la population de Paris a été laissée au milieu des dangers qui l'environnaient, sans la protection de sa milice citoyenne. Des collisions funestes ont eu lieu ; nous n'aurions peut-être pas aujourd'hui à les déplorer, si, dès le commencement des troubles, on avait vu dans nos rues, sur nos places, cette garde nationale dont la devise est : *Ordre public, Liberté.*

» Sur un fait aussi grave, aussi malheureux, je prie messieurs les ministres de nous donner quelques explications. »

M. Guizot quitta le banc des ministres, pour monter à la tribune.

» Messieurs, dit-il, je crois qu'il ne serait ni conforme à l'intérêt public, ni à propos pour la Chambre, d'entrer en ce moment dans aucun débat sur les interpellations que vient de nous adresser l'honorable préopinant. Le roi fait appeler en ce moment M. le comte Molé... »

Des applaudissements, partant simultanément de quelques bancs et d'une des tribunes, interrompirent le ministre, qui reprit d'une voix altérée :

« L'interruption qui vient de s'élever ne me fera rien ajouter ni rien retrancher à mes paroles. Le roi fait appeler en ce moment le comte Molé, pour le charger de former un autre cabinet. »

La 13e légion (cavalerie) fut informée la première de la retraite du ministère. Cette légion, après avoir parcouru les boulevards et les quais, s'était établie sur la place du Carrousel. Son colonel, M. de Montalivet, lui apprit ainsi la démission du ministère :

« Mes chers caramades, le roi m'a chargé de vous remercier du concours que vous avez prêté à l'ordre et au gouvernement fondé en juillet. Il vient d'accepter les démissions de tous ses ministres; il m'a chargé de vous en prévenir. Rentrez chez vous, tout est terminé. Mais demain soyez exacts à votre poste : car il n'y a plus de ministère, et la garde nationale aura tout à faire pour maintenir l'ordre; l'abstention de la garde nationale aujourd'hui était un fait regrettable, et nous devons nous féliciter du concours que vous avez prêté au gouvernement.

— Colonel, dit un officier, la garde nationale à cheval n'a pas fait aujourd'hui acte d'adhésion au ministère; elle est venue prêter main forte à l'ordre et aux institutions de juillet.

— Mes sentiments sont connus, répliqua M. de Montalivet; je n'ai pas à les exprimer ici; l'uniforme me gêne pour dire tout ce que je sens, tout ce que j'éprouve; mais je crierai avec vous : *Vivent les institutions formées en juillet! Vive le roi!* »

En retournant chez eux, les gardes nationaux à cheval répandirent l'heureuse nouvelle; bientôt tout Paris sut que les ministres avaient donné leur démission, et que le roi cédait au vœu populaire, ce qui fit succéder la joie à l'inquiétude. Alors la plupart des barricades furent abandonnées. On vit se former de longues phalanges, gardes nationaux en tête, peuple à la suite, qui s'arrêtaient par moment pour fraterniser avec les troupes. On criait partout : « *Vive la réforme! vive la liberté! vive l'armée! vive la garde nationale!* » Les gens prudents qui, jusque là, s'étaient tenus renfermés chez eux, se hasardaient à sortir pour prendre leur part de la joie générale. Peu à peu les trottoirs se couvraient de promeneurs. Toute la population paraissait heureuse ; les habits et les blouses se donnaient fraternellement le bras : bourgeois et ouvriers ne semblaient faire qu'une seule famille. C'était, comme on l'a dit, l'entr'acte de la révolution.

Mais dans ce moment où tout le monde était heureux et n'avait autre chose à faire qu'à se livrer à la joie, la garde nationale n'avait pas encore achevé son œuvre, elle n'avait fait que la moitié de sa journée. Il lui restait à accomplir une dernière tâche, défendre les gardes municipaux contre la colère du peuple.

Que de progrès en quelques heures! C'est cette même garde civique qui, après avoir protégé le peuple contre les gardes municipaux, protége maintenant ces derniers contre le peuple. Tâche noble et digne d'elle! Tâche par laquelle éclate l'esprit et la force de cette milice, tâche qu'elle accomplit avec autant de générosité que d'énergie.

Dans l'après-midi, le 2e bataillon de la 5e légion partit, sous les ordres du commandant Grégoire, de la place du Caire ; il descendit la rue du même nom, suivi d'une masse compacte de citoyens, et gagna par la rue Saint-Denis les boulevards, qu'il parcourut jusqu'au Château-d'Eau. Là, il s'arrêta pour attendre les officiers Gaumont, Lhotel et Chaumont, qui étaient allés demander des cartouches à la mairie du 5e arrondissement. Ces officiers revinrent sans en avoir pu obtenir, on leur en avait refusé obstiné-

LA 8ᵐᵉ LÉGION ET LES GARDES MUNICIPAUX A LA CASERNE S.ᵗ MARTIN.
23 Février 1848.

ment. Alors le bataillon redescendit vers la porte Saint-Martin.

Soudain des coups de feu se font entendre et une foule éperdue accourt sur le boulevard, venant de la rue du faubourg Saint-Martin. Quelques citoyens se précipitent à la tête du bataillon : « Vengeance ! s'écrient-ils, vengeance ! On assassine nos frères ! Les municipaux massacrent le peuple ! — Mes amis, répond M. Favrel, capitaine de grenadiers, nous allons nous rendre à la caserne des gardes municipaux. »

En effet, le bataillon tourne par la rue du faubourg Saint-Martin, laissant derrière lui le boulevard couvert de troupes, de sorte que les gardes nationaux pouvaient se voir pris entre deux feux. Ce péril ne les arrête pas. Le peuple suit et entoure le bataillon, en criant plus fort que jamais : *Vive la garde nationale !* Puis il entonne *la Marseillaise*, qu'il fait vibrer avec énergie : il est furieux contre les municipaux et impatient de se venger.

Quelques coups de feu ayant éclaté, la colonne s'arrête aussitôt devant la maison portant le numéro 38. Les chants cessent et le peuple se prépare au combat. Bien qu'il n'ait pas d'armes, il ne paraît attendre que le cri de *En avant !* pour se précipiter sur la garde municipale et l'écraser de sa puissante main. Quelques citoyens en blouse frappent sur l'épaule de gardes nationaux leurs voisins. « Si vous tombez, leur disent-ils, nous prendrons vos armes et nous vous vengerons ! »

Un fort peloton de gardes municipaux à pied sort en ce moment de la caserne en battant la charge ; il se déploie au pas de course sur la chaussée, et l'officier qui les commande leur donne l'ordre d'apprêter leurs armes : les gardes nationaux et le peuple sont couchés en joue !...

Le capitaine Favrel s'élance alors vers les gardes municipaux, en leur faisant signe de ne pas tirer ; il est suivi du lieutenant Chaumont. On s'arrête et tous les yeux se fixent sur ces deux braves parlementaires ; on n'a plus d'attention que pour eux.

En ce moment, un gamin de quatorze à quinze ans, armé d'une carabine, se glisse jusqu'au premier rang. Là, il se baisse, dirige sa carabine contre les municipaux et se dispose à tirer ; mais M. Gaumont, capitaine de la 4ᵉ compagnie de chasseurs l'aperçoit ; il bondit jusqu'à lui, arrête la main de ce jeune fou, et prévient ainsi un grand massacre.

Pendant ce temps, le capitaine Favrel et le lieutenant Chaumont ont abordé les municipaux. Par leurs représentations énergiques ils décident ces soldats à rentrer et à se mettre sous la protection de la garde nationale.

Un instant après le bataillon était disposé en carré devant l'entrée de la caserne, et tenait ainsi le peuple à distance. Les officiers de la garde municipale viennent au milieu de ce carré fraterniser avec les officiers de la milice citoyenne, jurant de ne plus tirer un seul coup de fusil. Ils rendent la liberté aux prisonniers que l'on avait renfermés dans la caserne, et consentent à remettre à la garde nationale le drapeau qui flottait au-dessus de l'entrée.

Quelques citoyens en blouse franchirent alors les rangs de la garde nationale pour fraterniser à leur tour avec les gardes municipaux ; mais d'autres groupes arrivèrent successivement ; les cris menaçants, qui s'étaient apaisés un instant, se firent entendre de nouveau. Le bataillon garda sa position devant la caserne, pour protéger les gardes municipaux et prévenir toute collision. Vers cinq heures, il fut relevé par le 1ᵉʳ bataillon de la légion.

Pendant que ces soldats citoyens imposaient par leur influence morale, tant au peuple qui s'y soumettait, qu'aux municipaux qui se mettaient sous sa protection et assurait ainsi le salut de ces derniers, d'autres gardes nationaux accomplissaient une mission aussi noble mais plus périlleuse, en faveur des mêmes hommes.

Cinquante d'entre eux étaient bloqués rue Bourg-l'Abbé, dans la maison Lepage, avec deux officiers, par le peuple qui encombrait les alentours et proférait des cris de vengeance.

Près de là se trouvait bien un bataillon du 7e léger et une compagnie de cuirassiers instruits du danger des municipaux, mais ils ne pouvaient sans témérité pénétrer jusqu'à eux au travers de cette foule compacte, armée et furieuse. Ils ne pouvaient trouver que la mort et celle des autres s'ils tentaient un mouvement; et déjà la nuit commençait, les cris redoublaient, les mouvements devenaient plus prononcés, lorsque le maire du 6e arrondissement, M. Cottel, les colonel et lieutenant-colonel de la 6e légion, MM. Husson et Corbéau, et l'adjudant-major, M. Baudouin, se présentent à la tête d'un détachement de gardes civiques et pénètrent jusqu'à la maison Lepage en fendant les rangs de cette foule pressée, qui s'écartait lentement pour les laisser passer. Mais une fois qu'elle le vit parvenu à la maison, une fois l'intention de la garde nationale connue, la foule irritée, récapitulant la conduite des municipaux et leurs victimes, voulut s'opposer à ce que les soldats citoyens accomplissent leur dessein. Alors usant à la fois de cette énergie qu'elle a toujours montrée pour le bien, de cet ascendant magique qu'elle avait surtout acquis dans les journées qui venaient de s'écouler, faisant vibrer dans le cœur du peuple les sentiments de générosité et de noblesse qui sont innés chez les Français, la milice civique parvint à calmer et convaincre ces masses frémissantes. Le détail de cette scène, une des plus curieuses de cette journée, serait trop long à décrire, nous nous bornerons à citer les noms des soldats citoyens qui y prirent la plus grande part. Ce furent d'abord naturellement le maire, les deux colonels, l'adjudant-major, le capitaine Ségalas, et MM. Etienne Arago, Pinon, Ourback et Deffieu fils, qui déployèrent une grande énergie et s'exposèrent plus d'une fois pour protéger les prisonniers.

A mesure que ces soldats sortaient de la maison Lepage, la garde nationale les conduisait au milieu du bataillon du 7e léger; mais, une fois tous sortis, ils n'étaient pas encore sauvés, il restait à les mettre en lieu de sûreté. On se décida à les conduire à l'Hôtel-de-Ville, que protégeait un corps nombreux de troupes.

Cent cinquante gardes nationaux, accourus de la mairie du 5e arrondissement sous le commandement de M. Rouzé, capitaine de la 2e compagnie du 4e bataillon de la 5e légion, aidèrent leurs frères d'armes de la 6e légion à escorter les gardes municipaux, pendant ce long et périlleux trajet, qui s'accomplit heureusement.

Les cent cinquante hommes, conduits par M. Rouzé, remontèrent ensuite la rue Saint-Martin, qu'ils quittèrent bientôt pour aller reconnaître une formidable barricade, coupant la rue Transnonain.

Les gardes nationaux n'étaient plus qu'à une cinquantaine de pas de cette barricade, quand un jeune homme s'élança vers le capitaine Rouzé. « Capitaine, lui dit-il, faites faire halte, et allez reconnaître, sans quoi vous êtes perdus; les citoyens qui défendent cette barricade sont exaspérés et crient à la trahison. »

Le capitaine suivit le conseil de ce généreux jeune homme. Ayant commandé à sa colonne de faire halte, il s'avança seul, tenant son sabre de la main gauche, la lame basse, et la main droite sur le cœur. Un homme aux bras nus, à la tête échevelée, se dressa derrière la barricade; couchant le capitaine en joue, il s'écria ; « Halte-là! qui vive? — Les chasseurs de la 2e compagnie du 4ᵉ bataillon de la 5ᵉ légion qui viennent fraterniser avec vous, citoyens, répondit le capitaine. — Quand il vous plaira, répliqua l'homme aux bras nus, en abaissant son fusil. Vous pouvez entrer avec vos hommes, capitaine. »

Les gardes nationaux s'approchèrent aussitôt ; ils franchirent la barricade, aidés par les citoyens qui la défendaient, et qui firent une décharge générale en signe de réjouissance. Après avoir fraternisé quelque temps, les soldats citoyens partirent. Ils se rendirent devant la caserne du faubourg Saint-Martin, où ils passèrent la nuit avec les 1ᵉʳ et 2ᵉ bataillons de la légion, qui se relayaient toutes les deux heures pour protéger les gardes municipaux. Entre trois et quatre heures du matin, on fit sortir ces soldats désarmés par petits groupes, et on les conduisit en lieu de sûreté. Tous furent sauvés, et ce ne fut qu'au point du jour, lorsqu'il n'y eut plus personne, que la caserne fut envahie et entièrement saccagée.

Cependant des gardes nationaux et des soldats, des ouvriers et des bourgeois, fraternellement confondus, continuaient à parcourir les boulevards en faisant entendre des chants et des cris d'allégresse. La nuit était venue, mais des lampions brillaient à toutes les fenêtres, répandant une vive lumière sur les promeneurs qui couvraient les trottoirs et la chaussée. Jamais peut-être la joie publique n'avait éclaté plus vive et plus bruyante. Qui ne se rappelle à Paris cette magnifique soirée où l'illumination du peuple, sans ordre, sans symétrie, semblait emprunter elle-même quelque chose au délire du contentement. La foule inondait les rues et les places : partout, sans se connaître, on s'abordait, on se souriait, on se félicitait ; les cris, les chants, les gestes, tout traduisait le bonheur, quand tout à coup un feu de peloton résonne lugubrement dans la vaste cité : « C'est une décharge en faveur de la réforme, disent les plus éloignés. — C'est une trahison, disent les plus rapprochés. — C'est la mort, » murmurent ceux qui tombent.

Il était neuf heures et demie. Sur le boulevard des Capucines, contre l'hôtel des affaires étrangères, était le 14ᵉ de ligne; devant lui, dans le plus grand désordre, les uns fuyaient avec effroi, les autres avec rage, tandis que d'autres se traînaient avec peine, laissant après eux une trace de sang; d'autres enfin étaient tombés pour ne plus se relever.

Le 14ᵉ de ligne venait de faire feu sur un attroupement. Cinquante-deux personnes, hommes et femmes, étaient tuées ou blessées!...

Nous n'avons pas ici à rechercher la cause qui amena cette catastrophe déplorable, nous n'avons qu'à constater le fait.

L'instant d'après, on voyait passer un tombereau chargé de cadavres, des hommes armés de torches l'escortaient : « Aux armes! s'écriaient-ils; on nous assassine! Aux armes! aux armes! »

Des cris de colère et de vengeance succédèrent aussitôt aux cris de joie et aux chants. La foule se précipite indignée, furieuse, rugissante, et finit par s'écouler lentement dans un silence plus menaçant que le bruit de sa colère.

Mais à la suite du tombereau, le lieutenant Baillet, du 14ᵉ de ligne, accourt sur le boulevard des Italiens, envoyé par son colonel pour donner des explications sur la fusillade qui venait de renverser cinquante-deux citoyens. Près du café de Paris, il est entouré par une foule exaspérée qui, sans vouloir lui permettre d'exposer l'objet de sa mission, le saisit et le frappe violemment. Il allait être terrassé, quand M. Lenvec, lieutenant de la 4ᵉ compagnie du 2ᵉ bataillon de la 2ᵉ légion, s'élançant à son secours, au risque de périr lui-même, parvient à le dégager un instant. Mais la foule irritée menace encore devant les cadavres qui pas-

sent. En vain, avec une généreuse énergie, M. Lenvec couvre de son corps le lieutenant Baillet, dans une fureur aveugle on parle de les immoler tous deux, lorsque des soldats du 2ᵉ bataillon de la 2ᵉ légion les dégagent tous les deux, et, à l'aide de ces gardes nationaux, le lieutenant Baillet put rejoindre sain et sauf son régiment.

Ce fut le dernier trait de la garde civique dans cette journée. Peu après, la grande ville, un moment joyeuse et bruyante, avait repris un aspect sombre et menaçant; les barricades, abandonnées pendant quelques heures, furent réoccupées, et de nouveaux remparts de pavés s'élevèrent de toutes parts. Pendant ce temps, les troupes bivouaquaient sur les places et dans les rues : c'était la seconde nuit qu'elles passaient sous les armes.

Ce fut cette nuit-là que le maréchal Bugeaud prit la direction des troupes : il avait le commandement supérieur de toute la force armée de Paris, y compris la garde nationale.

Avant le jour, il fit partir deux colonnes, composées d'infanterie, de cavalerie et d'artillerie; l'une, commandée par le général Bedeau, s'avança par les boulevards jusqu'à la porte Saint-Denis; l'autre, placée sous les ordres du général Sébastiani, s'engagea dans l'intérieur de la ville. Sa marche fut lente et difficile.

Le *Moniteur* du 24 février annonça donc le matin la nomination du maréchal. Ce fut la seule ordonnance qui parut. Il ne contenait pas un mot du changement de ministère. La population reçut cette nomination comme un défi, ce silence comme l'aveu d'une perfidie.

Dès sept heures, le rappel battait dans les différents quartiers. Les tambours de la garde nationale, marchant souvent isolément, loin d'être inquiétés, étaient au contraire applaudis sur leur passage : *Vive la réforme! Vive la garde nationale!* s'écriait le peuple.

Vers neuf heures, les troupes qui stationnaient sur les boulevards, sous les ordres du général Bedeau, se retirèrent aux Champs-Elysées. Des citoyens armés et cent cinquante à deux cents hommes, grenadiers, chasseurs et voltigeurs, des 1er, 2e et 4e bataillons de la 5e légion, précédaient les soldats pour leur faire ouvrir un passage. C'était plus que l'union des troupes et de la garde nationale, c'était en quelque sorte la protection accordée aux soldats par cette dernière qui, pour donner au peuple l'exemple de la confiance, marchait le fusil non chargé et la baïonnette dans le fourreau. Quand la colonne passa devant l'hôtel des affaires étrangères, les soldats qui défendaient cet hôtel l'évacuèrent et suivirent la colonne. Aussitôt deux officiers de la milice citoyenne s'empressèrent de mettre en faction devant l'entrée un garde national et un citoyen en blouse. On écrivit avec de la craie en grands caractères, sur l'un des battants de la porte cochère : *Hôtel du peuple;* sur l'autre : *Propriété nationale.* Puis l'on plaça deux écriteaux à gauche et à droite : l'un portait ces mots : *Boutique à louer;* on lisait sur l'autre : *Grand appartement à louer présentement.*

La colonne avait continué sa marche, toujours précédée par la 5e légion, qui ne recueillait sur son passage que des témoignages de sympathie de la part des troupes dont elle traversait les rangs. Au bout de la rue Royale, la scène changea tout à coup; des gardes municipaux étaient là au moment où les gardes nationaux et les citoyens armés débouchaient sur la place de la Concorde. Ces derniers furent assaillis par une soudaine décharge, qui tua et blessa plusieurs hommes. Cette décharge était partie d'un des postes établis à l'entrée des Champs-Elysées, et occupé par la garde municipale, dont la milice civique avait sauvé la majeure partie au péril de sa vie. Après un moment de confusion, les gardes nationaux remirent la baïonnette au bout du fusil, chargèrent leurs armes et marchèrent contre le poste avec les citoyens armés qui les avaient suivis. Sur quinze municipaux qui occupaient ce poste, tous furent tués, à l'exception de deux ou trois.

La place de la Concorde et les Champs-Élysées étaient couverts de troupes; mais pas un soldat ne bougea pour défendre ces gardes municipaux, qui avaient si traîtreusement tiré sur la garde nationale; des chasseurs à pied se joignirent même aux soldats citoyens dans l'attaque du poste.

En Février, de même qu'à toutes les époques d'émotions nationales, la triple union du peuple, de l'armée et de la garde civique, dont l'ascendant dominait tout, s'étendait à mesure dans la grande ville; sur quelques points seulement les troupes opposèrent de la résistance.

Dès le lever du jour, des barricades s'élevèrent dans le faubourg Saint-Antoine, sous la direction de quelques officiers de la 8e légion. Entre huit et neuf heures, un bataillon du 16e léger voulut sortir de la caserne de Reuilly. Le colonel avait donné l'ordre au commandant d'empêcher l'érection des barricades et de disperser ce qu'il appelait l'émeute. Les gardes nationaux et le peuple s'opposèrent à la sortie du bataillon. Après une assez vive discussion, le bataillon rentra. Il fut convenu entre le colonel et M. Recurt que, s'il arrivait des ordres supérieurs, la garde nationale serait prévenue avant la mise à exécution de ces ordres.

Pourtant le peuple parut mécontent du traité. « Et les armes? disait-il. Il nous faut les armes! Les armes! » Alors un homme, d'une haute taille s'écria : « Vous voulez des armes? attendez »

Un fort détachement était resté en dehors de la caserne. L'homme à la haute taille s'avança froidement vers ces soldats, et il en désarma un, puis un autre, puis un troisième, et il passa à mesure les fusils à ses camarades, qui s'approchaient de toutes parts. Le piquet rentra précipitamment dans la caserne. En ce moment, quelques coups de feu partirent des rangs du peuple. Alors on vit une compagnie sortir vivement de la cour. Le commandement de : Feu ! se fit entendre, les soldats obéirent, et quatre citoyens tombèrent : un sergent de la garde nationale, un tambour-maître de Vincennes et deux ouvriers.

Le peuple riposta ; le capitaine qui venait de commander le feu fut mortellement atteint. Une lutte sanglante allait s'engager, quand le colonel parut à une fenêtre et demanda les officiers de la garde nationale. MM. Recurt, Planche, Perret, Grelau, Meignen, Marcaille et Montariel, s'avancèrent aussitôt et pénétrèrent dans la caserne.

Il fut convenu que les soldats abandonneraient leurs armes aux citoyens, et seraient conduits jusqu'à la barrière sous la protection de la garde nationale.

Peu de temps après, les soldats, les gardes nationaux et les ouvriers, remontaient le faubourg, bras dessus, bras dessous, et en criant : *Vive la garde nationale ! Vive la ligne ! Vive la Réforme !* A la barrière, on se quitta ; puis les gardes nationaux et le peuple redescendirent vers la place de la Bastille.

Cet incident, malheureux par le sang versé des deux parts, marque à chaque détail la puissance de la milice nationale.

Dans le cinquième arrondissement, comme dans le huitième, on se préparait à une vigoureuse résistance. De nombreuses barricades s'élevaient ; le peu de fusils et de cartouches qui se trouvaient à la mairie avaient été distribués aux citoyens. Tous les hommes qui pouvaient se procurer un fusil, une arme quelconque, s'en emparaient pour se rendre aux barricades.

Vers huit heures du matin, un détachement de gardes nationaux de différentes compagnies sortit de la mairie, précédé d'un tambour de la garde nationale et de deux autres tambours en blouse. Un capitaine de chasseurs et un lieutenant de grenadiers commandaient ce détachement, remonta le faubourg du Temple, appelant aux armes, non seulement les gardes nationaux, mais encore tous les citoyens. En passant devant la caserne de la rue du Faubourg-du-Temple, la garde nationale désarma le piquet resté à la garde de cette caserne; elle fraternisa avec les soldats, et là elle se procura quelques cartouches, puis elle se remit en marche; et après avoir battu le rappel dans le quartier situé entre le canal et la barrière, elle regagna la mairie, suivie par une longue colonne de citoyens en blouse et en habit.

Peu de temps après, un nouveau détachement, gardes nationaux en tête et citoyens en blouse à la suite, quitta la mairie. A la tête de ce détachement, qui se dirigea par les boulevards vers la rue du Faubourg-Saint-Martin, se trouvait le maire, M. Vée, ceint de son écharpe. On appela encore les citoyens aux armes, tout en escaladant les formidables barricades qui coupaient déjà les rues du faubourg; puis on rentra à la mairie.

Vers onze heures, une colonne de deux à trois cents gardes nationaux, grenadiers, chasseurs et voltigeurs, se mit en marche pour les Tuileries; quatre à cinq cents citoyens armés la suivaient. On criait encore : *Vive la réforme!* Ce cri trouva d'abord de l'écho; mais arrivés dans les quartiers Poissonnière et Montmartre, les gardes nationaux rencontrèrent des hommes que ce cri ne paraissait plus satisfaire. Les officiers qui étaient à la tête de la colonne s'arrêtaient à chaque barricade pour donner lecture de la proclamation suivante :

« Citoyens de Paris !

» L'ordre est donné de suspendre le feu. Nous venons d'être chargés par le roi de composer un ministère. La Chambre va être dissoute. Un appel est fait au pays. Le général Lamoricière est nommé commandant en chef de la garde nationale de Paris.

» MM. Odilon Barrot, Thiers, Lamoricière, Duvergier de Hauranne sont ministres.

» Liberté ! Ordre ! Réforme !

» ODILON BARROT et THIERS. »

« Il est trop tard! ça ne nous suffit plus! disaient bien des défenseurs de barricades. »

Cependant ils laissaient passer sans opposition la colonne, qui arriva, après bien des stations, à la rue de Valois.

Au moment où elle parut sur la place du Palais-Royal, une compagnie de grenadiers de la 2ᵉ légion était rangée sur le perron du corps-de-garde du Château-d'Eau, le front tourné vers le palais. Elle était venue pour prendre possession de ce poste, occupé par un détachement du 14ᵉ de ligne. En ce moment, les officiers étaient en conférence. Les soldats voulaient sortir avec les honneurs de la guerre, c'est-à-dire avec leurs armes.

La colonne s'était arrêtée en travers de la place, la tête au moment de s'engager dans la rue de Chartres, et la queue à l'entrée de la rue de Valois.

Il se trouvait en outre beaucoup d'autres hommes armés et des gardes nationaux de la 3ᵉ légion sur cette place et dans les rues;

le peuple demandait les armes des soldats et témoignait son impatience. C'est dans ce moment qu'un coup de feu, parti on ne sait de quel côté, devint le signal de la déplorable collision qui ensanglanta cette place. De part et d'autre on se crut attaqué. Le premier coup de feu fut suivi de plusieurs autres. La place se dégarnit promptement; les grenadiers de la 2ᵉ légion se hâtèrent de quitter le perron; les soldats sortirent en masse du corps-de-garde et firent une décharge pour achever de balayer la place. Mais les citoyens et les gardes nationaux s'étaient établis derrière les barricades; ils ripostèrent au feu des soldats, qui ne tardèrent pas à rentrer, et ne tirèrent plus que par les fenêtres. Le combat avait commencé. Une longue et meurtrière fusillade s'engagea entre les défenseurs des barricades et les hommes du poste. Ceux-ci ne purent d'abord être attaqués de front; mais bientôt les fenêtres du Palais-Royal se garnirent de tirailleurs, au nombre desquels se trouvaient une centaine de gardes nationaux des 3ᵉ et 5ᵉ légions. Alors le feu redouble avec une énergie égale de part et d'autre. Nombre d'assaillants, avec un courage qui tenait de la témérité, marchaient avec audace vers le poste pour l'enlever; mais un feu terrible vomi par les meurtrières les arrêtait dans leur course en jonchant la route de cadavres. Alors ils revenaient derrière les barricades, et, imitant les soldats, envoyaient des balles contre le poste. Mais ces balles entamaient seulement la pierre et faisaient redoubler le feu de ceux qui étaient si vivement attaqués. Alors encore on tentait un nouvel assaut, et encore les morts et les blessés obstruaient tout à coup le chemin. Ce combat dura cinq heures !...

Cinq heures pendant lesquelles ne cessèrent de se battre avec courage le capitaine Lesseré, de la 3ᵉ légion, qui eut la cuisse gauche fracturée par une balle; le chasseur Chambord, de la 4ᵉ compagnie du 2ᵉ bataillon de la même légion, qui fut frappé de plusieurs balles sur la barricade de la rue de Valois; puis les citoyens Lagrange, Étienne Arago, Grandmenil, Osmont, Munié, Hippolyte Cogniard, Ferdinand Flocon, Jantil-Sarre, Lacolonge, d'Alton-Shée, Dubochet, capitaine de la 3ᵉ légion, Degousée, lieutenant de la 4ᵉ compagnie du 2ᵉ bataillon de la même légion, et tant d'autres dont les noms ne nous sont pas connus.

Tout à coup, au plus fort de l'action, au sein de la fusillade, trois cavaliers se montrent sur la place. L'un d'eux était revêtu de l'uniforme de colonel de la garde nationale; c'était le général Lamoricière; le second, couvert du même uniforme, avait des épaulettes de capitaine : c'était M. de Brayer, capitaine d'état-major; le troisième était M. Trigant de la Tour, lieutenant d'artillerie. Le général tenait à la main l'abdication que le roi venait de signer; il agita ce papier, puis son chapeau, puis son mouchoir.

« Cessez le feu ! s'écriait-il. Ne tirez plus ! Le roi abdique. »

Mais sa voix se perdait dans le tumulte, ainsi que celles de ses deux compagnons. Leurs efforts généreux, leurs cris, leurs gestes sont impuissants, tant le combat est acharné; et si quelques personnes rapprochées entendent les dernières paroles, elles ne croient plus à ce pouvoir menteur qui a fait annoncer la veille le changement de ministère, et qui le lendemain n'a proclamé que la menace de la force brutale.

La fusillade continue de part et d'autre. Le général Lamoricière est lui-même blessé, et, affrontant la souffrance, il persévère dans son noble dessein et ne renonce pas encore à l'espoir de faire cesser le combat. Ne pouvant aborder le corps-de-garde du Château-d'Eau par la façade, il se résout à le tourner par le Carrousel et à y pénétrer par la rue du Musée. Les trois cavaliers s'engagent intrépidement au galop dans cette rue, malgré ces cris partis de toutes parts :

« Arrêtez ! n'allez pas plus loin ! vous allez vous faire massacrer ! »

En effet, à peine sont-ils arrivés au milieu de la rue, que le cheval du capitaine de Brayer, atteint de deux balles au poitrail, tombe et se renverse sur lui. Les chevaux du général et de M. Trigant de la Tour s'abattent un peu plus loin, et ce dernier a l'épaule traversée par une balle.

M. de Brayer se dégage promptement de dessous son cheval ; mais il se voit aussitôt attaqué par plusieurs assaillants, qui se méprennent sur ses intentions. Il se défend avec énergie ; toutefois, accablé par le nombre, il va succomber, lorsqu'il est secouru par les citoyens Aubé et Métard, qui s'écrient : « Capitaine, encore un dernier effort ; nous allons vous sauver ou mourir avec vous ! »

Un chasseur de la 4ᵉ légion, M. Buisson, vient se joindre à ces deux braves citoyens. Tous trois ils entourent le capitaine ; avec son fusil, le chasseur détourne les coups que l'on cherche à lui porter. Après quelques efforts, le capitaine et ses trois protecteurs parviennent à se réfugier dans une étroite boutique. Ils s'y barricadent ; les portes sont enfoncées, le combat recommence dans un espace de six pieds carrés ; les assaillants sont pourtant repoussés, et les quatre braves restent maîtres de la boutique. Toutefois, il faut sortir de cette maison, qui n'est pas un asile sûr pour le capitaine. M. de Brayer est décidé à gagner le Louvre ; mais il ne veut pas que ses protecteurs s'exposent plus longtemps pour lui ; il se rendra seul au Louvre. Les citoyens Aubé, Métard et Buisson s'opposent énergiquement à cette résolution. « Capitaine, disent-ils, nous vous avons dit que nous voulions vous sauver ou mourir avec vous. »

Ils se présentent donc tous les quatre à la porte, qu'ils franchissent sans difficulté cette fois, car déjà les combattants avaient reporté leur attention et leurs regards vers la place du Palais-

Royal. Le capitaine et ses trois protecteurs arrivent jusqu'à la grille du Louvre; mais là, l'officier qui commande, voyant accourir des hommes aux traits échauffés et aux vêtements en désordre, croit un instant que l'on vient l'attaquer; il donne l'ordre à ses soldats d'apprêter leurs armes. En ce moment, il reconnaît M. de Brayer, et il se hâte de recueillir cet officier, échappé à tant de dangers et qui n'éprouvait d'autres regrets que celui de n'avoir pu empêcher le sang de couler, comme il l'avait tenté avec ses deux compagnons au péril de sa vie. Pendant l'incident que nous venons de raconter, la fusillade n'avait pas cessé sur la place du Palais-Royal Les soldats du 14e de ligne, toujours retranchés dans le poste du Château-d'Eau, se défendaient avec un acharnement qui rendait tous les assauts infructueux et meurtriers. Alors, pour les réduire, on fut obligé d'avoir recours à l'incendie. Après quelques tentatives infructueuses, on parvint à mettre le feu au poste, et presque tous les soldats qui le défendaient périrent dans les flammes. Ils étaient, dit-on, cent quatre-vingts!... Que leur sang retombe sur ceux qui, par leur misérable orgueil, leur cruel entêtement, leur fanatisme politique, ont amené cette collision fatale!

On se battait encore sur la place du Palais-Royal, que déjà le palais des Tuileries était au pouvoir du peuple. Mais, avant de raconter l'envahissement du château, il nous reste encore à parler des 10e et 11e légions.

Sur la rive gauche, comme sur la rive droite, on avait vu s'élever, dès le matin, de nombreuses barricades, surtout dans le voisinage des quais. La générale avait appelé aux armes les gardes nationaux de la 10e légion. A sept heures et demie, le 4e bataillon s'était rassemblé et avait pris position sur le quai Voltaire; il était commandé par le chef de bataillon Robinet. Pendant ce temps, des détachements de la 11e légion occupaient la rue Dauphine.

La 3ᵉ compagnie du 4ᵉ bataillon de la 10ᵉ légion s'impatienta bientôt de demeurer l'arme au pied sur le quai. Elle quitta le bataillon, commandée par M. le docteur Dunoyer, son capitaine, qui commença cette campagne dans laquelle il soutint si dignement l'honneur, le courage et la générosité de l'uniforme qu'il portait. La colonne se rendit d'abord à la mairie pour avoir des cartouches. Après en avoir obtenu quelques unes, et après avoir accueilli dans ses rangs une douzaine d'élèves de l'École polytechnique, elle se dirigea vers la rue de Tournon pour désarmer la caserne occupée par la garde municipale. En chemin elle s'augmentait d'un grand nombre de citoyens armés et sans armes qui abandonnaient leurs barricades pour suivre la garde nationale.

Déjà la 11ᵉ légion avait pris possession de la caserne de la rue de Tournon; un poste nombreux la protégeait. Le capitaine Dunoyer gagna alors la caserne des pompiers, située rue du Vieux-Colombier; là il se procura une cinquantaine de fusils pour armer ses volontaires, puis la colonne marcha sur la caserne de Babylone. Un sergent, envoyé par l'officier qui commandait le piquet resté à la garde de cette caserne, vint déclarer que son chef était tout disposé à recevoir un poste de gardes nationaux pour garder la caserne conjointement avec les hommes de ligne; mais que si l'on voulait le désarmer, il résisterait : « Vous et votre officier, vous êtes deux braves, répondit le capitaine; retournez à votre poste : la patrie a besoin de défenseurs tels que vous. »

Cette parole mécontenta les nombreux volontaires qui voulaient s'emparer de la caserne pour se procurer des fusils, car la plupart n'en avaient pas; des murmures et des cris se firent entendre. Aussitôt le capitaine Dunoyer fit faire un roulement : « Si quelqu'un d'entre vous se sent plus capable que moi de commander, dit-il ensuite, qu'il s'avance, je suis prêt à lui remettre mes épaulettes et mon épée, et à rentrer comme simple soldat dans les rangs. »

Ces paroles, prononcées avec fermeté, rétablissent à l'instant le calme, et la colonne se remet en marche, en promettant d'obéir en tout à son digne chef. Celui-ci, après avoir fait parcourir à ses soldats, dont le nombre s'augmentait à chaque pas et se trouva bientôt de quinze cents hommes, la Croix-Rouge, les rues du Four, de Bussy, Saint-André-des-Arts, Contrescarpe et Dauphine, leur fait descendre les quais jusqu'au pont du Carrousel. Là, on apprend que le roi vient d'abdiquer en faveur du comte de Paris, et que la duchesse d'Orléans est nommée régente. Le capitaine n'en propose pas moins de traverser la Seine pour marcher sur les Tuileries; mais un grand nombre de gardes nationaux et de volontaires font entendre des réclamations : « Capitaine, vous nous menez trop loin, s'écrient-ils; le roi a abdiqué, une régence est nommée : que peut-on désirer de plus ? » En réponse à ces réclamations, le capitaine laisse à chacun son libre arbitre.

La colonne se divise alors : la majeure partie s'éloigne pour retourner aux barricades, et le capitaine Dunoyer reste à l'entrée du pont avec le sous-lieutenant Baudot, les sergents Duvillard et Girard, quatre élèves de l'Ecole polytechnique et environ cent cinquante hommes, dont soixante gardes nationaux. Néanmoins on se décide à marcher sur les Tuileries. Les tambours battent la charge, et les soldats entonnent la *Marseillaise*. Les quais du Louvre et des Tuileries étaient occupés par de l'infanterie et de la cavalerie, et deux pelotons de fantassins gardaient l'entrée du pont du Carrousel. A quelques pas de ces premiers pelotons, la colonne s'arrête et le capitaine Dunoyer s'avance seul vers l'officier de la ligne : « Toute la 10e légion, suivie du peuple armé, est en marche pour aller arrêter l'effusion du sang sur la place du Palais-

Royal, lui dit-il ; ma compagnie est l'avant-garde de la colonne, et je viens vous demander passage. »

L'officier se rend auprès de son colonel, qui donne l'ordre de laisser passer les citoyens du 10e arrondissement, et fait jouer la *Marseillaise* par la musique de son régiment.

La petite colonne s'engage sous le guichet du Louvre. A son apparition sur la place, elle est accueillie par trois coups de canon venant de la cour des Tuileries et par une fusillade partant des fenêtres. Un volontaire est légèrement blessé à la main. La colonne recule; mais elle reparaît bientôt en battant la charge. Cette fois la place du Carrousel est presque déserte.

Le roi et la reine venaient de quitter les Tuileries, et l'on avait dirigé vers les Champs-Élysées les troupes qui couvraient le Carrousel. Il était près d'une heure.

En effet, Louis-Philippe, qui avait voulu d'abord résister à la volonté du pays, qui n'avait pas craint de prononcer dans le discours de la couronne la phrase blessante pour la majorité des Français, avait été contraint à prendre honteusement la fuite.

Cette garde nationale, qu'il avait trompée et repoussée après s'être servi d'elle, avait commencé par lui refuser son appui, et s'était ensuite tournée contre lui en marchant à la tête du peuple, et désarmant par la force morale les troupes, qui n'avaient pas hésité entre le roi et ceux qui représentaient la nation. Alors ce monarque atterré avait fait les diverses concessions que nous avons vues dans le courant de cette histoire. Mais ces concessions, on n'y pouvait croire de la part de ce gouvernement menteur; ces concessions, elles étaient trop tardives : le sang coulait par les rues, et le bruit de la fusillade, et les cris des mourants avaient couvert la voix de ceux qui les annonçaient.

Vainement la reine, à l'instar de Marie-Antoinette à la journée du 10 août, avait tenté de réveiller chez son époux le courage de mourir en roi. Comme Louis XVI, Louis-Philippe avait montré la faiblesse de son âme. Comme Louis XVI, il avait passé une revue de la garde nationale qui était aux Tuileries, et, comme lui, il avait été accueilli par des cris hostiles. Alors, s'adressant à tout ce qui l'entourait, il avait prié le maréchal Gérard de tenter un dernier effort. Ce noble et digne guerrier l'avait essayé avec courage, mais sans succès ; alors enfin le roi, ayant dépouillé cet uniforme de général de la garde nationale qui le brûlait, avait prononcé ces seules paroles : *Les chevaux.*

Les chevaux d'attelage avaient été tués ; les voitures de la cour n'étaient plus possibles. On en avait réuni deux de louage au Pont-Tournant : c'est là que Louis-Philippe se rendit par le souterrain des Tuileries, donnant le bras à la reine ou plutôt appuyé sur le sien. Parvenu sur la place de la Concorde au milieu de la foule qui se pressait autour de lui sans insulte, mais sans témoignage d'intérêt, il s'arrêta tout à coup et changea de visage : il foulait le sol sur lequel était tombée la tête de son père. Séparé un instant de la reine, il se retourna pour la rejoindre ; il l'aperçut venant à lui, escortée par un homme dont il chercha les traits dans sa mémoire. Cet homme était le même garde national de 1830 qui avait sauvé son palais, et qui en avait été payé par l'ingratitude. Les yeux de Louis-Philippe se fixèrent un instant sur Charles Maurice. Cet instant lui suffit sans doute pour exciter ses remords et lui montrer toute l'étendue de sa faute. La garde nationale était là, vivante dans cet homme ; ce que Louis-Philippe avait fait envers un soldat citoyen, il l'avait fait aussi contre tous les autres, et ce soldat lui apparaissant à la dernière minute de son règne était le signe de la justice de Dieu, qui se traduit toujours par celle des nations.

La voiture qui emporta la royauté partit sous le regard d'un garde national, qui semblait se trouver là pour personnifier toute cette milice.

Ce ne fut pas tout. Pendant qu'elle faisait sentir au père le poids de sa colère, elle forçait le fils à reconnaître sa puissance et à se courber devant elle.

Le duc de Nemours, resté aux Tuileries, se tenait sous le pavillon de l'Horloge, entouré d'un nombreux état-major. Le capitaine Dunoyer, qui avait pénétré dans la cour avec des fractions des 4e, 5e et 6e légions, qui stationnaient devant les bâtiments de l'état-major, alla droit vers lui avec M. Aubert-Roche, lieutenant de la 5e.

« Nous venons, dirent-ils, vous proposer un moyen d'éviter l'effusion du sang. — Que faut-il faire? répondit le duc. — Évacuer à l'instant même le château et le livrer à la garde nationale, sinon vous êtes perdu. Le combat sera sanglant, et les Tuileries sont cernées. »

Le prince resta un instant sans répondre. Comme son père, il jeta les yeux sur ces soldats citoyens qui lui parlaient un langage nouveau pour lui. Puis, ayant regardé ceux qui l'entouraient, et voyant que tous gardaient le silence : « Je vais faire retirer les troupes, » dit-il.

L'instant d'après, l'artillerie sortait par la grille du pont, le reste des troupes par le pavillon de l'Horloge, et la garde nationale prenait possession des Tuileries, que le peuple envahissait après elle. Ce fut encore dans ce moment que sa tâche devint plus rude et qu'elle trouva de nouveau l'occasion de clore sa victoire par un dernier trait de générosité.

Les troupes avaient évacué le château avec tant de précipitation, qu'on n'avait pas songé à relever les postes de l'intérieur. Trois cent soixante hommes de la garde municipale restaient dans la galerie du Louvre, près des appartements du roi, avec un détachement de soldats du génie ; à l'étage supérieur, se trouvait un autre peloton de soixante gardes municipaux, commandé par le lieutenant Perrin. Enfin, un troisième détachement de cent trente soldats de la même garde occupait encore la salle du trône.

Déjà le peuple entrait en tumulte, commençant à assouvir sur les meubles, sur les murs, sur tous les objets une vengeance qu'il allait faire éclater plus terrible encore sur ces soldats, les seuls qui l'eussent décimé. Mais les gardes nationales qui le précédaient avaient juré de ne pas laisser souiller la victoire par le sang inutilement versé. Pour cela, les soldats citoyens se divisent. Le capitaine Dunoyer et les siens courent à la galerie du Louvre et à l'étage au-dessus ; ils se dépouillent de leurs uniformes, en revêtent les gardes municipaux et assurent leur retraite. M. Charles Kock, sergent-major de la 4º compagnie du 4ª bataillon de la 6º légion, se dévoue à son tour pour les municipaux qui occupaient la salle du trône. Par son courage, ses exhortations, son énergie, il parvient à en arracher cent vingt à la mort. Dix seulement sont immolés à la fureur populaire.

Ce n'est pas tout, cette poignée de la milice civique, voyant que le peuple redouble de rage en brisant les objets qui ont appartenu à la royauté, veut calmer cette fureur, arrêter la destruction et empêcher le pillage de la part des malfaiteurs qui sillonnent déjà cette foule immense, au sein de laquelle ils ne peuvent être reconnus.

Déjà le trône, enlevé de la salle où il se trouvait, est porté processionnellement jusqu'à la place de la Bastille et brûlé au pied de la colonne de Juillet. On jette par les fenêtres des fauteuils, des matelas, des tentures, des meubles de toute espèce, que l'on brûle également dans la cour et dans le jardin, avec les guérites des factionnaires.

Au pied de la façade, du côté du jardin, il se forme un énorme bûcher, sur lequel on jette incessamment des matières inflammables. Le feu est déjà si ardent qu'il sape la muraille. Les flammes dépassent le premier étage et commencent à embraser l'intérieur par les croisées ; tout à coup un garde national de la 10e légion, décoré de la croix de Juillet, M. Lançon, s'élance pour arrêter l'incendie. Neuf citoyens se joignent à lui. Ses premières exhortations sont repoussées ou se perdent au milieu du tumulte; alors, avec ses camarades, il agit, il lutte, il crie à son tour, parvient à se faire entendre, persuade, commande et finit par faire éteindre le feu.

D'un autre côté, des citoyens de bonne volonté se placent en faction devant le buffet pour préserver l'argenterie ; la nuit venue, ils craignent de se voir impuissants contre les pillards, et envoient prévenir l'élève de l'École Polytechnique, préposé à la garde du château. Celui-ci accourt et ordonne de tout disposer pour conduire le trésor dans un caveau. Les citoyens Vallier, ouvrier corroyeur, Gerbeau, tourneur, et Rivoire, teinturier en peaux, se chargent de porter l'argenterie au lieu désigné. L'élève de l'Ecole, un lieutenant de grenadiers de la 8e légion et trois autres citoyens armés entourent les porteurs. Pendant le trajet, on cherche plus d'une fois à les arrêter; mais toujours la contenance ferme de l'élève de l'Ecole et du lieutenant de grenadiers, qui marchaient en tête, le sabre au poing, impose aux malfaiteurs, et l'argenterie est sauvée.

Enfin, le lendemain matin, 25, M. Denghen, lieutenant de grenadiers de la 1re légion, qui avait commandé pendant la nuit le poste de l'Assomption et se rendait vers sept heures et demie à la mairie du 1ᵉʳ arrondissement, apprend que des diamants de la couronne, ainsi que des valeurs considérables vont tomber au pouvoir de quelques misérables pillards. Aussitôt il fait un appel aux citoyens de bonne volonté, réunit quelques gardes nationaux et vingt-cinq hommes du peuple, avec lesquels il court aux Tuileries. Il arrive au moment d'une grande effervescence, au milieu de la foule qui remplissait toujours le palais. Il traverse cette foule et arrive à la pièce où se trouvent les valeurs qu'on lui a signalées. Il fait apporter un brancard, un matelas, y fait déposer les diamants, l'or, l'argent, les billets, les recouvre avec des draps et une couverture, et, laissant une partie de ses hommes à la garde de la portion du trésor qu'il ne peut enlever, il sort à la tête du reste de son monde. « Chapeau bas ! s'écrie-t-il en écartant la foule. Honneur au courage malheureux ! »

Chacun se découvre sur le passage du brancard, le lieutenant sort du château et se hâte de transporter au Trésor cette partie des richesses nationales.

Il eut à faire ainsi, du palais au ministère des finances, trois voyages, qui s'accomplirent heureusement.

Ainsi c'est bien à la garde nationale qu'on doit la conservation du palais des Tuileries et de ses objets les plus précieux.

Mais pendant que tous ces faits s'accomplissaient, d'autres plus graves encore, et qu'il faut brièvement écrire pour compléter cette histoire, avaient lieu à la chambre des députés.

Louis-Philippe avait abdiqué en faveur du comte de Paris ; on voulait pour régente sa mère, la duchesse d'Orléans, à la place du duc de Nemours, généralement repoussé et qu'une loi avait fait régent. C'était l'objet de la démarche qu'allait faire à la chambre la duchesse, qui y pénétra vers les deux heures ; elle tenait le comte de Paris d'une main, le duc de Chartres de l'autre ; le duc de Nemours suivait avec plusieurs officiers. Ce cortége fut accueilli de la part d'un grand nombre de députés par des cris de : *Vive la duchesse d'Orléans! vive le comte de Paris! vive le roi! vive la régente!*

Ce fut le dernier soupir de la royauté, les satisfaits ne surent mettre de l'énergie que dans leurs cris. Pendant que l'on discutait, un premier flot de peuple, entremêlé de gardes nationaux, fit irruption à la chambre.

Il fut suivi d'un second, puis d'un troisième; peu à peu la foule envahit la salle.

Alors, cette majorité, aussi lâche qu'elle avait été coupable, ne se sentit pas la force d'opposer cette résistance parlementaire, ce courage civil devant lequel le peuple s'est toujours arrêté; gorgée d'honneurs, de priviléges, de richesses par la cour, elle ne trouva pas un seul élan, une seule parole qui tentât d'arrêter le flot populaire, elle n'essaya pas un seul effort. Tremblante et terrifiée, elle s'enfuit, désertant son poste que le danger pouvait ennoblir dans ce moment. Pour que rien ne manquât au témoignage de sa peur, le président donna le premier l'exemple de la fuite. Elle l'imita en tumulte sans songer à se ranger autour de cette mère et de cet enfant qui devaient être sacrés à ses yeux. Cette mère, cet enfant, disparurent avec tout le cortége d'officiers qui accompagnaient le duc de Nemours.

L'histoire inscrira sur ses tables inexorables la lâcheté de cette majorité corrompue jusque dans son courage, dont pas un membre n'eut l'énergie de résister, la bonne pensée de mourir, comme si l'occasion d'une belle mort était si fréquente; mais entre corrupteurs et corrompus il n'existe qu'un lien, c'est ce lâche égoïsme dont nous écrivons le déplorable récit. Les corrupteurs avaient fui, les corrompus abandonnaient à leur tour une cause qui ne pouvait plus leur faire largesse. Tous avaient senti l'effroi au fond du cœur. Pour la première fois ils s'étaient vus en face de leur conscience qui grondait. C'était le peuple.

Ainsi, le roi qui avait abdiqué, l'enfant qui devait lui succéder, la régente, les princes de la famille, leurs adhérents, le gouvernement, la majorité, tout avait disparu. Les députés restés à leur poste se trouvaient seuls avec du peuple. Les destins de la France leur étaient remis en ce moment. Ils se hâtèrent de former un gouvernement provisoire. A 4 heures il avait quitté la chambre pour se rendre à l'Hôtel-de-Ville, où il commença à fonctionner avec une énergie et une activité extraordinaires.

Telle fut la révolution de 1848 qui s'est passée sous nos yeux et où tout, comme dans les précédentes, partit de la garde nationale ou vint y aboutir.

Pour quiconque les aime, cette époque est des plus fécondes en rapprochements et en contrastes. Ils donnent cet enseignement que les rois, comme les autres hommes, sont sous la main de Dieu, que leur expérience est nulle pour leurs projets liberticides, que leur défaite est sûre alors même que, se croyant éclairés, ils suivent pour cela la route contraire de leurs prédécesseurs.

Charles X et Louis-Philippe subirent les mêmes épreuves, méprisèrent les mêmes signes précurseurs de l'orage, commirent les mêmes fautes.

Au plus fort de l'ambition de ces deux princes, leurs fils meurent tout à coup. L'un, le duc de Berry, le 13 février 1820; l'autre, le duc d'Orléans, le 13 juillet 1842; tous deux laissant une veuve et un héritier, l'un le duc de Bordeaux, l'autre le comte de Paris.

L'année qui précéda leur chute est marquée par la misère du

peuple. En 1829, le prix du pain s'élève à 1 fr. 5 c., en 1847, à 1 fr. 24 c.

Le mécontentement devient général ; les manifestations se forment sur tous les points. L'une pour le refus de l'impôt, l'autre pour la réforme. Les deux monarques répondent également par des expressions blessantes et des menaces aux vœux de la nation dans le discours de la couronne. L'un les traite de *coupables manœuvres*, l'autre de *passions ennemies*.

121 députés protestent en 1830, 108 en 1848.

La révolte éclate, le peuple s'arme en 1830 comme en 1848. Les deux monarques mettent vainement à la tête des troupes un maréchal de France.

En 1830, comme en 1848, la garde nationale désarme du regard les soldats du pouvoir, qui fraternisent avec elle.

Aux deux époques, trois jours suffisent pour assurer au peuple la victoire.

Aux deux époques les deux monarques abdiquent en faveur de leurs petits-fils.

Aux deux époques la nation crie : *Il est trop tard*.

Enfin, à la première comme à la seconde révolution, les deux derniers rois qui ont régné sur la France gagnent la même terre d'exil, l'Angleterre, tous deux au même âge, 74 ans, tous deux sous l'imprécation de deux veuves, de deux mères auxquelles on refuse la régence pour leurs enfants qui voient la couronne s'échapper de leur front au même âge, 10 ans.

Les contrastes sont plus significatifs encore.

Charles X était tout aux prêtres, Louis-Philippe tout à l'argent.

Charles X se laissait conduire, Louis-Philippe imposait sa volonté.

Le premier était faible, le second entêté.

L'un était prodigue et sans ordre, l'autre était avare et corrupteur.

L'un avait formé un ministère d'affection, M. de Polignac; l'autre n'aimait personne, il avait pris M. Guizot.

La garde nationale était dissoute en 1830, elle existait en 1848; en 1830 on n'entendit ni ses vœux, ni ses manifestations, en 1848 on entendit et l'on méprisa les uns et les autres.

En 1830 la garde civique manqua au secours de la royauté, en 1848 elle marcha contre.

En 1830 peu de troupes se trouvèrent réunies à Paris, en 1848 elles furent quintuplées.

En juillet, Charles X, suivi de sa famille et de sa maison militaire, escorté par les gardes nationales, s'embarqua à Cherbourg comme un roi déchu.

En février, Louis-Philippe prit seul la fuite, abandonnant les siens, cachant son nom, son visage, et voulant se dérober au mépris et à l'indignation publique.

En arrivant en Angleterre, le roi de la branche aînée versa des larmes sous ce nouveau ciel; en touchant le sol étranger, le roi de la branche cadette ne trouva que ces paroles qui peignent la joie de l'égoïsme : « Je suis heureusement sur cette terre! »

Ces rapprochements et ces contrastes parlent plus haut que nous ne pourrions le faire; ils indiquent les deux mains les plus puissantes qui puissent s'appesantir sur les rois : la main de Dieu et celle de la nation.

La main de Dieu se manifeste dans toutes ces similitudes d'infortune et de fatalité, qui du roi Charles X retombèrent sur le roi Louis-Philippe, pour qu'il souffrît à son tour ce qu'il avait vu souffrir sans pitié, ce qui ne lui avait pas été d'un exemple salutaire.

Le mois de juillet qui lui donna la couronne, fut marqué plus tard par la mort de son fils aîné; n'était-ce pas lui dire qu'il abusait de ce pouvoir qu'il avait reçu pour le bonheur d'un peuple, et dont il n'usait que pour lui? Il fut sourd à cet avis, et comme pour lui prouver qu'il ne devait pas s'y méprendre, le mois de février, qui vit s'éteindre celui qui en 1820 lui barrait le trône, fut choisi par la Providence pour le renverser lui-même.

La main de la nation à laquelle Dieu avait légué sa force se manifeste à son tour dans les contrastes que nous avons signalés. En étudiant la révolution qui l'avait porté au trône, Louis-Philippe vit que la branche aînée avait succombé par la révélation de ses projets mal déguisés, la faiblesse du roi dirigé par le parti rétrograde, la dissolution de la garde nationale, l'incurie des ministres à préparer un coup d'État. Dès lors, il cacha ses intentions avec la plus grande réserve, façonna des commis au lieu de ministres, gouverna au lieu de régner, mit l'intérêt à la place de l'honneur, la crainte à la place de l'attachement; corrompit au lieu de récompenser, n'osa dissoudre la garde nationale, mais ne voulut plus entendre sa voix, entoura Paris de forts menaçants, disposa au sein et aux abords de la ville une force imposante. Mais l'air chargé de corruption qu'on respirait avait saisi au cœur la nation tout entière. Les projets de Philippe étaient devinés à l'avance et dévoilés à mesure, et, le jour du danger arrivé, tout tourna contre lui par droit de représailles. Cette garde nationale, qu'il avait craint d'irriter en la licenciant, comme l'avait fait Charles X, n'accepta pas le rôle passif qu'on lui imposait. Appelée tardivement à la défense du pouvoir éperdu, elle marcha d'abord dans l'intérêt de l'ordre seul, en réprouvant le pouvoir qu'elle refusait d'appuyer; puis le sang ayant commencé à couler, elle en arrêta l'effusion et en balaya la cause au souffle de son mépris.

Ici finit le duel de la garde nationale avec les rois, commencé en 1789 et continué avec tant de persévérance. Nous l'avons vue dans cette histoire, tantôt flattée, trompée, dissoute, reconstituée sous la main du pouvoir, négligée, tenue en mépris par lui, menacée ou détruite, la garde civique sut conserver le même esprit, la même influence morale, la même force matérielle, le même courage, la même énergie.

Insensés ! qui croyaient pouvoir l'égarer, l'annihiler ou la tenir par la crainte, quand l'histoire est là tout debout ; quand on a vu depuis soixante ans cette garde civique seule survivre à tous les pouvoirs, dont elle brisait les uns, dont elle laissait tomber les autres.

La Terreur voulut l'épouvanter, le Directoire la négliger, l'Empire l'éteindre, Charles X l'anéantir, Louis-Philippe la tromper et la conduire. Conséquente dans son système, ferme dans sa route, inattaquable dans son union, terrible dans sa force morale et matérielle, elle continua son grand œuvre pour le bonheur et la liberté du pays. Ce ne fut pas elle qui changea, ce furent les gouvernants qui tentèrent de l'abuser. Loyale dans ses serments, elle tint toutes ses promesses avec franchise ; elle fut patiente dans ses soupçons et dans la souffrance ; mais quand elle vit le mal empirer par l'incurie, par l'oppression, la corruption, elle sut triompher et vaincre : tantôt frappant les pouvoirs de son absence ou de son indifférence qui leur refusait appui ; tantôt, surgissant, expression vivante des vœux de la France, avant-garde du peuple, et bientôt peuple elle-même par son union avec lui, par sa fraternisation avec les troupes.

La garde civique est immortelle comme tous les principes inspirés à l'homme par Dieu ; avec sa triple alliance, sa triple devise, elle doit survivre aux pouvoirs qu'elle brise, comme le temps aux mondes qu'il détruit.

Maintenant nous allons voir s'ouvrir pour la garde nationale une ère nouvelle. Constituée sur des bases plus larges, libre d'élire tous ses chefs, plus unie, plus nombreuse, plus puissante, elle devait faire de plus grandes choses. Elle n'a pas failli à ses nouveaux devoirs.

TROISIÈME ÉPOQUE.

I

2e compagnie de la 3e légion à l'hôtel des Postes. — Le capitaine Boinet. — Service des dépêches assuré. — La garde de Paris confiée à la garde nationale. — M. de Courtais commandant-général. — M. Guinard major-général. — Commencement de réorganisation. — Le drapeau rouge. — Belles paroles de Lamartine. — Le 4e bataillon de la 2e légion. — Le drapeau tricolore. — Service de la garde nationale dans Paris. — Le général Baraguay-d'Hilliers. — Cent mille commissaires de police. — Généraux en faction. — Élan de la province. — Chartres. — Orléans. — Le Loiret. — La Moselle. — L'Oise. — Rouen. — Lyon. — Sedan. — Dijon. — Auxonne. — Troyes. — Annonay. — Le capitaine Alléon. — Le lieutenant Geraud. — Amiens. — Le représentant Chabot. — Le colonel Morgan de Fricourt. — Les élèves de Saint-Cyr. — Les détenus de Doullens. — Réorganisation générale des gardes nationales. — Système électif. — Dispositions relatives à la garde nationale de la Seine. — État-major. — Mode d'élection. — Réorganisation des bureaux. — Abolition des compagnies d'élite. — Nouvelles délimitations des compagnies. — Huit compagnies par bataillon. — Manifestation dite *des bonnets à poil.* — Contre-manifestation du peuple. — Proclamation. — Le général Petit enlevé des Invalides. — Le général Courtais le recueille à l'État-major. — Son allocution aux ouvriers du champ de Mars. — Ils viennent chercher le général Petit et le reconduisent aux Invalides. — Émeute contre le journal *la Presse.* — La 3e légion protège son imprimerie. — Le général Courtais et le major-général Guinard dissipent l'attroupement par une simple allocution. — Tableau comparatif de l'effectif des légions au 1er février et au 18 mars. — 56,751. — 190,299. — Élection. — État nominatif des premiers chefs. — Réorganisation de l'artillerie. — Détails. — Effectif. — Service médical.

Le lendemain du 25 février, Paris entier se réveilla comme d'un songe, étonné, étourdi de cette révolution. L'agitation la plus grande régnait encore dans la capitale, mais c'était l'agitation de la victoire; cette agitation qui, certaine de sa force, veut l'ordre, la liberté, la justice. Pour en arriver à ce but, tout le passé, tout le présent, tout l'avenir s'appuyaient sur la garde nationale, qui, sans ordres, sans direction, fonctionnait déjà de son propre mouvement, avec son admirable esprit d'union, avec sa confiance absolue dans sa puissance morale, dans son courage réel, dans son énergie salutaire.

Tous les membres de cette milice étaient restés debout pendant la nuit. Réunis au peuple, ils avaient, de concert avec lui, gardé les barricades, formé des patrouilles, établi partout des postes, où ils recevaient de nombreux volontaires qui venaient se joindre à eux.

Dès la veille, pendant que le gouvernement provisoire s'installait à l'Hôtel-de-Ville, la 1re compagnie du 3e bataillon de la 3e légion, commandée par le capitaine Boinet, prenait possession de l'hôtel des Postes, point des plus importants dans les circonstances. Elle eut à le préserver d'abord de l'envahissement et de l'incendie en arrêtant à l'entrée un attroupement de trois mille individus accourus avec des fusils et des torches. Le capitaine Boinet, qui montra autant de fermeté que de prudence, avait fait prévenir M. E. Arago, qui harangua l'attroupement et obtint qu'il se retirât. Il voulut pourvoir ensuite au service des dépêches, et ce fut encore à la 3e compagnie qu'il eut recours pour l'assurer. Ce service était pénible et dangereux; les malles-postes ne pouvaient pas circuler dans Paris, à cause des barricades. On fut obligé de porter à dos d'hommes les dépêches jusqu'aux barrières, et d'en rapporter celles qui arrivaient des départements. Les gardes nationaux escortèrent les porteurs à travers les barricades pendant toute la nuit. Les porteurs étaient payés trois francs par homme, et, circonstance bizarre, la caisse de la poste était entièrement vide, et pour ce premier besoin ce furent le capitaine Boinet et M. E. Arago qui se cotisèrent pour payer. Plusieurs escouades eurent à franchir plus de cent barricades pour arriver aux barrières et s'exposèrent à mille dangers, à cause de la différence des mots d'ordre. Mais l'intelligence du peuple, qui sait deviner ses amis et ses ennemis, l'assurance et le zèle de la garde nationale triomphèrent de tous les obstacles, et ce service improvisé fut fait avec une ponctualité et une promptitude surprenantes. Le lendemain 25, les habitants de Paris reçurent leurs lettres comme à l'ordinaire, et celles jetées à la poste parvinrent dans les départements. Ce résultat important fut dû au zèle de la 3ᵉ compagnie qui, pendant cinq jours et cinq nuits, continua ce pénible service.

Il en fut de même pour toutes les autres choses, qu'il serait trop long de rapporter ici. La garde civique, se recrutant en tous lieux, grossissant à chaque instant, soit par les volontaires, soit par les gardes nationaux retardataires les premiers jours, couvrait Paris de son immense réseau, et garantissait déjà, par sa présence et ses efforts, l'ordre et la liberté au milieu du désordre et de l'agitation d'une si prompte victoire.

Le gouvernement provisoire, nommé la veille, et qui se composait de MM. Dupont (de l'Eure), Lamartine, Arago, Marie, Crémieux, Ledru-Rollin, Armand Marrast, Garnier-Pagès, Louis Blanc, Albert et Flocon, avait fonctionné toute la nuit. Entouré lui-même de cette garde civique, réunie au peuple, qui veillait pour assurer le calme à ses graves travaux, il avait senti dès l'abord l'importance de s'assurer son appui et d'acquérir sa confiance. Comme le gouvernement provisoire de 1830, comme tous les pouvoirs qui ne sont pas aveugles ou traîtres, son premier soin fut de s'occuper d'elle et de la nouvelle organisation que nécessitait le régime républicain.

« La garde de la ville de Paris est confiée à la garde nationale, sous les ordres de M. de Courtais, commandant supérieur de la garde nationale de Paris.

» M. Guinard est nommé major-général de la garde nationale de Paris. »

Tel fut le décret qu'on afficha dans Paris dès le 25 au matin. A la suite venait la proclamation suivante, qui formulait les remercîments du gouvernement provisoire à la garde civique, exprimait la confiance qu'il avait en elle, l'appel qu'il faisait à sa force matérielle et à son influence morale, et la réorganisation qu'il commençait à lui donner.

« Citoyens !

» Votre attitude dans ces dernières et grandes journées a été telle qu'on devait l'attendre d'hommes exercés depuis longtemps aux luttes de la liberté.

» Grâce à votre fraternelle union avec le peuple, avec les écoles, la révolution est accomplie !

» La patrie vous en sera reconnaissante.

» Aujourd'hui tous les citoyens font partie de la garde nationale ; tous doivent concourir activement avec le gouvernement provisoire au triomphe régulier des libertés publiques.

» Le gouvernement provisoire compte sur votre zèle, sur votre dévouement à seconder ses efforts dans la mission difficile que le peuple lui a conférée. »

Le même jour parurent encore deux arrêtés relatifs à cette milice ; le premier ordonnait la réorganisation de toutes les gardes nationales dissoutes par le précédent gouvernement ; le second décrétait la formation immédiate de vingt-quatre bataillons de garde nationale mobile dont le commandement était confié au brave et digne général Duvivier, envers lequel la révolution réparait l'injustice ministérielle qui l'avait forcé à l'inaction pendant huit années.

La garde nationale mobile, cette cohorte de jeunes gens dont la conduite a été si héroïque, ne nous appartient pas, quoique portant le nom de garde nationale. Nous écrivons l'histoire de cette garde nationale dont tous les membres sont des soldats citoyens, dont toutes les baïonnettes sont intelligentes, dont le service gratuit est une obligation envers le pays, et la garde nationale mobile, sauf le principe d'élection pour les chefs, était soldée et assimilée en tout à l'armée.

La proclamation du gouvernement provisoire à la garde nationale avait pour ainsi dire doublé son zèle en commandant sa confiance, et il fut donné à cette milice, dès le 26 février, de faire éclater des preuves de sa force et de son énergie dans une circonstance solennelle où ce gouvernement fit appel à ses sentiments. Voici à quelle occasion :

Dès le 25, des gens mal intentionnés, ou dont les opinions exagérées voulaient égarer le peuple, semèrent des bruits de trahison contre le gouvernement provisoire. On prétendait qu'il voulait rétablir la régence. Cette nouvelle excita la plus grande agitation. La foule alors se réunit en tumulte, et, saisissant un drapeau rouge et un bonnet phrygien, veut imposer ces nouveaux emblèmes à la place du coq gaulois et du drapeau tricolore sous lequel a régné Louis-Philippe, pour prouver qu'en brisant ses insignes elle a brisé le trône à tout jamais. Vers trois heures cette foule ardente envahit la place de Grève et monte à l'Hôtel-de-Ville. MM. Lamartine et Marie s'y trouvaient seuls en ce moment. Le premier se présente aussitôt pour affronter courageusement l'orage et l'apaiser ensuite par la puissance de sa parole. Debout, les bras croisés, au milieu des murmures, des cris, du bruit des armes qui s'entrechoquent, des sabres et des fusils tournés vers sa poitrine, Lamartine est calme, majestueux, grand. Enfin il se fait un de ces moments de silence que la fatigue impose, il en profite pour parler ; il repousse le soupçon de la foule contre le gouvernement provisoire avec cette éloquence du cœur qui émeut, il s'indigne de l'impatience qu'on lui montre avec cette parole vibrante qui tonne et entraîne les masses. En effet, des cris de : Vive Lamartine ! vive le gouvernement provisoire ! vive la république ! s'échappent de toutes les bouches. Alors repoussant le drapeau rouge et le bonnet phrygien qu'on lui présente, il s'exprime en ces termes :

« Citoyens, je viens de vous parler en citoyen ; eh bien ! maintenant, écoutez le ministre des affaires étrangères :

» Si vous m'enlevez le drapeau tricolore, sachez-le bien, vous m'enlevez la moitié de la force extérieure de la France ; car l'Europe ne connaît que le drapeau de ses défaites et de nos victoires dans le drapeau de la République et de l'Empire.

» En voyant le drapeau rouge, elle ne croira voir que le drapeau d'un parti. C'est le drapeau de la France, c'est le drapeau de nos armées victorieuses, c'est le drapeau de nos triomphes qu'il faut relever devant l'Europe. La France et le drapeau tricolore, c'est une même pensée, un même prestige, une même terreur au besoin pour nos ennemis.

» Songez combien de sang il vous faudrait verser pour faire la renommée d'un autre drapeau !

» Le drapeau rouge, je ne l'adopterai jamais, et je vais vous dire dans un seul mot pourquoi je m'oppose à son adoption de toutes les forces de mon patriotisme. C'est que le drapeau tricolore, citoyens, a fait le tour du monde avec la République et l'Empire, avec vos libertés et vos gloires, tandis que le drapeau rouge n'a

ADOPTION DU DRAPEAU TRICOLORE A L'HÔTEL DE VILLE.
(27 Février 1848)

fait que le tour du champ de Mars, traîné dans le sang du peuple.»

Ces derniers mots, prononcés avec une conviction profonde, éteignent la colère de la foule qui fait place au plus vif enthousiasme. M. de Lamartine est de nouveau pressé de toutes parts, mais cette fois ce sont des mains qui lui sont tendues, des hommes qui touchent ses habits, des citoyens qui veulent l'embrasser; cette fois c'est un triomphe. M. de Lamartine se retire et fait aussitôt rendre au gouvernement provisoire un décret qui déclare que le drapeau national est le drapeau tricolore. Ce décret est immédiatement publié; mais le lendemain au lever du soleil on aperçoit le bonnet rouge qui surmonte la statue d'Henri IV sculptée au fronton de la façade de l'Hôtel-de-Ville. Les Montagnards, les Lyonnais et tous leurs adhérents, retranchés avec des canons au coin de la place qui avoisine la rue Bar-du-Bec, contemplaient ce bonnet rouge d'un œil protecteur, et semblaient prêts à s'opposer à l'adoption du drapeau tricolore ordonné par le décret de la veille. Ce fut alors que le gouvernement provisoire fit son premier appel à la garde civique pour faire disparaître cet emblème qui retraçait de sanglants souvenirs, appel appuyé sur le sublime décret qui abolissait la peine de mort en matière politique.

A midi, en effet, le 4e bataillon de la 2e légion, commandé par M. Lefèvre, vint prendre position sur la place de l'Hôtel-de-Ville, et se mit bientôt en colonne devant les grilles. Aussitôt éclate un violent orage qui inonde Paris tout entier; mais la foule ne se retira pas pour cela et continua d'enserrer la garde nationale et les Montagnards, demeurés aussi à leur poste. Un char portant 200,000 francs, au nom de la Banque de France, comme don patriotique, déboucha sur la place au premier rayon du soleil qui reparut après l'orage. D'un côté parurent en même temps les femmes des crèches, suivies d'un grand nombre de petits enfants;

d'un autre, la députation polonaise, qui s'arrêta devant les Montagnards. Ce fut alors qu'un pompier, employant les procédés de la gymnastique, parvint jusqu'à la statue d'Henri IV, enleva le bonnet rouge et mit à la place le drapeau tricolore, aux yeux de toute la population, aux cris de la garde nationale et de la foule, qui étouffèrent ceux proférés par les Montagnards.

C'est de ce moment que la République fut sauvée; car c'est de ce moment que datent les deux drapeaux devenus deux symboles, dont l'un, celui de l'ordre et de la liberté, a toujours triomphé, grâce au courage des gardes nationales, qui l'ont implanté ce jour-là plus ferme que jamais.

Le lendemain 27, eut lieu la proclamation solennelle de la République par le gouvernement provisoire au pied de la colonne de Juillet. Cette proclamation se fit au milieu de la garde civique de Paris et de la banlieue. Les légions, échelonnées depuis la place de la Bastille jusqu'à la place Vendôme, présentaient des rangs nombreux et serrés. Comme en 1789, on remarquait ce spectacle admirable des uniformes mêlés aux habits bourgeois, des armes de toutes sortes, des hommes de toutes classes, qui, rassemblés, confondus dans une même pensée d'union, d'ordre et de liberté, étalaient aux yeux de l'Europe la puissance, le courage et la force de la nation.

A cette époque, il n'y avait plus de garnison à Paris, il n'y avait même plus de police. Le gouvernement provisoire avait confié la garde de Paris à la milice parisienne; la milice parisienne outrepassait ses devoirs par son zèle. Des patrouilles sillonnaient incessamment la grande ville et le jour et la nuit. Chaque rue avait son corps de garde. Là se rendaient les citoyens du quartier, de tout âge et de tout état: les magistrats et les ouvriers, les banquiers et les hommes de lettres, les avocats et les généraux.

Le 2 mars, le général Courtais, en passant l'inspection de la garde montante, aperçoit au milieu des rangs un garde national n'ayant qu'un sabre qu'il porte à la main. « Vous n'avez donc pas de fusil, lui demande le général. — Non, répond le garde national, et je n'en porterai pas. — Et pourquoi cela? — Parce que je n'ai qu'un bras. — Et où avez-vous perdu l'autre? — Je l'ai oublié à Leipsick, tu le sais bien, puisque nous y étions ensemble. » A ces mots, le général Courtais regarde fixement le garde national et reconnaît son ancien camarade le général Baraguay d'Hilliers, qu'il embrasse avec effusion. Puis il félicite la compagnie de la 1re légion de l'avoir dans ses rangs.

Cet officier général n'était pas le seul qui montrât ce zèle pour la chose publique. Les généraux Piré, Moline Saint-Yon, Rapatel, etc., faisaient dans la garde nationale leur service de simple soldat, et l'on a vu souvent le général Le Pays de Bourjolly, avant son départ pour Lyon, de faction au corps de garde de la rue Saint-Lazare.

C'était surtout à pourchasser les malfaiteurs que la milice citoyenne s'appliquait dans ces premiers moments de troubles, où tout était à réorganiser. L'un d'eux, arrêté en flagrant délit, disait naïvement aux gardes nationaux : « Dame! je croyais qu'il n'y avait plus de commissaires de police. — Au contraire, lui répondit aussi naïvement un de ses gardiens, il n'y en a jamais eu tant. Nous sommes tous commissaires de police depuis qu'il n'y en a plus. »

Comme en 1789, comme en 1830, le même mouvement s'opéra parmi toutes les gardes nationales de départements. Partout elles étaient debout, partout elles maintenaient l'ordre, apaisaient les troubles, ramenaient le calme et faisaient respecter la liberté et les lois.

A Chartres, à Orléans, elles répriment des tentatives de désordre;

dans le Loiret, elles arrêtent ou mettent en fuite des bandes de pillards; dans la Moselle, elles étouffent les tentatives des ennemis de la liberté; dans l'Oise, elles défendent l'embarcadère de Compiègne; à Rouen, elles repoussent une émeute contre une usine anglaise de Saint-Sever; à Lyon, elles offrent, dans une revue, un effectif de 25,000 hommes; à Sedan, elles affichent sur les murs le serment de défendre la République contre l'étranger; à Dijon, à Auxonne, elles fraternisent avec les troupes; à Troyes, de concert avec les troupes, elles dissipent des rassemblements menaçants formés de condamnés libérés qui travaillaient dans les fabriques; enfin, à Annonay, le drapeau rouge est promené par la ville et repoussé par la garde nationale, à cette même date du 26, où l'on en fait autant à Paris, à l'Hôtel-de-Ville. Ces faits méritent d'être rapportés.

Aux premières démonstrations faites par les émeutiers, devant lesquels marchait ce drapeau, un détachement de 40 hommes est réuni sous les ordres du capitaine Alléon et du lieutenant Géraud. Les perturbateurs menaçaient la maison et la personne de M. Tavernier, maire et député. Le capitaine Alléon marche avec ses soldats pour le protéger, et, arrivé devant sa demeure, arrête la foule par des paroles fermes, mais conciliatrices et persuasives. La foule demande passage en promettant de ne faire aucune agression. Le pacte est exécuté de bonne foi de part et d'autre, puis les gardes nationaux vont occuper le bas de la terrasse; mais à peine y sont-ils qu'ils sont assaillis de toutes parts par des pierres et pressés de tous côtés. L'obscurité était profonde; on avait cassé tous les réverbères. Dans cette position, on essaie de désarmer les soldats citoyens, mais ceux-ci luttent avec courage, quoique réduits à un petit nombre, ils n'étaient plus que quinze. On battait la générale et une partie du détachement escortait les tambours. Enfin des renforts arrivent, peu nombreux encore, ils n'élèvent pas le chiffre des gardes nationaux à 87. Cependant ils se mettent en marche contre l'émeute, refusant d'user de leurs armes, qui n'étaient pas chargées, n'ayant pas mis la baïonnette au bout du fusil, mais par leurs colonnes serrées, leur marche déterminée et leur fière contenance, ils font évacuer la place et restent maîtres du terrain. Le lendemain, des dispositions sont prises de tous côtés. La garde nationale accourt en nombre suffisant, et l'émeute est calmée. Les soldats citoyens avaient montré une longanimité et une énergie au-dessus de tout éloge. Sur quatre-vingt-sept, quarante-neuf étaient blessés, entre autres le capitaine Alléon et le lieutenant Géraud. Ces deux officiers avaient surtout contribué à diriger le mouvement d'une manière aussi prudente que ferme; car, bien que décimée, la garde civique ne voulut pas faire usage de ses armes, et eut la force de voir couler son sang sans user de représailles.

La garde nationale d'Amiens prend part aussi, dès les premiers moments, au noble élan qui fait agir ses sœurs de Paris et de province, et annonce déjà les gages futurs de son patriotisme et de son courage.

En effet, la ville d'Amiens, une des plus importantes aux environs de Paris, avait toujours ressenti le contre-coup des secousses politiques de la capitale, et avait vu constamment l'anarchie et la licence étouffée, la liberté et l'ordre maintenus par la seule puissance de sa garde nationale. Amiens est une des villes qui fut vierge de l'échafaud révolutionnaire, et c'est à la garde civique qu'elle le doit.

Sous la terreur, à une époque où les gardes nationales de toute la France était remplacées, comme nous l'avons vu, par les sections armées et soldées, celle d'Amiens ne cessa pas d'exister et de remplir courageusement sa mission tout entière. Le conventionnel

Chabot essaya vainement de la dissoudre ou de la déborder : son union et son énergie la firent triompher de ces tentatives.

Envoyé en mission dans le département de la Somme, avec André Dumont, son collègue, le premier soin de Chabot, arrivé à Amiens le 26 juillet 1793, fut d'adresser à la municipalité une réquisition pour armer les sans-culottes; à cet effet, tous les fusils, piques, sabres, devaient être transportés à la société populaire pour qu'on pût procéder à cet armement. Chabot avait fixé le jour de cette cérémonie, qu'il voulait rendre solennelle, au dimanche 28, et avait désigné la place du marché aux Herbes. Mais le 28, dès la pointe du jour, cette place était occupée par toute la garde nationale qui, sans ordres, sans prescriptions, spontanément et par instinct, s'était rendue sur les lieux pour protester contre sa désorganisation et faire une démonstration puissante contre les sections armées et soldées qui devaient la remplacer ou l'anéantir. La garde nationale avait alors pour colonel M. Morgan de Friçourt, et pour commandants MM. Lefèvre, Poulain, Coté, qui dirigèrent le mouvement avec autant d'énergie que de prudence.

L'estrade élevée pour Chabot était entourée par les garde nationaux, qui, reportés à toutes les issues de la place, empêchaient les sans-culottes et les cavaliers du 26e régiment de pénétrer plus avant. Chabot seul put parvenir jusqu'à cette estrade, où, effrayé de la manifestation et des paroles fermes et sévères qui bourdonnaient à ses oreilles, il remonta à cheval et prit la fuite, poursuivi par la population. Le lendemain, il se rendit à la séance de la commune pour protester, se plaindre d'avoir essuyé un coup de feu et menacer de sa vengeance. Mais les chefs de la garde nationale s'étaient aussi rendus à la séance; ils rétablirent les faits, formulèrent la volonté bien arrêtée de leur légion et des habitants, et à la suite, Chabot quitta la ville d'Amiens et le département de la

Somme. Les armes destinées par lui aux sans-culottes furent remises à la garde nationale pour compléter son armement (17).

C'est à cet acte énergique et puissant que le département de la Somme dut de traverser la terreur sans troubles, sans tribunal révolutionnaire, sans échafaud. La garde nationale prit dès ce jour l'importance du rôle qu'elle était appelée à remplir, et, par son influence morale et sa force matérielle, ne cessa de maintenir dans la Somme la sage liberté qu'inspirent le dévouement et le patriotisme.

Ces nobles traditions ne pouvaient être oubliées en février 1848. A cette époque, comme en 1830, à la nouvelle du pouvoir renversé, dans l'incertitude et l'attente du pouvoir à venir, elle se leva tout entière. Dès le 23 février, elle était rassemblée et commençait son service, sous le commandement de M. Allart, son lieutenant-colonel, en arrêtant ces fauteurs de troubles et de désordres qui veulent profiter de tout.

Plus tard, M. Morgan, parent de celui dont nous avons cité la noble conduite en 1793, devint colonel de la garde civique, sans doute par la confiance qu'inspirait son nom et par héritage de ses sentiments de famille.

Toujours loyale et généreuse dans sa conduite, la garde nationale d'Amiens eut une journée glorieuse le 27 février. Ce jour-là, des élèves de Saint-Cyr et de l'Ecole polytechnique étaient venus sans ordre, sans mission, faire une propagande dangereuse, qui avait excité la population contre eux. La garde nationale leur sauva la vie.

Le même jour, les détenus de Doullens étaient poursuivis pour avoir eu l'imprudence, à leur sortie de prison, de déployer le drapeau rouge ; elle les préserva et les escorta jusqu'à ce qu'ils fussent en sûreté.

Les bornes de cet ouvrage ne nous permettent pas de citer les détails de ce mouvement général qui couvrit la France, et qui, faisant remonter à leur origine les gardes nationales, les présentaient de nouveau ardentes, fortes, généreuses, conservant ce principe éternel, salut et gloire du pays, ce principe des siècles passés venu jusqu'à nos jours, *défendre le sol de la patrie contre l'étranger, la société contre le désordre, la liberté contre les excès du pouvoir.*

Ce dernier droit, la garde civique venait de l'exercer : le premier devoir, elle était prête à le remplir, si les rois se coalisaient de nouveau contre la France : le second, elle l'accomplissait tous les jours, comme nous l'avons vu par des démonstrations partielles, où son influence morale exerçait surtout son empire.

En attendant, on procédait à la nouvelle organisation de la garde nationale, tant à Paris que dans les départements. En vertu du grand principe du suffrage universel, tout devait avoir pour base l'élection. Tous les citoyens, depuis l'âge de vingt et un ans jusqu'à cinquante-cinq, qui n'étaient pas suspendus de leurs droits civiques, devaient se présenter à leurs mairies pour se faire inscrire sur les contrôles ; le gouvernement provisoire devait armer tous les citoyens, et ceux qui ne pouvaient s'habiller devaient l'être aux frais de la patrie.

Il y avait pour le département de la Seine quelques dispositions particulières.

Le commandant-général et le major-général, nommés par le gouvernement provisoire, n'étaient pas soumis à l'élection. L'artillerie, dissoute par Louis-Philippe, était réorganisée ; l'état-major était formé sur de nouvelles bases. A cet égard, une note officielle portait ce qui suit :

« La garde nationale représente toutes les forces vives de la nation, toutes ces forces vives viendront se résumer dans le corps de l'état-major. Voici quelle en sera la composition définitive : un général de division, commandant supérieur ; un général de brigade, chef d'état-major général; un colonel, sous-chef d'état-major général; l'artillerie d'armement de la garde nationale fournira un inspecteur et deux capitaines; il y aura 81 capitaines pris dans chacun des bataillons de la garde nationale de Paris et de la banlieue. Les écoles seront représentées dans les proportions suivantes : élèves de l'École polytechnique, 2 ; élèves d'état-major, 2 ; élèves de Saint-Cyr, 2 ; arts et manufactures, 3 ; élèves de l'École de droit, 2 ; élèves de l'École de médecine, 2 ; de l'École d'Alfort, 2 ; des Beaux-Arts, 3 ; Société de la république des lettres, 4 ; protes d'imprimerie, 2 ; ouvriers appartenant aux diverses industries, etc. »

Le 8 mars, parut un décret du gouvernement provisoire, qui fixait au 18 les élections et en déterminait le mode de la manière suivante : le premier jour, les légions devaient se réunir par bataillons divisés en sections pour élire le colonel et le lieutenant-colonel. Le second, les bataillons réunis devaient élire leur chef de bataillon respectif ; le troisième, les compagnies devaient procéder de même pour leurs officiers et sous-officiers. Le même jour, un autre décret ordonnait que tous les gardes nationaux fussent habillés, invitait les compagnies à faire entre elles des souscriptions pour subvenir à une partie des frais nécessités à l'égard des citoyens qui n'avaient pas les ressources nécessaires pour fournir l'uniforme, ordonnant aux municipalités de compléter le reste.

Ces divers décrets furent exécutés avec un zèle et une intelligence que le patriotisme peut seul inspirer. Le major-général Guinard s'occupa principalement de cette organisation, de concert avec M. Baumier, secrétaire-général de l'état-major depuis plus de vingt années, que l'on avait rappelé à la tête des bureaux. Grâce à lui, ces bureaux fonctionnèrent bientôt d'une manière régulière et zélée, et sa profonde connaissance des lois et règlements en cette matière donna d'excellents conseils et inspira de précieuses mesures. Les mairies firent d'immenses distributions d'armes à tous les citoyens qui accoururent à l'envi dans les rangs des compagnies ; les gardes nationaux qui le pouvaient s'empressèrent de s'habiller ; ceux qui étaient dans l'impuissance, de se faire inscrire.

Le 13 mars, parut un arrêté de M. Ledru-Rollin, ministre de l'intérieur, qui traçait de nouveau la règle à suivre pour les élections, et portait, article 2 : « Les compagnies actuellement existantes sous la dénomination de grenadiers et de voltigeurs seront supprimées, et les citoyens qui les composent seront immédiatement inscrits sur le contrôle de la compagnie au territoire de laquelle ils appartiennent par leur domicile, quel que soit l'effectif de cette compagnie. »

A la suite de cet arrêté, approuvé par le gouvernement provisoire, parut un décret qui, s'appuyant sur le long temps nécessité pour le recensement général, et sur les difficultés résultant de la fusion des compagnies de grenadiers et de voltigeurs dans la masse générale, prorogeait au 25 mars les élections, et déclarait qu'il serait formé huit compagnies par bataillon. Le maire de Paris, pour faire exécuter cette dernière disposition, déclara abolies, par arrêté du 16, toutes les circonscriptions des anciennes compagnies de toutes les légions de la garde nationale de la Seine. Dans chaque arrondissement de Paris, il devait être procédé par le maire en conseil de recensement à de nouvelles délimitations, de manière à former dans chaque bataillon des compagnies d'un effectif à peu près égal. Les numéros d'ordre des compagnies d'un même bataillon devaient être tirés au sort par les délégués de ces compagnies. Ces dispositions étaient applicables à chacune des communes de la banlieue où la garde nationale formait un bataillon communal.

Ce fut le lendemain 16 qu'eut lieu cette manifestation dite des *bonnets à poil*, où personne ne se comprit, et dans laquelle cependant il était si facile de s'entendre.

Des grenadiers, des voltigeurs et quelques chasseurs des différentes légions se réunirent à midi sur différents points, à la Madelaine, sur les boulevards, sur les quais : des détachements de la garde nationale de la banlieue se joignirent à eux. A une heure et demie, ils se mirent en marche, rangés par pelotons, pour porter au gouvernement provisoire une protestation contre la dissolution des compagnies d'élite, et se rendirent à l'Hôtel-de-Ville. Tous étaient sans armes. A deux heures, ils arrivèrent à la place de Grève; mais là une foule compacte les arrêta. Une députation put cependant pénétrer auprès du gouvernement provisoire, dont un membre les reçut et leur dit que le décret rendu ne pouvait être modifié. Alors, et sur l'invitation du général Courtais, accouru sur les lieux, les gardes se retirèrent, mais l'effet était produit, et l'effet était déplorable.

Le principal motif des soldats citoyens qui avaient pris part à cette manifestation était celui-ci : conserver les cadres de leurs compagnies, où ils se connaissaient tous, où ils pouvaient compter l'un sur l'autre, où ils pouvaient élire leurs chefs avec plus de connaissance de cause. Le peuple attribua cette démarche à un instinct aristocratique, à un désir de distinction d'uniforme et de coiffure. Si ce désir futile a existé, il était bien certainement dans la minorité. Quoi qu'il en soit, et dans cette croyance, les ouvriers et les clubs répondirent le lendemain à la manifestation des compagnies d'élite par une autre où le nombre l'emportait d'une manière effrayante. 200,000 hommes, bannières déployées, se rendirent à leur tour à l'Hôtel-de-Ville et demandèrent l'éloignement des troupes de Paris et l'ajournement des élections au 31 mai.

Cette manifestation faillit même à devenir séditieuse. Quelques chefs des clubs voulurent parler en maîtres, mais le gouvernement provisoire, loin de se laisser intimider, montra autant de sang-froid que de fermeté, et se retrancha derrière la liberté de ses délibérations, que le peuple s'empressa de reconnaître en protestant de son dévouement. Les élections furent ajournées par décret du lendemain au 5 avril.

Nous avons dit que personne ne s'était compris dans cette circonstance et qu'il était facile de s'entendre, et nous le prouvons. Si les membres des compagnies d'élite et le gouvernement provisoire avaient connu la véritable origine de ces compagnies d'élite, il était très simple de tout concilier. On se rappelle, et nous l'avons écrit, que ce fut sur l'appel fait par Lafayette au patriotisme des gardes nationaux qu'intervint de la part de plusieurs d'entre eux l'engagement écrit, le 24 octobre 1789, de faire tous les services extraordinaires qui leur seraient prescrits : cet engagement écrit fut le brevet des compagnies d'élite. Si en mars 1848, époque à laquelle on rendait à la garde nationale sa pureté native, les compagnies d'élite, remontant à leur origine, s'étaient présentées devant le gouvernement provisoire avec le même serment écrit, leur démarche eût été bien autrement interprétée, et la manifestation populaire qui fut faite contre elle n'aurait certainement pas eu lieu.

Cette ignorance ou cet oubli de la part de tous, nous démontre combien est utile l'ouvrage que nous écrivons.

Du reste, nous ne pouvons qu'approuver la mesure qui fut ordonnée à cette époque dans la fusion des compagnies, et la suite a prouvé combien on avait eu raison de la prendre. Que serait-il arrivé dans nos jours d'émeute si les gardes nationaux eussent été forcés de courir loin de leurs quartiers pour rejoindre leurs compagnies? La garde nationale étant réorganisée, une refonte générale dans les contrôles était indispensable, et nous ne saurions d'ailleurs trouver de meilleurs motifs que ceux contenus dans la proclamation du gouvernement provisoire en réponse à la manifestation des compagnies d'élite, que nous allons citer ici.

« Le gouvernement provisoire déclare que le décret qui a eu pour objet de faire rentrer dans la masse générale de la garde nationale les anciennes compagnies de grenadiers et de voltigeurs, n'a été pris qu'après mûre délibération par le gouvernement tout entier, et après l'avis de l'état-major.

» Le sentiment de l'égalité a motivé cette mesure, qui se justifie du reste par les considérations les plus hautes d'ordre public.

» Accorder à telle ou telle compagnie la faculté de se recruter elle-même et de conserver ses anciens cadres, ce serait l'accorder à toutes : bientôt les compagnies se recruteraient, tantôt par convenance personnelle, tantôt par convenance de service, et bientôt peut-être par affinité d'opinion; on établirait ainsi un germe d'inégalité entre les citoyens, on aurait plusieurs familles séparées dans une famille; l'unité et la fraternité en souffriraient également. »

La plus grande soumission, le plus grand calme succédèrent à ces deux événements, et tout aussi zélée, tout aussi patriotique, la garde nationale s'occupa de sa réorganisation, de ses élections et de son service, qui acquérait de jour en jour plus d'importance et plus d'influence sur la population.

Deux traits entre mille méritent surtout d'être rapportés.

Le 23 mars, par suite des menées de quelques invalides, fauteurs de désordre, des ouvriers du champ de Mars s'étaient portés à l'hôtel et avaient enlevé le vénérable général Petit. Ce doyen de la gloire française était accusé entre autres choses d'avoir renversé le drapeau tricolore; lui à qui ce drapeau était d'autant plus précieux qu'il lui avait valu, à Fontainebleau, le dernier baiser de Napoléon!...

Quoi qu'il en soit, les invalides avaient abandonné le général à la colère d'ouvriers égarés qui le tenaient en leur pouvoir et entouraient un cabriolet dans lequel on l'avait forcé de monter. Pendant la route, ce cortége fut rencontré par le général Courtais, qui, suivi de quelques officiers de son état-major, sortait du ministère de la guerre. A ce spectacle, le commandant de la garde nationale voulut faire enlever le général Petit et le mettre en sûreté dans l'hôtel du ministre; mais ni lui ni ses officiers n'étaient en uniforme. Sa voix et son grade sont méconnus. La colère des ouvriers redouble, et ils entraînent avec plus de vitesse leur prisonnier. Alors, d'une voix retentissante, le général Courtais s'écrie : « A l'état-major de la garde nationale! C'est là qu'on trouvera justice. » Ce cri est répété par les officiers et bientôt par le peuple, déjà accouru de tous côtés, et qui s'incline devant la justice de la garde civique qu'on invoque. « A l'état-major de la garde nationale, » répètent quelques ouvriers qui partagent la confiance du peuple, et l'on force la colonne de prendre le chemin du Carrousel. Aussitôt, le général Courtais s'échappe et court à l'état-major, revêt son uniforme et se trouve sur le perron au moment où le général Petit est amené; il s'avance à l'instant vers ce digne guerrier, fend la foule, arrive à lui escorté de ses officiers, et le fait monter dans ses appartements avec toutes les marques de respect et de vénération qu'il mérite.

L'émeute, surprise et silencieuse au premier moment, s'agite encore au dehors et profère quelques cris de menace; mais la nuit venue, elle diminue peu à peu, se dissipe et s'éteint.

Le lendemain, le général Courtais se rend au champ de Mars, harangue les ouvriers, leur reproche leur conduite, leur fait sentir leurs torts et leur dit qu'ils n'ont qu'un moyen de se les faire pardonner, c'est de venir chercher le général Petit et de le ramener aux Invalides. Cette allocution chaleureuse d'un frère d'armes parlant d'un frère d'armes à des gens dans le cœur desquels l'honneur et la vérité ont de l'écho, finit par les convaincre. A midi, ces ouvriers, rangés devant le perron de l'état-major, demandaient à grands cris le général Petit pour le ramener aux Invalides. Une députation des Écoles s'était jointe à eux. Le général parut, présenté par le commandant superieur de la garde nationale, entouré de l'état-major de la milice civique qui, mieux cette fois que dans toute autre circonstance, prouvait sa sympathie, son union avec l'armée, dont elle accompagnait un des plus dignes représentants. Le vieux guerrier ne trouva que des paroles de gratitude pour la touchante conduite des ouvriers et les marques de vénération que lui donnaient les Écoles. Ému comme le sont les braves, il laissa parler son cœur, et excita à son tour l'émotion générale, qui se traduisit par des cris sympathiques et bien sentis. L'instant d'après, un détachement de la garde nationale, drapeau en tête, s'étant présenté, on se mit en route pour se rendre aux Invalides. Ce cortége suivit le même chemin que celui de la veille, comme s'il voulait effacer jusqu'à la trace des pas de l'émeute. On se rendit au ministère de la guerre, où l'on prit M. Arago, qui accompagna le général Petit pour le réintégrer. Les invalides étaient rangés en bataille dans la cour d'honneur. Tout le cortége y pénétra ; de nouvelles allocutions furent faites à ces militaires dont une partie avait laissé enlever leur général. Ce dernier prononça encore à son tour des harangues dignes de lui et de la circonstance, et ce fut à l'ombre du drapeau de la garde civique, au sein de la garde nationale, par l'influence morale de son chef, qui avait si bien compris et accompli ses devoirs, que le glorieux vétéran de nos armées reprit son noble commandement.

Six jours après, le 29, la garde nationale donna un autre gage non moins remarquable de son impartiale équité, de son respect pour la liberté et de sa puissante influence. On voulait briser les presses du journal *la Presse*, et l'émeute devenait inquiétante. La 3e légion, dans la circonscription de laquelle était située l'imprimerie, envoya sur l'heure un détachement qui occupa la maison et établit des patrouilles. Bientôt le général Courtais et le major-général Guinard se présentèrent à cette foule égarée, qu'ils parvinrent à dissiper sans violence en invoquant les droits de la liberté de la presse. Seuls au milieu du peuple qui gardait leurs chevaux, ces deux chefs de la milice civique n'eurent recours qu'à la puissance de leur parole et à l'influence de leur uniforme. Ces deux moyens réussirent, et le lendemain tout fut fini.

Cependant le moment des élections de la garde nationale approchait; cet acte s'annonçait avec solennité. Ceux qui briguaient l'honneur d'un grade étaient interrogés publiquement et forcés à une déclaration de principe. On voyait que la garde civique comprenait ses devoirs et ses droits.

Le gouvernement provisoire avait publié le document suivant, que nous devons enregistrer dans ce livre.

Effectif des légions de Paris au 18 mars 1848.

Légions.	Effectif au 1er février.	Inscrits du 1er février au 18 mars.	Total.
1re	4,599	10,000	14,597
2e	7,605	7,390	15,000
3e	5,082	2,918	8,000
4e	3,978	8,053	12,031
A reporter.	21,264	28,361	19,628

Report.	21,264	28,361	49,628
5e.	4,753	15,230	19,083
6e.	6,230	21,910	28,140
7e.	4,743	12,604	17,347
8e.	4,901	15,499	20,100
9e.	2,382	6,413	8,795
10e.	5,406	4,999	10,403
11e.	3,448	13,320	17,274
12e.	3,118	15,509	18,627
	56,751	132,548	190,299

Les élections s'effectuèrent à Paris et dans la banlieue avec le plus grand ordre.

Voici la liste des premiers colonels et lieutenants-colonels :

Légions.	Colonels.	Lieutenants-colonels.
1re.	MM. de Tracy.	MM. Clary.
2e.	Clément Thomas.	Bouillon.
3e.	Thyrion.	Howin.
4e.	Ramond de la Croisette.	Poirier.
5e.	Favrel.	Duthy.
6e.	Forestier.	Vatrin.
7e.	Dauphin.	Peret.
8e.	Bourdon.	Lebatard.
9e.	Yautiez.	Montandon.
10e.	Hingray.	Dehay.
11e.	Ed. Quinet.	Pascal.
12e.	Barbès.	Trélat.
13e (cavalerie).	Trélat.	Dolfus.

Banlieue.

1re.	MM. Cosnard.	
2e.	D'Alton-Shée.	MM. Michel.
3e.	Desgranges.	Pédoux.
4e.	Piat.	Lamy.

On s'occupa ensuite de l'artillerie. Dès le 2 mars, le général Courtais avait nommé une commission pour lui faire un rapport à cet effet. Le rapport fut présenté et approuvé par décret du gouvernement provisoire du 23 mars 1848, qui fixa la réorganisation de cette légion de la manière suivante :

Chaque batterie composée de quatre bouches à feu, les batteries au nombre de douze, les douze batteries formant six escadrons. Le personnel des batteries recruté indistinctement dans les citoyens des douze arrondissements, composé d'un colonel, un lieutenant-colonel, six chefs d'escadron, un major, deux capitaines adjudants-majors, un chirurgien-major, deux capitaines rapporteurs, deux capitaines attachés à l'état-major, deux lieutenants rapporteurs, un lieutenant porte-étendard, douze aides-majors, deux adjudants sous-officiers, un maréchal-des-logis-chef, secrétaire du major, deux maréchaux-des-logis, secrétaires, douze capitaines commandant les batteries, douze capitaines en second, douze lieutenants en premier, douze lieutenants en second, douze maréchaux-des-logis-chefs, douze maréchaux-des-logis-fourriers, quatre-vingt-seize maréchaux-des-logis, cent quarante-quatre brigadiers, cent quarante-quatre artificiers, onze cent cinquante-deux canonniers, douze trompettes, vingt-trois musiciens.

Effectif : seize cent soixante-dix-neuf hommes.

Le matériel se composait de : 36 pièces de huit, modèle 1839, 12 obusiers de quinze centimètres, modèle 1828, 36 avant-trains avec coffres chargés de cartouches à boulets et de boîtes à balles, 12 avant-trains avec coffres chargés d'obus et de boîtes à balles, 11 caissons chargés de cartouches à boulet et de boîtes à balles, 1 caisson chargé d'obus, petite charge et de boîtes à balles, 6 caissons de cartouches d'infanterie à silex, 12 avant-trains avec coffres vides, pour la manœuvre, amorces fulminantes nécessaires, armements nécessaires pour les quarante-huit pièces, d'après la nouvelle théorie, avec tire-feu. L'emplacement du parc devait être le Temple.

Le mode d'élection le même que dans la garde nationale.

La banlieue devait fournir trois escadrons, dont deux pour l'arrondissement de Saint-Denis et un pour celui de Sceaux.

On voit par là l'importance qu'on donna à l'artillerie, qui fut plus longue à être organisée que les autres légions de la garde nationale. Elle élut pour colonel M. Guinard, qui venait de donner sa démission de major-général après le 15 mai.

Restait le service de santé. Il fut ainsi déterminé par décret du gouvernement provisoire (30 avril 1848).

Le service de santé de chaque légion de l'infanterie de la garde nationale de Paris était composé d'un chirurgien principal, d'un chirurgien-major par bataillon et d'un chirurgien aide-major par compagnie.

Il y avait en outre dix chirurgiens aides-majors par légion pour le service du conseil de recensement et du jury de révision.

La légion de cavalerie avait un chirurgien-major, et chaque escadron un aide-major.

La légion d'artillerie avait un chirurgien-major et douze chirurgiens aides-majors.

L'état-major général avait un chirurgien en chef, trois chirurgiens principaux et trois chirurgiens-majors.

Les chirurgiens principaux des légions d'infanterie, les chirurgiens-majors et aides-majors étaient élus par le corps médical de la circonscription de la légion, les officiers supérieurs de la légion et les capitaines commandants de compagnies.

Les officiers supérieurs, les capitaines commandants des légions de cavalerie et d'artillerie, et tout le corps médical choisissaient les différents chirurgiens de la cavalerie et de l'artillerie de la garde nationale.

Pour l'état-major général, les chirurgiens étaient nommés par le corps médical tout entier et les officiers composant l'état-major général.

Les chirurgiens de la garde nationale devaient donner des soins gratuits aux gardes nationaux qui leur étaient indiqués par un conseil formé dans chaque compagnie d'un nombre égal d'officiers, de sous-officiers, de caporaux et de gardes nationaux.

Le service médical dans les légions, bataillons et escadrons de la banlieue restait déterminé, quant au nombre des emplois de chirurgien-major et aide-major, par la loi du 22 mars 1831. Il était pourvu auxdits emplois par l'élection, de la manière ci-dessus indiquée.

Après les élections, la garde nationale, plus forte par la confiance et par le nombre, sembla redoubler de zèle, de patriotisme, d'énergie, dans les épreuves et les luttes qu'elle eut encore à subir et dont nous allons dérouler le tableau.

II

Journée du 16 avril. — Projet contre le Gouvernement provisoire. — MM. de Lamartine et Ledru-Rollin. — Le général Changarnier. — Le Rappel. — Réunion du champ de Mars. — Réunion de la garde nationale. — Fête de la Fraternité. — Distribution des drapeaux. — Cérémonie. — Description des drapeaux. — La 3ᵉ légion. — M. Thirion, son colonel. — Troubles à Toulouse, — à Saint-Étienne, — à Rouen. — Préludes. — Le 25 février. — Le colonel Quenet. — Le lieutenant-colonel Vizinet. — Les ateliers communaux. — Émeutes aux prisons. — Le sergent dégradé. — Envahissement de l'Hôtel-de-Ville. — Le chef de bataillon Douche. — Élections. — Émeutes. — Le drapeau des enfants. — Le lieutenant Dusseaux. — L'insurrection éclate. — Le général Ordener. — Barricades du quartier Martinville. — Attaque. — Sommation. — Coups de canon tirés par l'artillerie de la garde nationale. — Le général Gérard. — Les barricades sont abandonnées. — Pacification de la rive droite. — Le faubourg Saint-Sever. — Volontaires. — MM. de Bezuel et de Saint-Léger. — La barricade Saint-Julien. — Délai accordé aux insurgés. — Sommation d'humanité. — Combat. — La barricade est enlevée. — Ouverture de l'Assemblée nationale. — Postes d'honneur. — Journée du 15 mai. — 1ʳᵉ manifestation pour la Pologne. — Précautions prises pour la seconde. — Ordres mal exécutés. — La colonne de la manifestation au pont de la Révolution. — Elle passe de force. — On ouvre la porte de la grille. — Le peuple passe encore. — Il brise les portes du Palais. — Il escalade par la place de Bourgogne. — Envahissement de la salle des séances. — Le rappel. — Bataillon de la 1ʳᵉ légion, — de la 2ᵉ, — de la 3ᵉ, — 4ᵉ bataillon de la 5ᵉ, — 3ᵉ bataillon de la 10ᵉ. — Le général Tempoure. — L'homme à la barbe rousse. — La mobile et la garde nationale balayent le péristyle. — Ils courent à la salle des séances. — M. Lacrosse. — La salle est évacuée. — Le général Courtais arrêté. — M. Clément Thomas commandant général. — L'Hôtel-de-Ville. — Sa garnison. — Le colonel Rey. — Ses moyens de défense. — Le colonel Yautiez. — Le volontaire Hérisson. — Coup de feu. — Désordre. — Les factieux arrivent à la grille. — Ils l'ouvrent. — Envahissement de l'Hôtel-de-Ville. — Le 4ᵉ bataillon de la cinquième légion. — Le capitaine Brelot. — Le capitaine Rouzé. — 2ᵉ bataillon de la 6ᵉ. — Les canons. — Le peuple se retire. — Le capitaine Corbel. — Le commandant Lescouvé. — Les premiers soldats citoyens entrés à l'Hôtel-de-Ville. — Le drapeau de l'insurrection. — Le lieutenant Noroton. — Le capitaine Ségalas. — Les artilleurs des 5ᵉ et 8ᵉ batteries. — Le capitaine Pichenay. — Barbès et Albert arrêtés. — L'Hôtel-de-Ville dégagé. — Arrivée de MM. Lamartine et

Ledru-Rollin. — Décret de l'Assemblée nationale. — Délégués des départements. — Gardes nationales de Seine-et-Marne, — de Seine-et-Oise, — d'Abbeville, — — de Marines, — de Tours, — de Melun, — de Montreuil, — d'Amiens. — Le commandant Malot. — La gare du chemin de fer du Nord. — Banquet de la 3ᵉ légion aux Amiénois. — Banquet des Amiénois aux gardes nationaux de Paris et d'une partie de la France. — Échange d'étendards. — Fête de la Concorde.

Le gouvernement provisoire continuait à fonctionner appuyé sur cet immense pouvoir de la garde nationale qui garantissait son existence. Mais les agitateurs, les ambitieux, les anarchistes n'en essayaient pas moins d'apporter à chaque instant des obstacles à ses travaux, sous toute espèce de prétexte. Confiant dans la manifestation des *bonnets à poil*, qu'ils pensaient avoir désuni la milice civique, et, croyant qu'elle n'avait pas encore d'organisation sérieuse, que le premier élan des volontaires était éteint, ils résolurent de tenter un coup d'État en égarant le peuple et le prenant pour un instrument afin d'enlever certains membres de gouvernement provisoire et de former un comité de salut public. Le coup d'État était fixé au 16 avril. Ce jour-là les diverses corporations d'ouvriers devaient se réunir au champ de Mars afin d'élire les membres de l'état-major de la garde nationale qu'ils devaient prendre dans leur sein. Les meneurs voulaient profiter de cette occasion et entraîner les masses dans leur complot. Le même jour à cinq heures du matin, M. de Lamartine fut prévenu. Sa première pensée de salut fut dans la garde nationale; il fit avertir les amis qu'il y comptait, puis ayant vu M. Ledru-Rollin qui était venu chez lui pour le même objet, ils furent d'accord encore sur ce point d'en appeler à la garde civique.

«Ministre de l'intérieur, vous avez le droit de faire battre le rappel, lui dit M. de Lamartine; si par hasard il y a une garde nationale, nous serons sauvés. »

M. Ledru-Rollin accepta ce moyen et sortit pour l'exécuter tandis que M. de Lamartine se rendait chez le général Duvivier. Il demanda à ce dernier des bataillons de la garde mobile avec lesquels il voulait se défendre jusqu'à la mort. Le général comprit et adopta son projet; et pendant qu'il faisait rassembler cette garde, M. de Lamartine gagna l'Hôtel-de-Ville. A peine y était-il, qu'il vit accourir M. Changarnier. Le général, nommé ambassadeur en Prusse, devant partir le jour même, était allé prendre congé du ministre des affaires étrangères. Là madame de Lamartine l'avait vu et lui avait fait part de la situation de son mari et de ses inquiétudes. Aussitôt le général s'était rendu à l'Hôtel-de-Ville. M. de Lamartine et lui se comprirent aussi : dans l'hypothèse de l'absence de tout secours, le général prit, avec le peu de forces qu'il avait sous la main, ces dispositions énergiques qui ne sont données qu'aux grands caractères. Puis tous deux, dans le calme majestueux du courage et du sang-froid, ils attendirent l'événement.

Cependant dès huit heures du matin les corporations d'ouvriers étaient rassemblées au champ de Mars et procédaient à l'élection des officiers de l'état-major. Après cette opération et au milieu de la foule compacte qui encombrait la vaste étendue de terrain sur lequel on était, parurent plusieurs chefs de clubs portant des bannières avec ces diverses inscriptions : *Organisation du travail par l'association libre. — Abolition de l'exploitation de l'homme par l'homme,* etc. On proposa alors de se rendre à l'Hôtel-de-Ville pour demander aux membres du gouvernement provisoire de s'opposer aux sentiments de réaction qui menaçaient, disait-on, l'avenir de la République, et d'arriver plus efficacement et plus vite à l'organisation du travail. Du milieu de ces masses partaient déjà de temps à autre les cris : « *Vive Blanqui! à bas le gouvernement provisoire!* » et les colonnes s'ébranlèrent à midi se dirigeant vers l'Hôtel-de-Ville.

Mais vers onze heures le rappel avait été battu dans toutes les légions. Les chefs avaient instruit les soldats citoyens des dangers qui menaçaient le gouvernement; les soldats se l'étaient répété entre eux. Alors chaque citoyen avait tout quitté pour voler au secours de ce gouvernement qui était pour lui la République, c'est-à-dire le seul avenir possible de la France. Gardes nationaux, volontaires étaient accourus mêlés ensemble dans le même sentiment, dans la même pensée, s'étaient confondus dans les rangs et avaient marché vers l'Hôtel-de-Ville. Deux coups de baguette des tambours avaient transformé Paris en une ville de guerre, d'autant plus redoutable cette fois que l'armée c'était la nation.

La 12e légion déboucha la première sur la place de Grève, elle fut suivie bientôt de toutes les autres qui vinrent se ranger en haie sur les quais, sur les ponts, dans les rues; celles de la banlieue descendirent aussi bientôt se joindre à elles. Les abords qui touchaient à l'Hôtel-de-Ville présentaient 50,000 hommes, tous faisant retentir ce cri: *Vive la République!* tous agitant leurs armes, tous prêts à combattre et à mourir. La garde mobile, ayant à sa tête le général Duvivier, était rangée devant le Louvre. Le général Courtais parcourait les lignes sans fin de la garde nationale, les haranguait à chaque instant, et à chaque instant était accueilli par des cris sympathiques que répétaient tout d'une voix les 200,000 hommes de tout âge, de toute classe, de tout état, et dont les conditions se traduisaient souvent par les costumes. Il y avait des légions, disent les journaux du temps, où l'on remarquait un habit sur dix blouses.

Tel fut le spectacle qui s'offrit aux meneurs du champ de Mars dès que la tête de leur nombreuse colonne déboucha sur les quais. Alors, de séditieuse qu'elle devait être, cette démonstration devint toute pacifique. L'attitude et le nombre de la garde civique imposèrent aux uns et étonnèrent les autres qui n'étaient pas dans le secret; les cris de vive la République! devinrent unanimes et se joignirent à ceux de vive la garde nationale! le cortége populaire défila lentement, au milieu des rangs serrés des soldats citoyens et des volontaires. Cette fois la garde nationale n'était plus à l'état de problème, comme l'avait cru M. de Lamartine, cette fois elle venait de sanctionner par sa puissance morale et sa force matérielle ce gouvernement qu'elle avait adopté et qui seul lui présentait des garanties de liberté, d'ordre et d'avenir. Cette fois enfin elle avait sauvé la France en terrifiant l'anarchie à un tel point qu'elle n'osa pas se montrer.

Le défilé de toute cette force armée devant le gouvernement provisoire dura jusqu'à huit heures du soir. Le lendemain la garde nationale fut encore réunie, mais ce fut pour être félicitée par le général Courtais de son attitude, de son zèle, de son patriotisme, et pour confirmer le succès qu'elle avait obtenu.

A la suite de cette imposante manifestation, et comme si Dieu l'avait marquée pour en être le prologue, vint la fête de la *Fraternité*, donnée, pour la distribution des drapeaux, à la garde nationale et à l'armée réunies. Cet acte, qui emprunte quelque chose de l'éclat et de l'esprit de celle de la fédération, eut lieu le 20 avril à la barrière de l'Étoile.

Un immense amphithéâtre faisant face aux Tuileries avait été dressé sous l'arche même. Il se prolongeait à droite et à gauche de manière à former des gradins réservés aux dames; de chaque côté étaient des tribunes destinées aux délégués des corporations, aux condamnés politiques, aux décorés de juillet. Entre ces différentes tribunes on voyait des estrades pour les musiques des différents régiments qui avaient envoyé des détachements à Paris, de celle de la mobile et des orphéonistes. Sur la première place était la tribune des membres du gouvernement provisoire.

L'enceinte de toutes les constructions était couronnée par de nombreux faisceaux de drapeaux tricolores au-dessus desquels s'élevaient deux mâts gigantesques déployant deux bannières sur lesquelles étaient inscrites les dates suivantes : 22, 23, 24 et 25 février 1848.

A dix heures tout le monde était à la place qu'il devait occuper. Le gouvernement provisoire ayant derrière lui les ministres choisis en dehors de son sein, le conseil d'État, les députations de la cour de cassation, des comptes, d'appel et des tribunaux ; enfin un brillant et nombreux état-major, et des fonctionnaires appartenant à diverses administrations publiques.

Les légions, les troupes de ligne et la garde mobile, mêlées et confondues avec l'ordre et la régularité des armées, occupaient un espace immense. Elles s'étendaient d'un côté par les quais, depuis l'arc de triomphe jusqu'à Bercy ; de l'autre, par les boulevards, depuis le même point jusqu'à la barrière du Trône. On estimait à 400,000 le nombre des hommes présents sous les armes. Presque tous avaient placé des lilas, des fleurs, des rubans au bout de leurs fusils pour indiquer le caractère pacifique de cette fête, et, soldats citoyens, soldats de l'armée, s'associant à la pensée intime de cette belle cérémonie, portaient sur leurs traits, dans leur démarche, dans leur langage, l'expression touchante d'une joie fraternelle et bien sentie.

A onze heures, une salve de vingt et un coups de canons annonça le commencement de la distribution des drapeaux. M. Arago l'inaugura par un discours qui se terminait en ces termes : « Colonels, au nom de la République, nous prenons à témoin Dieu et les hommes que vous jurez fidélité à ce drapeau. » Immédiatement le défilé commença. Chaque colonel ou chef de bataillon, arrivant au pied de l'estrade à la tête de sa légion ou de son dé-

Distribution des Drapeaux.
(20 avril 1848.)

tachement, faisait faire halte, montait sur l'estrade, recevait le drapeau des mains d'un membre du gouvernement provisoire, jurait fidélité à la République, et retournait à son quartier à la tête des troupes. Le drapeau était surmonté d'une lance, au bas de laquelle est un médaillon où se trouve placé en relief le coq gaulois; au-dessus, une plaque oblongue, sur laquelle sont gravées, aussi en relief, les lettres R. F. Dans la partie blanche du pavillon ces mots : *liberté, égalité, fraternité,* et au milieu le mot *unité*. On lit indistinctement sur les trois couleurs : *République française.*

Le défilé, qui s'opéra avec le plus grand ordre, au milieu des cris d'enthousiasme poussés par la garde nationale, les troupes et la foule des spectateurs, ce défilé dura douze heures. Le temps n'était pas d'abord favorable, mais il n'enleva pas un spectateur, pas un soldat citoyen; le soir la ville fut illuminée.

Cette fête imposante et majestueuse par elle-même fut surtout remarquable par l'union que présentèrent les soldats citoyens, les citoyens soldats. La nation tout entière était là comme réunie dans un même cœur, dans une même pensée, dans un même serment. Après le défilé, les gardes nationaux sollicitèrent pour leurs frères de l'armée une prolongation de séjour qui leur fut accordée, et emmenèrent chez eux les soldats, tenant à honneur et à plaisir de les héberger au sein de leurs familles.

Le lendemain, un ordre du jour du général Courtais à la garde nationale résuma cette grande fête en ces termes : « L'armée a partagé votre enthousiasme; mêlée dans vos rangs, vous l'avez accueillie avec ce sentiment de fraternité qui est pour l'avenir un gage inaltérable de puissance et d'union. »

Un seul fait attrista la cérémonie : par suite d'un malentendu, qui depuis fut expliqué, la 3e légion n'assista pas à la fête. Le colonel, M. Thirion, et le lieutenant-colonel, M. Havin, donnèrent leur démission. Les membres du gouvernement provisoire, voulant réparer cette erreur, décidèrent qu'ils passeraient particulièrement en revue la 3ᵉ légion sur la place Vendôme. Cette revue eut lieu en effet, et l'on put se convaincre, par le nombre et les cris des gardes nationaux, qu'aucune rancune n'existait plus chez eux. Mais le colonel, M. Thirion, n'assistait pas à la revue, ayant maintenu sa démission. Sur la prière du gouvernement provisoire que le colonel retirât sa démission, une démarche fut faite instantanément auprès de lui par les officiers de la légion, à la tête desquels était le général Courtais, et M. Thirion reprit son commandement.

Cette circonstance, en prouvant l'importance que le gouvernement provisoire attachait à la garde civique, donna l'occasion à la 3ᵉ légion de manifester à son colonel combien elle savait reconnaître et comprendre la dignité qu'il avait mise à faire respecter les droits de ceux qui l'avaient élu pour chef.

Après tout ce que nous venons d'écrire, la garde nationale, plus puissante que jamais, étendit sa salutaire influence sur tout le pays, et donna au gouvernement provisoire la stabilité, la consistance et la liberté qui lui étaient nécessaires pour accomplir son œuvre. Cependant des troubles partiels commençaient à éclater sur quelques points de la France, malgré les diverses consécrations de l'ordre de choses par la milice citoyenne; mais jusqu'ici ils n'étaient pas inquiétants, et la garde nationale parvint facilement à les comprimer.

A Toulouse surtout, elle prévint en quelque sorte la révolte par son attitude énergique et sa surveillance constante. A Saint-Étienne, les faits furent plus graves. Une diminution de salaire opérée sur le travail des femmes excita leur vengeance envers les couvents qui leur faisaient concurrence pour la confection. Aidées par des hommes, elles envahirent ceux de la *Reine* et du *Refuge*, brisèrent les métiers, commencèrent à incendier. La garde nationale, accourue, rétablit l'ordre avec beaucoup de peine et au prix de la vie d'un soldat citoyen. Alors la foule se porta sur d'autres couvents, et une collision s'ensuivit ; mais force resta à l'ordre et à la milice civique.

Ces troubles ne précédèrent que de peu de jours ceux de Rouen, qui devinrent la première attaque sérieuse contre la République, la première insurrection que la garde nationale eût à réprimer, le premier combat qu'elle eût à soutenir contre les enfants de la même mère.

Rouen est, comme on le sait, une ville manufacturière qui compte un grand nombre d'ouvriers, tant dans le sein de la cité que dans les fabriques situées dans les communes environnantes. Dès les premiers jours de la révolution, les passions populaires commencèrent à s'agiter; et soit qu'elle fût déjà poussée au désordre par de mauvais conseils, soit qu'elle attribuât à l'égoïsme et à la soif du gain des patrons les exigences dont elle était peut-être devenue l'objet, et qui ne provenaient que du malaise général de la France, la population ouvrière, trompée ou abusée, manifesta son premier germe d'hostilité contre les maîtres.

Les troupes s'étaient retirées de Rouen. La seule force qui restait dans la ville pour maintenir l'ordre était la garde nationale. M. Quenet en était colonel, et M. Vizinet lieutenant-colonel. Tous deux cherchèrent d'abord à ramener par la conciliation. Ainsi dès le 25 février, au moment où l'on serrait de près un détachement de la garde civique, le colonel Quenet sortit à la tête des soldats. Il fut accueilli à coups de pierre, il s'avança malgré cela seul au milieu des groupes, interrogeant et cherchant à inspirer la confiance et le calme. Pour preuve de ses intentions pacifiques, il fit ôter les baïonnettes. On s'apaisa pour l'instant; mais le lendemain, une émeute plus sérieuse éclata. Le peuple se porta au chemin de fer; la garde nationale, trop tard réunie et trop peu nombreuse, ne put empêcher l'incendie du pont. Cependant, à force de surveillance et de paroles conciliatrices, on parvint à calmer cette effervescence. On ouvrit tous larges les contrôles des compagnies, et on invita les ouvriers à venir s'y faire inscrire.

C'est pendant ce temps que furent créés, à l'instar des ateliers nationaux de Paris, les ateliers communaux du département. Dès lors, les fauteurs de troubles exercèrent leur coupable influence sur cette population réunie sous leur main. Les prédications de toutes sortes, les discours anarchiques, les promenades en corps par la ville, vinrent exalter cette classe, la diriger, la pousser au désordre, et changer ce caractère, si naturellement bon, généreux et juste. La garde nationale redoubla de zèle et de longanimité, et parvint souvent à la maîtriser encore par sa prudence et sa parole.

Les ouvriers des vallées de Deville et de Maromme étaient accourus au Palais-de-Justice le 20 mars pour demander la délivrance de prisonniers. Le procureur-général, le premier président et le lieutenant-colonel Vizinet parvinrent à les apaiser, et les ouvriers se retirèrent aux cris de : *Vive la République!*

Quelques jours après, trois ouvriers de Maromme furent députés vers le colonel, M. Quenet, pour le même objet. Cet officier leur affirma que la prison de Bicêtre, qu'ils désignaient, ne contenait que des malfaiteurs, et, pour leur en donner la preuve, les conduisit la visiter. Satisfaits, les ouvriers s'en allèrent en disant qu'ils ne demandaient pas la délivrance des voleurs.

Enfin, le 25 mars, on se porta de nouveau en foule à cette même prison pour enlever un nommé Blanchard, condamné pour vol de bois, et prévenu de l'incendie du pont du chemin de fer. Le colonel se rendit aussitôt sur les lieux à la tête d'un détachement. La foule ouvrit les rangs devant les soldats citoyens; puis, quand ils eurent passé, des menaces furent proférées contre eux. Le colonel rentra encore au sein de cette foule et la harangua. Elle se retira en promettant de ne commettre aucun acte hostile à la garde civique.

De son côté, si quelques membres de la garde nationale se montraient par trop irrités envers les ouvriers, la majorité de leurs camarades savait les calmer. Un jour même elle en tira une éclatante justice. Le 24 mars, un sergent de garde au poste de Saint-Sever prononça le mot *canaille* en voyant défiler une promenade d'ouvriers. L'officier qui commandait apostropha ce sergent et lui dit qu'il devait se dégrader lui-même. Au même instant, les galons furent arrachés par les gardes nationaux et jetés à la foule, qui témoigna sa joie de cet acte de justice.

Cependant les promenades d'ouvriers continuaient, effrayaient les habitants, faisaient fermer les boutiques, paralysaient le commerce. Ce fut encore le colonel qui obtint du maire une proclamation qui fît cesser cet état de choses; mais l'animation augmentait de jour en jour. On commençait à s'occuper des listes électorales; les ouvriers avaient celle qu'on leur avait dictée; la garde nationale en avait une toute différente. De là nouveaux sujets de menaces, nouveaux projets d'insurrection qu'on tentait déjà d'accomplir par des actes partiels. Le 11 avril, un détachement de soixante gardes nationaux se trouvait à une extrémité du couloir de l'Hôtel-de-Ville. Le reste de l'hôtel fut envahi par les ouvriers. Tout à coup ils se précipitent sur les soldats citoyens pour les désarmer. M. Douche, chef de bataillon, ordonne alors de croiser la baïonnette, et les gardes nationaux restent maîtres de la place. C'était la première fois que la milice citoyenne usait de ce moyen, auquel l'avait contrainte la nécessité.

Quelques jours après, on voyait continuellement se former des groupes sur la place Saint-Ouen. On y discutait avec vivacité les listes électorales. Le 20 avril, les gardes nationaux du poste recueillirent un homme qui avait les vêtements déchirés et que la foule maltraitait, parce qu'en parlant d'une candidature, il avait dit des choses qui lui déplaisaient. Le colonel sortit aussitôt et dit à ceux qui vociféraient devant le poste : « Vous voulez donc le tuer ? — Oui ! oui ! s'écria cette foule égarée. » Le lendemain, la même scène se reproduisit. Le lieutenant-colonel Vizinet accourut le premier au secours de celui qui était menacé et l'entraîna au poste, aidé du colonel qui vint lui prêter son appui moral, devant lequel on s'arrêtait encore. Mais bientôt ceux qui ameutaient le peuple et l'aveuglaient en excitant ses mauvaises passions finirent par l'entraîner jusqu'à commencer la lutte contre les soldats citoyens, jusqu'ici patients et calmes dans leur force, et qui surent, malgré les malheurs attachés à la guerre civile, devenir énergiques dès l'instant qu'ils se virent forcés de défendre l'ordre, la liberté, le suffrage universel, qui furent si témérairement attaqués.

Les partis s'observaient donc et se préparaient à toute heure, l'un à l'attaque, l'autre à la défense. Les autorités, prévenues, avaient pris des mesures ; les meneurs avaient concerté leurs plans.

Les élections furent tranquilles ; mais lors du dépouillement des votes, la plus grande défiance éclata contre la garde nationale préposée à la garde des urnes. Le colonel avait eu soin cependant, pour écarter cette défiance, de mettre le plus grand nombre de ceux qui faisaient partie des clubs parmi les factionnaires. Mais le troisième jour des élections, les résultats connus ôtant tout espoir aux candidats de la liste démocratique des ouvriers, l'exaltation redoubla, l'agitation la plus grande parcourut la ville, et la lutte s'annonça aussi acharnée que déplorable.

Le 26 les groupes étaient augmentés, les menaces plus vives, les cris plus significatifs. Ce jour là, le garde national Déshaies-Bénard, étant de piquet à la place de l'Hôtel-de-Ville, voulut préserver un homme qu'on assommait parce qu'il avait dit que la liste du comité démocratique ne passerait pas ; il fut entouré, battu, on lui arracha une épaulette et il eut grand'peine à regagner le poste.

Le lendemain 27, nouveaux groupes plus compactes sur la place de l'Hôtel-de-Ville. Ils sont composés cette fois de femmes et d'enfants mêlés aux ouvrières. Les enfants sont au premier rang, s'approchent du piquet de gardes nationaux commandés par M. Dusséaux, ils portent un drapeau et ne cessent d'injurier la garde civique et de la menacer. Lassé de cette parodie d'insurrection, un garde national s'empara du drapeau de l'enfant. Aussitôt tous les enfants disparaissent pour faire place aux hommes qui se jettent sur le piquet. M. Dusséaux, qui le commande, repousse cette tentative : les autres citoyens de piquet à l'intérieur viennent au secours de leurs camarades ; plusieurs sont blessés, entre autres M. Moitié, atteint à la main ; alors, dans l'intérieur de l'Hôtel-de-Ville, ils chargent leurs armes. Le colonel, qui s'était absenté un instant pour prendre un repas, rentre aussitôt avec M. Vizinet ; ils se concertent pour s'opposer à l'insurrection qui grossit de plus en plus lorsqu'un fusil part à l'intérieur par maladresse ou par accident sans blesser personne ; le bruit de cette détonation, mal interprété par la foule, est accueilli par un cri de rage et de vengeance. En même temps un homme arrêté par des gardes nationaux et conduit à l'Hôtel-de-Ville tombe mort sur la place. L'insurrection éclate. La foule, armée en partie, montre des armes tandis que le reste en va chercher et s'en fait donner par violence dans plusieurs maisons. A ce trouble, à ce bruit, les gardes nationaux accourent de toutes parts ; mais en route ils sont menacés, blessés, frappés. MM. Dubosc, Ocelly, Marjolin, Fillette, Pionnier, Legentil, Billard et Cullembourg, etc., sont du nombre, et n'échappent à la colère des insurgés que délivrés par un détachement à la tête duquel s'est mis le commandant Douche, ou par un peloton de dragons qui parcourt au trot la place de l'Hôtel-de-Ville et la déblaie. Les insurgés se retirent, en effet, et courent par la ville dresser des barricades sur les points les plus importants ; pendant ce temps, le général Ordener arrive à l'Hôtel-de-Ville et prend toutes ses dispositions.

Depuis quelques jours, ce général avait préparé ses plans de défense en cas d'une attaque qui lui paraissait imminente. Le moment était venu de les exécuter. Attaqués de toutes parts, l'ordre, la liberté, la république devaient trouver des défenseurs dans la garde nationale et dans l'armée réunies pour le salut commun, et qui n'acceptèrent qu'à la dernière extrémité, ainsi qu'on l'a vu, cette triste lutte qui porte de l'amertume jusque dans la victoire.

La nuit était arrivée ; tous les réverbères étaient éteints, l'obscurité la plus profonde s'étendait sur la ville. Au loin le bruit des pavés qu'on amoncelait, des voitures, des meubles qu'on renversait, retentissait seul dans le silence. Le capitaine Croizé, envoyé rue de l'Arpent à la tête de quelques gardes nationaux, avait été arrêté aux cris de *Qui vive?* partis d'une barricade. A sa réponse : *Gardes nationaux !* il avait essuyé des coups de feu ; comme il n'était pas en force et que l'obscurité était complète, il était retourné à l'Hôtel-de-Ville. On fut forcé d'attendre le jour pour l'attaque.

Les gardes nationaux et la troupe furent sur pied toute la nuit. Le général Gérard avait établi son quartier général à la Bourse, où le bataillon de la garde civique fut promptement rassemblé. Au jour naissant on fit faire des reconnaissances : de nombreuses barricades s'élevaient sur plusieurs points et les rues étaient semées de tessons de bouteilles et de verre cassé pour empêcher les chevaux de circuler. Les deux généraux occupaient les deux lignes des quais et avaient assuré la communication entre eux. Le général Gérard reçut l'ordre de commencer l'attaque des barricades par le clos Saint-Marc, et d'opérer ensuite de manière à détruire les barricades qui s'élevaient dans les rues Martainville, des Arpents, du Ruissel, etc. Le chef de bataillon Dumont reçut le commandement de la colonne composée de troupes et de soldats citoyens. Deux pièces de canon d'artillerie de la garde nationale, sous le commandement de M. Marion, furent mises à sa disposition. Un commissaire de police en écharpe marcha à la tête pour faire les sommations légales. En même temps partait de l'Hôtel-de-Ville une colonne formée de même, avec une pièce d'artillerie seulement, qui par un mouvement combiné avec la première colonne devait envelopper l'insurrection.

Les sommations étant restées sans effet, ordre fut donné au commandant Marion de faire tirer le canon sur la première des trois barricades en pavés qui existait rue des Arpents. La pièce tira quatre coups. Aussitôt le général Gérard accourut sur ce point ; et ayant rencontré un groupe d'ouvriers qui l'assurèrent que s'il voulait aller parler seul aux insurgés, ils démoliraient leurs barricades, cet intrépide militaire se porta en avant, ayant défendu à quiconque de le suivre et se faisant précéder de deux ouvriers. La première barricade fut en effet abandonnée à sa voix ; il la fit démolir, malgré les pierres et quelques projectiles qu'on jeta au peu de monde qui, à sa voix, était venu le joindre pour coopérer à ce travail. De là il courut à la seconde, et en fit autant, puis à la troisième qu'il franchit à cheval, se montrant tout à coup aux gardes nationaux et aux soldats de la seconde colonne, étonnés de lui voir parcourir cette ligne jusqu'à la rue Martainville, et heureux, ainsi qu'il l'a dit, *car dès ce moment il ne devait plus y avoir de victimes.*

Il était une heure quand ce premier succès fut obtenu.

Cependant peu après, de nouveaux symptômes de révolte se manifestèrent dans ces mêmes rues. On tenta d'abord de désarmer un détachement de gardes nationaux, rue du Ruissel, commandé par M. Nicolle. Les soldats citoyens serrèrent les rangs et résistèrent à cette attaque; on les assaillit à coups de pierres, et furieux ils s'apprêtaient à tirer, lorsque le commandant parvint à les en empêcher et à calmer la colère. Alors un coup de pistolet fut tiré sur la garde civique, qui ne put plus se contenir et riposta à l'instant même. Elle allait continuer lorsque le commissaire général parut. M. Nicolle courut à lui pour s'expliquer, et tout le monde s'arrêta. Mais le général Gérard, prévenu de ce qui se passait, accourait de ce côté. Il mit pied à terre, s'avança seul au milieu de la foule et chercha à la ramener. On lui dit qu'on s'en rapportait à sa parole, mais qu'on désirait aussi que la paix fût ratifiée par les gardes nationaux dont on montrait un détachement dans la rue Eaux-de-Robec. Le général les amena dans la rue du Ruissel et là ils jurèrent la paix, les autres ayant juré de renoncer à toute agression. Aussitôt la foule exigea impérieusement qu'ils ôtassent leurs baïonnettes.

« La baïonnette est le chapeau du fusil pour le militaire de service, dit le général ; il ne doit jamais se décoiffer, et je ne souffrirai pas qu'on obéisse à une pareille injonction.

—Vive le général ! s'écriait-on de toutes parts.

— Eh bien ! puisque vous m'accordez votre confiance et respectez ma volonté, reprit-il, je vais faire ôter les baïonnettes pour faire voir que la garde nationale, comme la troupe de ligne, sait obéir à ceux qui ont l'honneur de la commander.

Cet ordre fut à l'instant exécuté avec empressement, et cette fois enfin la paix fut cimentée.

Mais la rive gauche de la Seine était en armes et toute hérissée de barricades, et ce point, situé au faubourg Saint-Sever, était d'autant plus important que les populations des vallées pouvaient venir le renforcer.

Le général Gérard dirigea une seconde colonne contre ce faubourg et en donna le commandement à un colonel. Comme l'autre colonne, celle-ci se composait de troupes de ligne et de soldats citoyens. L'artillerie de la garde nationale en faisait encore partie, et en tête étaient un commissaire de police et un tambour. Un certain nombre de volontaires s'étaient aussi rassemblés et étaient venus offrir leurs services; ils étaient armés à la hâte et la plupart d'un certain âge, mais prêts à mourir pour l'ordre et la liberté : ils étaient commandés par MM. de Bézuel, ancien chef d'escadron et de Saint-Léger, ingénieur en chef des mines, qu'ils venaient de choisir pour chefs.

Le colonel mit de la lenteur dans l'exécution de ses ordres. Arrivé à une grande distance de la barricade Saint-Julien, il fit arrêter la colonne. De là on pouvait apercevoir à peine cette énorme barricade qu'on voulait prendre ou faire abandonner. Les trois sommations furent néanmoins faites, et le colonel accorda aux insurgés une demi-heure pour se rendre. Mais tout à coup, impatients de ces délais qu'ils ne pouvaient comprendre, les généraux Ordener et Gérard arrivèrent sur les lieux. Le général Gérard fit avancer la colonne jusqu'à cent mètres de distance. Il ordonna au lieutenant Bourdin de faire sortir deux pièces de la position qu'elles occupaient dans la colonne, de les placer en tête et de se tenir prêt à ouvrir le feu. Il échelonna ensuite les volontaires le long des murs pour couvrir les pièces par des feux croisés. A cet instant trois insurgés quittèrent la barricade et vinrent le prier d'attendre que la demi-heure accordée par le colonel pour détruire la barricade fût écoulée.

« Eh bien, dit le général, je vous laisse le temps donné par le colonel. Vous avez quinze minutes. Tenez, citoyens, prenez ma montre; vous voyez qu'il est quatre heures précises : si à quatre heures un quart la barricade n'est pas démolie par vos mains, si vous n'avez pas rendu les armes et les munitions que vous nous avez prises, je commanderai le feu. »

Les trois hommes se retirèrent vers la barricade. Mais le temps s'écoulait et aucune manifestation n'avait lieu; le délai allait expirer dans deux minutes. Le général envoya son aide-de-camp Gaillard sommer les insurgés d'accomplir leur engagement. Ils répondirent qu'ils abandonneraient, au lieu de la démolir, la barricade si la troupe et la garde nationale se retiraient. Ces conditions étaient inadmissibles, et le général leur fit faire par le même aide-de-camp une dernière sommation, qu'il appela *sommation d'humanité*. Les insurgés résistèrent.

« Je vous préviens, dit l'aide-de-camp, qu'aussitôt que je serai à la hauteur des pièces, elles feront feu.

» — C'est bien, répondirent les insurgés. »

L'aide-de-camp revint vers le général, qui, après avoir épuisé tous les moyens possibles, s'écria d'une voix ferme, mais triste : « Lieutenant Bourdin, moi, général de brigade, j'ordonne de commencer le feu. »

Le lieutenant Bourdin obéit. Quinze coups à boulet furent tirés sur la barricade. Au dixième, une partie de la colonne, ligne et garde nationale, avait ses sections préparées pour s'élancer et profiter de la fumée. Au quinzième, ils s'élancèrent en effet au pas de course; ils essuyèrent une décharge de trente coups qui n'atteignit personne, soit à cause du peu de force de la poudre, soit à cause de l'élévation de la barricade qu'ils envahirent bravement,

BARRICADE ST JULIEN A ROUEN.

tandis que les insurgés prenaient la fuite vers la route de Caen, en continuant à tirer sur les troupes, qui ripostèrent. Plusieurs morts et plusieurs blessés restèrent sur le pavé; les autres barricades furent facilement enlevées, et peu de temps après, l'insurrection était vaincue.

Nous avons cru devoir entrer dans quelques détails sur cette affaire ; d'abord, parce que le fait, important par lui-même, montre l'esprit, le courage, la générosité de la garde nationale et sa noble union avec les troupes, toutes les fois qu'il s'agit d'une question qui touche à l'ordre, à la liberté, à la république ; ensuite, parce que ce fut la première fois depuis février que la garde nationale fut contrainte d'en venir aux mains avec des Français. Nous tenions à constater, pour l'honneur de la garde civique, malgré tout ce qu'on a pu dire, que, loin d'être agressive et provocante, elle fut patiente et généreuse. Tous nos détails, nous les avons puisés dans les débats qui suivirent devant la Cour de Caen, et qui, ayant acquis l'autorité de la chose jugée, deviennent la vérité pour l'historien.

De ces détails il résulte que la garde nationale fut provoquée, outragée, atteinte par une foule égarée que d'indignes enfants de la France poussaient à ces excès en la noircissant à ses yeux.

Elle hésita longtemps devant une victoire certaine, mais qui ne devait lui causer ni joie ni bonheur. Elle chercha à ramener par tous les moyens possibles; elle subit l'injure et l'outrage, et ne voulut pas le venger. Enfin ce fut quand elle vit la guerre commencée, les barricades élevées, les armes pillées; ce fut après avoir essuyé le premier feu, qu'elle consentit à s'ébranler et à marcher au secours de la chose publique menacée.

« Si la garde nationale a été réduite à faire, le 27 avril, usage de ses armes, a dit le digne colonel Quenet dans sa solennelle déposition, c'est parce qu'elle a été provoquée, et que ce n'était pas une opinion qu'il fallait combattre, c'était le désordre, et parce qu'alors c'était la République qui était menacée. »

Cette phrase résume tout. La garde nationale trouva dans tous ses chefs, et surtout dans le noble général Gérard, un homme, un Français qui sut comprendre et remplir avec autant d'humanité que d'énergie le triste et pénible devoir qui lui fut imposé. Tous luttèrent à l'envi des plus généreux sentiments. On vit des gardes nationaux tirer en l'air pour annoncer leur résolution et leur présence sans atteindre personne. M. Coudy releva les fusils de ses camarades au moment où ils allaient faire feu; enfin, au sein même des barricades, avant que l'action fût finie, la garde nationale fit entre elle une collecte pour les insurgés blessés qu'elle avait été dans l'obligation de frapper elle-même.

Mais pour le malheur de l'humanité, pour le bien de la nation, pour la fraternisation des Français, ces exemples de longanimité, ces preuves de sa force et de sa puissance réelle ne profitèrent pas, et il nous reste encore à écrire les fatales journées de juin, où de nouveau on força la garde civique à acheter une douloureuse victoire.

En attendant, tous les vœux, toutes les espérances se tournaient vers l'Assemblée nationale, qui devait donner une constitution et établir un pouvoir régulier. L'ouverture de l'Assemblée eut lieu le 4 mai; et comme toujours, la garde nationale, force intelligente et réelle du pays, fut appelée à l'honneur d'escorter les élus de la France et d'assurer la liberté de leurs délibérations. Le premier jour fut pour elle l'occasion d'une réunion générale et d'une véritable fête. Les représentants du peuple et le gouvernement provisoire se rendirent au palais de l'Assemblée en traversant la double haie de soldats citoyens de toutes les légions, échelonnées depuis la place Vendôme jusqu'à la Chambre. Elles vinrent se masser après sur la place de la Révolution, et fraternisèrent avec la mobile et avec plusieurs députations des gardes civiques des départements accourues exprès, parmi lesquelles on remarquait quatre cents soldats citoyens de l'Yonne, cent de Poitiers et d'autres de la Vienne, de Seine-et-Marne, etc. Tous les fusils portaient des branches de lilas, de petits drapeaux tricolores, et d'immenses cris partaient du sein de cette foule, qu'on voyait sillonnée par le costume pittoresque des vivandières de chaque compagnie. Quelques heures après, l'Assemblée entière s'étant rendue sous le péristyle, entourée des drapeaux de la garde nationale et de l'armée, jeta solennellement aux longues files des soldats citoyens la proclamation de la République, à laquelle répondirent des cris d'enthousiasme.

Depuis ce moment, la garde nationale a toujours conservé son poste d'honneur au palais de l'Assemblée, tantôt seule, tantôt mêlée avec ses sœurs de province, dont des députations étaient accourues exprès. Elle occupait ce poste le 15 mai, lorsqu'eut lieu l'envahissement de l'Assemblée nationale, dont la garde civique fut impuissante à la préserver comme au 1er prairial; mais, comme à cette époque, elle sut triompher de l'insurrection et faire respecter l'expression du suffrage universel, la suprême législature du pays.

Une première manifestation en faveur de la Pologne avait eu lieu le 13 mai. Une masse de citoyens appartenant la plupart à des clubs dont les bannières flottaient dans l'air s'étaient rendus à l'Assemblée nationale pour remettre une pétition. La colonne, arrêtée au pont de la Concorde par M. Dousset, commissaire de police, escorté de quatre pelotons de gardes nationaux de la 1re légion, consentit à nommer douze délégués, qui furent introduits dans la salle des Pas-Perdus, et remirent la pétition à M. Vavin. Ce dernier se rendit au sein de la colonne, qu'il reconduisit jusqu'à la Madeleine. Puis il la harangua, et tout le monde se dispersa avec le plus grand calme.

La masse populaire qui avait parcouru le boulevard avait motivé le rappel, qui fut battu dans plusieurs légions. Les soldats citoyens se rassemblèrent ; mais comme il n'y avait aucun désordre, ils rentrèrent sans avoir quitté le lieu de leur réunion. Cette mesure excita le blâme de plusieurs articles de la presse, notamment du *National* et du *Messager,* qui dirent que le rappel ainsi battu inquiétait les habitants et surtout le commerce : aussi, prévenue d'une seconde manifestation pour le 15, qui devait devenir un prétexte pour pénétrer dans l'Assemblée, la commission du pouvoir exécutif crut devoir prendre des mesures pour assurer la liberté des délibérations en faisant avertir les gardes nationaux à domicile.

On enjoignit aux colonels de légions de réunir mille hommes de piquet dans la matinée du 15, de manière à pouvoir marcher au premier ordre de l'état-major général. En outre, la 1re légion reçut l'ordre, dès le 14, d'envoyer le lendemain matin un bataillon à la tête du pont de la Révolution ; un bataillon de la 2e légion devait occuper le jardin des Tuileries, et la 3e légion devait envoyer un de ses bataillons au pont National. Enfin, le 15 mai à huit heures du matin, le général Courtais remit au colonel Saysset, sous-chef d'état-major, l'ordre, pour la 4e légion, de diriger tout de suite un bataillon sur le pont de la Révolution.

Le général Tempoure, commandant de la garde mobile, reçut aussi l'ordre de faire consigner ses troupes dans les casernes, après avoir envoyé quatre bataillons à l'Assemblée et deux sur le quai d'Orsay.

Ces ordres ne furent pas scrupuleusement exécutés. D'abord les piquets des mairies ne furent pas aussi nombreux qu'ils devaient l'être ; au lieu de mille hommes, on ne réunit, dans quelques mairies, que cent, deux cents ou trois cents gardes nationaux ;

ensuite le bataillon de la 1re légion qui devait se trouver à la tête du pont de la Concorde ne s'y rendit pas, par suite d'un malentendu ; enfin le colonel Saysset n'envoya point sur-le-champ à la 4e légion l'ordre que lui avait remis le général Courtais dès huit heures du matin. Ce ne fut *qu'à onze heures un quart, lorsqu'il fut informé que le bataillon de la 1re légion, qui avait reçu l'ordre de se rendre sur le pont de la Révolution, n'avait pas accompli cet ordre*, que le sous-chef d'état-major expédia à la 4e légion l'ordre du général Courtais.

Le 15 mai, vers neuf heures, le 3e bataillon de la 3e légion arriva au Carrousel ; ce bataillon devait faire le service ce jour-là à l'Assemblée nationale. M. Étienne Arago, commandant en premier du 3e bataillon de la 3e légion, en arrivant au Carrousel, demanda au général Courtais ce qu'il savait des bruits qui circulaient. Le général répondit que toutes les précautions étaient parfaitement prises.

Le bataillon se rendit à sa destination, et peu de temps après, entre onze heures et onze heures et demie, le général monta à cheval avec son état-major et se dirigea, lui aussi, vers l'Assemblée par la rue de Rivoli. Mais, parvenu à la place de la Révolution, il vit avec étonnement l'absence du bataillon de la 1re légion qu'il avait commandé la veille pour garder le pont. A midi, M. Clowetz, chef de bataillon de la 4e légion, arriva, avec une partie de son bataillon, et prit la place de celui qui n'était pas venu. Bientôt un détachement de la 3e légion vint le renforcer. Un autre détachement de la 10e arriva aussi. Une partie se rangea devant la grille, ayant derrière elle de la garde mobile, tandis que le reste se rendit à l'entrée de la rue de Bourgogne.

Cependant la manifestation s'était mise en route et parcourait en longues et épaisses colonnes les boulevards depuis la Bastille, aux cris de : *Vive la Pologne!* Les diverses bannières des clubs étaient agitées au-dessus de cet océan de têtes.

Le général Courtais s'avança jusqu'à la place de la Madeleine. Il était à cheval ; on le vit se baisser à plusieurs reprises pour parler aux personnes qui se trouvaient en tête. Au cri de : *Vive la Pologne!* il répondit : « Oui, vive la Pologne! mais vous ne devez pas aller plus loin, vous devez rester ici : vos délégués seront reçus, mais vous n'irez pas plus loin. »

Cependant la colonne continua d'avancer. Bientôt le général et son aide-de-camp se virent entourés par la foule, qui les soulevait avec leurs chevaux. Ils eurent peine à se dégager, et retournèrent au plus vite vers le pont de la Révolution.

La colonne les suivit. A la tête du pont, M. Bertoglio, commissaire de police, selon les ordres qu'il avait reçus du président, somma les citoyens qui se présentèrent les premiers de s'arrêter et de choisir douze délégués pour aller porter la pétition dans la salle des Pas-Perdus, où les attendaient des représentants du peuple.

A cette injonction, on s'arrêta en effet, et l'on commença à désigner les douze délégués, qu'on choisissait surtout parmi les porte-bannières, lorsque tout à coup un murmure sourd et sinistre parcourut les rangs, et la colonne, se précipitant en avant, fit quelques pas pour passer le pont. M. Raverdy, adjudant-major de la 3e légion, et plusieurs officiers et gardes nationaux voulurent en vain s'opposer à ce torrent; au milieu des cris et des menaces proférées contre lui, à la vue de la garde mobile qui mettait les baïonnettes dans le fourreau, ce détachement, trop faible pour présenter aucune résistance, fut obligé de plier. Ses rangs furent rompus par la force compacte de la colonne, qui traversa rapidement et se jeta contre la grille du péristyle. Une partie se dirigea alors vers la rue de Bourgogne, dont un détachement de la 10e légion défendait l'entrée. Ses rangs furent rompus en un clin d'œil, et des centaines d'hommes s'élancèrent vers la place.

Peu après, arriva l'ordre du président d'introduire les délégués de la manifestation. Le général Courtais fit ouvrir la porte de la grille, malgré la résistance du commandant Bussac, de la mobile, qui en exigea l'injonction par écrit. La porte ouverte, les délégués entrèrent; mais derrière eux se précipite à l'instant un premier flot de peuple qui encombre le péristyle et l'escalier. Puis, comme la grille du jardin était fermée, ils montent rapidement les degrés, enfoncent les portes et pénètrent dans le palais. Au même instant, la garde mobile remet la baïonnette et fait sonner la baguette dans le fusil.

A ce spectacle, le général Courtais ne déguise plus son désespoir. Il voit MM. Ledru-Rollin et Lamartine, court à eux et leur demande conseil. « Puisque vous êtes en uniforme, lui répond ce dernier, prenez la première légion que vous trouverez sous votre main; faites expédier des ordres dans toutes les directions. » Le général court pour exécuter ce conseil, et il apprend que du côté de la rue de Bourgogne la manifestation envahit le palais comme elle vient de le faire du côté du pont. Il paraît tout à coup avec M. E. Arago sur le mur de la rue de Bourgogne pour engager le peuple à se retirer. Mais au moment où, parvenus sur l'entablement, ils essaient de parler, des hommes qui escaladent les culbutent et sautent dans la cour.

En effet, la partie de la manifestation qui avait couru sur la place de Bourgogne n'avait trouvé à l'intérieur, pour défendre les portes, qu'un petit nombre de gardes mobiles, qui furent obligés de se replier devant les masses qui accouraient. Un enfant escalada le premier le mur; un homme en fit autant à l'aide d'une échelle qui était posée près du monument de la place. Bientôt, en s'entr'aidant mutuellement, d'autres arrivèrent, et tous descendirent de l'autre côté.

La cour était gardée à l'intérieur par une compagnie du 3ᵉ bataillon de la 3ᵉ légion. Mais la majeure partie des gardes était sortie en ce moment pour aller déjeuner. Sur cent cinquante hommes, il n'en restait que trente. Intrépides et fermes, ils saisissaient cependant leurs armes et s'apprêtaient à repousser les envahisseurs, lorsqu'un gardien de Paris vint leur dire de remettre la baïonnette au fourreau, comme l'avaient fait les mobiles; que sans cela ils couraient risque de se faire massacrer. En ce moment, les envahisseurs qui avaient pénétré dans la cour ouvrirent les portes à leurs camarades du dehors. Un garde national, suivi de deux autres personnes, s'élance aussitôt et parvient à arrêter un moment le flot de peuple qui se présente; mais un coup de feu part tout à coup de l'intérieur. Ce coup de feu venait de la maladresse d'un garde national qui, dans un faisceau, avait saisi par hasard un fusil chargé. L'effet n'en est pas moins terrible sur la foule. « On tire sur le peuple! s'écrie-t-elle, et aussitôt elle se précipite, renversant tout sur son passage et forçant la poignée de gardes nationaux qui étaient restés là à leur poste à faire sonner les baguettes dans le canon de leurs fusils.

MM. de Courtais et Étienne Arago étaient rentrés dans le palais. Le malheureux général promenait son désespoir dans les salles. Ayant rencontré M. Hingray, représentant du peuple et colonel de la 10ᵉ, il lui dit : « Je suis un homme déshonoré! perdu!... » Puis il s'efforçait encore de retenir les envahisseurs, qui, restant sourds à sa voix, pénétraient sous ses yeux jusque dans la salle des séances de l'Assemblée.

Nous ne les suivrons pas dans cette enceinte pour dire le triste spectacle qui s'y passait; car, comme en prairial, nous n'avons pas à inscrire le grand acte de courage de Boissy d'Anglas. Nous n'entrerons pas dans les détails du plus ou moins de violence, du plus ou moins de motifs qu'eut le président d'ordonner de ne pas faire battre le rappel ; nous sommes heureux que les nécessités de ce livre ne nous forcent pas à écrire ces déplorables scènes. Nous resterons donc à la porte de l'Assemblée avec la milice civique, et nous n'y rentrerons qu'avec elle.

Le rappel, on le battait déjà dans tous les quatiers, et pendant que le tambour appelait la garde nationale aux armes, les soldats citoyens qui étaient de piquet depuis le matin se dirigeaient de toutes parts vers l'Assemblée. Le bataillon de la 1ʳᵉ légion, de service à la mairie, se rendait au quinconce de l'esplanade des Invalides ; celui de la 2ᵉ légion, stationné dans le jardin des Tuileries, était prêt à marcher, et celui de la 3ᵉ, commandé par le chef de bataillon Delandre, partait de la place des Petits-Pères, pour se rendre à celle de l'Université. Mais tous attendaient des ordres qui n'arrivaient pas. Tous ne connaissaient des événements qui s'étaient passés à l'Assemblée que des bruits vagues, contradictoires, démentis aussitôt qu'affirmés. Cependant, au son du tambour, les soldats citoyens qui n'étaient pas de service revêtaient à la hâte l'uniforme et partaient avec leurs compagnies. En route, ils apprirent l'envahissement de l'Assemblée ; alors, doublant le pas, ils coururent à son secours sans qu'aucun obstacle pût les arrêter, et le 4ᵉ bataillon de la 5ᵉ légion, ayant trouvé des hommes qui s'opposaient à son passage, croisa la baïonnette et passa outre sur-le-champ.

De son côté, le 3ᵉ bataillon de la 10ᵉ légion, de piquet à la mairie, s'était dirigé sur le palais de l'Assemblée. Arrivé sans opposition jusque devant la grille qui fait face au pont de la Révolution, il reçut l'ordre de mettre l'arme au pied et d'ôter les baïonnettes. Par une fatalité attachée à cette journée, il demeura là dans l'inaction jusqu'à quatre heures.

Le général Tempoure se trouvait aussi devant cette grille avec plusieurs bataillons de garde mobile, attendant les ordres, soit du président de l'Assemblée, soit du général Courtais.

A quatre heures, un homme ayant une grosse barbe rousse parut au sommet du péristyle et proclama la dissolution de l'Assemblée. Un groupe d'hommes nombreux, qui accompagnait l'homme à la barbe rousse, entoura le général. « Prenez garde à ce que vous allez faire, général, dit un d'eux; votre avenir en dépend. L'Assemblée nationale est dissoute; je vous somme, au nom du peuple, de me suivre à l'Hôtel-de-Ville, où va s'établir le nouveau gouvernement. — Je mourrai ici, s'il le faut, répondit le général Tempoure; mais me déshonorer, jamais! Je ne connais à personne le droit de dissoudre l'Assemblée... Vive l'Assemblée nationale! »

En poussant ce cri, le général mit l'épée à la main, et appela à lui ses soldats, qui le dégagèrent. « Soldats, leur dit-il, la République est en danger, la laisserez-vous périr? — Non! non! s'écrièrent les gardes mobiles et les gardes nationaux de la 10e légion. Vive l'Assemblée nationale!... — Alors, mes enfants, balayez-moi ces hommes-là! » s'écria le général.

Pêle-mêle, gardes mobiles, gardes nationaux s'élancent, et en un clin d'œil nettoient le péristyle et l'entrée du palais. Des soldats citoyens des 2e et 3e légions accourent de leur côté, se joignent à leurs camarades, et tous, guidés par le général Tempoure, pénètrent avec lui dans l'intérieur.

L'homme à la barbe rousse avait dit vrai: les factieux avaient déclaré l'Assemblée nationale dissoute. Du moment où Huber avait eu prononcé ces paroles, un grand nombre de voix avaient fait en-

JOURNÉE DU 15 MAI A L'ASSEMBLÉE NATIONALE.

tendre ces cris : *A l'Hôtel-de-Ville! Allons à l'Hôtel-de-Ville!* Une portion considérable de la foule était alors sortie de la salle des séances avec Barbès et Albert pour se rendre sur ce point. Mais il était encore resté bon nombre d'envahisseurs dans le sein de l'Assemblée. Des hommes occupaient les places des secrétaires de l'Assemblée; ils écrivaient, et le bruit circulait qu'ils dressaient les listes d'un nouveau gouvernement. D'autres, montés à la tribune, prononçaient des paroles que le tumulte empêchait d'entendre. D'autres; parodiant les représentants, siégeaient à leurs places; d'autres enfin, avec une animation furibonde, proféraient des cris et des menaces, nommaient des noms propres et parcouraient du regard la foule bizarre qui encombrait la salle, comme pour y trouver ceux dont ils parlaient. Tout à coup le bruit du tambour se fait entendre dans les salles voisines. A ce bruit, on s'arrête, on se regarde incertain. Une compagnie du 2ᵉ bataillon de la garde mobile pénètre dans la salle au pas de charge, l'arme au bras, suivie de gardes nationaux. Ils sont accueillis aux cris de: *Vive la mobile!* et les envahisseurs veulent fraterniser avec eux; mais les gardes mobiles les repoussent, et marchent en avant pour faire évacuer la salle. Les envahisseurs, un moment indécis, se massent et se préparent à résister; en ce moment, paraît à une des issues un colonel de la garde nationale, qui, l'épée à la main, la tournure martiale et énergique, s'élance dans la salle à la tête de soldats citoyens. Ce colonel était M. Lacrosse, vice-président de l'Assemblée et chef de la milice civique de Brest, qui était allé revêtir son uniforme, répandre l'alarme au dehors, et était revenu à travers mille dangers pour combattre les factieux. Son aspect et celui de son détachement les font reculer. En même temps, des gardes nationaux et des gardes mobiles paraissent à toutes les portes. Au milieu d'eux sont plusieurs délégués de la province, qui portent au bout de leur fusil le nom de leur département, pour témoigner par là de l'unanimité de la France à venger la souveraineté nationale. Aussitôt la foule se débande, se disperse, se hâte de fuir, et les gardes nationaux et mobiles restent seuls maîtres de cette enceinte aux cris mille fois répétés de : *Vive l'Assemblée ! Vive la République !*...

Dès cet instant, les représentants commencent à rentrer et à reprendre leurs places.

Le général Courtais, qui se trouvait dans la salle, était sollicité par quelques huissiers d'en sortir. Ils avaient entendu la garde nationale l'accuser de tout ce qui était arrivé. Le général résista en disant : « Je dois rester ici pour faire prévaloir mon innocence. » Mais dans ces occasions solennelles tout ce qui n'est que malheur devient faute au premier aspect. Aussi quand le général prit la parole pour sommer, au nom du peuple, la garde nationale de se retirer, attendu que l'assemblée ne pouvait pas délibérer devant elle, ses paroles, mal interprétées ou mal entendues, jointes aux circonstances qui se tournaient contre lui, excitèrent une réprobation générale. Les mots de trahison furent murmurés, et les gardes nationaux se jetèrent sur lui, arrachèrent son épée et le firent prisonnier (18).

Pendant que ceci se passait dans un coin de l'immense salle, M. Clément Thomas, colonel de la 2ᵉ légion, était monté à la tribune pour protester, au nom de la garde nationale de Paris, contre l'envahissement qui avait eu lieu.

Peu d'instants après, le bureau nomma le colonel Clément Thomas commandant supérieur des gardes nationales de la Seine. Le premier usage que le nouveau général fit de son pouvoir fut de sommer les gardes nationaux de se retirer de la salle pour permettre aux représentants d'y rentrer.

La milice citoyenne obéit, et après avoir pourvu à la défense de l'Assemblée, s'empressa de suivre MM. de Lamartine, Ledru-Rollin et le général Clément Thomas, qui marchaient sur l'Hôtel-de-Ville. Ces trois représentants étaient en outre escortés par de l'artillerie, des dragons, des lanciers et des soldats de la ligne.

Ici vient la seconde partie de cette journée dont le commencement, plus fatal encore par l'absence d'ordres et d'instructions, par les bruits, diversement répandus, laissa quelque temps la victoire indécise, victoire due à l'admirable instinct de la garde nationale, qui n'écouta dans cette occasion que l'élan de son patriotisme et de son courage.

Barbès et Albert étaient partis, comme nous l'avons vu, pour l'Hôtel-de-Ville, au milieu d'une foule immense qui augmenta encore en chemin par ces seuls mots jetés aux crédules : L'Assemblée est dissoute.

A cette heure, quatre heures environ, l'Hôtel-de-Ville était défendu intérieurement par un détachement de la 12e légion, de service ce jour-là, et par la garde républicaine, dont la majeure partie fut divisée en trois pelotons par le colonel Rey, qui les distribua dans chacune des cours pour pouvoir au premier signal occuper les fenêtres des trois principales façades. Extérieurement l'Hôtel était protégé par 4 à 5,000 hommes de la 9e légion ; mais le colonel Yautiez, qui commandait cette légion, était venu sur cette place sans ordres.

Il avait disposé sur le quai, en avant de l'Hôtel-de-Ville, le quatrième bataillon de sa légion en colonnes serrées. Lorsqu'il vit approcher l'avant-garde des envahisseurs, précédée de drapeaux, il fit croiser la baïonnette et battre la charge. Les factieux furent obligés de rebrousser chemin ; mais ils ne tardèrent pas à revenir. Ils étaient précédés de plusieurs gardes nationaux, qui portaient leurs fusils la crosse en l'air. Ils dirent au colonel Yautiez et aux gardes nationaux qui formaient le premier peloton, que l'Assemblée nationale s'était dissoute d'elle-même, qu'ils n'étaient pas des insurgés, que la garde nationale et la garde mobile se trouvaient avec eux, qu'ils n'étaient que des délégués venant annoncer à la mairie ce qui se passait. Pour prouver au colonel qu'ils avaient le droit d'entrer à l'Hôtel-de-Ville, quatre d'entre eux lui montrèrent des cartes de passe.

Pendant que ces hommes démoralisaient ainsi les gardes nationaux de la 9ᵉ légion, des individus qui se trouvaient déjà sur la place tenaient à peu près les mêmes propos aux soldats de la 12ᵉ légion établis entre les grilles et les bâtiments de l'Hôtel.

Le colonel Yautiez venait de donner l'ordre d'ouvrir les rangs aux quatre hommes porteurs des cartes de passe, quand tout à coup un coup de feu retentit. Un jeune homme, M. Hérisson, qui s'était joint comme volontaire à une compagnie de l'île Saint-Louis, se montrait fort incrédule et fort animé contre les hommes de l'attroupement. Aux cris de ceux-ci qui disaient que l'Assemblée s'était dissoute d'elle-même, il répondait que cela ne pouvait pas être vrai, que la garde nationale devait croiser la baïonnette et défendre le passage. Alors un individu vêtu d'une blouse tira vivement une paire de pistolets de dessous ses vêtements, puis il déchargea l'un de ces pistolets sur le malheureux jeune homme, qui fut atteint à la cuisse. Quelques gardes nationaux s'élancèrent pour saisir le meurtrier; mais l'homme à la blouse se plongea au milieu de l'attroupement, en laissant tomber derrière lui ses deux pistolets, qui furent ramassés par un garde national.

Cet incident mit du désordre dans les premiers pelotons de la colonne; la foule profita de ce désordre pour s'infiltrer dans les rangs. Le colonel Yautiez hésitait, ne voulant point prendre sur lui la responsabilité de la lutte qu'il aurait fallu engager pour repousser les assaillants; par une malheureuse coïncidence, au moment où la colonne venant de l'Assemblée nationale menaçait la tête du 4e bataillon de la 9e légion, les derniers pelotons de ce bataillon s'étaient détachés et se trouvaient pêle-mêle sous les fenêtres de l'entre-sol de l'Hôtel-de-Ville, par lesquelles, d'après les ordres de M. Adam et du colonel Rey, on distribuait des cartouches. Profitant de ce mouvement et de ce désordre, la foule traversa le 4e bataillon de la 9e légion, qui se dispersa presque entièrement un instant après.

Dès que le passage fut ouvert, la colonne se précipita au pas de course vers la grille de l'Hôtel-de-Ville. Barbès et Albert étaient au milieu des bannières, précédés par un petit groupe. Il y avait 1,500 à 1,800 hommes, qui se massèrent le long de la grille. Ils faisaient entendre ces cris : *Vive la Pologne! Vengeance à la Pologne! L'Assemblée nationale est dissoute!*

Le colonel Rey monta sur la serrure de la principale ouverture de la grille pour haranguer les assaillants. Alors survint une discussion entre lui et Barbès; mais pendant le colloque plusieurs hommes de l'attroupement avaient escaladé la grille, et à peine le colonel Rey mettait-il pied à terre en se retournant vers ses hommes pour leur donner ses ordres qu'il fut entouré, et l'un des envahisseurs ouvrit la porte. Aussitôt le flot se précipita dans l'intérieur.

Une partie de la colonne envahit la cour où l'on voit une statue de Louis XIV.

L'autre suivit Barbès et Albert dans les appartements. Ils s'arrêtèrent d'abord dans une grande salle qui avait servi de cantine; Barbès y harangua la foule, puis on se rendit dans la salle du Trône, où l'on s'établit.

Cependant les divers piquets, les divers détachements qui s'étaient réunis au son du tambour se mettaient en marche vers l'Assemblée, et beaucoup furent détournés en route et dirigés sur l'Hôtel-de-Ville, où se trouvaient les factieux. De ce nombre fut le 4e bataillon de la 5e légion. Une partie de ce bataillon était de piquet à la douane, sous les ordres du commandant en second Lefebvre. M. Brelot, capitaine en second, et le lieutenant Pluchonneau commandaient les hommes de piquet de la 5e compagnie. L'ordre de marcher au secours de l'Assemblée nationale arriva pendant une absence du capitaine Brelot. A son retour, ne trouvant personne, il s'occupa immédiatement de rassembler un second détachement. Bientôt, en effet, des hommes de ce bataillon et de différentes compagnies furent réunis au nombre de 250 à 300. Ils partirent au pas de charge, sous le commandement du chef de bataillon Ragouin, et, parvenus à l'état-major, ils apprirent que tout le danger était à l'Hôtel-de-Ville. Ils prirent immédiatement ce chemin, et parvinrent à la place de Grève, malgré la résistance et les obstacles qu'ils trouvèrent sur la route. Ainsi, au quai Lepelletier, ils virent des hommes qui pillaient une boutique d'armurier et qui firent résistance; ils les enfermèrent dans la boutique. La compagnie qui suivait repoussa aussi avec force une foule tumultueuse qui s'opposait à son passage, et désarma plusieurs individus. Le capitaine Rouzé, le lieutenant Rousseau, le sous-lieutenant Chauvel, les gardes nationaux Victor et Vachez, luttèrent de force et corps à corps avec nombre d'hommes, et s'emparèrent d'une hache d'abordage, d'épées, de pistolets, etc. Enfin le détachement gagna l'entrée de la place. Elle était entièrement envahie par les factieux, ainsi que nous l'avons vu, et dans ce moment les dernières bannières entraient à l'Hôtel-de-Ville. Le détachement ne put pénétrer qu'avec peine au travers de ces masses compactes; il parvint cependant à faire une trouée, et se maintint vers le milieu de la place en colonnes serrées. M. Ragouin quitta aussitôt le détachement pour aller prendre des ordres, et remit le commandement à M. Corbel. Peu après arrivèrent aussi environ 1,500 hommes du 2e bataillon de la 6e légion, qui étaient allés jusqu'à l'Assemblée et avaient rebroussé chemin comme les autres. MM. Watrin, lieutenant-colonel, et Lescouvé, chef de bataillon, étaient à leur tête. Ils pénètrent, comme leurs camarades, au sein de cet océan de peuple, et cherchent à les joindre. Dans ce moment, la place présentait un aspect entièrement révolutionnaire. Les drapeaux des factieux, surmontés d'une couronne de chêne, étaient arborés aux croisées; des hommes, debout sur ces larges ouvertures, haranguaient la foule et prononçaient des noms qui n'arrivaient pas jusqu'à elle; d'autres jetaient des bulletins sur lesquels étaient inscrits les noms du gouvernement qu'on voulait établir, tandis que la garde civique répondait avec énergie par les cris de : *Vive l'Assemblée nationale! A bas les factieux!* Et le peuple, étourdi de ce spectacle inattendu, demeurait indécis et incertain, attendant le dénoûment avec patience.

Tout à coup le bruit se répand dans la foule qu'il y a des canons dans l'Hôtel-de-Ville et qu'on va mitrailler la garde nationale; aussitôt la foule qui la séparait des grilles s'éloigne et laisse libre cet espace. Le capitaine Corbel en profite pour faire avancer ses hommes, qui sont suivis du bataillon de la 6e. On se range en bataille, on s'empare des issues. Le chef de bataillon Lescouvé s'élance vers la porte de la grille et met la pointe de son épée sur la poitrine du gardien; les gardes nationaux de la 5e s'avancent; la porte est ouverte, et les soldats citoyens de la 5e et une partie de ceux de la 6e forcent l'entrée et passent. Mais ceux qui sont à la suite, ne pouvant pas exécuter aussi vite le mouvement, voient de nouveau la grille se refermer sur eux.

A peine les premiers ont-ils pénétré que, sur l'invitation de M. Houette, capitaine de la 12ᵉ légion, la 5ᵉ légion commence par dégager la cour.

« Prenez garde, dit aussitôt au capitaine Brelot un garde républicain, ils ne manquent pas de munitions. — Eh bien ! s'ils ont des cartouches, nous en avons aussi, réplique celui-ci. » Et il marche résolument à la tête des siens, qui le suivent avec intrépidité au milieu des cours. Cependant les gardes nationaux n'avaient pas de quoi brûler une amorce.

Les hommes de la 6ᵉ montent le grand escalier et pénètrent dans une salle où était le drapeau de l'insurrection. Le lieutenant Noroton s'empare de ce drapeau, le brise et en jette les débris sur la place. Puis, voyant leurs camarades arrêtés à l'entrée, les soldats de la 6ᵉ les appellent à eux. Le capitaine Ségalas enlevait sa compagnie, lorsque des artilleurs des 5ᵉ et 8ᵉ batteries se présentent. « *Vive l'Assemblée nationale!* s'écrient tous les gardes nationaux. — *Vive l'Assemblée nationale!* répondent les artilleurs. — Vous êtes donc avec nous? dit le capitaine. — Oui, répondent-ils avec énergie. — Eh bien ! entrons ensemble. »

Aussitôt la porte est de nouveau forcée, et l'on entre à l'Hôtel-de-Ville. Les artilleurs montent dans une salle, où ils trouvent une foule armée. Au milieu, quatorze personnes sont assises autour d'une table et écrivent. L'une d'elles se tourne vers les survenants et a l'air de se plaindre d'être dérangée : « Qui êtes-vous? lui demande aussitôt M. Pichenay, capitaine de la 8ᵉ batterie. — Membre du gouvernement provisoire, répond celui-ci. — Est-ce de celui d'hier ou de celui d'aujourd'hui? — De celui d'aujourd'hui. » Plusieurs artilleurs qui s'étaient approchés s'écrièrent aussitôt : *C'est Barbès!* C'était lui en effet, qui se leva à ces cris; mais immédiatement on se jeta sur lui et on l'arrêta. Albert l'était en même temps de l'autre côté, au milieu de cette foule armée, dont partie voulait engager la lutte et ne l'osa pas, tandis que l'autre, entraînée sans doute par les factieux, laissa agir la garde nationale, confiante dans ses actions et ses sentiments d'ordre et de devoir.

Pendant que les artilleurs opéraient cette arrestation, les autres gardes nationaux en faisaient autant dans l'Hôtel-de-Ville envers les plus factieux. Le reste de la foule se retira ou fut expulsé, de sorte que tout était à peu près fini lorsque MM. de Lamartine et Ledru-Rollin arrivèrent.

Les bâtiments étaient pleins de gardes nationaux qui continuaient les perquisitions de chambre en chambre, et la place était couverte de soldats citoyens de toutes les légions : tous les bataillons que le rappel avait fait rassembler convergeaient alors vers l'Hôtel-de-Ville. De toutes parts se faisaient entendre ces cris : *Vive la République! Vive l'Assemblée nationale! Vive la Commission du pouvoir exécutif! A bas les anarchistes de toutes les couleurs!*

Quand on se fut assuré que l'Hôtel-de-Ville ne contenait plus d'envahisseurs, et après qu'on l'eut muni d'une garnison capable de repousser toutes les attaques, les légions regagnèrent leurs arrondissements respectifs; mais les bataillons ne se débandèrent pas, la plupart des gardes nationaux passèrent la nuit sous les armes. De fortes patrouilles sillonnèrent incessamment la ville. Partout elles rencontraient des postes nombreux établis fort près les uns des autres; tous les carrefours, tous les endroits où l'on aurait pu élever des barricades étaient surveillés avec beaucoup de soins. M. Clément Thomas, nommé commandant général par arrêté du 15 mai de la Commission exécutive, qui légalisait la nomination de l'Assemblée, entra immédiatement en fonction et se multiplia dans cette nuit pour maintenir l'ordre et prévenir le trouble. Le même arrêté acceptait la démission du major-général Guinard, et révoquait le sous-chef d'état-major Saisset.

Telle fut cette journée du 15 mai, si fatale, si malencontreuse sur tous les points, si anarchique de la part des factieux, si belle et si glorieuse pour la garde civique. Nous n'avons à rechercher ni les coupables de négligence, d'impéritie ou de faiblesse, ni les coupables d'attentat. La haute Cour de Bourges, dans les débats de laquelle nous avons aussi puisé notre récit, a prononcé sur ce grand procès. Nous constatons seulement qu'au milieu de cette confusion, de ces ordres, de ces contre-ordres, de cette stagnation générale au sein de l'émeute, l'esprit de la garde civique s'est montré au grand jour et a su prendre son élan ; il a deviné l'insurrection qui se déguisait sous les couleurs de la légalité ; l'instinct du patriotisme a poussé la garde nationale ; son respect, son attachement pour l'Assemblée, expression du suffrage universel, palladium de la France et salut de la République, ont éclaté de toutes parts. Et quoique séparées les unes des autres, ne pouvant communiquer entre elles, ne recevant d'instructions de personne, les légions et les compagnies, guidées par un même principe, mues par une même idée, agirent de concert dans un même but, délivrèrent l'Assemblée nationale et brisèrent le gouvernement des factieux.

Le décret suivant, rendu par l'Assemblée le jour même, décret qui cimente encore l'union de l'armée et de la garde civique, a su clore dignement cette journée :

« L'Assemblée nationale, au nom du peuple français, déclare que la garde nationale sédentaire, la garde mobile et les troupes de ligne ont bien mérité de la patrie.

» L'Assemblée nationale vote des remercîments aux citoyens délégués des départements qui ont offert leur concours pour la défense de la souveraineté nationale. »

Ces remercîments adressés aux délégués des départements en ce moment à Paris, indiquent l'esprit des gardes nationales de province. Comme en 1789, ainsi que nous l'avons écrit, le même mouvement eut lieu parmi les milices citoyennes de toute la France pour conjurer le même danger et venir au secours de la souveraineté nationale. Le télégraphe seul, en annonçant la fin de la lutte, empêcha tous ces braves d'accourir. Cependant les milices citoyennes les plus rapprochées arrivèrent à Paris. Le 19 mai, on remarquait, occupant les postes d'honneur de l'Assemblée, les gardes à cheval, l'artillerie et les gardes nationales de Seine-et-Marne et de Seine-et-Oise. Celles d'Abbeville, de Marennes, de Tours, de Melun, de Montreuil et de beaucoup d'autres pays environnants s'étaient également rendues à Paris.

Celle d'Amiens y vint aussi, et son voyage mérite d'être mentionné, particulièrement par les conséquences qui en sont résultées pour l'union et la force des gardes nationales entre elles.

L'attentat du 15 mai fut connu le lendemain à Amiens. Aussitôt les gardes nationaux revêtent spontanément leurs uniformes, prennent leurs armes et se rendent à l'état-major où ils demandent, avec l'autorisation de se rendre à Paris, un chef pour les commander. Le colonel, M. Morgan, accède à leurs vœux : il permet le départ de 200 hommes et en confie le commandement à M. Malot, chef du 2ᵉ bataillon, connu par son dévouement, son patriotisme et son courage. Un convoi spécial reçoit aussitôt le renfort spontané qui arrive à Paris à neuf heures du soir et se rend à la place des Petits-Pères, où il est reçu par la 3ᵉ légion et fraternise avec elle. Le lendemain, ayant appris que des troubles se manifestaient à la Chapelle et au chemin de fer du Nord, le commandant Malot demande avec instance et obtient l'autorisation de se rendre à la gare, où il reste de service toute la journée.

Ce patriotisme, ce zèle éclairé avaient touché les gardes nationaux de la 3e légion. Chacun d'eux avait tenu à honneur de recevoir chez lui un de ses frères d'Amiens, et le soir un banquet présidé par M. Perrée, maire de l'arrondissement, fut offert par eux aux braves Amiénois. Une table de 800 couverts était dressée à cet effet. C'est là qu'au milieu de la joie fraternelle qui éclatait de toutes parts, M. Robert, un des commandants du 3e bataillon de la 3e légion, pria les Amiénois de leur laisser comme gage d'union l'étendard sur lequel était inscrit le nom de leur ville. M. Malot, en le remettant, prononça ces belles paroles : « Cet étendard est désormais à vous, mes braves camarades ; il ne pourra donc jamais être qu'au premier rang : qu'il y tienne notre place. Et s'il y avait péril, lorsque nous accourrons pour combattre avec vous, laissez-nous le droit de nous rallier autour de ce drapeau commun et de marcher en frères à ce double cri : *Paris et Amiens.* »

Ces mots n'étaient pas de vaines paroles prononcées au sein d'une fête, ce fut un serment solennel. Il a été tenu au prix du sang, ainsi que nous le verrons dans le cours de cette histoire.

Mais de retour à Amiens les gardes nationaux voulurent rendre à leurs frères de Paris le banquet qui leur avait été offert et chargèrent le commandant Malot de tout organiser à cet effet. M. Malot conçut l'idée d'une espèce de fédération à laquelle furent convoquées toutes les gardes nationales du pays. En conséquence, le 11 juin au matin on vit celles de Lille, de Rouen, de Valenciennes, de Creil, de Douai, d'Arras, de Saint-Quentin, de Laon, de Doullens, de Cambrai, de Boulogne, d'Abbeville, de Saint-Valéry, de Beauvais, de Clermont, de Breteuil, de Ham, de Nesle, de Roye, de Montdidier, de Morcail, de Péronne, d'Albert, de Foix, de Villers-Bouage, de Villers-Bretonnière, de Corbie, de Fouilloy, de Conti, de Langeac, d'Aveluges, d'Allouville, de Mollines-Vidame, etc., se rendre à Amiens pour fraterniser avec la garde nationale de cette ville, une députation de celle de Paris arrivée au nombre de 1,700 hommes, et un détachement de 100 hommes du 5e bataillon de la garde nationale mobile qui avait tenu garnison dans ce pays et à qui Amiens avait donné un drapeau.

La fête fut digne de ceux qui l'avaient offerte et du motif qui l'inspirait. Cent cinquante tables de cent cinquante couverts chacune étaient dressées dans la vaste prairie qui a nom la Hotoye. La 3e légion apporta en échange de celui qu'elle avait reçu des Amiénois un étendard, qui fut déposé à la mairie.

Ceux qui ne verraient dans ces deux faits qu'un prétexte de plaisir et de réjouissance comprendraient bien mal le but que les gardes nationaux voulaient atteindre. Un motif de réunion, de fraternisation, de communion d'idées politiques, les guida seul dans cette circonstance, où les soldats citoyens apprirent à se connaître, à se compter, à s'entendre, pour être prêts à se lever au moindre mouvement contre l'ordre, à la moindre atteinte à nos libertés.

Déjà, le 12 mai, deux mille hommes de la 2e légion avaient donné, dans la vaste enceinte de l'Hippodrome, une fête aux délégués des départements, à des détachements de l'armée de terre et de mer, à une députation d'ouvriers, aux invalides représentés dans la personne du général Petit. Plusieurs autres banquets partiels avaient eu lieu avant celui d'Amiens; mais celui-là fut le plus significatif: car il eut pour résultat d'amener les manifestations qui suivirent et qui ont jeté la base de cette fédération générale qui existe de fait entre toutes les gardes nationales de France et l'armée, quoiqu'on ne nous ait point encore donné l'imposant spectacle de 1790.

Ces manifestations sont rassurantes pour l'avenir, car elles réalisent la devise de tous les peuples grands et libres : *L'union fait la force.*

Le 21 mai fut marqué par la fête de la Concorde, qui eut lieu au champ de Mars. La garde nationale et les délégués de tous les départements y assistèrent.

III

Prologue des journées de juin. — Première journée. — Dix heures du matin. — Le lieutenant Maurel. — Premier coup de tambour. — La 6ᵉ légion. — Barricade de la porte Saint-Denis. — Roger (du Nord). — Le garde Venant. — La maison Jouvin. — M. Leclercq et ses deux fils. — La cantinière. — La famille Pereire. — La 2ᵉ légion. — Le lieutenant-colonel Delaborde. — Le lieutenant Grisier. — Le premier drapeau pris aux insurgés. — Mort de Paul Avrial. — Le général Lamoricière à la tête des troupes. — M. Travenenc, représentant du peuple. — Premières ambulances. — La 1ʳᵉ légion. — Le commandant Briot. — Prise de la barricade de la rue Nationale-Saint-Martin. — Le général Piré. — Barricade de la rue Saint-Laurent. — La 1ʳᵉ compagnie, 2ᵉ bataillon, 1ʳᵉ légion, et le 5ᵉ bataillon de la mobile. — Le lieutenant Deslions. — Le général Rapatel. — L'adjudant-major Barré. — Le capitaine Oudot Manouri. — Le chef de bataillon Ary Scheffer. — La 3ᵉ compagnie. — Les volontaires. — Parlementaires devant la barricade de la caserne. — Attaque. — Mort du garde Bocquet. — Attaque de la caserne. — Blessure du commandant Thayer et du volontaire La Cressonnière. — Cinq barricades enlevées. — Tentatives de conciliation. — Barrière de la Villette. — Les 2ᵉ et 5ᵉ légions dans les faubourgs Montmartre, Poissonnière et Saint-Denis. — La barricade de la rue des Petites-Écuries et le volontaire Hezzer. — La barricade de la rue de Dunkerque. — Mort du commandant Lefèvre. — M. Versepuy. — Alfred et Eugène. — A moi ! frère. — Respect au courage malheureux. — La 1ʳᵉ légion devant la barricade de la rue Culture-Sainte-Catherine. — Le général Clément Thomas. — Tentatives de conciliation. — Le chirurgien Bois de Loury. — La barricade Saint-Paul. — L'adjoint Riglet. — Nouvelles tentatives de conciliation. — Gardes nationaux et républicains entre deux feux. — Le capitaine Catherinet dans le quartier Saint-Honoré. — Le quartier de la Cité. — Parvis Notre-Dame. — Artillerie de la garde nationale. — — Le général Bedeau. — Le colonel Guinard. — Allocution du colonel Guinard aux insurgés. — Barricade du pont de l'Hôtel-Dieu. — Attaque. — Combat. — Prise. — Blessure du général Bedeau. — Le pont Saint-Michel. — Le 4ᵉ bataillon de la 11ᵉ légion. — La rue Saint-Séverin. — Mort du commandant Masson. — Barricade enlevée. — Le général Damesme. — La 10ᵉ légion dans le quartier Saint-Jacques. — Le général Cavaignac, commandant supérieur des gardes nationales, des gardes mobiles et de l'armée.

Nous voici parvenus à l'incident le plus néfaste de l'époque dont nous écrivons l'histoire, aux journées de juin.

En effet, ce n'est plus un trouble, une émeute, une révolte devant laquelle nous allons nous trouver ; c'est une réelle insurrection, dont les proportions immenses menaçaient de tout renverser en touchant à la souveraineté populaire, résumée dans l'Assemblée nationale. Ce n'est pas seulement une collision sanglante qui a éclaté entre les enfants de la même patrie ; c'est une longue et terrible guerre qui a été entreprise d'un côté, soutenue de l'autre ; guerre acharnée et folle, guerre de misère et de désespoir, guerre civile enfin, qui ne vient attrister les peuples que lorsque Dieu détourne sa face. Dans cette guerre, chaque position a coûté une bataille, chaque rue un combat, chaque barricade un assaut, chaque maison un siége. Et cette guerre se faisait entre Français !...

Voilà pourquoi notre plume est tremblante en nos mains au moment de raconter ce drame sanglant et terrible, dont nous n'avons bien compris nous-mêmes tous les malheurs qu'en réunissant dans le récit que nous en allons faire tous les détails, toutes les péripéties, éparses jusqu'ici dans les journaux et dans les livres.

Toutefois, si une profonde pitié nous saisit au cœur pour ces hommes qui, dans le délire de la misère, s'écriaient en décimant leurs frères de derrière les barricades : « Mieux vaut mourir d'une balle que de faim ; » si maintenant, loin de ces jours de danger, nous déplorons, sans les haïr, ceux qui ont cédé à un entraînement funeste ; si dans le sang versé nous ne voyons avec douleur que le sang de Français ; si la victoire porte avec elle son amertume, cela n'exclut pas de notre âme d'autres sentiments.

Pour ceux qui, s'abusant eux-mêmes sans doute, ont abusé si longtemps le peuple par des promesses qu'ils ne pouvaient tenir, malheur et réprobation !

Pour ceux qui, ne se sentant pas la force de rétablir l'équilibre, de profiter des grandes qualités du peuple, de faire vibrer en lui la corde du généreux et du juste, de le ramener au lieu de l'irriter, et qui ont assumé cette responsabilité terrible, au lieu de se retirer et de céder la place à d'autres, mépris et honte !

Pour ceux qui, mus par ces passions politiques, résumées dans leur ambition personnelle au prix du malheur des autres; ceux qui ne voient rien sans envie, qui, voulant le pouvoir au prix du sang, quelque opinion qu'ils professent d'ailleurs, se servent du peuple comme d'un instrument, profitent de sa misère pour l'exalter, de sa colère pour l'égarer, de son désespoir pour l'entraîner et le perdre, font d'ouvriers honnêtes, mais malheureux, des insurgés aveugles de délire, pour ceux-là, la malédiction de notre mère à tous, de la France !

Enfin pour ceux qui veulent sincèrement la liberté, l'ordre, le bonheur du pays, pour ces hommes aux habitudes paisibles, qui quittent leurs enfants et leurs femmes, afin d'aller défendre, au péril de leur vie, tous ces biens si cruellement attaqués; pour ceux-là qui, n'étant pas militaires, deviennent soldats par le courage et l'énergie, qui ne reculent devant aucun danger, qui ne cèdent à aucun cri, à aucune prière cherchant à les retenir quand le tambour les appelle, qui savent aussi mourir bravement en l'honneur de leur cause, pour la garde nationale, pour sa longanimité à supporter les premières attaques sans colère, pour ses efforts généreux dans ses paroles d'union et de conciliation, afin d'éviter le combat, pour son généreux sacrifice à combattre des Français, afin de sauver la France, l'admiration tout entière et la reconnaissance de la patrie !

Pour ses nobles et nombreuses victimes, plus que la pitié, des larmes !

Tels sont les sentiments qui nous guident dans le récit que nous allons faire. Après les avoir exprimés ainsi, nous écrirons ce récit avec toute la liberté de l'esprit et du cœur ; car ce que nous venons de poser, nous le prouverons par les faits et par les choses.

Historiens au point de vue des gardes nationales, nous n'avons pas à nous occuper du plus ou moins d'habileté ou d'impéritie qu'on déploya dans la direction donnée aux affaires. Nous n'avons à formuler l'éloge ou le procès de personne, pas plus qu'à rechercher si la cause qui amena la catastrophe terrible fut dans la dissolution des ateliers nationaux ou dans toute autre chose, si l'on employa les moyens nécessaires pour prévenir l'insurrection, si l'on en employa d'assez rapides pour la vaincre. L'histoire en demandera compte un jour sans doute, et éclaircira ce point. Notre tâche, à nous, se borne à constater le fait de l'insurrection arrivée tout à coup, quoique prévue, à dire que le caractère de cette insurrection était l'anéantissement de la liberté, de la société, de l'ordre, de la souveraineté populaire, de la République enfin ; à montrer alors la garde nationale debout sur l'heure par le seul instinct de son patriotisme, luttant d'abord seule contre les insurgés, tant par sa force morale que par sa force matérielle, et plus tard, lorsque les troupes furent arrivées, se disputant, dans son union patriotique avec elles, les postes les plus périlleux, la plus large part des combats.

Mais pour qu'on puisse mieux juger jusqu'à quel point l'attaque fut terrible, la défense énergique, la lutte acharnée, nous allons esquisser rapidement les principales positions prises par les insurgés, convergeant toutes vers le plan général qu'ils tentèrent avec tant d'énergie de mettre à exécution.

L'insurrection avait entièrement négligé les abords de l'Assemblée nationale, ordinairement gardés par des forces imposantes et a tour desquels d'ailleurs les troupes réglées et la cavalerie peuvent se déployer. Tous ses efforts tendaient vers l'Hôtel-de-Ville, ce palais du peuple où se sont faits et défaits de tout temps les gouvernements qui se sont succédé. Dans ce but, elle s'était partagée en quatre divisions principales qui l'enveloppaient au loin et qui en se resserrant peu à peu devaient finir par s'en rendre maîtresses après avoir envahi Paris tout entier, sauf l'Assemblée nationale et les quartiers environnants qu'on réservait sans doute après cette première victoire.

Les deux divisions de la rive gauche, composées chacune d'environ 6,000 hommes, sans compter les tirailleurs, avaient pour siége principal l'une la place du Panthéon, et s'étendait dans toute la rue Saint-Jacques, celle de la Cité, et les abords du pont Saint-Michel; l'autre, la place Maubert, et s'étendait également dans la rue Saint-Victor et jusqu'à l'Hôtel-Dieu.

Les deux divisions de la rive droite étaient plus redoutables encore, elles se composaient chacune d'environ 8,000 hommes, sans compter les tirailleurs; l'une avait pour quartier-général le clos Saint-Lazare dont le nouvel hôpital était devenu pour elle une forteresse. Elle s'étendait de là, depuis le faubourg Poissonnière jusqu'à celui du Temple, par les barrières et les quartiers qui aboutissent directement aux halles et à l'Hôtel-de-Ville.

La dernière, enfin, avait pour point principal une gigantesque barricade élevée sur la place de la Bastille à l'entrée du faubourg Saint-Antoine. Elle occupait, d'une manière formidable, tous les quartiers environnants qui étaient derrière jusqu'à la barrière du Trône, et s'étendait en face par les rues adjacentes jusqu'à l'église Saint-Gervais derrière l'Hôtel-de-Ville, jusqu'à la place Baudoyer, où l'insurrection avait posé ses limites derrière une énorme barricade.

Toutes les rues adjacentes en étaient semées, à chaque coin, à chaque angle, à chaque entrée de rue on en rencontrait. Construites avec une grande habileté, elles avaient toutes un passage étroit, ménagé à l'extrémité, afin que les insurgés pussent facilement circuler de l'une à l'autre. Les quartiers où l'on avait eu tout le temps nécessaire pour les élever présentaient d'immenses forts de pierre de taille, crénelés et d'une épaisseur à l'épreuve du canon.

Les insurgés, en outre, s'étaient emparés des maisons de plusieurs rues et en avaient percé les murs pour se ménager des communications. Ils plongeaient de ces maisons par les croisées garnies de matelas et de meubles ; les plus habiles tireurs faisaient le coup de feu, tandis que les autres rechargeaient les armes.

A cela se joignaient des choses plus redoutables encore, c'était l'audace, l'énergie, l'entraînement, le désespoir.

Telle était l'insurrection qu'il fallait vaincre.

Paris, depuis bien des jours, était en proie à une grande fermentation. A la fin du mois de mai et au commencement de juin, on avait vu se former aux portes Saint-Denis et Saint-Martin, sur les places de la Bourse et de la Révolution, des rassemblements considérables. En même temps, des rumeurs sinistres avaient répandu l'inquiétude dans la ville : tous les partis hostiles à la révolution de février, disait-on, se préparaient à une levée de boucliers.

Pendant ce temps, les représentants s'occupaient de la question des ateliers nationaux, qu'on cherchait à dissoudre, et l'on répétait que tous les partis profiteraient du mécontentement excité chez les ouvriers pour tenter un grand coup. Déjà plusieurs décrets avaient été rendus, concernant ces ateliers, lorsque, le 22 juin, une députation assez nombreuse se rendit au Luxembourg, siège de la Commission exécutive, pour protester contre ces décrets de l'Assemblée nationale. M. Marie, suivant le rapport des délégués de la députation, les avait mal accueillis et leur avait dit, en les congédiant, que les ouvriers des ateliers nationaux devaient se soumettre aux décrets de l'Assemblée.

Toute la journée, des groupes tumultueux stationnèrent aux abords de l'Hôtel-de-Ville, sur les places, sur les boulevards et dans les faubourgs.

Le lendemain 23, l'agitation recommença dès le matin (19).

Vers dix heures, le lieutenant Maurel, de la 3e compagnie du 1er bataillon de la 6e légion, vit de son appartement, donnant sur le boulevard Saint-Martin, passer en chantant une troupe considérable d'hommes en blouse. Ce spectacle n'était pas nouveau, fréquemment des bandes plus ou moins nombreuses parcouraient la ville en faisant entendre des chants et des cris : aussi le lieutenant y prêta d'abord peu d'attention ; mais, ayant observé que l'attroupement s'arrêtait à la porte Saint-Denis, et qu'il s'emparait des voitures et des tonneaux des porteurs d'eau pour commencer une barricade, il se hâta de revêtir son uniforme et descendit dans la rue Meslay, où il fut bientôt rejoint par le capitaine Boulé et le sergent Biseray. Après avoir parcouru la rue en appelant leurs camarades aux armes, ils gagnèrent la mairie. Cent hommes furent promptement réunis. Ce détachement servit à escorter un tambour qui commença à battre la générale : ce fut le premier coup de tambour qu'on entendit dans Paris. Il fut battu sans ordres supérieurs et par l'instinct seul de cette poignée de soldats citoyens qui, voyant le danger et cherchant à le conjurer, appelaient leurs frères à leur aide.

A la rue Meslay, le lieutenant Maurel quitta le détachement pour se joindre à sa compagnie, qui commençait à se rassembler sous les ordres du capitaine Aubin.

Il pouvait être dix heures et demie. La 3e compagnie ne comptait encore sous les armes que trente à trente-cinq hommes ; mais le capitaine Lejeune amena une dizaine de soldats de la compagnie de la rue Sainte-Appoline. En même temps il apporta la nouvelle que des barricades s'élevaient à deux pas de là, autour de la porte Saint-Martin.

Pendant que les deux capitaines s'entretenaient, une foule d'hommes en blouse apparut au bas de la rue Meslay. Quelques uns de ces hommes, armés de pinces, se mirent aussitôt à attaquer le pavé, dans l'intention de fermer la rue au moyen d'une barricade; mais le capitaine Aubin ne leur laissa pas le temps de la construire. Ayant fait ranger promptement sa petite troupe en bataille, il ordonna au tambour de battre la charge, et les gardes nationaux s'élancèrent au pas de course sur les constructeurs de barricades, qui disparurent sans attendre les assaillants.

Les gardes débouchèrent donc sans opposition de la rue Meslay; aussitôt qu'ils parurent dans la rue Saint-Martin, ils furent accueillis par des coups de feu, partis des barricades encore inachevées du boulevard. Ils ripostèrent, et, sans s'arrêter, ils s'élancèrent sur les retranchements de la porte Saint-Martin. Les hommes en blouse, évacuant aussitôt leurs commencements de barricades, se replièrent par la rue du faubourg jusqu'à l'ancienne caserne de la garde municipale, à l'angle de laquelle s'élevait une barricade formidable.

Trop peu nombreux pour attaquer cette seconde position, occupée par plusieurs centaines d'hommes, les gardes nationaux de la 6e légion restèrent à la porte Saint-Martin, pour défendre leur conquête. Le lieutenant Faure, de la 3e compagnie du 1er bataillon de la 5e légion, vint se joindre à eux avec quelques hommes de sa compagnie. Leur nombre s'augmenta encore de plusieurs petits pelotons. La nouvelle de l'érection des barricades se répandait rapidement, et bien des gardes nationaux prenaient les armes sans attendre le rappel. Malheureusement, à cette heure de la journée, beaucoup de citoyens étaient absents de leurs demeures, de sorte que les compagnies furent dans le principe peu nombreuses ; mais la garde nationale suppléa au nombre par l'activité.

Aussitôt réunis, les bataillons se dirigeaient sur les différents points occupés par l'insurrection. Ces points étaient nombreux ; car, au moment où des barricades se construisaient à la porte Saint-Denis, dans les faubourgs Poissonnière, Saint-Denis et Saint-Martin, il s'en élevait aussi sur tous les points que nous avons signalés. Ici encore nous n'avons pas à expliquer comment il se fit qu'aucune autorité n'envoyât des forces sur tous ces points ou du moins dirigeât les gardes nationaux en augmentant leur nombre à l'aide du rappel qui n'était pas battu dans tous les quartiers. Nous constatons simplement le fait qui est certes en l'honneur de la garde civique. Nous devons rendre compte aussi de l'attitude du commandant général pendant ces moments. Le général Clément Thomas avait donné sa démission de ses fonctions dans la séance de l'Assemblée nationale du 20 juin. Dès lors il attendait la nomination de son successeur, et il ignorait tout ou craignait de prendre une initiative pour laquelle il n'eût pas hésité sans doute dans la vigueur du commandement, ainsi qu'il l'a démontré quand il a fallu payer de sa personne.

Dans cette situation, les barricades des portes Saint-Martin et Saint-Denis furent enlevées les premières, et par la garde nationale seule, et nous devons naturellement commencer par le récit de ce qui s'est passé sur ce point.

L'attroupement qui s'était arrêté à la porte Saint-Denis pour y élever des barricades ne fut inquiété sérieusement que vers midi ; il eut donc tout le temps de se fortifier dans cette position. Les gardes mobiles, occupant le poste du boulevard Bonne-Nouvelle, trop faibles pour dissiper le rassemblement, avaient assisté l'arme au bras à la construction des barricades. A onze heures, ils reçurent même l'ordre de rentrer à la caserne, et ils évacuèrent le poste que vinrent occuper des gardes nationaux des 2e et 6e compagnies du 2e bataillon de la 5e légion, commandés par M. Veyron, capitaine en premier de la 2e compagnie. Comme les gardes mobiles, ils durent laisser, à cause de leur petit nombre, les insurgés achever tranquillement leurs barricades.

A onze heures et demie environ, une fraction de compagnie de la 3e légion, sous les ordres du capitaine Moret, vint renforcer le poste. Peu de temps après, M. Roger (du Nord) arriva à cheval sur le boulevard Bonne-Nouvelle, revêtu de son uniforme de chef de bataillon. Il se dirigeait vers la porte Saint-Denis; mais le capitaine Veyron l'arrêta et lui conseilla de ne pas aller plus loin. Néanmoins le commandant voulut s'approcher des insurgés, dont plusieurs étaient en dehors de la barricade, occupés à son entier achèvement. A peine fut-il arrivé près du rempart de pavés, qu'il se vit entouré par les hommes en blouse, qui cherchèrent à s'emparer de lui.

A la vue du danger que courait le commandant Roger, le capitaine Veyron fit battre la charge, et les gardes nationaux s'élancèrent au pas de course vers la porte Saint-Denis. Par ce mouvement, M. Roger (du Nord) fut dégagé; mais les insurgés, serrés de près par la garde nationale, rentrèrent dans les retranchements, saisirent leurs fusils, et, les soldats citoyens ayant voulu tenter l'escalade, une décharge partie de la barricade et de la maison Jouvin mit hors de combat plusieurs assaillants. La compagnie Veyron fit des pertes sensibles, entre autres celles du sergent Bertin et du jeune Renard, qui fut tué près de son père.

Au même instant, un détachement du 1ᵉʳ bataillon de la 3ᵉ légion attaquait la position par les rues Beauregard et de Cléry. Les gardes nationaux étaient accueillis par deux décharges successives, presque à bout portant, qui jetèrent tout d'abord quelque trouble au milieu du détachement; mais un soldat de la 7ᵉ compagnie, un vétéran de la garde nationale, qui avait combattu le 30 mars 1814 à la barrière de Clichy, les 27, 28 et 29 juillet 1830 derrière les barricades, et le 24 février 1848 à la place du Palais-Royal, M. Venant s'élance à la tête du bataillon. «Camarades, s'écrie-t-il, si nous reculons d'un pas, nous sommes perdus! Plus de fusillade inutile; à la baïonnette! Tambours, la charge! la charge! »

Il se précipite la baïonnette en avant. Une troisième décharge éclate; les balles sifflent autour de lui; l'une d'elles brise la pointe de sa baïonnette; mais le brave vétéran ne s'arrête pas. Ses camarades le suivent: la barricade qui fermait le passage est emportée.

A cette attaque, il arriva encore un épisode que nous ne devons pas passer sous silence. M. Leclercq combattait dans les rangs de la 6ᵉ compagnie, ayant près de lui l'un de ses fils. A la première décharge, le fils tombe blessé. Son père le prend dans ses bras et l'emporte. A la deuxième décharge, une balle vient encore frapper le jeune homme, qui pousse un gémissement, frissonne des pieds à la tête et ne fait plus aucun mouvement : il était mort! « Pauvre enfant! » dit le malheureux père en déposant à terre le corps inanimé de son fils. Il essuie une larme, puis il ajoute d'une voix ferme : « J'ai laissé mon second fils auprès de sa mère; je vais le chercher : il saura, lui aussi, mourir pour la cause de l'ordre et de la liberté. »

Une demi-heure après, on voyait M. Leclercq et son second fils dans les rangs de la 6ᵉ compagnie.

Le patriotisme inspire de plus grandes choses que la gloire.

Le premier succès que nous venons de raconter n'était rien encore ; la grande barricade coupant le boulevard tenait toujours. Mais alors plusieurs centaines d'hommes des 2e et 3e bataillons de la 2e légion s'avancèrent par les boulevards, sous les ordres du lieutenant-colonel de la légion, M. Bouillon, ancien officier supérieur de l'armée d'Afrique, qui, lui aussi, avait fait battre le rappel dans l'arrondissement, et pris à la hâte les premiers gardes qui s'étaient réunis. Le 3e bataillon marchait en tête, commandé par son brave et honorable chef en premier, M. Delaborde.

La colonne se trouvait à la hauteur de la rue Montmartre quand le feu commença à la porte Saint-Denis. Le lieutenant-colonel fit aussitôt prendre le pas de course. La 2e légion n'était plus qu'à une portée de fusil environ de la première barricade, lorsque la fusillade s'éteignit subitement. Le lieutenant-colonel, trompé par ce silence, s'écria : « La barricade est à nous ; il suffit de cinquante hommes de bonne volonté pour l'enlever. »

La 1re compagnie du 3e bataillon s'élance, la baïonnette en avant, précédée par le commandant Delaborde et le capitaine Perron. Tout à coup la crête de la barricade et des fenêtres de la maison Jouvin s'enflamment, une effroyable décharge se fait entendre, et douze à quinze gardes nationaux tombent, tués ou blessés.

Une femme s'élance à travers la fusillade pour secourir les blessés, couchés au pied de la barricade ; c'est la citoyenne Péquillet, cantinière de la 6e compagnie du 3e bataillon. Elle donne les premiers soins aux blessés, sans s'inquiéter des balles qui grésillent autour d'elle ; puis on la voit se précipiter avec intrépidité partout où ses soins peuvent encore être nécessaires.

Les premiers coups de feu ont atteint le 3e bataillon qui formait la tête de la colonne ; mais la mort frappe aussi les soldats du 2e.

BARRICADE DE LA PORTE S᷉ DENIS
(23 Juin 1848.)

M. Pereire se trouvait, avec ses trois fils, dans les rangs de la 3⁰ compagnie de ce bataillon; il voit l'aîné, Élysée Pereire, atteint de deux coups de feu; le plus jeune a son képi enlevé par une balle. M. Élysée Pereire qui, fort heureusement, n'est que légèrement atteint, sort des rangs pour se faire panser; puis il revient prendre sa place auprès de son père (20).

Cette première décharge a porté un instant le désordre dans les rangs; mais M. Roger (du Nord) pousse un cri, descend de cheval et marche vers la barricade, le sabre d'une main et le pistolet de l'autre; tandis que le brave commandant Delaborde interpelle nommément M. Grizier, le fameux maître d'armes, lieutenant de la 2ᵉ compagnie, lui dit d'avancer avec ses hommes et lui montre intrépidement l'exemple. Le lieutenant Grizier, dont le courage est proverbial, lève son épée, appelle les gardes et s'élance. Dans sa course deux énormes morceaux de plomb tombent sur sa main droite et lui arrachent un cri, mais ne parviennent pas à l'arrêter. C'est la seconde fois que cette main est blessée. Aux émeutes de 1839 il avait reçu une blessure qui avait nécessité l'amputation du doigt majeur; c'est d'ailleurs un vétéran de notre garde civique qui avait tiré son premier coup de fusil dans la plaine des Vertus en 1815. Enlevant par son mouvement et sa résolution les gardes qui se sont ralliés, il escalade avec eux la barricade au moment où le commandant Delaborde, qui vient de la franchir, serre rapidement la main à M. De Berne, soldat-citoyen de la 7ᵉ compagnie qui se trouve à ses côtés. En même temps, le sous-lieutenant Carles, de la 4ᵉ compagnie, enlève aux insurgés, au milieu d'une grêle de balles, un drapeau tricolore sur lequel on lisait : *Ateliers nationaux*, 2ᵉ *brigade*. Ce drapeau avait été constamment tenu par une femme.

Resté sur le haut de la barricade, M. Roger (du Nord), qui

tenait la droite, tandis que les autres tenaient la gauche, appelait de la voix et du geste les gardes nationaux, **malgré la grêle de balles qui pleuvaient autour de lui. C'est dans ce moment que tomba M. Paul Avrial, banquier, tué d'une balle au front.**

Pendant que la 2ᵉ légion attaquait les insurgés par le boulevard Bonne-Nouvelle, la 3ᵉ les attaquait en débouchant par la rue Bourbon-Villeneuve, et un fort peloton de gardes nationaux des 5ᵉ et 6ᵉ légions arrivait au pas de course par le boulevard Saint-Denis, venant de la porte Saint-Martin, sous les ordres du lieutenant Faure.

Par ces divers mouvements, les insurgés s'étaient vus attaqués de trois côtés à la fois. De trois côtés à la fois la fusillade avait d'abord éclaté; puis, des trois côtés à la fois, les gardes nationaux s'étaient élancés sur la barricade.

Les insurgés s'enfuirent par la rue du faubourg Saint-Denis, laissant entre les mains des assaillants quelques prisonniers, des blessés et des morts.

La garde nationale était depuis quelques minutes maîtresse de la position, lorsque le général Lamoricière arriva par les boulevards à la tête d'une colonne, composée de gardes mobiles, de lanciers, de soldats du 11ᵉ léger. A ses côtés marchait à cheval M. Travenenc, représentant du peuple, qui, digne expression de la souveraineté populaire, venait sanctionner la noble conduite de la garde nationale et partager les périls de ces moments. Un passage fut ouvert et la colonne s'avança jusqu'à la porte Saint-Martin.

En même temps on s'occupait déjà des blessés : M. Guilhermet, pharmacien, rue de Cléry, n° 112, avait reçu plusieurs gardes nationaux. Le n° 3 de la rue Mazagran était établi en ambulance, et enfin on prit aussi possession de la salle du théâtre Bonne-Nouvelle. On comptait déjà, dans ces divers locaux improvisés, quinze morts et vingt blessés. Des hommes de l'art étaient accourus auprès d'eux, et des femmes les aidaient avec zèle.

Peu de temps après, une fraction du 1er bataillon de la 1re légion arriva sur le boulevard Saint-Denis, ayant à sa tête le chef de bataillon en premier, M. Briot. Le général Piré marchait dans les rangs de la première compagnie comme simple garde. Ce vieux et brave militaire, aux premiers sons du rappel, était allé s'offrir en qualité de volontaire à la compagnie de sa circonscription. Revêtant son costume de général et ses décorations, il avait pris un fusil et avait tenu à honneur de marcher comme simple garde. Cet acte honorait à la fois le général et la garde civique : le général, parce qu'il venait en citoyen exposer encore sa vie qu'il n'avait courageusement risquée jusque-là que sur les champs de bataille ; la garde civique, parce que celui qui eût commandé partout ailleurs se soumettait à obéir.

Le commandant Briot reçut, du général Lamoricière, l'ordre d'aller enlever la barricade de la rue Nationale-Saint-Martin. « Pouvez-vous nous faire accompagner par quelques soldats ? demanda le chef de bataillon. — Cela m'est impossible, commandant, répondit le général Lamoricière ; je ne puis disposer d'un seul homme : nous manquons encore de troupe. — Eh bien ! mon général, nous enlèverons seuls la barricade. »

Peu de temps après, le 1er bataillon de la 1re légion était arrivé rue Nationale-Saint-Martin devant la barricade, derrière laquelle on voyait surgir plusieurs têtes d'insurgés, tandis que l'un d'eux, debout sur la crête, le fusil à la main, semblait prêt à tirer et à donner le signal. Le bataillon s'arrêta d'abord à quelque distance, mais le général Piré, qui était au premier rang, emporté par son courage et ne s'apercevant pas de ce mouvement, avance énergiquement la baïonnette croisée. Arrivé au pied de la barricade, il découvre un passage étroit, y entre résolument, toujours la baïonnette en avant, et se trouve seul de l'autre côté au milieu des insurgés. Dès lors on l'entoure, on le menace, on lui met des pistolets et des baïonnettes sur la poitrine, et celui qui était sur le haut de la barricade lui dit d'une voix menaçante : Criez vive Barbès, ou vous êtes mort. — Criez vive Barbès, répètent tous les insurgés avec colère. Le général, sans s'émouvoir, répond d'une voix calme et ferme, après avoir promené sur eux un regard assuré : « Vous n'avez pas le sens commun ! sous la royauté on criait vive le roi ! sous une république, où tous les citoyens sont égaux, on ne doit jamais crier vive un individu. Je ne crierai pas vive Barbès. » Ce sang-froid, cette fermeté étonnent les insurgés qui restent un instant immobiles et muets. Mais aussitôt ils reprennent leurs cris et leurs menaces. Le général s'apprête à se défendre et à mourir bravement; lorsque du même passage qu'il avait franchi sortent des gardes nationaux, tandis que le commandant Briot et le lieutenant Villards de la 3e compagnie escaladent la barricade à la tête des soldats-citoyens qui enlèvent la position à la baïonnette et mettent en fuite les insurgés. Ce fut au courage, au sang-froid, à la résolution du brave général que le bataillon dut de n'avoir que peu de pertes à regretter dans ce succès si rapidement obtenu.

Déjà la rue du faubourg Saint-Denis et celle du faubourg Saint-Martin étaient déblayées. La 1re compagnie du 3e bataillon de la 2e légion avait été lancée à la poursuite des insurgés qui s'étaient retirés par la rue du faubourg Saint-Denis. Après avoir enlevé à la baïonnette plusieurs barricades, cette compagnie arriva à l'entrée de la rue Saint-Laurent qu'elle devait prendre pour gagner le faubourg Saint-Martin et faire sa jonction avec la colonne commandée par le général Rapatel. Là elle fut rejointe par le 5ᵉ bataillon de la mobile, ce qui lui permit de vaincre les derniers obstacles qui entravaient sa marche et qu'elle n'aurait pu surmonter seule.

En effet, la rue Saint-Laurent était presque inabordable : une énorme barricade barrait le passage, et les abords de cette barricade étaient défendus par de nombreux insurgés, établis dans les maisons et tirant par les fenêtres et jusque par les soupiraux des caves. Déjà plusieurs gardes nationaux et gardes mobiles avaient été atteints, lorsque le lieutenant Deslions, ancien soldat du génie, ordonne à un tambour de la garde mobile de le suivre en battant la charge, se précipite sur la barricade, l'escalade et enlève le drapeau qui flottait au sommet.

L'élan était donné, la garde mobile et la garde nationale accoururent derrière le lieutenant Deslions, et la barricade fut emportée.

Pendant ce temps, la colonne partie de la porte Saint-Martin s'avançait par la rue du faubourg sous les ordres du général Rapatel.

Élu la veille colonel de la 2ᵉ légion, par suite de la nomination de M. Clément Thomas au commandement général, le général était accouru à la mairie au premier son du rappel. Il y avait trouvé l'adjudant-major Barré et regrettait que son élection si récente le rendant encore inconnu à sa légion, il n'eût pas au moins son uniforme pour se mettre à la tête de ses camarades. M. Barré lui conseilla d'exécuter ce noble projet quoiqu'il fût en bourgeois, s'offrit à l'accompagner, lui remit un de ses pistolets que ce dernier plaça à la ceinture d'un sabre de cavalerie qu'il portait par-dessus son costume bourgeois, et tous deux étaient partis ainsi. Parvenus à la hauteur de la rue Neuve-Vivienne, ils avaient rencontré le 4e bataillon, conduit par le commandant en premier Thayer, et le commandant en second Ary Scheffer, notre grand peintre. Le colonel Rapatel s'était immédiatement mis à la tête, et ils s'étaient tous rendus à la porte Saint-Denis où la position était occupée par la garde nationale et les troupes amenées par le général Lamoricière. Le bataillon avait été massé vers la porte Saint-Martin; la 1re et la 2e compagnies avaient quitté leurs rangs pour se rendre à des postes désignés, et la 3e (capitaines Oudot et Perelle), qui avait été en retard, était venue prendre son rang de bataille, c'est-à-dire la tête.

Ce retard tenait à une circonstance précieuse à raconter ici. Le capitaine Oudot Manouri, dont nous aurons occasion de signaler la bravoure et le patriotisme, avait fait faire, aux frais de la compagnie, 600 cartouches, qu'il conservait chez lui par prévoyance, à tout événement. Quand le rappel avait été battu, quand la fusillade lointaine avait été entendue, il avait distribué ses cartouches. De là, la cause du retard que nous venons de signaler.

La 3e compagnie avait donc pris place la première du bataillon et se trouvait derrière un détachement du 11e léger. On remarquait dans ses rangs des gardes nationaux qui avaient perdu leurs compagnies à la prise de la barricade Saint-Denis, parmi lesquels était M. Triquetti le statuaire, puis des volontaires du quartier de la 3e compagnie qui avait demandé à marcher, parmi lesquels M. de La Cressonnière, ancien officier de marine, et un garçon charcutier de la rue de la Michodière.

Le commandant Scheffer s'était approché du capitaine Oudot et lui avait dit que le général Lamoricière demandait une compagnie de soldats citoyens pour appuyer un peloton de ligne et former une colonne d'attaque qui enlevât les barricades du faubourg Saint-Martin. Le capitaine Oudot jugeant sainement ses camarades d'après lui, avait répondu : « Mon commandant, nous sommes prêts. »

M. Oudot avait dans les rangs de la garde nationale ses deux fils, dont un, le plus jeune, marchait toujours à ses côtés.

La colonne alors s'était mise en marche par le faubourg Saint-Martin, sous le commandement du colonel Rapatel, heureux de légitimer aux yeux de ses camarades par sa bravoure et son patriotisme le choix qu'ils avaient fait de lui. Cette colonne était composée d'un peloton du 11e léger et de la 3e compagnie. En tête marchait le général Rapatel, avec ce costume qui témoignait de son empressement à défendre la chose publique, le chef de bataillon en second Scheffer, l'adjudant-major Barré et le chirurgien-major Guillemot.

Sur l'ordre du général Lamoricière, qui s'était avancé à cheval pour parlementer, la colonne s'arrêta à une centaine de pas de la barricade, dressée en travers de la rue, à l'angle de l'ancienne caserne de la garde municipale. Les insurgés se montraient en grand nombre aux fenêtres de la caserne, à celles des maisons qui faisaient face, et derrière leur retranchement de pavés. Ils s'élevaient presque à la hauteur d'un premier étage ; au-dessus on voyait une femme posée comme une statue et tenant à la main un drapeau tricolore, sur la partie blanche duquel était un bonnet de liberté. Un silence de mort avait régné jusque-là pendant la marche de la colonne.

Le général Lamoricière, n'ayant pu décider les insurgés à abandonner leur position, donna l'ordre d'attaquer. Aussitôt le colonel Rapatel s'approche des gardes nationaux et leur dit : « Mes amis, je suis votre colonel ; je vais me mettre à votre tête, nous allons attaquer et enlever cette barricade à la baïonnette, nous ne tirerons pas, mais si on tire sur nous nous riposterons. »

Après ces paroles qui partaient d'un cœur généreux et plein de courage, il se retourne et s'écrie d'une voix forte : « Tambours, battez la charge ! »

L'ordre est exécuté. La colonne s'ébranle au pas de course, les soldats et les gardes nationaux s'avancent la baïonnette croisée.

« Vive la ligne ! s'écrient les insurgés. » Mais les soldats, qui voient dans leurs rangs les gardes nationaux, ne répondent pas à ce cri ; ils continuent d'avancer au pas de charge, la baïonnette toujours croisée. Cependant les insurgés ne tirent pas encore ; c'est seulement quand la colonne n'est plus qu'à une dizaine de pas de la barricade qu'ils abaissent leurs fusils et envoient deux décharges successives et presque simultanées, l'une de la barricade, l'autre des fenêtres de la caserne et des maisons vis-à-vis. Un caporal du 11e léger tombe frappé mortellement de deux coups de feu en pleine poitrine ; deux autres soldats sont blessés. Dans la garde nationale c'est le garde Bocquet qui tombe mort, frappé d'une balle à la tête ; le volontaire Triquetti reçoit quatre coups de feu ; le lieutenant Eudes et le garde Ponthieu sont également atteints.

Toutefois la colonne ne s'arrête pas ; une fois arrivés au pied de la barricade, les soldats et les gardes nationaux commencent l'escalade, précédés par le chef de bataillon Scheffer, l'adjudant-major Barré, les capitaines Oudot et Perrelle, et le chirurgien Guillemot, qui donnent bravement l'exemple à leurs camarades. Ceux qui arrivent les premiers à la crête de la barricade, s'y arrêtent un instant, pour faire feu, car le combat n'est pas terminé encore. Réfugiés en grand nombre dans la caserne, les insurgés, à couvert par les murs, recommencèrent à tirer par les nombreuses ouvertures du bâtiment. Le capitaine Oudot se baissait sur la barricade pour ramasser le fusil d'un insurgé que celui-ci tenait encore, quoique mort, lorsque deux balles vinrent frapper à ses côtés ; il se retira alors avec quelques hommes de sa compagnie qui ripostent. La colonne entière à laquelle vient se joindre un nouveau détachement du 23° de ligne, engage la fusillade qui, terrible et incessante, dura environ vingt minutes.

C'est pendant ce temps que M. Thayer, entendant les coups de fusil et brûlant de prendre part aux dangers de cette partie de son bataillon, quitta les hommes qu'il commandait à la porte Saint-Martin et s'engagea dans le faubourg. Au milieu de sa course il fut atteint au pied d'une balle qui le mit hors de combat.

Le volontaire La Cressonnière éprouva le même sort en revenant sur ses pas pour coopérer à l'attaque de la caserne ; mais cette blessure, bien que la balle fût entrée au-dessus du genou et ressortie par la cuisse, ne l'empêcha pas de faire le coup de feu. Il ne cessa que lorsque la perte de son sang trahit enfin son courage.

L'entrée de la caserne vigoureusement attaquée est enfin forcée, et les gardes nationaux et les soldats se précipitent à l'intérieur. Les insurgés avaient compté sur une sortie, donnant sur la rue Neuve-Saint-Nicolas, pour se sauver, mais la sortie était surveillée et la rue bien gardée. A l'exception de quelques hommes qui se sauvèrent par les toits, ils furent tous arrêtés ; l'on fit une centaine de prisonniers. La garde nationale resta maîtresse du terrain.

Le colonel Rapatel, après avoir laissé la compagnie Oudot et Perrelle à la garde de la caserne, remonta le faubourg avec le détachement du 11° léger. Les gardes nationaux du 3° bataillon de la 2° légion et le 5° bataillon de la garde mobile, venus par la rue Saint-Laurent, se placèrent sous ses ordres, et la colonne, ainsi renforcée, continua sa marche. Six barricades barraient le passage jusqu'à la barrière de la Villette; les cinq premières furent enlevées au pas de course par le 5e bataillon de la garde mobile, sous un feu meurtrier. A la sixième, le colonel, voulant éviter l'effusion du sang, fit proposer aux insurgés de ne pas persévérer plus longtemps dans une résistance inutile et d'abandonner la barricade. Ils envoyèrent un parlementaire qui déclara à l'adjudant-major Barré qu'ils ne cesseraient de combattre que lorsque la garde nationale et la troupe se retireraient la crosse en l'air. M. Barré repoussa ces conditions, et déclara que si dans dix minutes la barricade n'était pas abandonnée, elle serait enlevée à la baïonnette. Dix minutes après, en effet, la barricade était franchie.

On était parvenu à la barrière. Le colonel Rapatel, par un mouvement d'humanité, et dans la conviction que les insurgés étaient plutôt égarés que coupables, députa vers eux l'adjudant-major Barré, le capitaine Renart, et le capitaine d'état-major de l'armée Fourchaut, pour leur porter des paroles de reconciliation. Ces messieurs se chargèrent de cette mission périlleuse et délicate. Ils restèrent près de vingt minutes auprès des insurgés qui les entouraient avec des cris de menace et de vengeance, et auprès desquels leurs efforts furent vains.

Le colonel Rapatel demeura jusqu'au soir en présence de la population hostile de la Villette; la nuit venue, il reçut l'ordre de se replier sur la rue Neuve-Saint-Sauveur.

Dans l'après-midi du 23 juin des détachements des 2e, 3e et 5e légions opérèrent dans les faubourgs Montmartre, Poissonnière, Saint-Denis. Ils empêchaient la construction des barricades, enlevaient et détruisaient celles que l'on avait élevées, et dispersaient l'insurrection partout où elle cherchait à s'établir.

Le capitaine Dubochet, de la 4ᵉ compagnie du 2ᵉ bataillon de la 3ᵉ légion, ayant appris qu'une barricade s'élevait rue du Faubourg-Poissonnière, au coin de la rue des Petites-Écuries, marcha aussitôt sur ce point, à la tête de sa compagnie, pour s'en rendre maître. Les insurgés accueillirent la garde nationale à coups de fusil. Les soldats citoyens ne s'arrêtèrent pas pour cela : ils abordèrent avec résolution la barricade, qui fut bientôt en leur pouvoir. A cette attaque, le caporal Herzer se fit remarquer entre tous par son intrépidité : le premier au pied de la barricade, il fut le premier à l'escalader au milieu des balles. Ce fait acquiert surtout de l'importance en ce que M. Herzer est étranger, et par conséquent avait droit de ne prendre part ni au service ni aux périls de la garde civique (21).

Vers trois heures, le commandant en deuxième du 3ᵉ bataillon de la 2ᵉ légion, M. Lefèvre, marchait à la tête d'une faible partie de ce bataillon. En débouchant de la rue Denain, devant le chemin de fer du Nord, ce détachement essuie tout à coup une décharge partie d'une barricade, élevée à la jonction de la rue de Dunkerque avec le faubourg Saint-Denis. Le premier atteint fut le digne commandant Lefèvre, qui tomba avec deux ou trois autres gardes. La colonne s'arrêta à ce spectacle, et l'on s'empressa d'emporter le commandant dans la maison la plus voisine pour lui donner des soins. Mais, pendant ce temps, le détachement, entraîné par M. Versepuy, ancien officier de l'empire, s'élança au pas de course sur la barricade et l'emporta, après avoir encore eu deux ou trois hommes atteints. Les citoyens Lenvec, Pecquet, Deville, Martin-Fortris et Camescasse furent, avec M. Versepuy, des premiers à escalader cette barricade. M. Lenvec arrêta lui-même l'insurgé qui avait tiré le dernier coup de feu, dirigé contre M. Martin-Fortris. Du haut de la barricade, ces soldats citoyens saluèrent d'un dernier regard leur commandant, qu'on emportait chez lui, et offrirent à sa mort ce dernier triomphe.

Après ce combat, plusieurs gardes nationaux s'engagèrent en tirailleurs, avec des gardes mobiles du 7e bataillon, dans la rue du Faubourg-Saint-Denis, près le chemin de fer du Nord. Au nombre de ces gardes nationaux se trouvaient M. Alfred de Jeanson, garde national de la 8e compagnie du 3e bataillon de la 2e légion, et son jeune frère Eugène, âgé de dix-huit ans.

Le matin, ces deux jeunes gens, en se rendant à la campagne, avaient entendu battre le rappel dans le quartier Saint-Antoine. Aussitôt ils avaient rebroussé chemin et regagné leur demeure. Alfred s'était hâté de revêtir son uniforme pour se joindre à la garde nationale; et Eugène, qui n'en faisait pas encore partie, n'ayant pas voulu se séparer de son frère, s'était mis avec lui à la recherche de la 8e compagnie. Il n'avait pas d'armes, mais sur une des barricades du faubourg Poissonnière il ramassa un fusil.

Ralliés à une fraction du 3e bataillon, sans y rencontrer la compagnie qu'ils cherchaient, les deux frères se trouvèrent bientôt engagés avec quelques camarades et des gardes mobiles dans la rue du Faubourg-Saint-Denis. Les insurgés, dont quelques uns étaient logés dans des maisons et derrière des palissades, faisaient un feu continuel. Un moment, Alfred et Eugène furent séparés dans la partie la plus large de la rue. Dans ce moment même, une balle fracassa le bras d'Alfred, que l'on emporta loin du champ de bataille sans que son frère pût le voir ou l'apprendre.

Eugène, ignorant l'accident qui venait d'arriver à son frère, continuait d'avancer avec les gardes mobiles. Un des insurgés, qui se rendait redoutable à ses adversaires par la justesse de son tir, se portait toujours en avant de sa bande pour décharger son arme. C'est lui qu'Eugène prend pour point de mire ; mais au moment où il allait tirer, un garde mobile lui arrête le bras. « Camarade, dit-il, votre chien n'a pas de pierre. » Le jeune homme abaisse aussitôt son fusil : en effet, la pierre y manque. « Eh bien ! s'écrie-t-il avec résolution, à la baïonnette ! » Et il s'élance sur le tireur ; mais celui-ci l'ajuste et fait feu. Eugène chancelle ; la balle l'a frappé dans le haut de la cuisse. « Alfred ! s'écrie-t-il d'une voix douloureuse. A moi, frère ! » Hélas ! Alfred ne pouvait plus l'entendre ; mais des gardes mobiles accourent à sa voix, l'enlèvent et le transportent au n° 200 de la rue du Faubourg.

Quatre heures après, le haut du faubourg Saint-Denis, abandonné par les troupes, était retombé au pouvoir de l'insurrection. Cependant quelques hommes du peuple étant venus réclamer le jeune blessé ; les insurgés ne firent aucune difficulté à le leur remettre. Le malheureux jeune homme, déposé sur un brancard, fut porté et escorté par ceux qui étaient venus le chercher. En passant devant les groupes, émus de voir ce jeune visage décoloré, ces hommes demandaient le silence, et répétaient : « Respect au courage malheureux ! » Un bataillon de la banlieue, rencontré par ce triste cortége, lui porta les armes ; les passants se découvraient. Ces faits, dans la simplicité de leur narration, n'exigent pas de commentaires. C'est l'éloquence de l'énergie des défenseurs de la liberté et de l'ordre, c'est celle des malheurs de la guerre civile.

Tandis que tout cela se passait dans les faubourgs Poissonnière, Saint-Denis et Saint-Martin, la lutte s'engageait non moins ardente sur d'autres points. La 7e compagnie du 2e bataillon 6e légion, réunie rue Boucherat, au nombre de 300 hommes, sous les ordres du capitaine Bourdon, détruisait les barricades des rues de Ménilmontant, des Filles-du-Calvaire, de Berry, etc., et maintenait l'ordre dans toute sa circonscription.

Mais, rue Culture-Sainte-Catherine, une barricade haute et profonde s'élevait dès le matin au débouché dans celle de Saint-Antoine. Le général Clément Tomas, qui, en face du danger, avait repris le commandement abandonné par lui dans des jours de calme, qui voulait pour dernier adieu donner le noble exemple du patriotisme et du courage, s'était dirigé vers cette barricade à la tête de quelques pelotons du 34e de ligne et d'un demi-bataillon de la 1re légion, commandé par M. Sudre, commandant en second du 1er bataillon.

Quand la colonne fut en présence des insurgés, le général, comprenant le premier devoir imposé à celui qui représentait la garde civique, confiant dans cette influence morale qui s'attachait à son uniforme, et d'accord comme homme avec ses sentiments de générosité, comme chef de la garde nationale, ordonna de faire halte pour parlementer. Il employa des paroles à la fois conciliantes et fermes, engagea plusieurs fois les hommes armés qui se tenaient derrière les barricades à se retirer. Quelques instants se passèrent ainsi en pourparlers; mais à toutes les raisons qu'on leur donnait, les hommes en blouse faisaient cette réponse désespérée : « On nous a trop souvent trompés. Nous aimons mieux mourir d'une balle que de faim. »

Cependant le général, redoublant d'efforts, espérait encore de les persuader, quand tout à coup une décharge partit des rangs des insurgés. Un sergent du 34e et trois gardes nationaux tombèrent morts; quelques autres furent blessés, et le général Clément Thomas lui-même reçut une balle.

Alors la troupe et la garde nationale ripostèrent et le combat s'engagea vif et cruel pour la milice civique et les troupes, car prises en face par le feu de la grande barricade et de toutes les maisons formant l'extrémité de la rue Culture-Sainte-Catherine,

PRISE DE LA BARRICADE CULTURE STE CATHERINE.

en flanc par le feu des barricades élevées dans les rues de Jarente, d'Ormesson, par celui des maisons formant les angles de la première de ces rues, dont les caves même vomissaient des balles, elles virent en quelques minutes tomber cinq hommes morts et trente-sept blessés dans ce demi-bataillon de soldats citoyens. Pourtant ces pertes fatales ne ralentirent ni leur ardeur, ni leur courage. Après quelques instants de fusillade, le général Clément Thomas lui-même, malgré sa blessure et ses souffrances, conduisit les soldats à l'assaut, et la barricade fut enlevée à la baïonnette. On prit le drapeau qui flottait au sommet, le chef des insurgés fut tué, et l'on fit une cinquantaine de prisonniers qui furent conduits à l'Hôtel-de-Ville.

La colonne garda quelque temps la position qu'elle venait de conquérir; mais, trop faible pour rester engagée aussi avant dans le quartier principal de l'insurrection, elle dut se retirer, laissant derrière elle ses morts et ses blessés à la caserne de pompiers, située rue Culture-Sainte-Catherine. Pendant l'action, on avait vu M. Boys-de-Loury, chirurgien-major, suivre intrépidement la colonne pour donner des soins aux blessés. Une première balle avait déchiré son képy, une seconde, dont le choc l'avait renversé, avait entamé la peau du crâne. A peine relevé, il s'était transporté dans une maison pour sauver M. de Saint-Georges, blessé d'une balle en pleine poitrine, panser le capitaine Danghen, examiner la blessure du général Clément Thomas, enfin pour prodiguer à tous ses camarades et à tous les soldats de la ligne des soins qu'il n'a cessés qu'à la nuit lorsque le bataillon se retira. Le lendemain il revint voir ses blessés et faillit être atteint d'une balle heureusement détournée par une persienne dont les débris vinrent tomber à ses pieds.

Vers trois heures, une colonne de deux cents hommes, composée moitié de gardes nationaux du 7ᵉ arrondissement et moitié de gardes républicains sous les ordres du commandant Beaumont, partit de l'Hôtel-de-Ville pour aller attaquer la barricade construite rue Saint-Antoine devant l'église Saint-Paul. M. Riglet, maire-adjoint du 7ᵉ arrondissement, marchait en tête de cette colonne. Dans la matinée il s'était lui-même rendu à la barricade Saint-Paul, au milieu des quatre ou cinq cents insurgés qui la défendaient, pour essayer de les ramener à des sentiments de concorde; ses efforts avaient été infructueux.

A peine arrivée dans la rue Saint-Antoine, la colonne eut à disperser des groupes nombreux, qui commençaient à multiplier les barricades. Au delà de la rue de Fourcy, elle fut saluée par une formidable décharge partie de la barricade Saint-Paul. Deux gardes nationaux furent tués et quatre autres blessés. En même temps, les groupes qui avaient été dissipés par la colonne se reformaient derrière elle et commençaient à tirer de leur côté. Dans cette position critique, prise entre deux feux, la colonne était perdue par un seul mouvement d'hésitation; mais le capitaine Lefort et le commandant Beaumont, embrassant le danger, ne laissèrent pas même le temps à la pensée; faisant battre la charge, ils divisèrent aussitôt leurs troupes, et pendant que le commandant s'occupait à repousser avec ses gardes républicains les insurgés qui attaquaient la colonne par derrière, le capitaine Lefort, l'adjoint Riglet et la garde nationale se précipitaient au pas de course à l'assaut de la barricade. Ce retranchement fut abandonné avec une promptitude qui surprit M. Riglet; en effet, les insurgés se trouvaient là fort nombreux, et les défenseurs de la barricade étaient protégés par le feu d'une centaine d'hommes logés dans les maisons voisines. Au même instant, les gardes nationaux qui paraissent sur la barricade Saint-Paul, se voient tout à coup assaillis par une série de décharges bien nourries, partant d'une autre barricade, élevée tout près de la rue Royale. M. Riglet ne doute pas alors qu'ils n'aient affaire à une troupe réglée, et que ce ne soit par suite d'une méprise que cette troupe tire ainsi sur la garde nationale. Sur-le-champ il court intrépidement vers la barricade de la rue Royale, en agitant son écharpe au-dessus de sa tête, et bientôt il se trouve au milieu de deux cents gardes mobiles, qui venaient d'emporter cette barricade et s'occupaient de relever leurs morts et leurs blessés.

Après avoir détruit la barricade Saint-Paul, les gardes nationaux et les gardes républicains, de même que la colonne commandée par le général Clément Thomas, furent forcés, à cause de leur petit nombre, d'abandonner le terrain à l'insurrection.

S'il ne s'éleva point de barricades dans le bas de la rue Saint-Honoré, on le dut en grande partie à l'active surveillance du capitaine commandant de la 5e compagnie du 2e bataillon de la 4e légion, M. Catherinet. Ayant réuni, entre dix et onze heures du matin, une quarantaine de gardes nationaux, il parcourut incessamment le quartier, dispersant les groupes menaçants; puis, lorsqu'il se vit à la tête d'un plus grand nombre de soldats, il établit différents postes pour maintenir la libre circulation. Il fut puissamment secondé par les lieutenants Rogissé, Lantier et Petit-Ozonne qui se montrèrent pleins de zèle pour la cause de l'ordre.

Dans la Cité on se battait avec acharnement. Là on voyait avec douleur des uniformes de la garde nationale mêlés aux blouses noircies de poudre des insurgés.

Deux barricades s'étaient élevées dans la rue Neuve-Constantine, sous les yeux d'un détachement de la garde mobile occupant la cour du Palais-de-Justice; mais ces jeunes et braves soldats n'ont pas d'ordre : comme la garde nationale, ils ne peuvent pas prendre l'initiative et suivre leurs instincts, car ils sont baïonnette obéissante et non intelligente; ils doivent assister l'arme au bras à la construction des barricades. Enfin les ordres arrivent, et avec eux un bataillon de garde nationale. Sur-le-champ, gardes nationaux et gardes mobiles se préparent au combat. En un instant les barricades sont enlevées, puis détruites.

Des insurgés s'étaient établis dans la maison de la Belle-Jardinière, et avaient cherché à se fortifier à l'entrée de la rue de la Cité; mais ils avaient été chassés de cette position.

Le parvis Notre-Dame fut aussi ensanglanté par un long combat, où l'artillerie de la garde nationale se fit remarquer par son élan et sa bravoure. Réunie au premier signal des troubles dans la cour des Tuileries, elle partit vers les trois heures sous le commandement du colonel Guinard, au nombre de 256 hommes, pour se rendre à l'Hôtel-de-Ville. A la hauteur du pont Notre-Dame, elle rencontra le général Bedeau et vint se mettre immédiatement à sa disposition. Au moment où ce général se trouva face à face avec le colonel Guinard, ce dernier, croyant remarquer en lui un regard d'étonnement et de doute, prit la parole et lui dit d'une voix franche et énergique : « Général, on attaque la souveraineté populaire, nous sommes prêts à mourir jusqu'au dernier pour la défendre. » Le général répondit à ces paroles en ordonnant à la légion de marcher au parvis Notre-Dame.

Parvenu à cet endroit, avec ses artilleurs, le colonel Guinard, avant de commencer l'attaque, voulut faire une tentative sur les insurgés et chercher à les ramener en évitant le combat. Mu par un noble sentiment d'humanité, il s'élança jusqu'au Petit-Pont. Là, il harangua les insurgés, et sa parole ferme et persuasive produisit d'abord sur eux l'effet qu'il en attendait; il continua alors et avança dans la rue; mais à peine avait-il fait quelques pas que des hommes plus exaltés que les premiers ou plus animés par le combat, proférèrent contre lui des menaces et l'entourèrent en appuyant le fusil sur sa poitrine. Le colonel luttait toujours d'énergie et de paroles, lorsque des officiers de la légion accoururent et le forcèrent à se retirer. Pendant ce temps, le général Bedeau avait reconnu la position, et décidé l'attaque de l'énorme barricade du pont de l'Hôtel-Dieu. L'artillerie se forma aussitôt en colonne au coin de la rue d'Arcole, en tête d'un détachement du 48ᵉ de ligne, en face de la barricade. Elle avait ordre de l'escalader, sans dégaîner, après le douzième coup de canon. Ces dispositions faites, le colonel Guinard voulut tenter un dernier effort, il marcha vers la grande barricade, accompagné seulement du chef d'escadron Blaise, et là, d'une voix retentissante, il cria aux insurgés : « Au nom de la souveraineté du peuple, je vous somme de vous retirer. » Une vive fusillade qui atteignit plusieurs hommes de la 1ʳᵉ batterie fut la réponse des insurgés. Le canon se fit entendre aussitôt. Pendant les premiers coups les artilleurs graves, immobiles à leur poste et contenant leur ardeur, attendaient comme de vieux soldats auraient pu le faire devant une redoute ennemie. Au douzième coup de canon ils s'élancèrent sans tirer, sans dégaîner, comme cela avait été ordonné, et furent suivis par le brave 48ᵉ qui rivalisait avec eux de zèle et d'ardeur. Le colonel Guinard et un artilleur, arrivés les premiers sur la barricade, se trouvaient en un instant de l'autre côté exposés au feu des assaillants. Ce fut là que le colonel reçut deux balles dans son képy. Dès lors le combat continua avec plus de force que jamais; enfin, l'artillerie et les troupes l'emportèrent; elles conquirent la position et déblayèrent l'entrée de la rue Saint-Jacques. Cette première action causa des pertes nombreuses et regrettables. L'artillerie compta dans ses rangs deux morts, dont l'un des suites de ses blessures, et quatorze blessés. Ce fut là aussi que le général Bedeau fut atteint d'une balle française, lui que celles des Arabes avaient respecté en Afrique quand il s'était si souvent exposé à leurs coups !

Maîtresse de ces positions, l'artillerie bivouaqua jusqu'à une heure du matin sur la place du parvis Notre-Dame; elle se porta ensuite sur l'Hôtel-de-Ville, laissant un détachement sous les ordres du chef d'escadron Pothier. Ce dernier avait établi un poste sur le Petit-Pont, alors en construction à gauche de l'Hôtel-Dieu. Ce poste fut inquiété toute la nuit par le feu des insurgés qui occupaient le pont de l'Archevêché et les maisons voisines, mais il parvint à se maintenir sans éprouver aucune perte nouvelle.

Le pont Saint-Michel fut attaqué à son tour. La colonne assaillante se composait d'une partie du 4e bataillon de la 11e légion, commandé par le chef de bataillon Francis Masson, et d'une compagnie de voltigeurs du 12e de ligne. La barricade coupant le pont fut enlevée à la baïonnette, malgré le feu de ceux qui la défendaient. Le commandant Masson, que l'on avait vu s'élancer le premier à l'assaut, désarma lui-même un officier de la garde nationale qui combattait avec les émeutiers.

Pendant que l'on détruisait cette première barricade, il conduisit son prisonnier à la préfecture de police; puis il revint se mettre à la tête de son bataillon. Alors la colonne monta la rue de la Bouclerie et se dirigea ensuite vers l'église Saint-Séverin, dont les cloches, mises en branle par les insurgés, sonnaient le tocsin.

A son apparition dans la rue Saint-Séverin, la colonne fut reçue par une décharge générale. Une balle frappa le commandant Masson au front et l'étendit roide mort; plusieurs hommes furent encore atteints. « En avant ! A la baïonnette ! Vengeons notre brave commandant ! s'écrièrent quelques hommes. — Oui ! vengeons le brave Masson ! répondirent les gardes nationaux et les soldats. »

Et tous se précipitèrent sur la barricade Saint-Séverin. Ils l'enlevèrent en un instant ; mais, tant à cause de leur petit nombre que des autres points rapprochés occupés par les insurgés, ils furent bientôt forcés de leur abandonner tout le terrain qu'ils avaient enlevé, et l'insurrection s'y fortifia de nouveau.

D'autres gardes nationaux de la 11ᵉ légion s'étaient joints à la colonne de gardes mobiles commandée par le général Damesme ; ils opérèrent avec elles dans les rues de Cluny et des Mathurins-Saint-Jacques. Des détachements des 1ᵉʳ, 2ᵉ et 3ᵉ bataillons de la 10ᵉ légion eurent aussi quelques engagements meurtriers dans ces quartiers aux rues étroites et tortueuses.

Une proclamation affichée dans la journée avait appris à la population de la capitale que les représentants du peuple et la Commission exécutive venaient de confier au général Cavaignac le commandement supérieur des gardes nationales, des gardes mobile et de l'armée. « Unité de commandement, disait la proclamation. — Obéissance. — Là sera la force, comme là est le droit. »

Telle fut cette première journée, dont le récit que nous venons de retracer nous étonne nous-mêmes et nous afflige profondément encore, en nous reportant à cette époque, assez récente pour que les événements paraissent présents à nos yeux. Aussi, pénétrés malgré nous de la situation, nous poserons ici la plume, comme nous avons déposé un instant alors le fusil pour nous livrer à des réflexions amères et nous retremper dans notre courage et notre patriotisme.

IV

Deuxième journée, samedi 24 juin. — Nuit du 23 au 24. — Préparatifs des deux côtés. — La légion d'artillerie. — Le chef d'escadron Terrassin au Pont-Marie. — Le 3ᵉ bataillon de la 1ʳᵉ légion au Petit-Pont. — Le chef d'escadron Pothier et le capitaine Couvrechel. — Le lieutenant-colonel Michel. — Prise du Pont. — La 2ᵉ compagnie du 4ᵉ bataillon de la 4ᵉ légion et la maison des *Deux-Pierrots*. — 10ᵉ et 13ᵉ batteries. — Le quartier Saint-Jacques. — Le capitaine Loverdo et le chef des insurgés. — Attaque et prise du Panthéon. — La barricade de la rue de l'Estrapade. — Le général Damesme. — Les ouvriers et les meneurs. — Le garde national Géniez. — Le 8ᵉ bataillon de la 2ᵉ légion de la banlieue. — Le quartier Saint-Antoine. — Les insurgés attaquent l'Hôtel-de-Ville. — L'artillerie à la rue des Coquilles. — Le capitaine Maillard. — L'artilleur Musser. — L'église Saint-Gervais. — Le général Duvivier. — Le bataillon de Vaugirard. — Victor Hugo aux barricades de la rue Boucherat. — Attaque et prise des barricades de la rue d'Angoulême et des Filles-du-Calvaire. — La 4ᵉ compagnie du 5ᵉ bataillon de la 5ᵉ légion au faubourg du Temple. — La balle dans la montre. — Le faubourg Saint-Denis. — Les 1ʳᵉ et 2ᵉ compagnies du 3ᵉ bataillon de la 3ᵉ légion. — Position des insurgés. — Gardes nationaux de Pontoise, — de Montmorency, — de Saint-Omer, — de Marines, — de Deuil, — de Saint-Leu. — Le commandant Beauval. — Attaque et prise des barricades intérieures. — Le clos Saint-Lazare. — Le 4ᵉ bataillon de la 1ʳᵉ légion aux barricades des rues Lafayette et de Dunkerque. — Le général Lebreton et le garde national Menjuc. — Attaque des barricades du faubourg Poissonnière. — Le 2ᵉ bataillon de la 1ʳᵉ légion. — Les gardes nationaux Gourgaud, Moline Saint-Yon, Drolanvaux. — Position des insurgés. — Le représentant artilleur. — Assaut et prise de la première barricade. — Arrivée des gardes nationales de province. — Rouen. — Bonnières. — Poissy. — Auxerre. — Versailles, etc. — L'Assemblée nationale en permanence. — Paris en état de siége. — Le général Cavaignac, chef du pouvoir exécutif. — La République adopte les enfants et les veuves des citoyens morts pour la défense de l'ordre, de la liberté et des institutions républicaines. — Proclamation de l'Assemblée à la garde nationale.

La nuit du 23 au 24 juin se passa triste et convulsive à Paris. Surpris à l'improviste, étourdis au premier moment de cette brusque attaque dans de si vastes proportions, les habitants, les représentants, le pouvoir exécutif avaient, pour ainsi dire, marché au hasard, et les premiers, nous l'avons vu, qui vinrent opposer une barrière à la fois généreuse et énergique à l'insurrection, furent les soldats citoyens qui, baïonnette intelligente, avaient vu le péril, et avaient courageusement marché pour le conjurer, en prenant une initiative puisée dans leur patriotisme. Eux-mêmes, nous en avons dit les motifs, n'étaient pas nombreux dans le principe, et avaient remarqué avec inquiétude l'absence totale des troupes et de chefs militaires pour les guider. Mais bientôt, l'unité du commandement avait été décrétée en nommant chef de la garde nationale et de l'armée le général Cavaignac. La garde mobile et les troupes en garnison à Paris étaient accourues, commandées par des généraux de l'armée. Quelques corps cantonnés dans la banlieue étaient entrés dans la capitale le jour ou le soir même; dans la nuit, de nouveaux régiments vinrent encore grossir les rangs des défenseurs de la souveraineté populaire, et d'autres arrivèrent à mesure les jours suivants.

L'insurrection avait grossi de son côté. Quoique attaquée et vaincue sur plusieurs points, elle s'était de nouveau fortifiée d'une manière formidable, avait développé des proportions effrayantes; mais cette fois, il n'y avait plus de surprise; on se trouvait face à face, on se voyait, on se comptait, et la désespérante persistance des insurgés faisait croître à chaque instant le nombre des forces morales et matérielles qui se levaient pour les vaincre.

La nuit fut habilement employée. Morne et sombre, la grande cité fut surtout gardée par les soldats citoyens, dont le zèle se montrait infatigable. A chaque quartier, à chaque rue, des corps de garde nombreux et prêts à marcher; à chaque heure, des patrouilles qui se relevaient pour sillonner les rues; à chaque cent pas, des factionnaires dont le cri : *Sentinelle, prenez garde à vous!* poussé de quart d'heure en quart d'heure, annonçait aux chefs et aux habitants que l'on veillait de toutes parts. De temps à autre cependant une fusillade éclatait tout à coup, lorsque les gardes nationaux s'approchaient de trop près des points occupés par l'insurrection, ou qu'allumant des feux pour bivouaquer, ils devenaient un point de mire dans l'obscurité.

Les représentants, émus du danger de l'insurrection d'une part, et du dévouement et de l'énergie de la garde civique et des troupes de l'autre, montèrent subitement à la hauteur du rôle qu'ils étaient appelés à jouer. Déjà la plupart d'entre eux parcouraient les postes dans cette nuit de deuil et d'attente, encourageaient les gardes nationaux et les soldats, et promettaient de nouveau pour le lendemain leur présence au milieu des rangs au moment de la bataille. Ils tinrent noblement leurs promesses, et nous en rencontrerons encore plus d'un qui se trouva mêlé aux scènes que nous avons à décrire. D'autres écrivaient aux gardes nationales de leurs départements les dangers qui menaçaient la patrie, et leur disaient d'accourir. D'autres, réunis en conseil, apportaient les avis de leur expérience. Leur digne président, M. Senart, déploya tout ce qu'un homme peut posséder d'activité et d'énergie, noblement secondé par les membres du bureau, MM. Peupin, Léon Robert, Lacrosse, Émile Péan, Edmond Lafayette, Landrin, Berard, etc.

Le général Cavaignac était au palais de l'Assemblée, où il combinait son plan de défense et d'attaque.

Tout ce qu'il y avait de généraux, de colonels, d'officiers, accoururent offrir leur épée. Ceux qui ne purent être employés à des commandements prirent rang en simples volontaires dans la garde nationale. Outre ceux que nous avons signalés dans ses rangs, nous devons citer encore les généraux Gourgaud, Rulhières, de la Rue,

Saint-Yon, Alexandre de Girardin, Galbois, Adrien d'Astorg, Castellanne, de Bawr, Corbin, Fezensac, Berthois, de Chabannes, de Pontis, etc.

Tout ce qui n'appartenait pas à la garde civique, trop jeune ou trop vieux, étrangers, Français de passage à Paris, venaient se joindre à elle.

Les dames faisaient de la charpie, préparaient des matelas, soignaient déjà les blessés.

Les chirurgiens, les médecins posaient des appareils, établissaient des ambulances.

Et au jour naissant tout ce monde fut debout, triste, mais résolu.

Au départ des soldats citoyens, on voyait d'un côté des femmes les embrasser avec effusion sans chercher à les retenir, les suivre longtemps du regard, puis essuyer une larme qui coulait malgré elles, tandis que de l'autre, ces hommes se dérobaient avec courage aux prières et aux supplications de leurs filles, et emmenaient leurs fils avec eux.

Les volontaires accouraient de toutes parts demander asile aux compagnies. Leurs vêtements bourgeois et leurs armes contrastaient dignement avec les uniformes de la garde nationale. Là, étaient confondus le rang, l'âge, l'état, le pays, l'opinion même dans ses diverses nuances, car tout avait disparu devant le danger commun, et tous n'avaient qu'un désir, sauver la patrie.

Chaque officier était armé d'un fusil, et pour que les volontaires pussent se reconnaître, ils portaient tous des cartons à leurs chapeaux indiquant le numéro de la compagnie, du bataillon et de la légion que chacun avait choisie.

Une partie de la garde nationale était restée dans ses quartiers pour empêcher toute surprise, pour éviter tout désordre, toute collision. La circulation était interdite et il y avait ordre de fermer les croisées, desquelles si souvent était partie la mort tombée dans nos rangs.

Ce ne fut pas tout. Ce mouvement énergique et spontané qui s'était manifesté à Paris parcourut les provinces comme une étincelle électrique, dès que la nouvelle de l'insurrection y fut parvenue par une voie quelconque. Alors arrivèrent dans la capitale toutes les gardes nationales qui purent se mettre en route à temps. Pour la troisième fois, depuis la formation de la garde civique, les soldats citoyens de tous les coins de la France s'ébranlèrent et, quoiqu'à distance, s'entendirent pour accourir, afin de défendre ensemble, selon ce principe éternel qui fait leur union et leur force, l'ordre contre le trouble, la société contre l'anarchie, la liberté contre la licence.

Depuis Rouen jusqu'à Brest, depuis Meaux jusqu'à Strasbourg, depuis Orléans jusqu'à Moulins, depuis Amiens jusqu'à Lille, de nombreux détachements de gardes civiques improvisés arrivèrent à Paris secourir leurs frères de la grande famille, et vaincre ou mourir avec eux; et comme si ce n'était pas assez à ces braves citoyens d'abandonner leurs familles, leurs affections, leur fortune, les dames de plusieurs villes expédièrent à Paris de la charpie, du linge, des vêtements ; les habitants qui étaient restés dans leurs foyers de l'argent et des vivres.

En présence de ces faits, nous le demandons, de quel côté était la nation? de quel côté était la France?

Nous dirons à mesure l'arrivée à Paris de nos frères de province. Nous avons voulu poser, tout d'abord, la physionomie de la seconde journée, comme nous avions posé celle de la première, et faire ressortir cet immense élan qui, dans un jour, ébranla la France d'un bout à l'autre.

Maintenant nous allons reprendre le récit de la seconde journée.

Ce fut l'artillerie de la garde nationale qui commença l'engagement.

A trois heures et demie du matin, le chef d'escadron Terrassin reçut, du général Duvivier, l'ordre d'appuyer le mouvement qu'il faisait pour enlever la barricade du Pont-Marie. M. Terrassin, ancien officier d'artillerie, dirigea cette expédition avec la plus grande habileté et surtout avec le sang-froid et le calme du vrai courage d'un chef. Secondé en cela par l'ardeur des artilleurs, il fit traîner à bras deux pièces non attelées qui étaient dans la cour de l'Hôtel-de-Ville. Elles furent mises aussitôt en batterie sur le quai, au bout de la rue de la Réforme (Louis-Philippe), et la cannonade commença. Elle fut vive et meurtrière des deux côtés, mais au bout de quelque temps la barricade fut enlevée par le 59ᵉ de ligne, malgré l'opiniâtre résistance des insurgés. Ceux-ci se retirèrent dans la rue de l'Hôtel-de-Ville et recommencèrent le combat. Une des pièces fut alors immédiatement placée pour enfiler cette rue, et après quelques décharges, au commandement de leurs chefs, les artilleurs s'élancèrent et emportèrent d'assaut les barricades.

Le 3ᵉ bataillon de la 1ʳᵉ légion, qui était resté depuis le 23 juin au palais des Tuileries, et la nuit dans la Cité, reçut l'ordre, dès que le jour parut, de se diriger vers le Petit-Pont. Une compagnie de soldats de ligne et une compagnie de la 1ʳᵉ légion s'avancèrent, l'une à gauche, l'autre à la droite du pont, et, le genou à terre, l'épaule appuyée contre le parapet, elles commencèrent un feu bien nourri contre le quai Saint-Michel, la barricade qui fermait le pont et les bâtiments de l'Hôtel-Dieu, que de nombreux insurgés occupaient. Une fusillade de quelques instants s'engagea; puis les soldats et les gardes nationaux reçurent l'ordre de rétrograder, et deux pièces de canon, que l'on avait amenées à l'entrée du pont, et dont on venait de régler le pointage, commencèrent à battre en brèche les retranchements de l'insurrection.

Ces batteries étaient commandées par le chef d'escadron Pothier et le capitaine Couvrechel. Cette attaque fut meurtrière pour l'artillerie : le détachement eut cinq hommes blessés, dont un artilleur, Mignet, mourut des suites de ses blessures. Ce fut aussi là que le lieutenant-colonel Michel, allant avec le colonel Guinard reconnaître la position, eut le bras fracassé par une balle.

Six volées, de deux coups chacune, détruisirent en partie les premières barricades. Alors les deux pièces d'artillerie furent ramenées en arrière, et la troupe de ligne, la garde mobile, le bataillon de la 1re légion et un détachement de la 4e, franchirent le pont au pas de course. Les insurgés avaient abandonné les quais à droite et à gauche ; mais ils s'étaient réfugiés derrière leurs retranchements, dans les maisons, et principalement dans les magasins de nouveautés des *Deux-Pierrots*.

Néanmoins les premières barricades, à moitié démantelées par le canon, furent enlevées assez facilement par la garde mobile et les soldats de ligne. Pendant que ces troupes et le bataillon de la 1re légion s'engageaient dans la rue Saint-Jacques, la 2e compagnie du 4e bataillon de la 4e légion assiégeait la maison des *Deux-Pierrots*. Elle enleva cette maison à la baïonnette : les insurgés, se retirant d'étage en étage, se défendirent avec acharnement ; quelques uns parvinrent à se sauver par les toits ; tous les autres furent tués ou faits prisonniers. A cette rude affaire, la 2e compagnie eut à regretter la perte de vingt-cinq hommes.

Pendant ce temps l'artillerie n'était pas restée inactive. Le colonel Guinard fit établir une pièce du 6e d'artillerie, sous les ordres de M. Demay, instructeur détaché de la légion de la garde nationale. Cette pièce, mise en batterie sur la crête de la chaussée, fit un feu soutenu pendant vingt minutes contre la barricade de la rue des Bernardins, tandis que les artilleurs de la 20ᵉ batterie, ayant à leur tête le commandant Pothier et le capitaine Couvrechel, et soutenus par deux compagnies du 59ᵉ de ligne, essayaient d'emporter le barricade.

La 13ᵉ batterie, de son côté, mise en position près du pont d'Arcole, soutenait une vive fusillade contre les insurgés.

Entre neuf et dix heures, le 3ᵉ bataillon de la 1ʳᵉ légion, qui était sous les armes depuis vingt-quatre heures et combattait depuis la pointe du jour, fut relevé par un bataillon de la banlieue. A cette heure, l'insurrection était encore maîtresse de la plus grande partie de la rue Saint-Jacques ; le Panthéon était son quartier-général sur cette rive de la Seine ; de là partaient les mots d'ordre et les commandements. Mais on ne tarda pas à lui enlever cette position.

Le général Damesme, que nous avons vu la veille entamer le quartier Latin, avait recommencé l'attaque, dès le matin, du côté de la place Sorbonne. Il avait envoyé son aide-de-camp, le capitaine d'état-major Loverdo, reconnaître une barricade rue des Mathurins-Saint-Jacques ; cet officier fut pris par les insurgés. Quelques uns parlaient de le fusiller ; mais un des chefs s'y opposa énergiquement, et prit le capitaine sous sa protection : « Je suis un ancien militaire, dit-il ; je ne souffrirai pas qu'on assassine un officier désarmé. »

Après avoir sauvé le capitaine Loverdo, cet homme voulut le reconduire lui-même au milieu des troupes. Quand il arriva avec son prisonnier au quartier-général, M. François Arago se trouvait près du général Damesme. Le général et le membre de la commission exécutive félicitèrent l'ancien militaire sur sa conduite ; mais ce dernier se hâta de leur répondre : « Messieurs, je vous laisse à votre ouvrage et je retourne au mien. » Et il s'éloigna.

La barricade, attaquée peu de temps après, fut emportée de vive force. Ensuite le général Damesme nettoya complètement la rue des Noyers et la place Cambrai, et il se porta aussitôt au Panthéon. Quinze cents insurgés s'étaient retranchés dans ce monument que l'on attaqua à coups de canon, et que l'on ne put enlever qu'après un long combat. Mille à douze cents hommes furent faits prisonniers en ce lieu.

Sans laisser un moment de répit à l'insurrection, le général Damesme conduisit une partie de ses troupes à l'attaque des barricades de la rue de la Vieille-Estrapade. Ce fut à la prise de la deuxième barricade de cette rue, qu'une balle lui cassa la cuisse. Cependant il voulait rester à la tête de ses troupes, mais la gravité de sa blessure le força bientôt à s'éloigner ; il fut transporté au Val-de-Grâce.

Le colonel Thomas prit le commandement en attendant que le général Damesme fût remplacé. Agissant conjointement avec une colonne de garde nationale et de troupes de ligne, qui s'était emparée de la place Maubert, il parvint à rejeter peu à peu les insurgés jusqu'à la Halle aux vins. Il pouvait être cinq heures. Tout le terrain avait été conquis pied à pied ; continuellement on avait été forcé d'employer le canon ; les révoltés s'étaient défendus avec acharnement, avec désespoir, et de part et d'autre, on avait fait des pertes considérables.

Un représentant des Ardennes, M. Payer, qui, la veille, avait parcouru ces quartiers à la tête d'une compagnie de la garde nationale, avait vu sa demeure envahie par les insurgés. Aussitôt qu'il se retrouva libre, il se rendit à l'Assemblée nationale et donna à quelques uns de ses collègues des détails curieux sur les révoltés, au milieu desquels il avait vécu pendant plusieurs heures. Pour la plupart, les insurgés se composaient de malheureux ouvriers, désespérés par la misère qui les accablait depuis quatre mois. Il se trouvait bien parmi eux des hommes ayant de l'argent; mais ces hommes étaient des meneurs ou des agents. Ils cherchaient à exciter leurs compagnons de barricade par toute espèce de bruits faux; et ils faisaient apporter des liqueurs fortes pour les faire boire aux ouvriers. Ceux-ci écoutaient les fausses nouvelles avec une sombre fureur; mais ils repoussaient énergiquement les liqueurs; ils ne voulaient pas même boire de vin sans eau. « Le vin pur nous griserait, disaient-ils, et il nous faut du sang-froid pour nous battre. »

Si les personnes chez lesquelles ils s'établissaient pour défendre les abords des barricades leur demandaient pourquoi ils se battaient : « Mieux vaut mourir d'une balle que de faim, répondaient-ils.

A la moindre apparence de danger, les meneurs, *presque tous en habit bourgeois ou en redingote,* se hâtaient de disparaître. Derrière eux, les malheureux qu'ils venaient d'égarer se battaient et mouraient sans proférer le moindre cri.

Voilà ce que M. Payer racontait après sa délivrance, suivant le *National* du 26 juin.

Nous avons cru devoir consigner ici ces détails pour bien faire comprendre le caractère de cette insurrection, le crime des meneurs et la douloureuse et énergique résistance des gens égarés.

Nous avons dit que chacun dans ces cruelles journées contribua comme il le put à apaiser l'insurrection. Nous en allons citer un exemple.

Un garde national de la 8e compagnie du 4e bataillon de la 10e légion, M. Geniez, avant d'avoir lu les détails donnés par M. Payer, avait bien jugé de la cause de l'insurrection, et se trouvant à même d'y porter remède par sa position, il se hâta de le faire, croyant compléter par là les devoirs de garde national. Cet honorable citoyen, qui avait été l'un des premiers hommes de sa compagnie à prendre les armes le 23, est membre du bureau de bienfaisance de son arrondissement; cette fonction, il l'exerce depuis dix-huit ans. Tout en s'acquittant exactement de son service, tout en veillant avec ses frères d'armes au maintien du bon ordre dans son quartier, il s'occupa de visiter les citoyens nécessiteux et de leur porter des secours et de consolantes paroles. Plus d'un sans doute parmi ceux qu'il secourut ne fut pas attiré par la faim derrière les barricades.

Alors que le quartier du Panthéon était encore entièrement au pouvoir de la révolte, une grande fermentation régnait aux alentours du Luxembourg et de Saint-Sulpice. Le 8e bataillon de la 2e légion de la banlieue, qui était arrivé la veille dans la soirée aux Tuileries, et que l'on avait dirigé sur le Petit-Luxembourg pour défendre le siège de la commission exécutive, fut sous les armes pendant toute la journée du 24. Trois compagnies détachées sur la place Saint-Sulpice, sous les ordres du capitaine de la 3e compagnie, M. Delpla, s'opposaient à tout envahissement de ce côté, tandis que le lieutenant-colonel Michel et le commandement Canoby, postés dans la rue de Vaugirard, où les groupes étaient très menaçants, poussaient au loin leurs avant-postes et isolaient ces groupes de ceux qui stationnaient aux environs de Saint-Sulpice.

Dans le quartier Saint-Antoine, l'insurection était formidable. Nous avons vu le 23, la garde nationale et la troupe attaquer à deux reprises ce quartier; le même jour, le général Cavaignac y avait encore pénétré avec du canon; mais il n'avait pu s'y établir solidement. Le lendemain matin les révoltés étaient maîtres de toutes leurs anciennes positions.

Vers le milieu du jour, une colonne de quinze à dix-huit cents hommes, sortie du faubourg Saint-Antoine, s'empara d'abord de la place des Vosges, et désarma trois à quatre cents soldats qui la défendaient ; ensuite elle marcha vers l'intérieur de la ville, grossissant à chaque pas, enleva l'église Saint-Gervais où elle se fortifia, et serra l'Hôtel-de-Ville de fort près. Mais la légion d'artillerie de la garde nationale était là ; opposant une barrière infranchissable à l'insurrection, elle donna le temps aux secours d'arriver.

Vers deux heures du soir, une pièce traînée à bras par les artilleurs fut conduite dans la rue des Coquilles, par les ordres du général Duvivier. Elle était commandée par le capitaine Maillard, et devait battre en brèche la barricade de la rue Saint-Avoye. Cette pièce maintint sa position malgré le feu terrible des insurgés qui décimait les artilleurs ; le maréchal-des-logis Gaduel, l'artilleur Desinglis furent tués sur place ; le capitaine Maillard reçut un coup de feu à la cuisse, et bien d'autres furent blessés et mis hors de combat. Les artilleurs n'en montrèrent ni moins de sang-froid, ni moins de courage. Le tour d'un artilleur nommé Musser, qui était d'une corpulence énorme, étant venu de remplacer un mort à la pièce, le colonel Guinard, voyant les balles qui sifflaient et atteignaient de tous côtés, lui dit : « Allons, père Musser, prenons garde, c'est le moment de rentrer la bedaine. — Ah ! bath, mon colonel, répondit gaiement celui-ci, en cherchant moins à faire son service qu'à effacer son ventre, il faut bien que la bedaine aille avec le reste. » Le brave Musser ne fut pas blessé, et quelques jours après les événements de juin, il s'approcha du colonel à une revue et lui dit en tapant solidement sur son ventre : « Vous voyez bien, mon colonel, qu'elle a marché avec le reste. »

Cependant l'artillerie, qui n'était soutenue par aucune force d'infanterie, fut obligée de se retirer. Mais les secours arrivèrent enfin, le brave général Duvivier fit aussitôt ses dispositions pour l'attaque, et donna le signal avec une impétuosité d'autant plus grande qu'elle avait été plus longtemps contenue. L'église Saint-Gervais fut vigoureusement attaquée avec du canon. Le combat fut long, sanglant, meurtrier néanmoins des deux parts, et c'est là que le général reçut sa blessure qui, légère d'abord, causa sa mort au bout de quelques jours. C'est qu'il ne voulut quitter le lieu du combat qu'après le succès et qu'il ne consentit à se retirer qu'après avoir déblayé les abords de l'Hôtel-de-Ville et refoulé l'insurrection dans ses premières positions. La perte du brave Duvivier fut la plus sensible et la plus vivement sentie.

Non loin de là, rue des Rosiers, les gardes nationaux de Vaugirard voyaient tomber quatorze de leurs camarades, en enlevant la barricade élevée dans cette rue; deux étaient morts, et douze blessés plus ou moins grièvement.

Dans le 6ᵉ arrondissement, les barricades couvraient littéralement tous les points stratégiques. Trois barricades, entre autres, construites à quinze ou vingt pas l'une de l'autre, coupaient la rue Boucherat. Une fusillade fort vive était engagée dans cette rue, depuis trois heures du matin, entre les insurgés et quelques gardes mobiles des 13ᵉ et 24ᵉ bataillons, réunis à une trentaine de gardes nationaux de la 6ᵉ légion. Au nombre de ces derniers se trouvait Cheze de Cahagne (Arsène de Cey), homme de lettres, qui avait fait partie de la 2ᵉ légion jusqu'au 20 juin, et n'habitait la rue de Vendôme que depuis quatre jours.

L'engagement avait paru assez grave à l'autorité militaire pour qu'elle fît amener sur ce point une pièce d'artillerie. Depuis plusieurs heures, cette pièce était braquée à l'entrée de la rue Boucherat, tout à côté de la fontaine qui fait le coin de la rue Charlot; mais elle restait muette. Les hommes tombaient de tous côtés, et malgré les réclamations des gardes nationaux le canon ne tirait pas.

L'arrivée de M. Victor Hugo, représentant du peuple, donna tout à coup à l'attaque un nouvel élan. Par ses ordres le canon fut enfin tiré. M. Arsène de Cey suivait froidement avec une lunette les effets du projectile. Il n'eut pas plus tôt signalé l'extrême agitation que le boulet avait jetée parmi les défenseurs des barricades, que M. Victor Hugo s'écria : « Cette guerre de tirailleurs est trop meurtrière ; on perd moins de monde en marchant brusquement et bravement. Marchons, mes amis ; en avant ! en avant ! »

Aussitôt gardes mobiles et gardes nationaux s'élancent au pas de course à la suite du représentant. Il fallait parcourir sous une grêle de balles la rue Boucherat dans toute sa longueur ; la distance est franchie en quelques secondes, les barricades escaladées, enlevées, conquises, et bientôt après les vainqueurs conduisent à la mairie du 6e arrondissement les prisonniers qu'ils avaient faits les armes à la main.

Ce trait de l'auteur de *Notre-Dame de Paris*, que nous retrouvons avec bonheur sous notre plume, prouve qu'il a écrit avec son âme les scènes sublimes de générosité et de courage qu'on admire dans ses œuvres.

Pendant ce temps, d'autres gardes nationaux de la 6e légion, soutenus encore par des gardes mobiles, attaquaient les barricades des rues d'Angoulême et des Filles-du-Calvaire. Il leur fallut également engager de longs combats pour se rendre maîtres de ces positions. Les rebelles, embusqués dans les maisons et derrière leurs retranchements, tiraient avec plus de sûreté que les assaillants, qui combattaient à découvert. Aussi la 6e légion fit-elle à ces différentes attaques des pertes douloureuses.

La 4e compagnie du 4e bataillon de la 5e légion, forte de cent cinquante hommes, s'était rendue dans la matinée à la mairie du 5e arrondissement. Après lui avoir fait distribuer des cartouches, M. Ragouin, commandant en premier du bataillon, avait ordonné au capitaine Rouzé d'aller prendre position sur le boulevard Saint-Martin, vis-à-vis de la troupe de ligne bivouaquant sur le boulevard du Temple. La 4e compagnie se trouvait là depuis une heure environ, quand un fort détachement de la garde mobile vint à passer, se dirigeant vers la rue du Faubourg-du-Temple. « Eh! les gardes nationaux de la 5e légion, s'écrièrent les gardes mobiles, venez avec nous. » Le capitaine Rouzé se tourna vers ses camarades pour les consulter. « Oui, oui, marchons! répondirent les gardes nationaux. »

La compagnie s'engagea aussitôt dans le faubourg, à la suite de la garde mobile. A peine la colonne apparut-elle sur le canal, qu'elle se vit assaillie par le feu des insurgés, embusqués dans des maisons et des enclos de l'autre côté du canal. Tout en répondant à ce feu, les gardes mobiles et les gardes nationaux franchirent le pont Vénitien, remontèrent la rue du faubourg du Temple, et s'établirent à l'entrée des rues Bichat et Pierre-Levée, pour faire le coup de feu avec les insurgés.

Vers la fin du jour, la garde mobile, ayant épuisé ses munitions, battit en retraite. La compagnie de la 5e légion dut la suivre immédiatement, dans la crainte de se voir coupée. Les insurgés, dès qu'ils s'aperçurent de ce mouvement, sortirent de leurs positions pour se mettre à la poursuite de la colonne, dont les gardes nationaux formaient alors l'arrière-garde, et la harcelèrent de leur feu jusqu'au canal, sur les bords duquel il s'arrêtèrent.

La 4e compagnie eut plusieurs blessés, dont deux, les gardes Boucher et Benard, ont succombé depuis. M. Decan, marchand bijoutier, rue du Faubourg-Saint-Martin, fut aussi gravement atteint. M. Louë, ancien militaire, ne dut la vie qu'à sa montre : au moment où il ajustait un insurgé, une balle vint le frapper au bas-ventre; mais cette balle rencontra fort heureusement la montre qu'elle brisa, et le garde national en fut quitte pour une forte contusion.

La rue du Faubourg-Saint-Denis était occupée par un bataillon du 7e léger, les 7e et 9e bataillons de la garde mobile et un escadron de cuirassiers. Dans la matinée, les 1re et 2e compagnies du 3e bataillon de la 3e légion, envoyés en patrouille par le chef de bataillon jusqu'à la porte Saint-Denis, avaient rencontré là le général Lamoricière, qui leur avait donné l'ordre de remonter le faubourg. En conséquence, ces gardes nationaux étaient allés prendre position en avant des cuirassiers, à la hauteur des bataillons de la garde mobile, vers le n° 118 de la rue du Faubourg.

Voici quelle était la position des troupes et des insurgés. Les restes de la rue de Chabrol, prise la veille, étaient occupés par les gardes mobiles; vis-à-vis le n° 143, il y avait une autre barricade, derrière laquelle se tenait le bataillon du 7e léger. Là se trouvait le général Korte, avec une pièce de canon; il venait de remplacer le général Lafontaine, qui avait reçu une balle dans le mollet. A cent cinquante pas plus loin, on voyait une troisième barricade, qui était encore au pouvoir de l'insurrection. Plus loin encore, l'usine Cavé était occupée par les insurgés, qui s'y trouvaient, disait-on, en très grand nombre. Enfin tout en haut du faubourg, la grille de la barrière avait été barricadée, les bâtiments d'octroi étaient crénelés, et tout était disposé là de manière à résister vigoureusement aux troupes. La position des insurgés était formidable.

Vers trois heures, le général Lamoricière vint apporter au général Korte l'ordre de marcher en avant. Il était suivi d'une colonne de gardes nationaux de Pontoise, de Saint-Ouen, de Marines, de Montmorency, de Deuil et de Saint-Leu, qui avait remonté le faubourg pour prendre part au combat.

Aussitôt le 7ᵉ léger, la garde mobile et la garde nationale s'ébranlèrent. Les insurgés, embusqués dans les maisons et derrière leurs barricades, firent pleuvoir sur les assaillants une grêle de balles. Alors il y eut, au milieu des gardes nationaux de Seine-et-Oise, un moment de désordre; mais ce moment fut court. Le chef du bataillon de Pontoise, le commandant Beauval, saisissant le drapeau de son bataillon, fit un appel énergique à l'honneur de ceux qui hésitaient, rallia promptement ses soldats, les ramena sur la première barricade ennemie, que le 7ᵉ léger, des gardes mobiles et des gardes nationaux de la 3ᵉ légion avaient déjà franchie (22).

Après la prise de cette barricade, les insurgés abandonnèrent tous leurs retranchements jusqu'à la barrière, sans trop de résistance; mais les troupes ne purent se rendre maîtresses de la grille et des bâtiments de la barrière. Pour enlever cette position, un renfort d'artillerie était indispensable. Comme le général Lamoricière ne pouvait envoyer ce renfort sur-le-champ, il fit donner l'ordre à la troupe et à la garde nationale de battre en retraite; ne voulant point les laisser exposées plus longtemps au feu meurtrier des défenseurs de la barrière. Il était environ cinq heures et demie.

Au clos Saint-Lazare, l'insurrection s'était fortement retranchée. Dès le matin, on avait commencé à attaquer les abords de cette position. Une fraction du 4ᵉ bataillon de la 1ʳᵉ légion, composée de gardes nationaux des 1ʳᵉ, 2ᵉ, 3ᵉ et 4ᵉ compagnies, avait bivouaqué toute la nuit sur le boulevard Saint-Martin, sous les ordres du chef de bataillon en premier, M. Bernard. A huit heures du matin, ce officier reçut, du général Lamoricière, l'ordre de se porter avec son détachement, fort de deux à trois cents hommes, vers les barricades du chemin de fer du Nord, pour soutenir un peloton de garde mobile qui devait en avoir commencé l'attaque. En effet, lorsque les gardes nationaux arrivèrent dans la rue Saint-Quentin, ils aperçurent les gardes mobiles échangeant de nombreux coups de fusil avec les insurgés. Se voyant soutenus, les gardes mobiles se précipitèrent vers la barricade élevée au débouché de la rue Lafayette dans la rue du Faubourg-Saint-Denis.

La 1re légion voulut les suivre immédiatement, et s'avança au pas gymnastique et au bruit des tambours battant la charge ; mais, à son apparition dans la rue Lafayette, elle est accueillie par une grêle de balles, arrivant de tous les côtés à la fois, de la barricade Lafayette et des soixante croisées d'une maison inachevée à cinq étages, formant l'angle des rues Lafayette et Saint-Quentin, d'une autre maison plus rapprochée de la rue du Faubourg-Saint-Denis, de derrière des palissades enfermant un terrain inculte, et de plusieurs lucarnes pratiquées dans le toit et dans l'un des murs latéraux d'un bâtiment ayant son entrée sur la rue Saint-Quentin. Nombre de gardes nationaux tombent alors et entre autres M. Chauvière frappé de deux balles, l'une au cou, l'autre au cœur. Ceux qui restent debout se forment rapidement en bataillon carré, et le fusil armé attendent une nouvelle décharge.

Cette décharge ne vient pas ; à quelques secondes d'une fusillade si violente succède un silence morne : les palissades et les maisons restent muettes, elles paraissent désertes, abandonnées. Alors le bataillon se divise en plusieurs pelotons ; pendant qu'un détachement se rend à la barricade attaquée par la garde mobile, qu'un second s'avance contre la barricade qui occupe le point d'intersection des rues Lafayette et de Dunkerque, les autres gardes nationaux envahissent les maisons par les fenêtres desquelles on avait tiré, les fouillent de fond en comble, enfonçant les portes que l'on refuse d'ouvrir, et font six prisonniers.

Quand ils eurent fini leurs fouilles, ils allèrent, pour la plupart, rejoindre leurs camarades déjà engagés. Le capitaine en second de la 1re compagnie venait d'être blessé mortellement devant la barricade de la rue de Dunkerque, d'une balle qui, après avoir pénétré par la joue et traversé le cou, s'était perdue dans la poitrine.

Une pièce de canon étant arrivée sous l'escorte de deux pelotons de soldats, un sous-lieutenant de la 2e compagnie, M. de Monbrison, la pointa contre la barricade ; deux boulets furent envoyés sans produire beaucoup d'effet. Enfin, après deux heures de combat, la garde nationale, la garde mobile et la troupe de ligne, ayant épuisé toutes leurs munitions, se retirèrent, emportant leurs morts et leurs blessés.

La 1re légion avait un mort, deux hommes blessés mortellement, et douze gardes nationaux atteints moins grièvement.

Pendant ce temps, la 6e compagnie du 2e bataillon de la 3e légion et des gardes mobiles, dispersés en tirailleurs sur la ligne du clos Saint-Lazare, derrière l'église Saint-Vincent-de-Paul, faisaient continuellement le coup de feu avec les nombreux insurgés établis dans le clos. Le capitaine de la garde mobile, resté avec quelques soldats à la garde de la caserne de la Nouvelle-France, ayant reçu un renfort de trente hommes de la 1re compagnie du 2e bataillon de la 3e légion, avait encore détaché aux alentours de l'église Saint-Vincent-de-Paul une vingtaine d'hommes, gardes nationaux et gardes mobiles. Un feu assez vif était déjà engagé sur ce point, quand le 4e bataillon de la 1re légion avait commencé l'attaque des barricades du chemin de fer, et ce feu continua, lorsqu'il battit en retraite, après deux heures de combat.

Vers deux heures, le général Lebreton parut, escorté par un peloton de cuirassiers. Aussitôt un garde national de la 1re compagnie du 2e bataillon de la 3e légion, M. Menjuc, courut à lui pour l'engager à monter sur les tours de l'église, desquelles on découvrait parfaitement la position des insurgés. Le général suivit ce conseil; il monta sur les tours, accompagné de son aide-de-camp, d'un chef de bataillon de la 3e légion, de M. Menjuc et de quelques autres gardes nationaux. Après avoir étudié la position des insurgés, il descendit et regagna la rue du faubourg Poissonnière, par laquelle arrivait en ce moment une portion du 2e bataillon de la 1re légion, composée des 3e 4e, 5e, et 6e compagnies. Dans les rangs de la 4e marchaient, comme simples gardes, les généraux Gourgaud, Moline de Saint-Yon et Drolanvaux.

Sur le boulevard, les deux représentants du peuple Labbé et Antoine s'étaient joints à cette colonne, que précédait une pièce de canon. M. Joseph Antoine, représentant de la Moselle, s'était alors approché du lieutenant d'artillerie qui commandait la pièce. « Lieutenant, lui avait-il dit, vous pouvez compter sur moi pour remplacer le premier artilleur qui tombera. » Le lieutenant avait d'abord regardé le représentant du peuple avec quelque surprise. « Comment, citoyen représentant, repliqua-t-il, vous consentiriez à vous armer de l'égouvillon !... Mais vous savez donc manœuvrer une pièce? — Assez, lieutenant, pour remplacer un des servants. — Vous me permettrez de vous faire observer, citoyen représentant, que le métier d'artilleur est assez périlleux par le temps qui court ! — Quand la République est en danger, les représentants doivent donner au peuple l'exemple du courage. Comptez donc sur moi, lieutenant. »

A la hauteur de la caserne, le général Lebreton se mit à la tête de la colonne qui, à mesure qu'elle s'avança dans la rue du Faubourg-Poissonnière, s'augmenta successivement d'une demi-compagnie de la garde républicaine, de plusieurs gardes mobiles et de quelques soldats citoyens de la 3e légion.

Les insurgés occupaient, au haut du faubourg, une position très forte. Adossés à la grille de la barrière, contre laquelle se dressait une montagne de pavés, ils avaient devant eux une barricade solidement construite. Des tirailleurs, embusqués dans les bâtiments de l'octroi et dans les dernières maisons de la rue, protégeaient de leurs feux plongeants les défenseurs de la barricade; enfin d'autres tirailleurs étaient éparpillés dans le clos, derrière les grosses pierres destinées à l'entier achèvement de l'hôpital de la République.

Le feu des insurgés commença aussitôt que la colonne assaillante se montra.

Les gardes nationaux et les soldats formant la tête de la colonne reçurent l'ordre de se loger dans les maisons à droite et à gauche de la rue pendant que l'on braquait la pièce d'artillerie contre la barricade. Les gardes républicains et des gardes nationaux de la 3e légion s'établirent dans une maison à balcon, située plus haut que la rue Pétrelle, presque en face de la rue projetée, dite du Delta, et la 3e compagnie, qui marchait en tête du bataillon de la 1re légion, prit position dans les maisons voisines. Alors s'engagea de part et d'autre une vive fusillade, au petillement de laquelle ne tarda pas à se mêler la grande voix du canon.

Au premier coup de la pièce d'artillerie, un des servants tomba frappé d'une balle. Le représentant du peuple Antoine prit aussitôt l'écouvillon pour le remplacer. Au second coup, deux autres artilleurs étaient encore atteints par les balles des insurgés; au troisième coup, il ne restait plus autour de la pièce que le lieutenant d'artillerie, un artilleur et le représentant du peuple, qui se multipliait pour remplacer les servants mis hors de combat, et s'acquittait de ses fonctions avec un sang-froid et une dextérité remarquables, au milieu des balles qui sifflaient toujours autour de lui.

Après ces trois coups de canon, le général Lebreton lança la garde nationale au pas de course sur la barricade. Les insurgés furent délogés de ce premier retranchement, ainsi que des dernières maisons du faubourg; mais ils se réfugièrent derrière la grille de la barrière et dans les bâtiments de l'octroi, d'où ils continuèrent à tirer sur les assaillants.

Il fut impossible au général Lebreton de forcer, avec les seules troupes dont il disposait en ce moment, les rebelles dans leurs derniers retranchements. Néanmoins le bataillon de la 1ère légion conserva, jusqu'à ce qu'il fût relevé à dix heures du soir, la position qu'il avait conquise bien chèrement : en effet, le bataillon avait eu à cette affaire trois hommes tués et vingt-deux blessés.

En courant à l'assaut de la barricade, le garde national Menjuc, de la 3e légion, avait reçu dans la plaque de son ceinturon une balle qui, après avoir troué la tunique et le pantalon, avait entamé légèrement la cuisse. Malgré cette blessure, M. Menjuc ne s'était pas arrêté dans sa course. Il escaladait le rempart de pavés, quand une seconde balle lui fit au mollet gauche une large ecchymose; au même instant une troisième balle tordait le bout du canon de son fusil. Toutefois ce ne fut qu'après la prise de la barricade qu'il s'éloigna pour se faire panser.

Comme on le voit par les événements du 24 juin que nous venons de rapporter, la garde nationale continuait d'appuyer vigoureusement les troupes, et sur certains points elle agissait même presque seule. Après le combat, les gardes nationaux, qui avaient marché avec les soldats, une fois de retour dans leur quartiers, ne se dispersaient point pour rentrer chez eux et déposer les armes. Les bataillons se divisaient en compagnies, les compagnies se fractionnaient en pelotons, et chacun de ces pelotons allait renforcer un des nombreux postes établis dans tous les quartiers. On ne voyait plus dans les rues de Paris que des uniformes et des fusils. Les paisibles citadins s'étaient transformés en gens de guerre, et, de même que les gens de guerre, ils faisaient un pénible service. Mais les gardes nationales des départements se hâtaient de venir prêter leur concours à la milice parisienne. Déjà nous avons vu au feu les gardes nationales de Pontoise, de Montmorency et de quelques autres communes du département de Seine-et-Oise. Comme les milices citoyennes de Pontoise et de Montmorency, celles de Rambouillet et des communes environnantes s'étaient, dès le vendredi, à la première nouvelle des troubles, dirigées sur-le-champ vers la capitale, sous les ordres du chef et des officiers du bataillon de Rambouillet. Arrivées dans la nuit, elles avaient été reçues le samedi matin à l'Assemblée Nationale, par les représentants De Luynes et Flandin.

La garde nationale de Corbeil avait été aussi une des premières à se rendre à Paris et à prendre part au combat, dans l'intérêt de l'ordre et de la République. Elle eut un homme tué et plusieurs blessés.

On vit encore arriver dans la soirée du samedi, et pendant la nuit, des gardes nationaux volontaires des villes et communes suivantes : Rouen, Bonnières, Poissy, Amiens, l'Ile-Adam, Saint-Cloud, Sèvres, Bougival, Chatou, Carrière, Rueil, Nanterre, Meudon, Montfort-l'Amaury, Versailles, Orléans, Beauvais, Clermont, Saint-Germain, Étampes, Mantes, Vernon, Les Andelys. C'était un premier secours de dix mille hommes que la province envoyait à la capitale.

Pendant qu'on se battait dans les rues de Paris, et que dans les départements des milliers de volontaires s'armaient, l'Assemblée Nationale s'était maintenue en permanence. Par le même décret, elle mettait Paris en état de siége et déléguait tous les pouvoirs exécutifs au général Cavaignac. Elle décréta ensuite que la République adoptait les enfants et les veuves des citoyens qui avaient succombé dans la journée du 23 et de ceux qui pourraient encore périr en combattant pour la défense de l'ordre, de la liberté et des institutions républicaines.

A midi un assez grand nombre de représentants avaient parcouru les boulevards, et ils avaient donné connaissance à la population des différents décrets que venait de rendre l'Assemblée.

Deux ou trois heures après, on avait commencé à afficher sur les murs de Paris cette proclamation à la garde nationale :

ASSEMBLÉE NATIONALE.

« Gardes nationaux !

» Vous avez donné hier, vous ne cessez de donner des preuves de votre dévouement à la République.

» Si l'on a pu se demander un moment quelle est la cause de l'émeute qui a ensanglanté nos rues, et qui, tant de fois, depuis huit jours, a changé de prétexte et de drapeau, aucun doute ne peut plus rester aujourd'hui, quand déjà l'incendie désole la cité, quand la formule du communisme et les excitations au pillage se produisent sur les barricades.

» Sans doute, la faim, la misère, le manque de travail sont venus en aide à l'émeute; mais s'il y a parmi les insurgés beaucoup de malheureux qu'on égare, le crime de ceux qui les entraînent et le but qu'ils se proposent sont aujourd'hui mis à découvert.

» Ils ne demandent pas la République ! Elle est proclamée.

» Le suffrage universel ! Il a été pleinement admis et pratiqué.

» Que veulent-ils donc ? — On le sait maintenant : Ils veulent l'anarchie, l'incendie, le pillage.

» Gardes nationaux ! Unissons-nous tous pour défendre et sauver notre admirable capitale !

» L'Assemblée nationale s'est déclarée en permanence. Elle a concentré dans la main du brave général Cavaignac tous les pouvoirs nécessaires pour la défense de la République.

» De nombreux représentants ont revêtu leurs insignes pour aller se mêler dans vos rangs et combattre avec vous.

» L'Assemblée n'a reculé, elle ne reculera devant aucun effort pour remplir la grande mission qui lui a été confiée. Elle fera son devoir comme vous faites le vôtre.

» Gardes nationaux ! comptez sur elle, comme elle compte sur vous.

» Vive la République !

» Le président de l'Assemblée nationale,

» SÉNARD.

» Le 24 juin 1848 à midi. »

Telle fut aussi cette seconde journée dans laquelle l'insurrection, battue sur plusieurs points, conserva sur d'autres ses avantages, malgré les attaques vigoureuses de la garde nationale et des troupes. La nuit venue, on veilla des deux côtés, et le jour se leva pour éclairer de nouveau les scènes fatales et sanglantes que nous allons décrire.

V

Troisième journée, dimanche 26 juin. — Nouvelles appréhensions. — Nouveau courage. — Attaque et prise du clos Saint-Lazare. — David et Goliath. — Attaque des barrières Poissonnière et Rochechouart. — Le général Lebreton. — La garde nationale d'Amiens. — Le caporal Decavé. — Les lieutenants Molroguier et Jonchery. — La garde nationale de Rouen. — Le jeune Duméc. — Les abattoirs. — Le capitaine Petit. — Les deux frères Scheffer. — Abandon de la barrière Rochechouart. — Second détachement de Rouen. — Prise de la barrière Poissonnière. — Attaque de La Chapelle. — Enlèvement des barricades. — Les insurgés à la Villette. — Sur le canal. — Le capitaine Pellégrini au pont de la rue Grange aux-Belles. — Reconnaissance. — La 5ᵉ compagnie du 4ᵉ bataillon de la 5ᵉ légion aux barricades de la rue des Écluses-Saint-Martin. — Le capitaine Brelot. — Enlèvement des barricades. — Le lieutenant Dauphinot, le caporal Lehering, le garde Fontenez. — Dans le faubourg du Temple. — Le général démonté. — Lamoricière et Arsène de Cey. — La garde nationale d'Yvetot. — Les représentants au combat. — Dutier. — Galy-Cazalat. — Le parlementaire des insurgés. — Le Marais. — Le quartier Saint-Antoine. — Les insurgés insaisissables. — Fureur des soldats. — Le capitaine Guindorf et les prisonniers. — Attaque et prise de la caserne des Célestins. — L'île Louviers. — La place de la Bastille. — Intrépidité du volontaire général Piré. — Prise de la place des Vosges. — L'artillerie à la Bastille. — Le chef d'escadron Destourbet. — Le capitaine Farina. — Le lieutenant Denecy. — Mort du général Négrier et du représentant Charbonnel. — L'archevêque aux barricades. — Le garde national Albert. — Blessure et mort du prélat. — Le bon pasteur donne sa vie pour ses brebis. — Rive gauche. — Les barricades silencieuses. — Le général Bréa. — Cruelle situation. — Le salut du pays avant celui des individus. — La mitraille et l'assaut. — Les deux cadavres. — M. de Chabrillant. — Le sergent proclamé capitaine. — Proclamation du général Cavaignac pour les gardes nationales des départements. — Leur arrivée. — Mesures prises à leur égard. — Attaques du faubourg Saint-Antoine. — Le général Perrot. — Dispositions prises dans la nuit. — Le colonel Guinard, les représentants Recurt et Besblay. — Armistice. — Dix heures sonnent. — Le colonel Allard. — Sommation d'humanité du général Perrot. — Incendie des maisons. — Fuite des insurgés. — Occupation du faubourg Saint-Antoine. — Faubourg du Temple. — Le capitaine Paupert. — Gardes nationales du Havre, d'Ingouville et de Graville. — Attaque et prise du faubourg Ménilmontant.

— Générosité de la garde nationale et des soldats. — La Villette. — Les Amiennois. M. Bouvier. — Prise de la barricade de la rue de Flandres. — L'insurrection entièrement vaincue. — Dernière proclamation. — Prisonniers. — Leur physionomie. — Souterrain des Tuileries. — Révolte des 200 prisonniers. — La garde nationale d'Arras et l'artillerie de Lille. — Proclamation et décret de l'Assemblée nationale. — Gardes nationales des départements. — Les deux revues. — Le général Changarnier. — Le général Perrot. — Proclamation de la Constitution. — Conclusion.

La seconde journée avait été plus fatale que la première. Comme on a pu le remarquer, l'insurrection, quoique plus vivement attaquée, et avec des forces plus nombreuses, était restée maîtresse sur beaucoup de points. La nuit se ressentit de ce résultat; elle fut plus triste que la première. Les ambulances étaient de beaucoup augmentées; les morts et les blessés présentaient un chiffre effrayant. Il est difficile de se faire une idée de la douloureuse consternation répandue dans les familles, dont les unes connaissaient les pertes qu'elles avaient faites, les autres, sans nouvelles de ceux qui leur étaient chers et ignorant les motifs qui les retenaient loin d'elles, se livraient aux conjectures les plus désespérantes. On voyait des mères, des épouses, des filles, errant de poste en poste, au milieu de la nuit, et demandant, la crainte et l'effroi sur les traits, qui un fils, qui un époux, qui un père. Les unes finissaient par les retrouver avec joie; les autres les cherchaient en vain avec désespoir; les autres les retrouvaient aussi, mais dans des ambulances, blessés ou morts. Et quand le jour se leva, quand le signal du combat fut donné encore, bien des veuves, bien des orphelines s'asseyaient en pleurant au foyer désert, tandis que des pères de famille quittaient de nouveau leurs filles, des enfants leurs mères sans savoir s'ils les reverraient jamais.

Oh! ce jour-là, ce fut un spectacle sublime de douloureuse résignation d'une part, et d'énergie patriotique de l'autre. Ce jour-là aussi, tout le courage du désespoir et toutes les larmes ne furent pas que de l'autre côté des barricades!...

Le clos Saint-Lazare, qui avait été attaqué assez mollement le 24, fut assailli le lendemain avec beaucoup plus de vigueur. Cette position était devenue une véritable forteresse pour les insurgés; l'église Saint-Vincent-de-Paul à droite, l'entrepôt des douanes à gauche, lui servaient d'ouvrages avancés; en arrière, le mur de l'octroi avait été crénelé dans toute son étendue, et à chaque meurtrière se tenaient des groupes d'hommes parfaitement à couvert.

On commença par enlever à l'insurrection, dans la matinée, l'église Saint-Vincent-de-Paul; puis on dirigea l'attaque contre les bâtiments de la douane, dont on enfonça les portes à coups de canon. A une heure, le général Lamoricière y pénétra à la tête de la garde nationale et des troupes qu'il commandait. Une fois maître des ouvrages avancés, le général fit balayer le clos au moyen de quelques obus, et il lança sur les insurgés des soldats, des gardes mobiles et des gardes nationaux.

Au nombre de ces derniers se trouvait M. Collioud, capitaine en deuxième de la 6ᵉ compagnie du 2ᵉ bataillon de la 3ᵉ légion; il marchait à la tête d'un détachement de sa compagnie, d'un peloton de voltigeurs et de quelques gardes mobiles. Un de ceux-ci, jeune homme de seize à dix-huit ans, petit et fluet, courait bravement en tête de la colonne, en faisant un feu continuel. Un insurgé, taillé en Hercule, tire sur cet adolescent et le manque. Sans donner le temps à son colossal adversaire de recharger son fusil, le mobile s'élance sur lui à la baïonnette. Le Goliath détourne le coup, se jette sur son petit ennemi, le désarme, et, le saisissant par les deux mains, il s'en fait une sorte de bouclier, qui empêche la colonne de tirer sur lui. Mais le garde mobile, en vrai gamin de Paris, *passe la jambe* à son adversaire, le renverse sous lui et se dégage vivement. L'insurgé se relevait en rugissant de colère, quand une grêle de balles le rejeta mort sur le sol.

Pendant que le général Lamoricière enlevait aux insurgés le clos Saint-Lazare, le général Lebreton attaquait à la fois les deux barrières Poissonnière et Rochechouart.

A la barrière Poissonnière, les insurgés avaient échangé pendant la nuit quelques coups de feu avec la garde nationale d'Amiens, établie dès la soirée dans une cour attenante vers la gauche à la barricade du faubourg Poissonnière, enlevée aux insurgés par la 1re légion, en face de celle encore occupée par eux (23).

Au jour, la fusillade commença vive et rapide. Quelques gardes nationaux d'Amiens, n'écoutant que leur ardeur, montent sur la première barricade prise la veille pour mieux riposter. Le caporal Decavé est atteint alors dans cette position d'une balle qui le frappe à la gorge et le tue sur place (24). Le lieutenant Cournebois a le bras traversé; les gardes Martin, Deberly, Mattifas sont blessés. Les commandants Paillat et Malot semblent se multiplier pour pourvoir à tout. Tout à coup ce dernier est atteint de vomissements et de douleurs de tête. On lui dit de se retirer; il persiste à ne pas le faire, et brave la souffrance pour rester à son poste; mais le commandant Paillat, usant de son autorité, le force à aller chercher des soins, devenus indispensables.

Le général Lebreton, ayant reconnu que la barricade ne pouvait être enlevée qu'à l'aide de l'artillerie, et ayant reçu l'ordre de faire cesser un feu qui exposait sans résultat les Amiennois et inquiétait le général Lamoricière, qui ne pouvait se dessaisir de troupes, donna ordre à la colonne de se retirer à la caserne de la Nouvelle-France. Elle passa le reste de la journée à conduire des prisonniers aux Tuileries.

Une première marque de satisfaction fut donnée à cette brave garde nationale. Le commandant Paillat, ayant réuni tous les officiers, les félicita sur leur attitude au poste de la barrière qu'ils venaient de quitter, et sur l'injonction du général Lebreton porta à l'ordre du jour les lieutenants Molroguier et Jonchery qui s'étaient particulièrement distingués par leur énergie et leur sang-froid.

De leur côté, les gardes nationaux de Rouen, au nombre d'environ 300, sous les ordres du commandant Capelle et du capitaine Gervais, partis de leur ville le 24, avaient été dirigés, à leur arrivée à Paris, sur la caserne de la Nouvelle-France, à laquelle ils se rendirent ayant à leur tête MM. Grandin, Germonière, Soyer, Desjobert, Gonselin, leurs représentants. Le 25, à neuf heures du matin, ils allèrent prendre position entre les barrières Poissonnière et Rochechouart, dans un coin de la rue du Delta pour attaquer en flanc les insurgés qui, ayant crénelé le mur d'enceinte, faisaient de là un feu incessant. Vingt-cinq à trente d'entre eux se portèrent dans les maisons environnantes, et de là firent contre les insurgés un feu bien nourri. C'est pendant cette action que le jeune Dumée fut frappé en pleine poitrine d'un coup de feu dont il mourut le lendemain, et que le capitaine Leblon et les gardes Delaunay et Letailleur furent blessés. Le docteur Des Alleurs, parti comme volontaire, prodigua sur-le-champ à tout le monde les soins les plus empressés.

Ce n'était pas tout : le général Lebreton avait envoyé, vers dix heures du matin, un détachement de gardes nationaux et de soldats dans les abattoirs Montmartre, d'où l'on dominait les barricades élevées à la barrière Rochechouart. Ce détachement, commandé par le capitaine en premier de la 6e compagnie du 2e bataillon de la 3e légion, M. Treitt, se composait d'une partie de cette compagnie sous les ordres du lieutenant en premier Théodore Juge ;

et d'un peloton de vingt-cinq hommes du 21ᵉ de ligne, commandé par un sous-lieutenant.

La colonne étant entrée dans les abattoirs, les trois officiers, après avoir reconnu la position, distribuèrent tout leur monde à onze croisées, donnant en plein et à revers sur la barrière et les barricades, défendues par une soixantaine d'hommes. A un signal convenu, les onze fenêtres s'enflammèrent ; une volée de balles porta le désordre et la mort au milieu des insurgés, qui se hâtèrent de se mettre à couvert dans les bâtiments de l'octroi et dans les maisons voisines, notamment dans l'allée de la maison portant le nº 2 de la chaussée Clignancourt, devant laquelle s'élevait un retranchement de pavés.

Une fusillade des plus vives s'engagea encore de ce côté, secondée par le feu d'une pièce d'artillerie placée dans le clos Saint-Lazare, et par celui des hommes de la 7ᵉ compagnie du bataillon de Montmartre, répartis dans les rues avoisinant la barricade derrière les boulevards intérieurs (24 *bis*). Les insurgés se défendaient avec un tel acharnement que, malgré ces attaques simultanées, l'action dura jusqu'à quatre heures. A cette heure, le commandant Ary Schæffer, à la tête de son bataillon sous les ordres du colonel Rapatel, vint prendre par le flanc la barricade Rochechouart. La 7ᵉ compagnie de Montmartre s'empressa de marcher énergiquement avec lui. En même temps des hommes de la 1ʳᵉ compagnie du 2ᵉ bataillon de la 2ᵉ légion, réunis à vingt-cinq hommes de ligne qu'ils avaient rencontrés, accoururent intrépidement en faisant battre la charge. A cette vue, les insurgés abandonnèrent enfin leurs retranchements que le canon avait déjà assez fortement entamés. Alors la garde nationale, le détachement Treitt, la garde mobile et la troupe de ligne s'élancèrent en poussant de grands cris sur la grille et les bâtiments de la barrière. Les uns l'escaladèrent, les autres gagnèrent les boulevards extérieurs en passant par les fenêtres des bâtiments de l'octroi, et plusieurs pelotons se mirent aussitôt à la poursuite des insurgés.

Pendant l'action, on avait encore remarqué l'adjudant-major Barré à la tête du 4e bataillon, et M. Scheffer, frère d'Ary, aussi commandant d'un bataillon de garde nationale de la banlieue, qui, n'ayant pu rejoindre les siens, était venu combattre aux côtés de son frère.

L'abandon de cette barrière amena la prise de celle du faubourg Poissonnière.

Déjà une seconde colonne de gardes nationaux rouennais, commandée par le sous-lieutenant Leroux, était arrivée à Paris et avait été dirigée vers ses compatriotes. Dans les rangs on remarquait M. Soubiranne, chef de bataillon de la garde nationale d'Aubin-Colleville, qui était parti comme volontaire (2). Quelques compagnies des 2e et 3e légions étaient aussi survenues. Le général Lebreton donna le signal de l'attaque, et les soldats des 2e et 3e légions, des 21e de ligne et 23e léger se formèrent en pelotons. M. de Bois-Hébert, ancien officier, chef de bataillon de la garde nationale de Chipouville, prit le commandement du premier, il courut à la barrière, dont les grilles étaient fermées ; des garçons bouchers qu'il appela à son aide parvinrent à briser les barreaux à coups de massue ; il s'élança aussitôt, suivi de toutes les troupes. Les insurgés cédèrent alors et prirent la fuite. La colonne se joignit à celle qui arrivait de la barrière Rochechouart par les boulevards extérieurs, et tous ensemble, gardes nationaux et soldats, marchèrent contre les barricades de la barrière Saint-Denis et de La Chapelle en poursuivant les insurgés qui se sauvaient de ce côté. Le plus prompt à le faire fut M. Treitt avec ses hommes, quelques gardes mobiles et républicains. Il s'engagea avec eux dans la rue Doudeauville et arriva à La Chapelle. Mais là il fut entouré par une population hostile. Fait prisonnier, il allait sans doute périr, lorsque la 6ᵉ compagnie du 4ᵉ bataillon de la 2ᵉ légion, qui était derrière les murs du clos Saint-Lazare, déboucha tout à coup par la rue des Couronnes, allant à la place Gassein, quartier principal des insurgés. La population, troublée à cet aspect, se retira, et M. Treitt put s'échapper de la boutique d'un marchand de vin où on l'avait confiné. Aussitôt tout le monde prit position et marcha sur les barricades qui furent enlevées. Ensuite on se porta à la mairie où de nouveau la foule commença à presser les soldats citoyens et les autres troupes, murmurant déjà des mots de révolte. Mais cette fois encore la colonne qui venait d'emporter les barricades du faubourg Saint-Denis se montra au loin, et cette foule fut de nouveau contenue et changea entièrement d'attitude et de langage. Bientôt le général Lebreton arriva de sa personne à La Chapelle, et tout ce point fut entièrement soumis.

Bien des prisonniers furent faits ayant encore les mains noires de poudre et des balles dans leurs poches. M. Soubiranne, chargé de fouiller quelques maisons à la tête des Rouennais, arrêta quarante insurgés.

L'insurrection, vaincue à La Chapelle, était encore maîtresse de La Villette et du haut du faubourg Saint-Martin. Ce ne fut que le lendemain qu'on parvint à la chasser de ces positions.

Le long du canal, depuis la barrière de Pantin jusqu'à la rue d'Angoulême on se battait sans relâche. Au pont de la rue Grange-aux-Belles, M. Pellegrini, ancien officier du génie et capitaine en premier de la 5ᵉ compagnie du 4ᵉ bataillon de la 5ᵉ légion, commandait en chef. Il avait sous ses ordres une centaine d'hommes de sa compagnie, des gardes nationaux de la 1ʳᵉ compagnie du bataillon, une compagnie d'infanterie de ligne et une pièce de canon, braquée contre la barricade qui s'élevait rue Grange-aux-Belles, à la hauteur de la rue Saint-Maur.

Vers onze heures du matin, le capitaine Pellegrini avait envoyé le capitaine en second de sa compagnie, M. Brelot, en reconnaissance sur le quai Valmy, avec une soixantaine d'hommes. Cette petite colonne n'eut pas plutôt dépassé la rue des Récollets, qu'elle se vit assaillie de coups de feu partant de terrains clos de murs et de palissades, situés sur le quai Jemmapes. Cependant elle continua sa marche et remonta le canal jusqu'au premier pont de pierre, devant la rue des Écluses. Là, elle trouva un détachement du 11e léger qui venait de prendre possession, sous les ordres d'un lieutenant, d'un terrain clos de murs; en ce moment les soldats étaient occupés à percer, dans la partie du mur faisant face au canal, des meurtrières, pour répondre au feu des insurgés embusqués sur la rive opposée, dans les enclos et derrière une barricade construite de l'autre côté du pont, à l'entrée de la portion de la rue des Écluses-Saint-Martin qui conduit à la rue Saint-Maur.

Sur ces entrefaites, un homme de la 5e compagnie étant tombé frappé mortellement, quelques uns de ses camarades s'écrièrent qu'il fallait le venger et enlever la barricade. Après avoir fait une décharge, les gardes nationaux franchirent rapidement le pont. Les insurgés qui défendaient la barricade l'abandonnèrent, sans attendre les assaillants, et en laissant derrière ce premier rempart de pavés le cadavre d'un des leurs; mais ils se réfugièrent derrière une seconde barricade, construite un peu plus loin dans la rue, et de là ils continuèrent leur feu.

Les gardes nationaux ripostèrent avec vigueur. Un homme de la 5e compagnie, le caporal Lehéricy fils, jeune homme de vingt ans à peine, doué d'un grand courage, fut atteint dans cet endroit. Une balle lui traversa le bras gauche, au moment où il mettait en joue ; un instant auparavant il avait eu sa baïonnette brisée encore par une balle.

Le lieutenant Dauphinot reçut aussi une blessure légère au mollet. Le capitaine Brelot l'engagea fortement à se retirer pour se faire panser ; mais le lieutenant ne voulut pas y consentir ; il ne quitta point la compagnie et continua de faire son service avec beaucoup de courage.

Les gardes nationaux demandaient encore à marcher en avant ; mais les munitions étaient épuisées, plusieurs hommes n'avaient plus que la cartouche qui se trouvait dans leur fusil. Le capitaine Brelot envoya chercher des munitions ; M. Pellegrini vint lui-même en apporter.

Peu de temps après qu'il se fut retiré vers le pont de la rue Grange-aux-Belles, avec le détachement qui l'avait suivi, une pièce de canon arriva à la rue des Écluses, sous les ordres d'un lieutenant d'artillerie. Deux coups de canon furent d'abord tirés contre la barrière de Pantin, pour débusquer des hommes qui faisaient un feu continu ; ensuite la pièce fut tournée contre la seconde barricade de la rue des Écluses.

Sur un signe du lieutenant d'artillerie, le capitaine Brelot, qui se tenait toujours avec ses hommes derrière la première barricade, repassa le pont. « Capitaine, lui dit l'officier d'artillerie, je vais envoyer un boulet à la seconde barricade. Une fois le coup tiré, lancez-vous au pas de course avec vos hommes vers cette barricade ; il faudrait que vous pussiez courir aussi vite que le boulet. »

Le capitaine dispose ses hommes en conséquence. « En avant ! » s'écrie-t-il après le coup de canon. Et donnant lui-même l'exemple, il franchit le premier la barricade fermant l'entrée de la rue pour s'élancer en courant sur la seconde position des insurgés. Il avait donné l'ordre d'ouvrir les rangs à droite et à gauche, de manière à offrir moins de prise aux balles ennemies. Cet ordre ayant été ponctuellement exécuté, le détachement arriva sur la barricade et l'enleva sans avoir même un homme blessé; seulement le capitaine eut sa tunique trouée par deux balles, et il en reçut une troisième dans le bois d'un fusil qu'il avait ramassé en courant, entre les deux barricades.

Les insurgés, chassés de cette seconde position, laissèrent encore entre les mains des gardes nationaux un homme mort; celui-là avait reçu une balle au milieu du front. Ils se réfugièrent dans des enclos et des maisons, d'où ils continuèrent de tirer. Ce fut alors qu'un jeune et brave ouvrier mécanicien, garde national à la 5e compagnie, le citoyen Fontanez (Feréol), reçut une blessure fort grave à l'aine. On le transporta aussitôt à l'hospice des Vieillards, rue du faubourg Saint-Martin.

La prise de la seconde barricade de la rue des Écluses avait fait abandonner par les insurgés la position qu'ils occupaient rue Grange-aux-Belles. Le capitaine Pellegrini ne tarda pas à arriver par cette rue, et fit sa jonction avec les hommes qui venaient de nettoyer la rue des Écluses.

Le commandant en premier du bataillon, M. Ragouin, se rendit aussi sur ce point. Il enjoignit au capitaine Brelot de garder jusqu'à nouvel ordre la position qu'il avait conquise. En conséquence, les gardes nationaux et les soldats du 11e léger, auxquels on venait de faire passer le pont des Écluses pour appuyer la garde nationale, s'établirent derrière les barricades et les murs de clôture; on leur recommanda de ne pas trop se montrer à découvert, car les insurgés, embusqués de tous les côtés, ne cessaient point de tirailler.

Quelques heures après, le général Lamoricière envoya l'ordre d'abandonner cette position jugée trop dangereuse pour y passer la nuit. Le détachement du 4ᵉ bataillon de la 5ᵉ légion retourna au pont de la rue Grange-aux-Belles.

Plus bas sur le canal, des tirailleurs de la garde nationale et de la garde mobile, établis dans les bâtiments de l'entrepôt des douanes, avaient échangé depuis le matin de nombreux coups de fusil avec des insurgés établis dans les maisons de l'autre côté du canal. Vers neuf heures, le feu était devenu fort vif. Quelques balles, traversant les rues de la Douane et Samson, allèrent frapper plusieurs soldats du 52ᵉ de ligne qui se tenaient autour du Château d'Eau.

En ce moment même, le général Lamoricière arrivait au galop en ce lieu, suivi d'une demi-douzaine d'officiers. Une des balles parties de l'autre côté du canal atteignit son cheval, qui se cabra et se renversa. Un cri d'effroi s'échappe de toutes les bouches : on croyait le général blessé. De tous côtés des hommes s'élancent à son secours; mais le général Lamoricière se relève avec agilité, et, repoussant assez brusquement ceux qui sont venus vers lui et qui veulent l'entraîner sous l'abri des maisons, il monte vivement les degrés du Château d'Eau, et donne l'ordre à haute voix au colonel du 52ᵉ de marcher sur la douane, et d'enlever immédiatement cette position.

Ces paroles sont entendues par le garde national M. Arsène de Cey, dont nous avons déjà parlé, et qui était accouru un des premiers pour dégager le général Lamoricière. « Général, s'écrie-t-il, vous vous trompez; vous allez causer un immense malheur : la douane est occupée par les nôtres. La balle qui a frappé votre cheval ne part point de là; elle vient de l'autre côté du canal. »

Le général regarde fixement le garde national qui l'interpelle ainsi. « Monsieur, réplique-t-il enfin, ce que vous dites là est grave. Etes-vous sûr de ce que vous avancez? — Aussi sûr que de votre bravoure, général : j'ai tout vu de mes deux yeux. — C'est bien, monsieur, dit Lamoricière ; puis s'adressant à un officier de son état-major, il ajoute : « Qu'on ne tire pas sur la douane ; faites occuper toutes les maisons, et placez des hommes aux fenêtres... Quant à vous, monsieur, continue-t-il en se retournant vers M. Arsène de Cey, vous allez suivre le colonel. »

Bien que cet ordre, donné sans doute par suite d'un reste de défiance, fût peu gracieux, M. Arsène de Cey suivit sans observation le colonel dans les rues Samson et de la Douane, où les balles continuaient de siffler. On atteignit bien vite la douane, et le colonel put s'assurer par lui-même que l'observation faite par M. Arsène de Cey était parfaitement vraie : la douane était occupée par la garde nationale et la garde mobile, et les balles qui arrivaient jusqu'au Château d'Eau venaient directement de l'autre côté du canal. Le zèle et l'empressement de M. Arsène de Cey surent prévenir un déplorable malheur. En souvenir de ce service, le général, quand il revit le garde national, ne l'appela plus que *mon homme de la douane*.

Le boulevard était occupé par les troupes, jusqu'à la hauteur de la rue des Filles-du-Calvaire ; là des maisons en construction se trouvaient au pouvoir des insurgés, qui s'y défendaient avec beaucoup d'énergie. Pour les déloger de cette position, on avait mis en batterie deux pièces d'artillerie, qui tiraient de seconde en seconde.

Plusieurs représentants restèrent jusqu'à la nuit sur le boulevard du Temple, où combattaient, conjointement avec les troupes, la garde nationale d'Yvetot, un détachement de la 3e légion et des gardes nationaux de la 6e. Quelques-uns de ces élus du peuple dirigeaient eux-mêmes les feux sur les barricades. L'un d'eux, M. Dutier, se mettant à la tête d'une colonne de gardes mobiles, alla prendre possession de deux maisons situées à l'extrémité de la rue d'Angoulême et dominant le canal. On le vit revenir de cette expédition tenant deux insurgés qu'il avait arrêtés, et qu'il conduisit à la mairie du 6ᵉ arrondissement, avec l'aide de M. Baze, également représentant.

Un autre représentant du peuple, M. Galy-Cazalat, marchait à la tête d'un détachement de volontaires des 6ᵉ et 8ᵉ légions, qui enlevèrent à l'insurrection, dans l'après-midi, la rue Saint-Louis jusqu'à la place des Vosges.

Ce noble exemple donné par les représentants du peuple, qui payaient ainsi de leur personne, imprégnait de légalité le patriotisme et l'énergie de la défense.

Mais plus les défenseurs des droits de la nation et de la souveraineté populaire mettaient de courage et d'unanimité dans cette lutte, plus les insurgés à leur tour montraient d'audace et de persistance désespérante.

La fusillade continuait au faubourg du Temple; au commencement de la nuit les troupes n'étaient encore parvenues qu'au canal. Vers huit heures et demie, le général Lamoricière se trouvait, avec un grand nombre d'officiers au café Armand, qui fait face à l'entrée du faubourg du Temple, quand on lui amena un parlementaire des insurgés. C'était un jeune homme en blouse et en casquette. « Citoyen général, dit-il avec assurance, mes camarades et moi, nous sommes disposés à abandonner nos barricades, à la condition que nous pourrons rentrer chez nous sans être faits prisonniers. »

Le général, après avoir lu au jeune homme la proclamation du général Cavaignac, répondit que les insurgés devaient se rendre à discrétion. « A discrétion? reprit l'ouvrier. Quant à moi, ça ne me va guère. Enfin j'en parlerai aux camarades. — Dites-leur aussi que la garde nationale et les troupes sont fortes et bien pourvues de poudre et de plomb. — Si vous avez de la poudre et des balles, nous n'en manquons pas non plus, » répliqua tranquillement le jeune parlementaire qui retourna vers ses camarades et ne reparut plus.

Peu de temps après, le feu recommença de part et d'autre : les insurgés ne voulaient pas se rendre à discrétion.

Dans le quartier Saint-Antoine, on avait fait plus de progrès que dans le faubourg du Temple ; mais on avait éprouvé des pertes nombreuses. Le général Duvivier, blessé la veille à l'attaque de l'église Saint-Gervais, avait été remplacé par le général Négrier, qui commença par s'emparer, dans la matinée, des petites rues qui se trouvent entre l'Hôtel-de-Ville et la mairie du 9e arrondissement. Il fallut engager des luttes meurtrières pour s'en rendre maître. Celle qui eut lieu pour enlever la barricade de la rue du Petit-Musc fut surtout terrible, et la colonne d'artillerie de la garde nationale, amenant un obusier et commandée par le lieutenant instructeur Dennecy, donna dans cette occasion avec son ardeur ordinaire. Toutes ces rues étroites étaient barricadées; les insurgés occupaient presque toutes les maisons, et les fenêtres, matelassées avec soin, leur permettaient de tirer tout à fait à couvert. Les soldats voyaient tomber leurs camarades sans apercevoir les hommes qui tiraient sur eux ; quand ils enlevaient une barricade, lorsqu'ils fouillaient les maisons, ils parvenaient rarement à saisir les insurgés, qui s'étaient ménagé des moyens de retraite en ouvrant des communications entre les maisons et les cours. Aussi les troupes étaient-elles exaspérées de se voir ainsi décimer impunément, sans pouvoir répondre au feu meurtrier qu'on leur faisait essuyer, et voulaient-elles en tirer vengeance sur les prisonniers.

C'est dans ces circonstances que la garde civique montra surtout la noblesse de ses sentiments en faisant à la générosité un appel qui est toujours écouté des soldats français.

Un officier de la 7ᵉ légion, M. Guindorff, capitaine en second au 2ᵉ bataillon, avait aidé, avec quelques gardes nationaux de son bataillon, un détachement de troupes légères à enlever les barricades des rues des Rosiers et des Juifs. Ce n'avait été qu'après un combat de trois heures que les soldats s'étaient rendus maîtres de la barricade de la rue des Rosiers. A cette attaque, ils avaient fait des pertes cruelles; les coups de fusil étaient partis surtout de la maison portant le numéro 2.

On fouilla cette maison ; plusieurs hommes furent arrêtés. Des soldats furieux voulaient les fusiller, mais le capitaine Guindorff s'y opposa énergiquement. « Vous qui avez été braves pendant le combat, dit-il, soyez généreux après la victoire. Ces hommes sont vaincus, désarmés ; ils sont coupables, je n'en doute pas ; mais nous devons laisser à la justice le soin de les punir. »

Le capitaine avait montré de la bravoure pendant l'action, il s'était exposé comme tous les autres. Son intrépidité l'avait fait remarquer des soldats ; il s'était acquis ainsi une certaine influence, dont il se servit pour sauver les prisonniers. Il allait les conduire avec une escorte à l'Hôtel-de-Ville, quand on entendit pousser des cris de détresse du côté de la rue des Juifs. Il se précipita aussitôt vers cette rue, après avoir chargé l'adjudant Cornillat de le remplacer.

Arrivé à la rue des Juifs, le capitaine Guindorff aperçut un groupe d'hommes en blouse que des soldats se disposaient à fusiller. Déjà ces malheureux étaient couchés en joue; mais le capitaine se jeta courageusement entre les fusils et les hommes en blouse. « Soldats, s'écria-t-il, qu'allez-vous faire? — Vous le voyez, capitaine, répondit un soldat, nous allons faire justice de ces gredins-là. — Comme officier de la garde nationale, je ne puis permettre un pareil massacre. »

Des murmures se firent entendre. « Écoutez-moi, mes braves, reprit le capitaine. Lorsque nous sommes en guerre avec l'étranger, si nous faisons des prisonniers, nous les épargnons, nous les respectons. Eh bien ! pourquoi n'agirions-nous pas de même avec des Français, avec des frères égarés. Ces hommes sont bien coupables : ils se sont armés contre la République, contre les représentants élus par le suffrage universel ; mais qu'en savons-nous, ce n'est peut-être que la faim, que la misère qui leur a fait prendre les armes. Vous êtes tous, comme moi, des enfants du peuple ; comme moi, vous savez ce que c'est que la misère et la faim. Fusillerez-vous des hommes que les souffrances ont aigris, égarés ? Non ! vous ne le ferez pas, parce que vous êtes des soldats français, parce que vous n'êtes pas des bourreaux ! Voilà pourquoi vous allez les prendre sous votre protection, et les conduire avec moi à l'Hôtel-de-Ville pour les livrer à la justice, qui décidera du sort de ces malheureux ! »

Ces paroles, prononcées avec vigueur, désarmèrent les soldats, entraînés par la chaleur du combat et le désir de trop justes représailles. Ils consentirent à conduire leurs prisonniers à l'Hôtel-de-Ville.

Si la garde civique ne contribua sur ce point que pour une faible part à tous les combats par son petit nombre, elle avait plus fait dans la personne du capitaine Guindorff par cet acte de générosité et de courage que si elle eût enlevé vingt barricades. En effet, soldat citoyen, cet officier avait été l'expression des sentiments de la garde nationale, qui, milice légale et intelligente, sait renoncer à sa vengeance, même quand son sang coule et que son ennemi est entre ses mains, pour livrer ce dernier à la justice du pays.

Vers une heure, le général Négrier était parti de la place de l'Hôtel-de-Ville, à la tête d'une colonne composée d'un bataillon de la garde mobile, d'un bataillon de troupe de ligne, et d'un détachement de gardes nationaux de diverses légions. Cette colonne, qui escortait une pièce de canon, se dirigea par les quais vers le Pont-Marie et la caserne des Célestins, que les insurgés avaient enlevée et dans laquelle ils s'étaient retranchés. Après avoir balayé les quais, le général Négrier arriva à la caserne, qu'il fit attaquer sur-le-champ. Les insurgés opposèrent une vive résistance; mais enfin ils furent chassés de cette position.

Ensuite le général enleva aux révoltés le Grenier d'abondance et l'Arsenal; il nettoya complétement le terrain de l'ancienne île Louviers; puis il remonta par le boulevard Bourdon jusqu'à la place de la Bastille.

Là il se trouvait entre deux feux : l'insurrection n'avait pas encore été attaquée dans le faubourg Saint-Antoine, où elle avait eu trois jours pour se fortifier, et elle était encore maîtresse de la rue Saint-Antoine, depuis la place de la Bastille jusqu'à l'église Saint-Paul, d'une partie du quartier du Marais et de la place des Vosges.

Au moment où le général déboucha sur la place de la Bastille, un détachement composé de gardes nationaux de la 1re légion et de gardes mobiles essuyait les feux croisés des insurgés, trop faible pour tenter une attaque contre aucune des barricades. De nouveau, le brave général Piré, dans la même tenue que le premier jour, ayant repris le fusil et le rang de volontaire dans la garde civique, donnait le spectacle de ce courage téméraire qu'il avait déjà montré à la barricade de la rue Nationale-Saint-Martin. Prenant avec lui un petit tambour de la garde mobile et lui faisant battre la charge, il s'était avancé seul, la baïonnette croisée, contre les barricades, comme pour défier les balles qui pleuvaient autour de lui et dont, en effet, pas une ne l'atteignit (26).

Pendant trois heures, le feu le plus meurtrier ne cessa pas de part et d'autre. Les troupes finirent par enlever la place des Vosges et dégagèrent peu à peu la rue Saint-Antoine. L'artillerie de la garde nationale donna surtout dans cette journée.

Quatre pièces, dont un obusier, servies par les artilleurs de l'armée et de la garde civique, furent mises en batterie à la hauteur des rues de Lorme et des Tournelles pour battre de face le faubourg Saint-Antoine. Elles étaient commandées par le chef d'escadron Destourbet et le capitaine Farina. Ces pièces engagèrent un feu des plus vifs avec les insurgés sans pouvoir obtenir le moindre ralentissement du côté des barricades.

L'obusier, sous les ordres du lieutenant instructeur Dennecy, fut mis également en batterie au coin de l'Arsenal pour faire feu sur le côté gauche de la place de la Bastille. Mais, trop inquiétés par la fusillade, qui atteignait les hommes et les chevaux, les artilleurs furent obligés d'abandonner ce point et de porter la pièce jusque sur la barricade du boulevard Bourdon; de là ils ne cessèrent de battre la rue de la Roquette. Ces deux batteries n'éteignirent leurs feux qu'à neuf heures du soir; les rangs de l'artillerie de la garde nationale comptèrent un mort et vingt blessés.

C'est pendant cette action meurtrière que le brave général Négrier trouva la mort sur la place de la Bastille. Il était six heures vingt minutes lorsqu'il fut frappé au pied de la colonne de Juillet, vers laquelle il s'était avancé avec quelques officiers, soldats et gardes nationaux. A la vue de ce groupe, les insurgés les plus rapprochés avaient dirigé leurs feux vers lui. Deux ou trois hommes ne tardèrent pas à tomber. Cependant le général Négrier ne bougea pas. Tant qu'il demeura immobile, il ne reçut aucune balle; mais au premier mouvement qu'il fit pour tourner sa colonne, il fut frappé mortellement et il tomba aussitôt. Quelques instants après il mourut. Son corps fut transporté à l'Hôtel-de-Ville par des gardes nationaux, sous la conduite d'un représentant du peuple.

Cette décharge fut fatale dans ses résultats. Au moment même où le général tombait, un capitaine du 48e de ligne et un soldat citoyen de la 6e légion, Chichard, étaient tués près de lui. Chichard portait un yatagan, dont s'empara M. Théodore Albert, caporal de la 3e compagnie, 3e bataillon, 3e légion, afin de faire constater son identité. Nous retrouverons plus tard ce jeune homme. Enfin, à quelques pas du général fut aussi tué au même instant M. Charbonnel, représentant du peuple, qui avait voulu l'accompagner.

Mais tous les malheurs amenés par l'insurrection du faubourg Saint-Antoine n'étaient pas terminés. Peu après il se passa un fait qui doit trouver sa place dans ce livre, puisque c'est un garde national qui n'hésita pas, au péril de sa vie, à accompagner dans sa noble et sainte mission le digne prélat qui rencontra la mort sur les barricades au moment où il accourait les paroles de paix et de conciliation à la bouche. La garde nationale s'est associée par là à cet acte sublime de dévouement et de courage; elle était présente dans la personne de celui qui portait le symbole de paix et de réconciliation auprès de l'archevêque, noble et digne interprète des sentiments de cette milice.

Ce fut vers sept heures que l'archevêque de Paris, M. Affre, arriva sur la place de la Bastille, accompagné de deux grands vicaires, MM. Jacquemet et Ravinet, et d'un domestique, Pierre Sellier. Ce vénérable prélat, souffrant cruellement de la lutte qui ensanglantait Paris depuis trois jours, avait pris la résolution de tenter les derniers efforts pour parvenir jusqu'aux insurgés et pour les décider à déposer les armes. A cet effet, il s'était rendu à pied auprès du général Cavaignac, le dimanche sur les quatre heures du soir. Le chef du pouvoir exécutif s'était empressé de donner son assentiment aux désirs de l'archevêque, qui s'était dirigé sur-le-champ vers le faubourg Saint-Antoine, quoique excédé de fatigue et malade depuis plusieurs mois. Cependant il s'était arrêté dans sa route pour visiter les ambulances, prier pour les morts, bénir et absoudre les mourants, et adresser à chacun des blessés une parole de piété, de tendresse et de consolation.

Arrivé sur la place de la Bastille, il s'adressa à celui qui avait pris le commandement après la mort du général Négrier ; il lui fit connaître l'assentiment donné par le général Cavaignac, et le pria de faire suspendre un instant le feu. « Je m'avancerai seul avec mes prêtres, ajouta-t-il, vers ce peuple que l'on a trompé. J'espère qu'il reconnaîtra ma soutane violette, et la croix que je porte sur la poitrine. »

Tout en admirant ce dévouement, plusieurs officiers conjurèrent l'archevêque de ne pas poursuivre une tentative aussi périlleuse ; mais rien ne put ébranler la résolution du saint homme. Chrétien, il ne voyait dans les insurgés que des frères égarés ; prêtre, que des enfants qui, fussent-ils coupables, devaient être ramenés par sa sainte parole, et pardonnés par l'émanation de cette miséricorde divine que Dieu avait mise en son cœur. Or, c'était la véritable mission du prêtre, dans ces jours néfastes, que de s'élancer entre les combattants, fils de la même mère, et d'arrêter l'effusion du sang, fût-ce au prix de tout le sien versé pour accomplir cette tâche sublime. Aussi répondit-il avec une simplicité touchante : « Ma vie est bien peu de chose : que mon sang soit le dernier versé, et je mourrai content. »

L'ordre fut alors donné de suspendre le feu. Plusieurs gardes nationaux qui avaient compris la noblesse de cette mission, et qui voulaient s'y associer, demandaient avec instance à l'archevêque de leur permettre de le suivre, et, s'il le fallait, de mourir avec lui. Mais le digne prélat voulait exposer le moins de monde possible; il les remercia, et demanda seulement un homme de bonne volonté pour le précéder et l'annoncer aux insurgés. Alors le caporal Albert, de la 3ᵉ légion, que nous avons déjà signalé, s'avança portant sur ses traits l'empreinte du dévouement, du courage et de l'admiration, et s'offrit à lui. On interrogea ce jeune homme. Il avait déjà servi en Afrique, et avait un frère dans les rangs de la garde mobile. Ayant appris à l'Hôtel-de-Ville qu'il se battait à la place de la Bastille, il avait suivi en volontaire les gardes nationaux des autres légions qui s'y rendaient. L'archevêque l'agréa; et, sur l'observation d'un officier supérieur qu'il ne fallait, pour cette mission, ni un militaire ni un garde national, M. Albert quitta son uniforme, et se couvrit d'une blouse et d'une casquette. Ensuite il attacha une branche d'arbre au bout d'une perche de bateau, et il se dirigea vers la grande barricade du faubourg Saint-Antoine, précédant de quelques pas l'archevêque, qui marchait seul. A quelque distance étaient les deux grands vicaires et le domestique, qui suivaient.

Le feu, qui avait d'abord cessé sur la place de la Bastille, s'éteignit aussi progressivement du côté du faubourg. On voyait les insurgés regarder curieusement par les fenêtres et par-dessus les barricades.

L'archevêque et ses compagnons traversèrent en silence et sans opposition la place, qui était alors déserte, mais que couvrirent bientôt des groupes de soldats et de gardes nationaux venus à la suite du prélat, et considérant ce spectacle avec le plus vif intérêt. Arrivé près de la première barricade, M. Albert annonça d'une voix forte l'archevêque de Paris; il traversa alors avec son rameau la boutique du marchand de vin qui fait le coin de la rue de Charenton et de la rue du Faubourg-Saint-Antoine. Le prélat le suivit seul. Pierre Sellier fut d'abord repoussé lorsqu'il voulut passer chez le marchand de vins ; et MM. Jacquemet et Ravinet furent séparés de leur supérieur par des insurgés descendus de leurs retranchements ; bientôt ils se virent au milieu d'un groupe tumultueux composé de défenseurs des barricades et de soldats venus derrière l'archevêque. Quelques collisions ne tardèrent pas à éclater. « Aux armes ! s'écrièrent les insurgés. A nos barricades ! »

Pendant ce tumulte, M. Albert, tout en agitant son rameau, s'était rapproché du prélat, qui avançait lentement entre les deux premières barricades, à cause de l'état des pavés. En marchant, il parlait aux hommes placés autour de lui ; les exhortait, les appelait, mais ses paroles se perdaient au milieu du bruit, presque aussi grand dans l'intérieur qu'au dehors, des coups de feu et du sifflement des balles, qui n'arrêtaient pas l'archevêque dans sa marche.

Cependant, arrivé devant la porte de la première boutique de la maison portant le n° 4, il s'arrêta tout à coup en chancelant et sa voix ne termina pas une phrase commencée. M. Albert s'élança vers lui, incertain de ce qui arrivait. « Mon ami, lui dit le prélat en se laissant tomber dans ses bras, je suis blessé !... »

Sa figure était restée si calme que le caporal de la 3ᵉ légion crut d'abord que la blessure était légère ; mais la balle avait atteint l'archevêque dans les reins : le saint homme était blessé mortellement.

Aussitôt, le caporal Albert appela à lui les insurgés qui étaient le plus rapprochés. Ils accoururent en même temps que le domestique, qui avait fini par pouvoir passer. A leur arrivée, trois insurgés tombèrent morts, le domestique fut blessé, et une balle perça les vêtements du caporal. On se hâta de faire entrer l'archevêque dans la boutique du n° 26 ; puis, à l'aide de fusils, on fit une espèce de brancard, sur lequel on étendit un matelas, et on transporta l'archevêque au presbytère Saint-Antoine.

Pendant le trajet, un des défenseurs des barricades, s'approchant de M. Albert, lui dit : « Le brigand qui l'a tué, voyez-vous, je l'aurais fusillé, si on m'avait laissé faire ! » Il répéta plusieurs fois ces paroles avec énergie. Au reste, tous les insurgés se montraient fort affligés du funeste accident arrivé à leur courageux pasteur. Nous consignons avec bonheur ce fait dans notre livre.

Une fois au presbytère, l'archevêque, dont la sérénité et le calme étaient admirables, voulut avoir son autre domestique pour remplacer Pierre, qui était blessé, son médecin, M. Cayot, et son secrétaire, M. Delagé. Ce fut encore le caporal Albert qui, accompagné de l'abbé Roux, se rendit jusqu'à l'archevêché pour s'acquitter de ce périlleux message, et revint accompagné du secrétaire et du domestique. On était allé chercher le docteur.

A son retour, les grands-vicaires étaient auprès du prélat. L'un lui baisait les mains en disant ces paroles tant de fois répétées par lui en réponse aux objections qu'on lui avait faites d'abord pour le détourner de son projet : « Le bon pasteur donne sa vie pour ses brebis. »

Le vénérable prélat était couché par terre, sur un matelas, comme les blessés qu'il avait visités sur sa route dans les ambulances provisoires. Bien que le saint homme fût tourmenté par d'atroces souffrances, la paix et le calme étaient sur son front.

Bientôt un de ses grands vicaires, qu'on en avait chargé, lui ayant annoncé que son heure était proche, l'archevêque se recueillit, sans rien perdre de sa sérénité ; puis il dit en levant les yeux vers le ciel : « Mon Dieu, je vous offre ma vie ; acceptez-la en expiation de mes péchés et pour arrêter l'effusion du sang qui coule. Ma vie est bien peu de chose : mais prenez-la, je mourrais content, si je pouvais espérer la fin de cette horrible guerre civile, si mon sacrifice terminait tant de malheurs. »

Le vénérable pontife mourut le 27 juin, à quatre heures et demie du soir.

Le récit simple de cette mort sublime, auquel notre plume a cédé malgré nous, serait taché par le moindre éloge. Le martyr a dit lui-même de son vivant, ces belles paroles de l'Écriture, seules dignes d'être répétées après sa mort pour la bien comprendre : *Le bon pasteur donne sa vie pour ses brebis.*

A l'heure où l'archevêque était tombé, blessé mortellement, dans les premières barricades du faubourg Saint-Antoine, la rive gauche tout entière se trouvait au pouvoir des troupes, mais une autre victime de générosité et de courage avait été immolée. Le commandement des forces agissant dans le 12e arrondissement, vacant par suite de la blessure du général Damesme, avait été confié au général de Bréa. Dans la matinée, ce général s'était dirigé par la barrière Saint-Jacques et le boulevard intérieur, sur la barrière d'Italie, avec le représentant du peuple De Ludre, et à la tête d'une colonne de deux mille hommes, composée de troupe de ligne, de garde mobile, de garde nationale, d'une compagnie du génie et d'un détachement d'artillerie avec deux pièces.

Sur le boulevard, cette colonne ne rencontra d'autres obstacles que des troncs d'arbres, abattus en travers de la route, et que le génie eut bientôt écartés sur les contre-allées; mais, à la barrière d'Italie, elle fut arrêtée par deux fortes barricades construites, l'une à l'entrée de la rue Mouffetard, l'autre extérieurement contre la grille de la barrière. Les deux pièces d'artillerie furent mises aussitôt en batterie. Toutefois le feu ne fut pas engagé immédiatement.

On ne voyait au-dessus des montagnes de pavés que quelques

drapeaux et, par moments quelques têtes d'hommes, mais il ne partait pas un seul coup de feu.

Tout à coup la petite porte latérale de la barrière s'ouvre et quatre hommes s'avancent vers les troupes pour parlementer. Alors le général de Bréa s'approche de la grille, avec le représentant du peuple, le colonel Thomas, un chef de bataillon de la garde nationale, M. Dupont, un commandant de la ligne et le capitaine d'état-major, Armand de Mangin.

Entraîné par l'espoir de désarmer les défenseurs des barricades par la seule puissance de ses paroles, le général cède aux instances des parlementaires et consent à franchir avec eux le seuil de la porte latérale; le commandant Dupont, le chef de bataillon de la ligne et le capitaine Mangin le suivent. A peine sont-ils de l'autre côté de la grille, que la crête de la barricade se couronne d'une ligne épaisse d'hommes armés de fusil, qui couchent brusquement en joue le colonel Thomas et le représentant de Ludre, restés de l'autre côté de la barrière. « Si vous ne faites pas déposer immédiatement les armes à votre colonne, leur crie l'un de ces hommes, vous deux, votre général et ses trois compagnons, vous allez être fusillés! »

Le colonel Thomas, conservant toute sa présence d'esprit dans cet horrible moment, parlemente sous cette ligne de tubes menaçants qui, d'un instant à l'autre peuvent les renverser, lui et son compagnon. Il persuade aux défenseurs de la barricade de les laisser retourner avec le représentant du peuple vers les soldats pour leur apprendre qu'ils doivent déposer les armes s'ils veulent sauver la vie de leur général; et, une fois libre, il se hâte d'envoyer un officier au chef du pouvoir exécutif, afin de lui faire savoir la cruelle position du général de Bréa et de ses compagnons.

« Le salut du pays, avant celui des individus, » répondit le général Cavaignac. En même temps il donna l'ordre d'attaquer les barricades.

Le colonel Thomas, après avoir fait tirer quatre coups de canon à mitraille, lança intérieurement ses Mobiles à l'assaut de la grille barricadée, et, le génie ayant pratiqué une trouée dans le mur de l'octroi, il fit attaquer en même temps les insurgés par derrière. Prise ainsi de deux côtés à la fois, la position fut enlevée vivement; mais il était trop tard : le général de Bréa et le capitaine Mangin étaient morts. On trouva leurs cadavres dans le corps de garde de l'octroi; celui du malheureux capitaine d'état-major était horriblement mutilé.

Ainsi le même jour, deux hommes, l'un ministre du Dieu de paix, l'autre général de nos armées, franchissent les barricades des insurgés, poussés par le même sentiment, celui de l'humanité et de la miséricorde. L'un, le rameau vert et la croix du Christ à la main, se présente avec des paroles de paix et de conciliation, il est lâchement assassiné! L'autre, l'épée au fourreau, et sur l'assurance d'un armistice, pénètre parmi les rebelles pour les ramener par la seule force de son raisonnement, il est tué par trahison!... Quelle était donc cette guerre qui ne respectait ni la mission du prêtre désarmé, ni la foi jurée? Quels étaient ces infâmes meneurs, qui, après avoir égaré le peuple, voulaient l'entraîner jusqu'au plus lâche des crimes en le rendant complice de meurtres commis par eux seuls !...

Le commandant Dupont et le chef de bataillon de la ligne furent sauvés tous deux. Le premier était parvenu à se réfugier sous un auvent, le second avait trouvé un insurgé qui lui avait ôté son uniforme pour le couvrir d'une blouse. Ah! celui-là avait faim, sans doute, et par un faux calcul combattait avec rage, mais il n'assassinait pas un homme sans défense.

La colonne qui avait enlevé les barricades extérieures de la barrière se composait de la troupe de ligne et du 3e bataillon de la 1re légion. A cette attaque un sergent de la 4e compagnie, M. de Chabrillan, ancien chef d'escadron, avait montré un courage vraiment héroïque. Ses camarades enthousiasmés le nommèrent par acclamation, sur la barricade même qu'il avait contribué puissamment à emporter, capitaine en premier de la compagnie, emploi devenu vacant par la démission de l'officier élu au mois d'avril.

Peu de temps après, le scrutin régularisa cette nomination : M. de Chabrillan fut élu capitaine en premier à l'unanimité.

Cependant les gardes nationales de la province continuaient d'arriver de tous les côtés à Paris, ainsi que l'apprenait cette proclamation du général Cavaignac à la milice parisienne :

« L'attaque dirigée contre la République a soulevé une indignation universelle. De toutes parts les gardes nationales se lèvent spontanément et viennent en aide à leurs frères de Paris. Dans la soirée d'hier, pendant toute la nuit, de nombreux bataillons sont arrivés ; les routes sont couvertes de citoyens armés pour la défense de la République. Tous veulent partager avec les légions de Paris et de la banlieue l'honneur de sauver la société menacée dans nos institutions démocratiques, et terminer enfin une lutte affligeante pour la patrie. »

Le palais de l'Assemblée nationale, quartier général de l'armée et siège du pouvoir exécutif, était le rendez-vous de toutes les milices départementales qui s'y présentaient pour se mettre à la disposition des représentants du peuple.

Dans la crainte que ces milices ne fussent victimes de leur ardeur ou de l'ignorance des lieux, le général Cavaignac avait envoyé aux barrières et aux chemins de fer l'ordre de retenir ces précieux auxiliaires, et de ne les laisser pénétrer dans Paris que par colonnes de mille à douze cents hommes; précaution d'autant plus utile que beaucoup de ces volontaires n'avaient pas de cartouches. Tous ces détachements, dont nous avons trouvé quelques uns, dont nous retrouverons d'autres, furent dirigés sur divers points, soit pour combattre, soit pour occuper des postes importants et périlleux. Toutes les milices du département de Seine-et-Oise et de la banlieue étaient depuis longtemps à Paris; celle de Saint-Denis était enfin parvenue à se mettre en communication avec la capitale, et celle de Montmartre, continuait à marcher au secours de la République.

Le commandement des forces de la Bastille avait été donné au général Perrot après la mort du général Négrier. Ce point, où tant de sang et surtout de si précieux avait été versé, était devenu une position redoutable et restait le boulevard de l'insurrection. Mais plus la position était formidable et menaçante, plus il convenait au courage calme, aux combinaisons habiles du général Perrot d'en triompher. La lutte, si elle se prolongeait, était d'un effet déplorable pour la garde nationale, les troupes et tous les habitants de Paris. Citoyen et guerrier, le général dut apporter dans cette expédition les grandes qualités qui distinguent l'un et l'autre, le patriotisme et l'humanité, la générosité et l'énergie.

Nous avons vu que tous les abords de la place de la Bastille, du côté de la rue Saint-Antoine, étaient conquis. Restait le faubourg, à l'entrée duquel s'élevaient trois énormes barricades, qui se trouvaient assises, l'une à l'entrée de la rue du Faubourg même, l'autre à celle de la rue de la Roquette, la troisième à celle de la rue de Charenton. Derrière elles un nombre immense d'autres barricades se dressaient menaçantes tout le long de ces rues, et étaient couronnées d'insurgés.

Le plan du général Perrot fut vite conçu, et dans ce plan, il comptait principalement sur l'union des troupes et de la garde nationale, dont il avait déjà su apprécier les effets. Il avait sous ses ordres de la troupe de ligne, de la garde mobile, de l'artillerie nationale, le 1er bataillon de la 1re légion, le 3e de la 3e légion, un détachement du génie et plusieurs pièces d'artillerie.

Par ses ordres, la nuit fut employée par cette infatigable artillerie de la garde nationale et de l'armée à construire des plateformes, ouvrir des embrasures, et à défiler de tous côtés avec le plus grand soin possible; au point du jour tout était prêt. Neuf pièces, braquées de manière à enfiler le faubourg, étaient chargées et pointées, et les troupes n'attendaient que le moment de s'élancer à l'assaut de la grande barricade fermant l'entrée du faubourg; mais les canons restaient muets, et les troupes demeuraient immobiles.

Les insurgés du faubourg avaient envoyé quatre parlementaires, avec le représentant Larabit, au président de l'Assemblée nationale. Les conditions apportées par ces parlementaires n'avaient pas été acceptées. Toutefois le général Perrot, heureux d'éviter l'effusion du sang et d'arriver à la conciliation, avait promis d'attendre jusqu'à dix heures. Voici ce qui avait motivé le nouvel armistice.

Le colonel Guinard, et MM. Recurt et Beslay, représentants, s'étaient avancés dès le matin vers les barricades, et avaient, dans une allocation chaleureuse, tenté un dernier effort auprès des insurgés pour les ramener. Ceux-ci avaient député vers eux quelques uns de leurs compagnons. Le colonel Guinard leur avait proposé de déposer les armes pour éviter la collision sanglante qui allait s'engager. A cette proposition les insurgés avaient refusé; mais M. Guinard s'était empressé d'ajouter: « Je vous propose de déposer vos armes là, sur la tombe de vos frères les héros de Juillet; c'est à elle seule que vous les rendrez. Ensuite vous vous en irez par le boulevard Contrescarpe, qui sera libre, et aucune recherche ne sera faite contre aucun de vous. » Ces propositions, et la manière dont elles avaient été faites, avaient été acceptées. Une convention avait été écrite, et un échange de signatures donné; les insurgés étaient rentrés au sein des barricades; le colonel Guinard et les représentants avaient couru, l'un auprès du général Lamoricière, pour faire cesser le feu du faubourg du Temple, les autres à l'Assemblée nationale. L'heure de dix heures avait été stipulée comme terme fatal.

Et déjà l'heure approchait, et aucun mouvement dans les barricades n'annonçait l'intention de ratifier la convention promise. Enfin dix heures sonnèrent. Les insurgés ne bougèrent pas; immobiles sur les crêtes de leurs retranchements, ils se préparaient à combattre. Au dixième coup de l'horloge le signal fut donné, et la grande voix du canon se fit entendre de nouveau.

En même temps, sur l'ordre du général Perrot, une colonne commandée par le colonel Allard fut vivement lancée vers la Seine par la rue de Lorme. Cette colonne, composée d'une compagnie de garde mobile, de deux compagnies du 28e de ligne, d'une compagnie de grenadiers du 69e, de trente sapeurs du génie, et de trois compagnies du 52e, après avoir franchi le dernier pont du canal, remonta par la rue de la Contrescarpe vers la place de la Bastille, en occupant et appropriant successivement à sa défense deux barricades qu'elle trouva sur son passage, et qui faisaient face à celle de la Roquette. Le colonel prit ensuite possession d'une haute maison située près du débouché de la rue de Charenton, et établit ses grenadiers aux fenêtres des étages les plus élevés. De ces fenêtres on apercevait d'enfilade tous les défenseurs de la tête du faubourg, et les soldats n'attendaient que le signal pour leur envoyer une grêle de balles.

Ceci avait eu lieu pendant que le général Perrot, après avoir vu le ravage de l'artillerie, avait ordonné de nouveau de cesser le feu pour faire aux insurgés une dernière sommation d'humanité. Elle resta encore sans effet. Mais comprenant le sentiment qui animait le brave général, le colonel Guinard, de son côté, avait fait usage précipitamment de l'obusier, moins meurtrier que le canon, et avait cherché à incendier les maisons, quitte à en éteindre le feu après, pourvu que les insurgés se retirassent, et que les troupes pussent trouver passage. C'est ce qui eut lieu en effet. La maison à l'angle de la rue de la Roquette fut incendiée par le feu de l'obusier placé sur le boulevard Bourdon; la confusion se mit parmi les insurgés, qui, cessant de défendre les barricades, commencèrent à prendre la fuite, et le général Perrot, s'élançant à la tête des troupes, emporta ce premier retranchement, et continua ainsi en remontant le faubourg Saint-Antoine presque sans coup férir, ce qui était la plus belle victoire. A mesure qu'il avançait, il faisait démolir derrière lui les barricades par les habitants du quartier.

De son côté, le colonel Allard se mit à la tête des grenadiers du 69e et des voltigeurs du 28e, et, s'engageant au pas de course par la petite rue de la Planchette, il gagna l'entrée de la rue de Charenton, et prit immédiatement possession des premières barricades de cette rue. Puis il s'avança dans cette direction, faisant coordonner son mouvement avec celui du général Perrot, et quittant la rue de Charenton au carrefour de la rue de Rambouillet, il alla rejoindre transversalement par la rue de Reuilly la colonne du général, qui arriva vers deux heures à la barrière du Trône.

Ainsi fut conquis le faubourg Saint-Antoine, que couvraient de nombreuses barricades; on n'en comptait pas moins de soixante-cinq dans la seule rue du Faubourg, depuis la place de la Bastille jusqu'à la barrière. Toutes les autres rues du faubourg étaient aussi bien fortifiées. A l'attaque de l'entrée du faubourg, les troupes avaient fait dans la matinée, et surtout la veille, des pertes nombreuses; mais une fois les premiers retranchements conquis, les autres barricades furent enlevées sans effusion de sang. Les insurgés s'étaient dispersés : les uns, après s'être débarrassés de leurs armes, étaient rentrés chez eux; un grand nombre de ceux-là furent arrêtés le jour même, et remis à la garde nationale, qui les conduisit à l'Hôtel-de-Ville; les autres avaient gagné la campagne : des pelotons de cavalerie, envoyés à leur poursuite, parcoururent les communes des environs, et, par intervalles, on vit entrer dans Paris des groupes de prisonniers sous bonne escorte.

Le brave et digne général Perrot, qui, comme nous l'avons dit, comprit si noblement ses devoirs de citoyen et de militaire, gagna ce jour-là, avec l'estime et l'affection de la garde civique, les premières étoiles qui brillent aujourd'hui sur ses épaulettes de commandant des gardes nationales de la Seine.

Au faubourg du Temple, les troupes du général Lamoricière avaient recommencé l'attaque dès la pointe du jour. Franchissant le canal, elles s'étaient mises à assaillir les insurgés dans leurs différentes positions.

M. Paupert, capitaine en premier de la 6ᵉ compagnie du 4ᵉ bataillon de la 5ᵉ légion, bloqué et gardé à vue la veille par les insurgés dans l'hôpital Saint-Louis, parvint à réunir, entre quatre et cinq heures du matin, un certain nombre d'hommes de sa compagnie. Soutenu par un détachement de troupes de ligne, il attaqua les barricades de la rue Bichat, et, après avoir nettoyé cette rue, il y établit des postes, ainsi que dans la rue du Faubourg.

A neuf heures, les barricades de la rue Grange-aux-Belles, du faubourg du Temple et de la rue d'Angoulême étaient enlevées, et les insurgés se trouvaient refoulés dans les faubourgs Ménilmontant et de Popincourt.

Aux attaques dont le faubourg du Temple avait été le théâtre, on remarqua un beau bataillon de garde nationale, en tête duquel marchaient une compagnie de pompiers et une autre d'artillerie. C'étaient cinq cents volontaires des gardes nationales du Havre, d'Ingouville et de Graville, que commandaient le colonel Bredard, et MM. de Gérando, Cardet, Lahure et Lamoisse. Ces braves, à peine arrivés à Paris, avaient demandé à se porter sur les points où l'engagement était le plus vif et le plus meurtrier. On les avait dirigés sur le faubourg du Temple. Après la conquête du faubourg, ils se rendirent à la place de la Bastille et coopérèrent à la prise du faubourg Saint-Antoine.

Vers onze heures, la garde mobile, la troupe de ligne et la garde nationale, traversant le canal au pont de la rue Saint-Sébastien, et pénétrant par le faubourg du Temple, commencèrent l'attaque du faubourg Ménilmontant. Les rebelles furent rapidement chassés de leurs positions et rejetés au delà du mur de l'octroi.

L'insurrection était enfin vaincue dans Paris; mais elle tenait à certaines barrières. Là, nous retrouvons encore la garde nationale, toujours intrépide, toujours généreuse.

A la barrière Ménilmontant, des gardes nationaux des 2e et 3e légions avaient fait un assez grand nombre de prisonniers. Des hommes, qui s'étaient joints comme volontaires à la garde nationale, voulaient fusiller ces malheureux. Les officiers de la milice citoyenne et de la troupe de ligne s'y opposaient de toute leur force. Un caporal de la 3e légion dit à ces hommes que la colère égarait : « Et moi aussi, j'ai le droit de demander la vie de quelqu'un, car mon frère vient d'être tué près de moi, cependant je m'oppose à tout acte de vengeance. — Oui, soyons humains, dit un soldat, traitons les prisonniers des insurgés comme ils ont traité les nôtres. Un camarade et moi, nous avons été faits prisonniers par les insurgés et rendus à la liberté sur parole. On ne nous a fait aucun mal. A la vérité on nous a désarmés, mais on nous a traités avec humanité, et nous n'avons manqué de rien. »

Ces paroles simples et généreuses prouvent plus que tout autre fait combien était intime dans leurs sentiments l'union de la garde nationale et de l'armée.

A peu de distance de là, à la barrière des Trois-Couronnes, les 5e et 6e compagnies du 1er bataillon de la 3e légion avaient enlevé plusieurs barricades. Elles avaient eu à ces affaires quelques blessés ; elles avaient encore essuyé d'autres pertes les trois jours précédents ; le 23 notamment, la 5e compagnie, commandée par le capitaine Bouchard, s'était trouvée à l'attaque de la porte Saint-Denis, et y avait eu plusieurs hommes tués et blessés. Cependant les prisonniers que ces gardes nationaux firent en assez grand nombre à la barrière des Trois-Couronnes, furent par eux protégés et conduits dans un des dépôts établis provisoirement dans Paris.

Le dernier point sur lequel on combattait encore était la Villette. Là, des barricades s'élevaient hérissées d'insurgés depuis la barrière jusqu'au tiers de la rue de Flandre à chaque angle de cette rue et dans celles environnantes ; la plus formidable était la première qui se présentait dans cette large rue en avançant sur Paris, et qui semblait commander aux autres.

Le général Lebreton, chargé d'enlever cette position, était parti le matin de la caserne de la Nouvelle-France à la tête de la garde nationale d'Amiens qui avait sollicité et obtenu l'honneur de tenir la droite, et de celles de Doullens et de Rouen. Un piquet de cuirassiers faisait aussi partie de la colonne.

Cette colonne sortit de Paris par la barrière Rochechouart, traversa la barrière Poissonnière, la barrière Saint-Denis, gagna à travers champs la rue de la Villette, et s'arrêta rue de la Chapelle, la droite faisant face à la rue de Flandre. Le général ayant donné l'ordre d'explorer les maisons au-dessus et au-dessous des rues de la Chapelle et du Havre, qui ne sont séparées que par la rue de Flandre, le peloton d'artilleurs d'Amiens exécuta sur-le-champ ce mouvement et s'empara des maisons qui se rapprochaient le plus de la grande barricade.

En même temps, par un mouvement combiné, six compagnies du 2e bataillon de la 3e légion, conduites par le commandant Dubochet, venaient prendre position près de la rue Mogador, pour attaquer à revers. Quelques soldats citoyens furent aussi disposés en éclaireurs de ce côté, sous le commandement de l'officier d'état-major Croulebois, et MM. Leboucher et Picard, capitaines de la 7e compagnie, se tinrent prêts à la tête de leurs hommes.

Le brave général Lebreton examinait déjà avec son sang-froid et son habileté ordinaires la disposition des forces, et se préparait au combat, lorsque le maire et l'adjoint de la Villette se présentèrent devant lui à la tête de 300 gardes nationaux, et lui demandèrent l'autorisation d'intervenir auprès des insurgés pour leur faire déposer les armes. Le général y consentit, et le maire, ayant franchi la barricade, revint bientôt avec quatre parlementaires auxquels il avait garanti leur liberté. Leurs propositions ayant paru inacceptables, le général leur donna un quart d'heure pour se rendre, et les renvoya libres, comme le maire l'avait promis. L'adjoint prit alors une partie de la garde nationale de La Villette, qu'il conduisit sur les quais de la Seine pour les préserver, tandis que l'autre resta dans la rue de Flandres (27).

Les insurgés s'étaient retirés vers leurs camarades, comme ils l'avaient fait à la Bastille, et au bout de quelques minutes, ils ouvrirent eux-mêmes le feu. Mais les artilleurs d'Amiens étaient tout prêts. Maîtres des positions les plus rapprochées, ils répondent

PRISE DES BARRICADES DE LA VILLETTE

vigoureusement à cette attaque. Au même instant, rapides comme la pensée, et sur l'ordre du commandant Paillat, les Amiénois, ayant à leur gauche les détachements de Doullens et de Rouen, vont prendre position à droite et à gauche de la rue de Flandre pour marcher sur la barricade, en avant des gardes nationaux de La Villette. Aussitôt, le garde national Bouvier ancien militaire, beau de son courage et de sa haute taille, s'élance au milieu de la chaussée, met un genou en terre, fait feu et s'écrie : « En avant! » Le tambour bat la charge, sur l'ordre du commandant. L'artilleur Acloque et le tambour-major Guidé rejoignent rapidement Bouvier, et tous trois se précipitent au pas de course. Par un mouvement électrique, tout le monde les suit, et malgré les balles qui pleuvent, et dont l'une atteint l'artilleur Acloque, malgré la hauteur et la solidité des contructions, les gardes nationaux courent, arrivent, escaladent, emportent la barricade, que les insurgés, terrifiés par cette énergique et brusque attaque, désertent en fuyant et en abandonnant leurs armes. On ne s'arrête pas à la première, on court sur les autres et avec le même élan, la même intrépidité, elles sont conquises.

En même temps, la 7ᵉ compagnie, ayant à sa tête le capitaine Leboucher, pénètre la première par la rue Mogador après avoir enlevé quatre barricades et pris quatre drapeaux. En un instant la garde civique est maîtresse de cette position importante qui, par son étendue, sa forme et ses constructions, ressemblait à un camp retranché et fortifié.

La tâche des gardes nationaux n'était pas encore terminée. Ils étaient maîtres du terrain; mais les insurgés s'étaient réfugiés, soit dans les maisons, soit dans les chantiers, soit dans des endroits où ils espéraient se soustraire aux recherches. Les soldats citoyens commencèrent à fouiller de toutes parts. M. Bouvier, ayant appris que quelques uns de ces malheureux s'étaient enfermés dans une cave, descendit le premier, affrontant la mort dont on le menaçait, et fit prisonniers tous ceux qui s'y trouvèrent. Là aussi, cette garde nationale, qui avait vu ses frères tomber à ses côtés, qui rencontrait à chaque pas des hommes noirs de poudre ou les armes à la main, fit taire sa douleur et son ressentiment, et, se montrant généreuse et grande après la victoire, sut respecter dans les vaincus des hommes dévolus à la justice du pays.

On fit démolir immédiatement la barricade adossée à la grille de la barrière, afin de rétablir les communications avec Paris, et pendant que le général Lebreton disait au représentant Amable Dubois : « Collègue, vos Picards sont de braves enfants ; ils viennent de faire merveille, » le lieutenant-colonel du 11e, M. Kosciusko, au nom de tous ceux auxquels il commandait, donnait aux gardes nationales qui avaient pris part à l'action son témoignage d'admiration et d'estime : « Vous nous avez épargné bien des pertes cruelles, dit-il aux officiers d'Amiens, qu'il avait fait appeler près de lui. Par votre élan, vous avez obtenu un succès inespéré. »

Ce fut là le dernier effort de l'insurrection et le dernier triomphe de la République. Cette lutte cruelle était enfin terminée. Le général Cavaignac s'empressa de l'annoncer à la France par la proclamation suivante, adressée aux gardes nationaux et à l'armée :

« La cause sacrée de la République a triomphé ; votre dévouement, votre courage inébranlable ont déjoué de coupables projets, fait justice de funestes erreurs. Au nom de la patrie, au nom de l'humanité tout entière, soyez remerciés de vos efforts, soyez bénis pour ce triomphe nécessaire. »

Ainsi qu'on le voit, les paroles du chef du pouvoir exécutif, digne interprète de ceux mêmes auxquels il s'adressait, étaient tristes et graves au sein de la victoire. Il en ajoutait d'autres nobles et généreuses, qui furent d'autant mieux comprises que leurs maximes avaient été déjà mises en pratique pendant le combat.

« Ce matin encore, continuait-il, l'émotion de la lutte était légitime, inévitable. Maintenant, soyez aussi grands dans le calme que vous venez de l'être dans le combat. Dans Paris, je vois des vainqueurs, des vaincus ; que mon nom soit maudit si je consentais à y voir des victimes. La justice aura son cours ; qu'elle agisse : c'est votre pensée, c'est la mienne. »

Ce dernier paragraphe concernait surtout les prisonniers dont nous n'avons pas parlé encore. Leur nombre était considérable. Ils avaient été conduits presque tous par la garde nationale. On les voyait cheminer par longues files dans Paris, traverser ces barricades, maintenant démolies, que les uns considéraient d'un œil ardent, les autres d'un œil d'indifférence, les troisièmes d'un œil d'effroi. C'était en effet les trois catégories qui distinguaient ces malheureux. Les premiers, et c'était le petit nombre, conservaient sur leurs fronts et dans leur attitude, l'audace, l'énergie et l'orgueil des vaincus. Les seconds, émeutiers d'habitude, soldats naturels de toutes les révoltes, envisageaient leur défaite avec insouciance et semblaient faits au rôle qu'ils allaient jouer. Les derniers enfin, et c'était le plus grand nombre, les traits empreints de fatigue et d'abattement, suscités tant par le combat que par l'agitation fébrile qui les avait possédés d'abord, courbaient sous leur défaite, avec l'inquiétude de l'avenir et l'incertitude de leur sort. On conçoit combien la garde de ces prisonniers était difficile et dangereuse. Ils furent provisoirement déposés dans le souterrain des Tuileries d'où on venait les extraire à mesure pour les conduire dans les forts. Leur garde aux Tuileries fut confiée aux soldats citoyens.

Dans la nuit du lundi au mardi, un détachement de la garde nationale d'Arras, occupait derrière le pavillon de Flore la porte d'entrée de la prison improvisée du souterrain. Arrivés à Paris le 25 à huit heures du matin au nombre de 185 hommes, sous le commandement du lieutenant-colonel de Cutigny, ces soldats citoyens avaient d'abord été envoyés sur plusieurs points, et ensuite distribués au lieu qu'ils occupaient, tandis que les artilleurs et les pompiers, sous les ordres du lieutenant Richobé étaient allés joindre la colonne du général Lamoricière. Tout à coup une fusillade se fait entendre dans la cour des Tuileries, et bientôt après une vingtaine de coups de feu sont tirés des croisées du pavillon de Flore sur le détachement qui veillait à l'entrée des souterrains. Les gardes nationaux se croient attaqués et veulent riposter, mais le lieutenant-colonel, dans cette prévision aussi, les fait ranger en bon ordre pour défendre leurs postes, et leur ordonne de ne pas tirer qu'il ne le leur ait commandé; cet ordre est exécuté. La fusillade continue de l'autre côté et finit par s'éteindre sans qu'aucune agression eût été faite contre le détachement. Le sang-froid et l'intuition de M. de Cutigny qui fut aussi prudent que ferme dans cette occasion, épargnèrent un désordre qui eût été sans doute fatal, et des victimes à la garde nationale. En effet, la fusillade provenait de la révolte de deux cents prisonniers qu'on conduisait dans des forts et qui s'étant emparés des armes avaient fait feu sur la garde nationale qui se trouvait dans les cours. Celle-ci avait riposté; mais au sein de la nuit, dispersés sans ordre pour la plupart, ils avaient par une déplorable erreur tiré les uns sur les autres (27). Dans cette circonstance aussi, la belle compagnie d'artilleurs de Lille, rangée en bataille devant son poste à l'arcade de l'Échelle, et reconnaissant la fatale méprise qui avait eu lieu, était restée immobile et l'arme au pied, essuyant bravement le feu de ses frères d'armes. Les deux cents prisonniers furent repris et désarmés.

Mais ceux du dedans croyant au bruit de la fusillade qu'on tentait de les délivrer, en acquirent plus d'audace et firent plusieurs tentatives menaçantes. La garde nationale, et surtout celle d'Arras redoubla de surveillance, et accomplit avec le plus grand zèle son pénible service.

L'Assemblée nationale donna à son tour de nombreuses marques de reconnaissance aux milices citoyennes qui l'avaient si courageusement défendue. Sa proclamation au peuple français commençait ainsi : « Français, l'anarchie est vaincue; Paris est debout et justice sera faite. Honneur au courage et au patriotisme des gardes nationales de Paris et des départements!... »

Le 28 juin, l'Assemblée rendit le décret suivant, qui avait été adopté à l'unanimité : « Les généraux, officiers, sous-officiers et soldats des gardes nationales de Paris et des départements, ceux de l'armée, de la garde mobile, de la garde républicaine, et les élèves des écoles ont bien mérité de la patrie. » Enfin les représentants du peuple se montrèrent pleins d'égards pour les innombrables volontaires qui étaient accourus et accouraient encore des départements, car l'admirable mouvement de la province n'était pas fini, et les bataillons continuaient à arriver incessamment.

Le 26 juin, à trois heures de l'après-midi, alors que l'on se battait encore sur quelques points, les gardes nationales des différents cantons de Château-Thierry, atteignaient La Villette, au nombre de douze cents hommes. Ils arrêtèrent soixante insurgés qui essayaient de fuir; puis, entrant dans Paris, ils furent accueillis fraternellement par des soldats citoyens de la 5ᵉ légion, avec lesquels ils firent le service pendant leur séjour dans la capitale.

Le lendemain les milices des départements de l'Allier et de la Nièvre entraient dès le matin à Paris, après avoir fait plus de quatre-vingts lieues à marches forcées. Dans la même journée, on voyait arriver les gardes nationales de Troyes, de Noyon, de Compiègne, de Soissons et de Montdidier.

Le 25 juin, à sept heures du matin, la première nouvelle des troubles de Paris était arrivée à Troyes. Aussitôt cent dix volontaires avaient pris les armes; commandés par M. Paradis, ancien militaire de l'Empire, décoré de la croix de la Légion-d'Honneur, ces volontaires s'étaient mis en route à neuf heures, deux heures après la réception de la nouvelle.

Ce fut aussi le dimanche que la nouvelle des événements de la capitale arriva à Gray (Haute-Saône) et dans la petite ville d'Aï (Marne). Sur-le-champ, cent volontaires de la garde nationale de Gray partirent en poste, sous les ordres du capitaine Gabiot. Ils arrivèrent à Paris le mercredi suivant.

A Aï, le bataillon de la milice citoyenne se réunit aux premiers récits de l'insurrection, apportés par les journaux. Quatre-vingts volontaires s'offrirent incontinent pour marcher sur Paris. Il y avait dans ce nombre cinq capitaines et quatorze lieutenants et sous-lieutenants, qui s'armèrent comme simples gardes nationaux. Le détachement se mit en route le lundi matin, commandé par M. Lemaître jeune. Avant le départ, on avait fait de nouvelles élections pour l'organisation du détachement; des capitaines étaient devenus lieutenants, sous-lieutenants, et d'autres officiers, sous-officiers, caporaux et simples soldats. Ces volontaires, après avoir fait cent quarante kilomètres, venaient le mercredi matin se mettre à la disposition de l'état-major de l'Assemblée nationale, qui leur assigna pour caserne le ministère des affaires étrangères, en construction près de l'Assemblée.

Le 28, les Parisiens virent encore entrer dans leurs murs tout un bataillon de soldats citoyens, composé de gardes nationaux de

Tonnerre (Côte-d'Or), et des communes de son arrondissement.

A Lille, tout le monde avait brigué l'honneur de partir pour Paris ; on fut obligé de recourir au sort pour désigner les élus.

Enfin, un second détachement de la garde nationale d'Amiens, au nombre de 255 hommes, auquel s'étaient joints des soldats citoyens de Corbie et d'Hornoy, arriva à Paris sous le commandement du chef de bataillon Tondu.

Le fait qui motiva ce second départ mérite d'être rapporté. Un garde national du premier détachement, séparé de ses camarades, et ne connaissant pas Paris, chercha vainement à les rejoindre au milieu de cette ville coupée par l'insurrection et les barricades. Il recueillit les bruits les plus sinistres sur le sort du détachement qui, disait-on, avait été entièrement massacré. Reparti aussitôt pour Amiens, il apporta cette fatale nouvelle, à laquelle la dernière dépêche du ministre des affaires étrangères, qui appelait de nouveaux secours, donnait plus de créance. Immédiatement le rappel fut battu dans la ville, on courut à la mairie, et loin d'être effrayés par les bruits qu'on donnait comme certains de la mort de leurs frères, les gardes nationaux, dans un nouvel élan de courage, demandèrent à marcher sur Paris pour venger les Amiénois et courir au secours des Parisiens. Ce second départ fut d'autant plus remarquable qu'il se composait en grande partie de gens que leurs habitudes paisibles et graves éloignaient de pareilles collisions, et qui n'apportaient dans la lutte que le courage et l'énergie au lieu de l'habileté de quelques uns à manier les armes. C'étaient pour la plupart des juges, des notaires, des avocats, des pères de famille, mais c'étaient tous des notabilités d'intelligence, de loyauté et de position.

Ce détachement, n'ayant pu combattre comme le premier, ayant brigué et obtenu l'honneur d'une mission périlleuse, fut envoyé à l'embarcadère de Rouen qui, disait-on, était au pouvoir des insurgés. Parvenus dans cet endroit, les gardes nationaux apprirent que c'était dans les magasins et les ateliers d'Amiens que les insurgés voulaient se retrancher. Le commandant Tondu n'hésita pas à faire marcher de ce côté sa colonne, toute faible qu'elle était, fort du courage des soldats citoyens et de la confiance qu'ils lui témoignaient. Un convoi spécial les conduisit à cette destination. Des mesures furent prises sur l'heure pour repousser les insurgés s'ils tentaient d'attaquer ce point. Mais personne ne parut, grâce peut-être à cette démonstration énergique.

La République devait faire une manifestation qui répondît à celle si significative des gardes nationales de province. La milice parisienne s'était chargée de les accueillir avec cette fraternité qu'inspirent le patriotisme et l'estime mutuelle. Ensuite, ce fut l'Assemblée nationale qui, au nom de la patrie, leur témoigna reconnaissance et affection.

Le 28 juin, à huit heures du matin, le président, les vice-présidents et les secrétaires de l'Assemblée nationale, suivis de la presque totalité des représentants, décorés de leur écharpe, avaient quitté la salle des Pas-Perdus et étaient venus se ranger devant la grille du palais, qui fait face au pont de la Révolution. Le général Poncelet, à cheval, en grand uniforme et entouré de plusieurs officiers d'état-major, avait pris position en face des représentants du peuple.

Les gardes nationales des départements, dont nous donnons les noms plus bas, occupaient les Champs-Élysées, la place de la Révolution et le quai des Tuileries. Bien des villes, bien des communes étaient représentées là par leurs volontaires.

Il y avait cent mille hommes, qui défilèrent successivement de-

DÉFILÉ DES GARDES NATIONALES DE PROVINCE DEVANT L'ASSEMBLÉE NATIONALE.
le 29 Juin 1848.

vant l'Assemblée nationale. Chaque bataillon, ayant à sa tête ses tambours, son commandant, et très souvent le maire de la commune, arrivait sur le pont, s'arrêtait un instant devant les représentants, que saluait le drapeau de chaque corps, et, faisant conversion à droite, se déployait sur le quai d'Orsay, pour aller repasser la Seine sur le pont des Invalides. En défilant sur le front des représentants, les gardes nationaux faisaient retentir l'air des cris mille fois répétés de : *Vive la République! Vive l'Assemblée nationale!*

C'était un spectacle vraiment imposant. On remarquait surtout, pour leur brillante tenue, les compagnies d'artillerie et de pompiers. L'ensemble, avec cette diversité de costumes, ces baïonnettes, surmontées d'un pain de munition, offrait un aspect saisissant et pittoresque.

Le défilé dura plus de deux heures.

Bientôt ces gardes nationales regagnèrent leurs foyers, emportant chacune, comme souvenir, un drapeau donné par les représentants. Mais le mouvement n'était pas arrêté pour cela. D'autres volontaires des milices départementales dont la distance ou le défaut de moyens de transport avait occasionné le retard, continuèrent à arriver de tous côtés. On fit, pour ces secondes, moins heureuses, mais non moins zélées que les autres, ce qu'on avait fait pour les premières.

Le 2 juillet, ces gardes nationales et celles qui étaient arrivées trop tard le 28 pour assister au défilé, furent passées en revue sur la place de la Révolution par le général Cavaignac et l'Assemblée nationale (28).

D'autres colonnes de volontaires s'étaient encore mises en marche; mais elles avaient été arrêtées au milieu de leur route par des dépêches télégraphiques annonçant que le calme était rétabli dans la capitale, et elles avaient rebroussé chemin pour retourner dans leurs foyers.

Telles furent ces fatales journées de juin, tel fut leur résultat, telles furent leurs conséquences.

Les réflexions que nous avons émises avant d'entreprendre ce triste récit, celles amenées dans le cours de cette narration, nous dispensent des principales que nous aurions à faire.

Jamais la garde nationale n'avait été mise à d'aussi rudes épreuves, jamais elle n'en avait si noblement triomphé.

Nous l'avons vue tour à tour, courageuse, humaine, ferme, généreuse, forte, grande, unie, ayant la conscience de sa puissance et la révélant au grand jour.

Le fait de l'initiative par la garde nationale de Paris dans les heures du combat, prouve l'esprit d'ordre et de liberté qui l'anime et l'excellence de son institution.

Celui des gardes nationales de la province accourues par leur propre instinct ou sur la simple demande de secours, prouve le patriotisme éclairé qui a soufflé sur cette milice tout entière dont tous les membres épars se réunissent au premier signal, enfants de la même mère, la patrie, prêts à combattre et à mourir pour elle.

Nous l'avons dit en commençant, et nous le répétons en terminant après l'avoir prouvé par notre récit, ceux qui voulaient sincèrement la liberté, l'ordre, le bonheur du pays, ces hommes aux habitudes paisibles, ont su quitter leurs enfants et leurs femmes afin d'aller défendre ces biens si cruellement attaqués.

Ils n'étaient pas militaires, et ils sont devenus soldats par le courage et l'énergie.

Ils n'ont reculé devant aucun danger, ils n'ont cédé à aucun cri, à aucune prière cherchant à les retenir quand le tambour les appelait; ils ont su mourir bravement en l'honneur de leur cause.

Patients à supporter les premières attaques sans colère, ils ont jeté au milieu de leurs efforts généreux des paroles de conciliation et de paix afin d'éviter le combat.

Enfin, ils ont su faire le douloureux sacrifice de combattre les Français pour sauver la France!

Telles sont les immenses résultats qui découlent de cette grande et belle institution de la garde civique.

Et notre intention, en écrivant ces pages, n'est pas de passer sous silence les importants services rendus par l'armée dans ces fatales journées; jamais peut-être plus de courage, d'énergie, d'héroïsme, n'a été déployé par les troupes. Mais il ne faut pas oublier que, outre que nous écrivons au point de vue de la garde nationale seule, nous ne croirions pas devoir faire le récit de ces succès si énergiquement obtenus par l'armée dans ces combats de guerre civile, quand d'autres sont encore retentissants en Afrique; quand chaque jour cette brave armée est sur le point d'acquérir la joie sans mélange d'une victoire sur les champs de bataille, d'un triomphe sur l'étranger qui voudrait tenter de souiller le sol de la France. Ce que nous avons à constater dans ce livre, c'est l'union de la garde nationale et des troupes qui a inauguré la noble institution de la milice civique en 1789, et qui s'est perpétuée jusqu'en 1848. A cette dernière époque surtout elle a apparu dans toute sa force. Si l'influence morale des soldats citoyens avait échoué sur les insurgés, elle s'était étendue salutaire et vibrante sur l'armée. Les chefs comme les soldats réclamaient au milieu d'eux la garde civique, expression de la volonté nationale, de l'ordre, de la liberté, du droit, et marchaient avec assurance à l'ombre de ce bouclier moral qui les accompagnait dans la route; car, grâce à elle, le soldat s'était fait citoyen dans ces jours où la patrie se couvrait de deuil, et c'était avec des citoyens qu'il voulait vaincre ou mourir.

C'est après avoir écrit ces pages que nous pourrons surtout répéter ce que nous avons dit au commencement de ce livre, à propos du premier fait de cette nature arrivé à la Bastille. *Ce fait a cimenté l'union des troupes et de la garde civique et en a fait une puissance que rien ne peut abattre. Ce fut le premier anneau de la chaîne qui lie l'armée à la garde nationale, et cette chaîne s'est perpétuée jusqu'à nos jours.*

Maintenant qu'ajouter à l'histoire moderne des gardes nationales de France après des événements si remarquables et encore tout palpitants?

Une seule date mémorable mérite encore d'être inscrite dans ses fastes : c'est celle du 12 novembre 1848, fête de la promulgation de la Constitution. Ce fut au milieu de la garde nationale toute entière, des députations de celles de province, en présence des troupes qui fraternisaient avec elles, et comme s'élevant du sein des baïonnettes intelligentes et de celles de l'armée, que le président de l'Assemblée donna lecture de la Constitution décrétée. Cette auguste et imposante cérémonie cimenta le pacte fondamental de la République, en en confiant l'exécution à ceux qui avaient si dignement défendu la souveraineté populaire.

Nous n'avons pas à résumer cette troisième époque, comme nous avons fait des deux autres. Nous avons annoncé à la fin de la seconde que, constituée sur des bases plus larges, libre d'élire ses chefs, plus unie, plus nombreuse, plus puissante, la garde nationale était appelée à faire de plus grandes choses. Ces grandes choses, nous venons de les écrire; il ne nous reste plus rien à ajouter. Les réflexions pâliraient à côté des faits qui montrent au grand jour l'importance, le pouvoir, la force, l'influence matérielle et morale de la garde civique dans la nouvelle ère que nous sommes appelés à parcourir.

Bientôt, nous l'espérons, paraîtra la loi sur la garde nationale, qu'on a mise au nombre des lois organiques de la République. Notre livre ne sera pas inutile pour la formuler.

En écrivant l'histoire des gardes nationales de France dans les faits les plus saillants, depuis leur origine jusqu'à nos jours, nous avons voulu leur élever un monument digne d'elles et faire un livre prophétique pour le pays : c'est l'histoire moderne des grands événements sur lesquels elles ont toujours pesé du poids de leur présence ou de leur absence, et l'expérience du passé devient pour les peuples la leçon de l'avenir.

En disant ce qu'elles ont fait tant à Paris que dans les départements, les diverses phases qu'elles ont traversées, les améliorations qu'elles ont subies, en enregistrant les noms et les choses, nous avons fait connaître l'esprit général de la France, le courage et l'énergie de cette milice populaire dans les dangers, sa persévérance dans ses luttes avec le pouvoir, son triomphe sur l'anarchie, sa générosité après la victoire ; nous avons signalé les vivants et les morts à la reconnaissance, les faits à l'admiration ; nous lui avons tracé à elle-même ses devoirs et ses droits, nous lui avons donné la conscience de son pouvoir. Pouvoir immense, juste, impérissable, parce que c'est en elle que réside la réelle et intelligente souveraineté populaire, parce qu'il n'est pas d'homme plus fort que celui qui, d'une main, dépose son vote, et, de l'autre, saisit pour le défendre la baïonnette de l'ordre et de la liberté.

En un mot, et pour nous résumer d'après les faits et les choses qui par leur passé doivent poser l'avenir, nous dirons : Défendre le sol de la patrie contre l'étranger, la société contre le désordre, la liberté contre les excès du pouvoir, voilà les devoirs et les droits de la garde civique.

La triple union de Paris, de la province et de l'armée, pressée sous les plis du même drapeau, et cette fois formant le peuple, voilà sa puissance.

Le pouvoir qu'elle réprouve, balayé tôt ou tard au souffle seul de ses manifestations, l'insurrection domptée, l'anarchie éteinte au prix même de son sang, voilà sa force.

L'avenir du pays est aux mains des gardes nationales de France.

NOTES.

NOTES DE LA PREMIÈRE ÉPOQUE.

(1) Voir toutes les histoires de France.

(2) Tous les faits sont tirés des procès-verbaux du comité permanent et des mémoires du temps.

(3) C'est de là qu'est venue l'accusation contre Lafayette d'avoir trop dormi. On a vu combien elle était injuste. L'accusation de négligence de la part de la garde nationale est tout aussi injuste que l'autre. Le rapport du *Comité des recherches*, chargé de faire une enquête sur les événements des 5 et 6 octobre, constate les faits tels que nous les avons rapportés.

(4) 18 avril 1791. Il se terminait par ces mots : « Sa Majesté a exprimé plusieurs fois le désir de rester au milieu des citoyens de Paris, contentement qu'elle devait accorder à leur patriotisme, même à leur crainte, et surtout à leur amour. »

(5) Notice sur M. F. Sergent, député à la Convention nationale, par Noël Parfait. — La lettre de Santerre, citée plus bas, est extraite du *Courrier français*, 7 septembre, n° 251.

(6) Les principaux faits de ce siége célèbre sont tirés des écrits et mémoires du temps, et de l'excellent ouvrage de M. Henri Bruneel, intitulé : *Histoire populaire de Lille* (1848). C'est à ce livre et à la complaisance de son auteur que nous devons les détails que nous avons pu donner sur la garde nationale de cette ville, détails qu'il a bien voulu augmenter en y ajoutant tout ce qui n'entrait pas dans le cadre de son ouvrage, et qui était nécessaire au nôtre. M. Henri Bruneel était plus à même que tout autre de nous bien renseigner, car il occupe dans l'artillerie un grade qu'il doit à la confiance et à l'estime de ses camarades.

NOTES DE LA DEUXIÈME ÉPOQUE.

(7) Le beau dessin de la gravure que nous avons publié est dû, comme on le voit, au pinceau de M. Beaucé. Cet artiste, comprenant tout ce que notre livre a de sérieux, a bien voulu nous donner ainsi les prémices d'un grand tableau qu'il exécute sur ce sujet, et pour lequel il est allé faire les études sur les lieux.

(8) Ainsi que nous le disons, M. de Belling avait déjà fait partie de la garde nationale en 1789. A peine âgé de seize ans, il s'était jeté dans les rangs des volontaires qui couraient aux frontières défendre le sol de la patrie contre l'étranger. Il avait assisté à toutes les campagnes jusqu'en 1795, et s'était fait remarquer par son zèle et son courage. Toujours imbu du plus profond patriotisme, et quoique nommé officier de la garde nationale par l'empereur, il eut le noble courage de rappeler que le grand principe d'élection dans la garde civique était violé par ce fait, et enlevait toute indépendance. M. de Billing fut un des hommes rares qui assistèrent aux trois organisations successives de la milice civique, et dont les opinions ne se démentirent jamais, ainsi qu'on le verra plus tard.

(9) M. Charles Maurice a publié, en 1832, une brochure intitulée : *A Louis-Philippe, roi, Charles Maurice, homme de lettres*, brochure dans laquelle sont relatés tous les faits que nous avons cités, et dont aucun n'a été démenti. Nous-mêmes avons été témoins et acteurs des principaux.

(10) Ces détails sont pris dans les écrits du temps, dans les journaux le *Constitutionnel*, le *Courrier français*, le *National*, etc., l'*Histoire de la révolution de quatre-vingt-seize heures*, une *Semaine de l'histoire de Paris*, etc. ; les rapports ou relations des commandants de la garde nationale, et dans nos propres souvenirs.

(11) *Histoire de Nantes*, par M. Guépin (1839).

(12) *Histoire de Bordeaux depuis l'année 1675 jusqu'en 1836*, par M. Bernadeau (1837).

(13) *Histoire de la ville de Lyon*, par Beaulieu (1837); *Histoire de dix ans* par Louis Blanc.

(14) *Histoire populaire de Lille*, par M. Bruneel.

(15) *Souvenirs sur la vie privée de Lafayette*, par M. Jules Cloquet.

(16) *Histoire des trois journées de février* 1848, par M. Eugène Pelletan : *Le mois, notre histoire, Charles Deslys*, journaux, brochures, rapports particuliers, etc.

NOTES DE LA TROISIÈME ÉPOQUE.

(17) Procès-verbaux de la municipalité d'Amiens.

(18) On sait que le général Courtais, traduit devant la haute-cour de Bourges comme complice de l'attentat du 15 mai, a été acquitté.

(19) Nous aurions à mettre des notes à chaque ligne, si nous voulions citer à mesure les sources auxquelles nous avons puisé. Nous nous bornerons donc à dire que pas un fait n'a été inscrit dans ce livre sans que nous ne possédions le renseignement écrit émané des personnes elles-mêmes ou de témoins oculaires qui ont

certifié sous leur responsabilité. Nous avons eu en outre sous les yeux les rapports officiels faits à l'état-major de la garde nationale. MM. les généraux Changarnier et Perrot, s'associant avec un noble empressement à une œuvre qui ne peut qu'être utile et honorable pour la milice civique qu'ils commandent, ont bien voulu mettre à notre disposition tous les documents nécessaires. Nous sommes heureux de leur en témoigner publiquement notre reconnaissance. A cela se sont joints encore de nombreux récits particuliers que nous regrettons vivement d'avoir été forcés de rétrécir par rapport aux bornes du livre. Tous ces documents, du reste, nous ont mis à même de présenter le tableau fidèle des événements de ces tristes journées. Nous sommes fâchés de n'avoir pu faire usage des renseignements qui nous sont arrivés trop tard, et de ceux qu'on est venu nous raconter verbalement, en nous promettant le récit par écrit signé et certifié, et qui ne nous est pas arrivé. Mais à cet égard nous rappellerons, pour le premier cas, que nous n'avons pas cessé de faire mettre dans les journaux des avis demandant des renseignements à une époque où on était encore à temps de les transmettre; pour le second, que, dans un ouvrage aussi sérieux, nous n'avons pu nous départir de la loi que nous nous étions imposée de ne rien insérer qui ne fût authentiquement certifié. Nous désirons que MM. les chefs de légion et les gardes nationaux, tant de Paris que des départements qui ont bien voulu nous envoyer des notes, trouvent à leur tour le témoignage de notre gratitude pour nous avoir guidé dans la vérité de l'histoire.

(20) Cette honorable famille resta sous les armes pendant cinq jours; elle assista encore aux différents combats que la 3ᵉ compagnie du 2ᵉ bataillon de la 2ᵉ légion eut à soutenir au faubourg Poissonnière, à la rue Lafayette, et à la prise de La Chapelle-Saint-Denis, où M. Pereire père reçut une balle en ricochet à la jambe.

(21) M. Henri Herzer, caporal à la 4ᵉ compagnie du 2ᵉ bataillon de la 3ᵉ légion, est né à Bretten, grand-duché de Baden. Son courage mérite d'autant plus d'éloges qu'il est, comme on le voit, étranger, et par cela même simple volontaire dans la garde nationale. Cependant le 23 juin, dès le premier coup de tambour, on le voyait prendre les armes. Le 24, il avait le pompon de son schako enlevé par une balle, et il arrêtait et désarmait lui-même l'insurgé qui venait de tirer sur lui. Le 25, il travaillait, avec sa compagnie, à nettoyer le faubourg Poissonnière des barricades qui l'obstruaient encore. Enfin, il ne déposa les armes que lorsque l'insurrection fut complétement vaincue.

(22) Le 23 juin, dans l'après-midi, la garde nationale de Pontoise avait reçu la nouvelle de l'insurrection et l'invitation envoyée par le gouvernement de venir prêter son concours à la milice citoyenne de Paris. Le jour même, à huit heures du soir, un détachement de 400 hommes s'était mis en marche sous les ordres du chef de bataillon Beauval. Il fut rejoint dans la nuit à Enghien par 100 hommes des bataillons de Saint-Ouen et de Marines, et par les bataillons de Montmorency, de Saint-Leu et de Deuil. A trois heures du matin, la colonne quitta Enghien et se rendit à Saint-Denis, où l'on fit aux volontaires une première distribution de

cartouches. Comme les gardes nationaux ne pouvaient entrer dans Paris par La Chapelle, occupée par l'insurrection, ils prirent la route des Batignolles, commune que l'on disait parfaitement libre. Cependant, au moment de franchir le mur d'enceinte, ils eurent à disperser une bande nombreuse d'hommes qui travaillaient activement à couper la route au moyen d'une barricade, s'appuyant à droite et à gauche aux fossés et aux murs de l'enceinte. Le commandant Beauval, se mettant à la tête de l'avant-garde, composée par moitié des pompiers de Pontoise et de Montmorency, sous les ordres des lieutenants Gaudier et Trin, s'élança au pas de course sur les constructeurs de la barricade, qui se dispersèrent dans toutes les directions en laissant entre les mains des gardes nationaux une douzaine d'hommes. Ces prisonniers furent déposés au poste de la barrière des Batignolles, et la colonne, entrant immédiatement à Paris, se rendit à la mairie du 1er arrondissement, où elle fut reçue avec une cordiale hospitalité. Après quelques heures de repos, une seconde distribution de cartouches fut faite, puis la colonne se remit en marche, précédée par un bataillon de la 1re légion. Elle parcourut les boulevarts, saluée sur son passage par les acclamations des troupes et de la garde nationale parisienne. Le bataillon de la 1re légion ayant reçu du général Lamoricière l'ordre de se diriger sur le faubourg Poissonnière, la colonne de gardes nationales de Seine-et-Oise continua seule sa marche jusqu'à la porte Saint-Denis, et remonta ensuite le faubourg avec le général.

À l'attaque des barricades du faubourg, ces gardes nationales souffrirent horriblement. À la première décharge, le garde Beneyton, de la 4e compagnie du bataillon de Pontoise, était tué. Peu d'instants après, le commandant Grandet, chef de bataillon de Montmorency, et le lieutenant Trin, de la compagnie de pompiers du même bataillon, furent frappés mortellement. Trente-cinq autres gardes nationaux tombaient, plus ou moins grièvement blessés.

Dans l'intervalle de la première à la seconde barricade, le caporal Magnon, de la 7e compagnie du bataillon de Pontoise, avait le bras droit cassé par une balle, au moment où il rechargeait son arme.

Le lieutenant porte-drapeau Fournier, qui avait été planter son drapeau devant la dernière barricade, recevait une balle dans les reins; une autre balle traversait son schako, et deux autres trouaient son drapeau.

Le sergent Lamarre fut atteint de deux coups de feu. Le garde Mayeaux était blessé d'une balle et d'un coup de baïonnette dans la main droite. Après s'être bien vite fait panser, ce brave retourna au combat.

Le caporal Ingrave, de la compagnie de pompiers, eut la main droite fracassée par une balle.

Le chirurgien aide-major Percillié, du bataillon de Saint-Ouen, avait la cuisse brisée et le mollet traversé.

Parmi les gardes nationaux qui ont montré le plus d'intrépidité, nous devons citer, dans le bataillon de Pontoise, les tambours Dufour et Cassard, qui n'ont cessé de battre la charge au milieu d'une grêle de balles; l'aide-major Vigier, les lieutenants Alexandre Triffaut et Martin ; le sergent Siroy, de la 7ᵉ compagnie ; les gardes nationaux Lointier, Fessard, Notte, Lemaire, Delarue père, qui, bien qu'exempt par son âge du service de la garde nationale, n'en avait pas moins marché avec le bataillon.

Le lieutenant Porreaux, du bataillon de Saint-Ouen, et M. Mège, notaire à Taverny, ont également fait preuve de courage.

(23) Nos frères d'Amiens n'avaient pas oublié le serment fait à la 3ᵉ légion en lui remettant leur étendard :

« C'est ici, sur cette place des Petits-Pères, que nous vous attendons au jour du danger », avait dit la 3ᵉ légion aux Amiénois, en réponse aux paroles du chef de bataillon Malot, et au jour du danger, le 24 juin, le chef de bataillon Malot lui-même, joignant l'action aux paroles, arrivait à Paris escorté de 400 braves qui venaient vaincre ou mourir dans la lutte qui s'était engagée.

Partie, en effet, d'Amiens le samedi 24, à neuf heures du matin, la colonne était rendue à trois heures de l'après-midi dans la plaine Saint-Denis, où elle s'arrêta par ordre du général Cavaignac. Des détachements de Clermont et de Beauvais s'étaient joints à elle.

A cinq heures, la colonne était sur la place de la Concorde, où l'attendait M. Porion, dont la sollicitude et le courage, en sa double qualité de maire et de représentant, furent au-dessus de tout éloge dans cette circonstance.

Dirigée d'abord vers le Château-d'Eau, la colonne reçut l'ordre de se rendre auprès du général Lebreton, dont le quartier-général était à la barrière Poissonnière. A sept heures et demie, elle était à son poste, et le général Lebreton en était prévenu par l'adjudant-major, M. Dupont, qui, au milieu des balles qui sifflaient autour de lui, sut remplir cette mission périlleuse. A neuf heures, elle avait pris la position qui lui était indiquée.

(24) La récompense la plus touchante et la plus noble fut décernée aux mânes de Decavé. Il fut décidé que son nom resterait inscrit sur les contrôles et qu'à son appel on répondrait : « *Mort pour le salut de la patrie.* »

(24 *bis*) La garde nationale de Montmartre ne seconda pas les insurgés, comme on le crut alors et comme on semble le croire encore. Elle manqua d'ordres et se trouva trop faible pour comprimer l'insurrection. Le premier jour, à une heure et demie, le rappel fut battu dans la commune par le tambour de la 7ᵉ compagnie, qui bientôt fut réunie au nombre de 146 hommes sous les ordres du capitaine commandant Sens. Plusieurs autres compagnies furent réunies aussi sur divers points, mais en plus petit nombre. Partie de la 1ʳᵉ et de la 8ᵉ, sous le commandement du capitaine Lebers, occupèrent le poste de la barrière Rochechouart, et la 7ᵉ ceux de la mairie et de la barrière des Martyrs. Dans cette position, entourés par l'insurrection de plus en plus menaçante, ils ne se voyaient pas en force pour résister. Le maire crut devoir envoyer demander du secours à Paris. La nuit était déjà avancée. La mission était à la fois périlleuse et difficile. Cependant

M. Modot, adjudant-sous-officier, n'hésita pas à s'en charger : à travers mille dangers, il parvint à l'état-major général et remit la dépêche ; mais les secours ne purent être envoyés, et la garde nationale de Montmartre fut laissée à ses propres forces. Le samedi matin les gardes nationaux qui occupaient le poste Rochechouart furent contraints de l'abandonner à cause de leur petit nombre. Dès lors des commencements de barricades surgirent sur ce point à la hauteur de la rue Briquet. A cette vue, le capitaine Sens propose à sa compagnie de se porter de ce côté et de s'emparer du poste, en rétablissant la communication avec la barrière des Martyrs. La compagnie s'ébranle en masse, et le capitaine donne le signal après avoir laissé à la barrière des Martyrs douze gardes nationaux sous les ordres du sergent Rigal. Il est joint en route par quelques hommes de la 3ᵉ compagnie, et tous ensemble ils enlèvent les troncs d'arbres déjà jetés en travers du boulevard extérieur et parviennent à la barricade Rochechouart, à moitié élevée et déjà garnie d'insurgés. A leur aspect, ces hommes mettent la crosse en l'air et prennent la fuite. La garde nationale occupa la barricade, dans laquelle elle trouva un pierrier. Mais au bout de quelques heures le capitaine Sens reçoit l'ordre d'abandonner ce poste et de se replier sur la barrière des Martyrs. Il obéit, et le point qu'il venait de quitter cessant d'être défendu, devient bientôt celui où les insurgés se fortifient d'une manière si formidable. De retour à la barrière des Martyrs, les gardes nationaux se divisent en divers petits postes et font incessamment des patrouilles qui rayonnent dans toute la circonscription de la compagnie pour empêcher de nouvelles barricades et mettre la mairie à l'abri d'un coup de main. Ainsi, le capitaine Sens établit un poste à l'Élysée-Montmartre, sous les ordres du lieutenant Plomdeur, dont le courage et le zèle ne se démentirent pas dans ces tristes journées ; il en plaça un deuxième sous les ordres du sergent Danty, à l'embranchement des rues Léonide et des Acacias ; un troisième, à celui des rues Chaussée-des-Martyrs et Antoinette ; un quatrième, à la hauteur du théâtre, etc. En même temps, des patrouilles incessantes exploraient les environs. A la tête de ces patrouilles, on remarquait l'adjudant-sous-officier Modot, qui, de retour de sa mission périlleuse, était venu reprendre sa place dans les rangs et donner l'exemple de l'intrépidité et du patriotisme. Comme on le voit, leur zèle spontané guidait seul cette poignée d'hommes qu'on laissait sans secours et sans ordres. Le capitaine Sens ne cessait d'en réclamer. Dans la nuit du samedi au dimanche, le général Lebreton vint reconnaître la position vers les quatre heures du matin. Le sous-lieutenant Rollot le conduisit dans les bâtiments de l'octroi, d'où il lui montra la possibilité de se mettre en communication à l'aide de signaux avec la 2ᵉ légion, qui occupait l'Abattoir. Ces signaux furent adoptés, mais les renforts n'arrivaient pas et devenaient de plus en plus nécessaires. Tout le monde croyait la garde nationale de Montmartre d'accord avec les insurgés. Enfin le capitaine Sens se rendit de sa personne auprès de M. le colonel Rapatel, à la tête alors du 3ᵉ bataillon de la 2ᵉ légion, dans l'avenue Trudaine, et obtint de lui le renfort de deux compagnies. Dès lors, on put attaquer les barricades et répondre au feu des insurgés. Le capitaine Sens dirigea vers le flanc de la barricade placée en travers du boulevard extérieur une colonne commandée par les lieutenants Fleury et Plomdeur, tandis que lui-même, à la tête d'une autre, marchait vers celle placée rue des Acacias. Le combat dura jusqu'à la prise des barricades, à laquelle la diversité de ces attaques contribua puissamment.

(25) Cette seconde colonne était partie à minuit de Rouen, et, arrivée à Paris, elle avait fait le service d'honneur à l'Assemblée jusqu'à midi, heure à laquelle le général Cavaignac se rendit à ses instances en lui promettant d'aller rejoindre les Rouennais aux barrières. Ce fut alors qu'il envoya l'ordre de faire cesser le feu des Amiénois. Le général Négrier recommanda spécialement cet ordre à M. Soubiranne, qui s'empressa de l'accomplir. Plusieurs détachements partirent encore de Rouen.

(26) Plein d'admiration et de sympathie pour la belle conduite du général Piré, le 1er bataillon de la 1re légion, par l'organe de son chef, M. Briot, envoya demander au général ce qu'il pourrait faire pour lui témoigner ses sentiments : — M'admettre à l'honneur de marcher dans vos rangs comme simple garde, répondit le général Piré, honneur dont je suis privé en temps ordinaire, à cause de mon âge. » Le 26 juillet 1848, à dix heures du matin, le 1er bataillon, réuni sur la place Vendôme, forma le carré. Les tambours battirent aux champs, les officiers se rassemblèrent et appelèrent le général Piré, qui sortit des rangs où il se trouvait, le fusil en main. Alors le commandant Briot lui annonça que ses camarades l'avaient inscrit sur les contrôles avec le titre de premier grenadier de la garde nationale, et lui offrit des épaulettes de laine sur lesquelles est écrit son nom et la date du 23 juin. Cette manière de répondre à la noble et modeste demande du général Piré, est digne du bataillon de la 1re légion, et du volontaire qu'elle a admis si honorablement dans ses rangs. Désormais, grâce à l'idée de la garde nationale d'Amiens envers le caporal Decavé, et à celle du 1er bataillon de la 1re légion envers le général Piré, la garde civique a son Latour-d'Auvergne.

(27) Ce ne fut pas le premier effort que tenta M. Prelard, maire de La Villette. Ce digne magistrat, après avoir fait battre le rappel, auquel répondirent seulement les trois cents gardes nationaux que nous avons mentionnés, usa de toute son influence, de tout le prestige de son autorité pour ramener les insurgés. Ceux-ci avaient pillé mille fusils destinés à la garde nationale de Tours. Ils se transportèrent à la mairie et demandèrent des cartouches. Le maire refusa énergiquement. Alors il fut assailli de menaces de pillage et d'incendie. Il tenta de nouveau tous les moyens, tant ceux de la fermeté que ceux de la conviction. Le soir on commença des barricades. Le lendemain il envoya faire part au général Lamoricière de sa position. Celui-ci lui fit dire de tenir à tout prix, jusqu'à ce qu'il pût lui arriver des secours. Ces secours ne vinrent que le lundi matin, comme on l'a vu ; et, jusqu'à ce moment, ce magistrat, secondé par ce qu'il avait pu réunir de gardes nationaux, empêcha l'insurrection de gagner du terrain.

(27 bis.) Comme on le voit, c'est à l'élan et à la courageuse initiative des gardes

nationales d'Amiens et de Rouen qu'est due la prise de cette formidable barricade. Le dessin que nous en avons publié est d'une exactitude complète, que nous devons principalement à la complaisance de M. Orville, officier de la garde nationale d'Amiens, qui, ayant assisté de sa personne à cette affaire, a bien voulu se transporter sur les lieux avec nous et donner à notre dessinateur tous les détails nécessaires pour faire de cette gravure une page d'histoire.

(28) La garde nationale de province qui souffrit le plus de cette malheureuse échauffourée, fut celle des Andelys. Partie le 24 juin des Andelys au nombre de 180 hommes sur 300 dont est composé le bataillon, elle arriva à Paris sous le commandement du chef de bataillon Audibert. L'assemblée nationale lui confia le poste de la rue de l'Échelle et celui de la garde des prisonniers. Elle faisait partie de l'escorte qui conduisait les prisonniers qui se révoltèrent, s'étant offerte de bonne volonté. Dans la confusion qui arriva, elle eut deux hommes tués et trois blessés. MM. Ernest Letorey, âgé de dix-huit ans, volontaire dans la garde nationale, et Napoléon Gentil, officier de pompiers, furent tués sur la place. Le premier était d'une famille riche et aisée, le second, simple ouvrier. Tous deux étaient venus donner leur vie pour la grande cause de la liberté. Les trois blessés étaient aussi trois ouvriers, MM. Baptiste Laguitre, garde national, Bouchard, pompier, et Paul Duval, sergent de pompiers. Il est consolant de voir dans ces tristes journées l'ouvrier honnête marcher contre l'anarchie. Ces faits méritent d'autant plus d'être signalés, que la garde nationale des Andelys, qui a payé son tribut de sang à la République, n'a pas même joui de la satisfaction d'un succès.

(28) Pour qu'on puisse mieux juger de l'immense mouvement qui s'opéra dans toute la France, nous donnons par lettre alphabétique les noms des gardes nationales arrivées jusqu'au 2 juillet, dont partie accoururent des points les plus éloignés. Avallon, Autun, Audelon, Auxonne, Amiens, Arc, Arras, Avesnes, Avranches, Alençon, Andelys, Abbeville, Albert, Auberive, Attichy, Argentan, Beaugency, Blois, Bourges, Beauvais, Béthune, Berlaincourt, Bouchain, Boulogne, Breteuil, Bar-sur-Aube, Bar-sur-Seine, Bar-le-Duc, Besançon, Bourbonne, Bernay, Brest, Bordeaux, Bayonne, Braisne, Bayeux, Bourmont, Caen, Carentan, Chartres, Cherbourg, Chevreuse, Coutances, Chailly, Châlons-sur-Marne, Château-Thierry, Châtillon-sur-Seine, Chaumont, Coulommiers, Crécy, Clamecy, Château-Chinon, Calais, Cambrai, Chauny, Clermont, Compiègne, Corbie, Creil, Crépy, Château-Villain, Coucy-le-Château, la Chapelle-sous-Crécy, Choisy-sur-Marne, Dieppe, Dijon, Dourdan, Douai, Dunkerque, Ducey, Dôle, Doulaincourt, Doullens, Elbeuf, Évreux, Épinal, Éclaron, Forges, Fays-Billot, Ferté-sous-Jouarre, Ferté-Gaucher, La Fère, Fontainebleau, Gaillon, Granville, Gien, Gournay, Govrey, Gers, le Havre, Hazebrouk, Hornoy, Joinville, Joigny, Jussennecourt, Jouy-sur-Mer, Jouy-le-Grand, Louviers, Lagny, Langres, Laon, Landrecies, le Cateau, Lille, Lens, Longéan, Lorient, La Rochelle, Ligny, Magny, Mantes, Meulan, Montfort-Lamaury, Mortain, Meaux, Melun, Méry-sur-Seine, Mirecourt, Moulins, Maignelay, Marville,

Maubeuge, Montdidier, Montmorency, Mouy, Montierender, Morlaix, Montebourg, Napoléon-Vendée, Neufchâtel, Nancy, Nanteuil, Nevers, Noyon, Nantes, Nogent, Orgeval, Orléans, Pont-Levesque, Poissy, Pithiviers, Péronne, Pont-Saint-Maxence, Pauchard, Pontorson, Pontivy, Pranthay, Pontarlier, Quincy, Quesnoy, Rouen, Rozoy, Ribecourt, Roye, Roubaix, Romilly, Rennes, Rochefort, Saint-Lô, Strasbourg, Semur, Sens, Saint-Just, Saint-Omer, Senlis, Soissons, Saint-Pol-de-Léon, Saint-Jean-de-Losnes, Saint-James, Saint-Hilaire-du-Harcouët, Turcoing, Tours, Troyes, Tréport, Torigny, Valenciennes, Versailles, Verberie, Vendôme, Vierzon, Villeneuve, Vitry, Vassy, Valogne, Vernon, Villedieu, Yvetot.

ÉTAT GÉNÉRAL
DES GARDES NATIONAUX DÉCORÉS
ET MENTIONNÉS HONORABLEMENT
Pour les Journées de juin 1848.

PARIS ET BANLIEUE.

Ont été promus dans l'ordre de la Légion d'honneur aux grades suivants :

COMMANDEURS :

2ᵉ *légion*. — MM. Bouillon, lieutenant-colonel. Ary Scheffer, chef de bataillon.

3ᵉ *légion* (banlieue). — M. Desgranges, colonel.

OFFICIERS :

1ʳᵉ *légion*. — MM. De Tracy, colonel. Clary, lieutenant-colonel. Duffié, chef de bataillon. Campionnet, major. Viera, capitaine.

2ᵉ *légion*. — MM. Laborde, chef de bataillon. Thayer, id. Guillard, capitaine.

3ᵉ *légion*. — MM. Dubochet, chef de bataillon. Robert, id. Mongenot, capitaine. Leclerc, garde.

5ᵉ *légion*. — MM. Favrel, colonel. Colin, ancien major. Pellegrini, capitaine.

7ᵉ *légion*. — MM. Fleury, chirurgien. Rafin, adjudant-major. Bompard, id. Cornillat, adjudant sous-officier.

9ᵉ *légion*. — MM. Noël, major. Deville, chirurgien.

10ᵉ *légion*. — MM. Joignot, chef de bataillon. Ramond de la Croisette, id. Lamartellière, id. Ledru, id. Arnaud, chirurgien-major.

11ᵉ *légion*. — MM. Brosset, adjudant-major. Casella, adjudant-major. Bertrand, capitaine. Castelain, id. Tabouret, lieutenant.

12ᵉ *légion*. — M. D'Heurle, chef de bataillon.

État-major général. — MM. Bagieu, colonel. Dabrin, intendant militaire. Deguise, inspecteur du service de santé.

CHEVALIERS :

1re LÉGION.

1er bataillon. — MM. Sudre, chef de bataillon. Briot, id. Guyard-Delalain, capitaine. Vernel, id. Denghen, id. Loustauneau, id. Brulley de la Brunière, sergent. Marteau, caporal. De Corberon, id. De Fourmond, garde.

2e bataillon. — MM. Forbin, capitaine. Gourgaud, id. Bejot, id. Rattier, lieutenant. Decormon, adjudant sous-officier. Cousin, sergent. Mahelin, fourrier. Verneuil, garde. Tarbé des Sablons, id. De Saint-Pierre, id. Hangon, id. Ducamp, id.

3e bataillon. — MM. Bourcart, chef de bataillon. Clary, capitaine. Guillemot, chirurgien-major. Berniqué, lieutenant. Tartier, sous-lieutenant. Papin, caporal. Chabouillé, garde. Bonnière, id. Nieuwkerke, id. Simon, id.

4e bataillon. — MM. Bénédict, lieutenant. Roux, sergent. Labois, id. Leroy, caporal. Durel, garde. Cretin, id. Contour, chirurgien-major.

2e LÉGION.

1er bataillon. — MM. Naget, capitaine. Delestang, lieutenant. Odoin, tambour-maître.

2e bataillon. — MM. Coraly, chef de bataillon. Théry, capitaine. Desir, id. Gauthier, lieutenant. Archambaut, id. Roux, sergent. Lechat, caporal. Sarton, garde. Faureau, id. Benoist, id. Borletti, id. Maignol, id.

3e bataillon. — MM. Perron, capitaine. Chaper, id. Ancelle, id. Herluison, id. Marion, lieutenant. Grisier, id. Carles, sous-lieutenant. Lenvec, garde. Coquerel, id. Oudiné, id. Ambroise, tambour.

4e bataillon. — MM. Oudot, capitaine. Rouard, id. Vafflard, id. Isabel, adjudant sous-officier. Duboc, garde. Mendes, id. Deschamps, id. Foret, tambour.

3e LÉGION.

M. Hovyn, lieutenant-colonel.

1er bataillon. — MM. Grandmanche, chef de bataillon. Clairat, chirurgien-major. Bouchard, capitaine. De Chauny, id. Robiliard, id. Binard, sergent. Cluzet, id. Canu, id.

2e bataillon. — MM. Cadars, capitaine. Vallès, id. Brunet, id. Dubochet, id. Morel, id. Treit, id. Allain, id. Juge, lieutenant. Platel, id. Desmarest, id. Gauthier, id. Delacour, sous-lieutenant. Birkner, sergent. Vignon, garde. Vanheyden, id. Wilhem, id. Laurent, id. Bergeron, chirurgien.

3e bataillon. — MM. Daverne, capitaine. Berton, id. Poyet, id. Voulquin, id. Berguinot, adjudant-major. Guerrier, lieutenant P.-D. Delaplace, caporal. Albert, id. Duvivier, garde. Maréchal, id.

4ᵉ LÉGION.

1ᵉʳ *bataillon*. — MM. Clouwez, chef de bataillon. Lefeuvre, sergent. Jamot, garde. Florentin, tambour.

2ᵉ *bataillon*. — MM. Combes, chef de bataillon. Michelet, capitaine. Bled, lieutenant. Mangin, tambour-maître.

3ᵉ *bataillon*. — MM. Varin, chef de bataillon. Meurger, capitaine. Reverdy, adjudant-major. Delahaye, sergent.

4ᵉ *bataillon*. — MM. Dufour, chef de bataillon. Mousse, capitaine. Levasseur, sous-lieutenant. Dugrais, garde.

5ᵉ LÉGION.

MM. Duthy, lieutenant-colonel. Baudouin, major.

1ᵉʳ *bataillon*. — MM. Lévêque, chef de bataillon. Descleaux, capitaine. Hadrot, id. Michelet, lieutenant. Drion, garde. Jolly, id. Moriceau, id. Miel, tambour.

2ᵉ *bataillon*. — MM. Veyron, capitaine. Pailloux, chirurgien-major. Testu, lieutenant. Lemoussu, garde. Bourdon, id. Renard, id. Roger, id. Iquel père, id. Froney, id. Money, tambour, Lieubray, id.

3ᵉ *bataillon*. — MM. Fouju, capitaine. Rondil, garde.

4ᵉ *bataillon*. — MM. Brelot, capitaine. Cogniard, id. Brandely, id. D'Olivera, id. Rouzé, id. Audin, lieutenant. P.-D. Gairint, id. Lenud, id. Gérard, sergent. Bourgeois, garde.

6ᵉ LÉGION.

M. Delthil, chirurgien principal.

1ᵉʳ *bataillon*. — MM. Aubin, capitaine. Dreyfus, chirurgien-major. Gaide, aide-major. Toulippe, sergent-sapeur. Maudin, garde. Bourdillat, id.

2ᵉ *bataillon*. — MM. Bourdon, capitaine. Mabire, lieutenant. Petit, sous-lieutenant. Lebrun, sergent. Petit, caporal. Leroy, id. Dumoutier, garde. Bérard, id. Anfry, id. Talien, id. Chambey, id.

3ᵉ *bataillon*. — MM. Bonnaire, chef de bataillon. Morel, capitaine. Melon, id. Lemaître, lieutenant. Lestrès, garde. Auray, id. Seyès, id. Depret, id. Manivet, id. Saint-Victor, id.

4ᵉ *bataillon*. — MM. Lévy, capitaine. Berthelot, chirurgien-major. Leduc, adjudant sous-officier. Gibert, garde.

7ᵉ LÉGION.

MM. Fenaux, secrétaire. Vaché, tambour-major.

1ᵉʳ *bataillon*. — MM. Lagoutte, chef de bataillon. Frère, chirurgien-major. Mayer, capitaine. Garce, id. Villars, id. Courtois, lieutenant. Arbey, id. Delaunay, sous-lieutenant. Machard, id. Maugin, garde. Machard, id.

2e *bataillon*. — MM. Sajou, capitaine. Thomas, sergent. Roche, garde. Melon, id.

3e *bataillon*. — MM. Brisson, capitaine. Mosnier, lieutenant. Chatelain, sous-lieutenant. Leclerc, garde. Bachelu, id.

4e *bataillon*.—MM. Janvier, capitaine. Dessaux, sergent. Binn, garde. Puiboule, id. Nizot, id. Machard, id.

8e LÉGION.

M. Bourdon, colonel.

1er *bataillon*. — M. Stach, adjudant-major.

2e *bataillon*. — MM. Laroque, capitaine. Frémard, id. Cathrein, id. Perrey, id. Hayet, lieutenant. Marsaux, sous-lieutenant. Bouchon, sergent. Florimond, id. Maren, caporal. Simonet, garde. Berg, id.

4e *bataillon*. —MM. Ravaux, capitaine. Lenfrey, sous-lieutenant Bochat, sergent.

9e LÉGION.

M. Montandon, lieutenant-colonel.

1er *bataillon*. — MM. Lamiral, capitaine. Depaquit, caporal. Proust, garde.

2e *bataillon*. — MM. Lyron, capitaine. Loundereau, id. Puel, chirurgien-major.

3e *bataillon*. — MM. Basely, capitaine. Danancher, garde. Jouvenaux, tambour.

4e *bataillon*. — MM. Saint-Maurice, commandant. Riembaut, chirurgien-major. Rougeot, adjudant-major.

10e LÉGION.

M. Dehay, lieutenant-colonel.

1er *bataillon*. — MM. Levainville, capitaine. Bonnié, id. Duburguet, id. Cattau, sergent. Bonnot, garde. Bribant, id. Troussel, chirurgien-major.

2e *bataillon*. — MM. de Gessac, capitaine. Baouzet, id. Pfrimmer, id. David, id. Villain, lieutenant. Laurent, sergent. Pasquier, caporal. Bougron, garde. Girault, id. Baudon, id. Lacave-Laplagne, id. Pasquier, id. Maillefair, id. Delcros, id. Bécourt, id. Janvret, tambour. Arnaud, chirurgien-major.

3e *bataillon*. — MM. Hutteau d'Origny, capitaine d'état-major. Lemarchand, lieutenant.

4e *bataillon*. — MM. Martinet, capitaine d'état-major. Houry, sapeur. Duban fils, sapeur.

11ᵉ LÉGION.

M. Cullerier, chirurgien principal.

1ᵉʳ *bataillon*. — MM. Vigla, capitaine. Leprince, lieutenant. Ferrier, sous-lieutenant. Damay père, sergent-major. Feuquières, garde.

2ᵉ *bataillon*. — MM. Renault, commandant en 2ᵉ. Parent-Laloge, capitaine. Dusommerard, id. Lebarbier, sous-lieutenant. Lioure, caporal. Muteau, garde. Lescurre fils, garde. Richard, id.

3ᵉ *bataillon*. — MM. Cottu, commandant en 1ᵉʳ. Rousseau, commandant en 2ᵉ. Mercadier, adjudant-major. Gonnet, capitaine. Puybonnieux, id. Maclou, lieutenant. Gallice, sergent. Saint-Martin, garde. Leforestier, id.

4ᵉ *bataillon*. — MM. Jacquart, chirurgien aide-major. Desgranges, capitaine. Delaforgue, caporal. Corvisard, garde. Vanaisse, id. Tarissan, id. Bigot, id. Billequin, garde.

12ᵉ LÉGION.

1ᵉʳ *bataillon*. — MM. Gobert, chef de bataillon. Popot, lieutenant. Dedain, tambour.

2ᵉ *bataillon*. — MM. Huguet, capitaine. Vimont, capitaine. Jubé, id. Ansart, id. Rane, lieutenant. Singeot, id. Aublet, sous-lieutenant. Lesage, id. Legrand, sergent. Schlesinger-Rayer, garde.

3ᵉ *bataillon*. — MM. De Kormelitz, lieutenant. Malerba, sous-lieutenant. Rouiller, garde. Gillet, id.

13ᵉ LÉGION (cavalerie).

1ᵉʳ *escadron*. — M. Chambaud, garde.

3ᵉ *escadron*. — M. Dreyfous, maréchal-des-logis.

4ᵉ *escadron*. — MM. Durand Morimbau, capitaine en 2ᵉ. Billion, lieutenant en 2ᵉ. Houël, garde.

5ᵉ *escadron*. — MM. Tesnières, lieutenant en 1ᵉʳ. Trousset, garde.

6ᵉ *escadron*. — M. Lezeret capitaine en 2ᵉ.

LÉGION D'ARTILLERIE.

MM. Girod de Nesnes, lieutenant au 6ᵉ régiment d'artillerie, détaché pour l'instruction de la légion d'artillerie de la garde nationale de la Seine. Mallo (Louis), maréchal-des-logis au 7ᵉ, id., id. Morize, brigadier au 6ᵉ, id., id. Perrier, maréchal-des-logis au 7ᵉ, id., id. Riehl (Georges), maréchal des logis au 6ᵉ, id., id. Gantier, brigadier su 7ᵉ, id., id. Martelle, maréchal-des-logis au 6ᵉ, id., id. Beek, brigadier, au 10ᵉ, id., id. Picard, trompette à la 2ᵉ compagnie, 1ᵉʳ escadron de la légion d'artillerie. Riou, trompette à la 2ᵉ batterie, id., id. Rodel, brigadier-trompette. Blanchard, trompette à la 12ᵉ batterie, 6ᵉ escadron. Bousquet, musicien Saxe-horn. Manière, maréchal-des-logis,

BANLIEUE.

1re LÉGION.

1er *bataillon*. — M. Lavalley, chef de bataillon.

2e *bataillon*. — M. Laurier, capitaine.

7e *bataillon*. — M. Marrette, garde.

2e LÉGION.

1er *bataillon*. — MM. Hugo, capitaine. Leflon, id. Boursier-Brocaly, id.

4e *bataillon*. — MM. De Caylus, commandant. Jouy de Corvey, chirurgien aide-major. Tourchot, capitaine. Florentin, capitaine en 2e. Beaupré, lieutenant. Braud, garde.

5e *bataillon*. — MM. Hébert, capitaine. Legay, lieutenant. Challier, sergent. Fabre, caporal.

7e *bataillon*. — MM. Gervais, commandant. Putel, chirurgien aide-major.

8e *bataillon*. — MM. Canoby, chef de bataillon. Larcher, chirurgien aide-major. Marie, capitaine en 1er. Massénat, sergent. Girault, id.

10e *bataillon*. — MM. Gouverne, capitaine rapporteur. Morel, capitaine.

11e *bataillon*. — MM. Baudin, capitaine. Contzen, id.

3e LÉGION.

5e *bataillon*. — M. Dupuis, chef de bataillon.

8e *bataillon*. — MM. De L'espine, chef de bataillon. Massié, garde. Deschards, id. Poulain, capitaine commandant la cavalerie de Montrouge. Renoult, capitaine en 2e.

4e LÉGION.

2e *bataillon*. — M. Boguet, chef de bataillon.

3e *bataillon*. — M. Desrosier, tambour-maître.

4e *bataillon*. — M. Courvoisier, chef de bataillon.

5e *bataillon*. — M. Raverat, capitaine de pompiers.

6e *bataillon*. — MM. Viet, capitaine de pompiers. Foudreton, major de pompiers.

ÉTAT-MAJOR GÉNÉRAL.

MM. Olivier, capitaine d'état-major, Blain, id. Courtoise, id.

VOLONTAIRES.

MM. de Saint-George. De Janson. Dauné. Loyan. Cullier de Lacressonnière. Martin. Beaulieu, capitaine en retraite. Benoît de Chauny.

Officiers, sous-officiers, caporaux et gardes nationaux qui ont mérité une mention honorable pour le courage, le dévouement et l'énergie dont ils ont donné des preuves pendant les journées de juin.

1re LÉGION.

1er *bataillon*. — MM. Clausel, capitaine d'état-major. Mague, chirurgien-major. D'Audibert, adjudant. Cuchetel, id. Hautefeuille, capitaine rapporteur. Saint-Genis, capitaine. Ferrandy, id. Guillot, id. Lepaul, id. Allary, id. Roger, id. Lancry, lieutenant. Vaudal, id. Montigneul, id. Villars, id. Vernet, id. Lemoine, id. Saurin, id. Levasseur, id. Jourdain, id. Georges, id. Jussianne, id. Delvigne, id. Baillet, id. Thierry, sous-lieutenant. Saulcourt, sergent. D'Audiffret, id. Chevallier, id, Roussel, id. Bournonville, id. Launay, id. Brugnon, id. Meteyé, id. Pierson, id. Colas, caporal. De la Courtie, id. Latapie, id. Bienbac, id. Lorget, id. Rivayrol, id. Delcourt, garde. Richard, id. Sollicoffre, id. Ledo, id. Porcher, id. Rocheron, id. Rochette, id. Lemarchand, id. Cartault, id. Delongueil, id. Albert, id. Glaudieu, id. Bellanger, id. De Kerhoan, id. De Biville, id. Davrillé, id. De Kergariou, id. Marsury, id. Davy, id. Pons, id. Antoine, id. Brunel, id. Cottenet, id. Guyard-Delalaine, id. Frayssinaud, id. Gauguier, id. De Lignerolles, id. Nouguier, id. Delsat, id. Lejeune, id. Hewit, id. Perrotin, id. Prévôt, id. Alger, id. Lenoir, id. Henry, id. Gain, id. Josselin, id. Hollard, id. Michaud, id. Imbert, id. Broquier, id. Dogny, sapeur. Perrot, tambour. Éléonore, vivandière. Laya, volontaire. Chaudordy, id. Général Piré. Sudre (Alfred). Jadelot. Delanglars. Gontier. Maurice-Allard. Caumont-Laforce. Dulac. De Saint-Martin. Coutent. Motheau-Schmit.

2e *bataillon*. — MM. Guerbert, adjudant-major. Richelot, aide-major. Marchant, capitaine d'armement. Faucon, lieutenant. Duboucheron, id. Radigond, id. Baudin, id. Légé, sous-lieutenant. Lebourdais, id. Dunet, sergent. Sourdois, id. De Turenne, caporal. Bassery, id. Baillargat, id. Rémusat, garde. Boyer, id. Deflechelles, id. Bartholdi, id. Geslin, id. Duvergier, id. Andrieux, id. Régnier, id. Blachier, id. Carré, id. Mathiot, sapeur.

VOLONTAIRES.

MM. de Laupesbin. Général Moline de Saint-Yon. Général Gourgaud. Verdier.

3e *bataillon*. MM. Baret, chirurgien-major. Canuet, aide-major. Gibboni, id. Nicolas, id. Lamoureux, id. Gagnon, adjudant-major. De Croze, lieutenant rapporteur. Brocheton, porte-drapeau. Mathé, capitaine. De Lavenant, id. Delaporte-Fleury, id. Moyse, id. Bercoët, id. Dehoey, id. Devèze, id. Du Barret, id. Nadaillac, lieutenant. Duchayla, id. Picard, id. Guillemeteau, id. Calvet, id. Dinville, id. Luneteau, id. Deslandes, id. Lequine, sous-lieutenant. Bagriot, id. Gentil, id. Ladrayt, id. Oudinot, id. Rinaldi, id. Herbet, sergent-major. Chaillon, fourrier. Chabrillant, sergent. Cerceau, caporal. Chaton, garde. Boret, id. Davie, id. Hirtzberger, id. Loisel, id. De Boissel, id. Saint-Céran, id. Menrizier, id. De Fitz-James, id. de Biron, id. Nansouty, id. Brager, id. De Girardin, id. De Montesquiou-Fézenzac, id. De Chabannes, id. Noble, id. Thui-

LÉGIONS DE PARIS. — MENTIONS HONORABLES.

lier, id. Mogeot, id. D'Ormenans, id. Chasseloup-Laubat, id. Jumillac, id. Cerbeland, id. Flammand.

4ᵉ *bataillon*. — MM. Martel, adjudant-major. D'Avril, capitaine. Granger, id. Descamps, capitaine. Saint-Genies, lieutenant, Lauriston, id. Jeannin, id. Boucher, id. Fayolle, id. Pélicier, id. Drille, id. Saint-Gaudens, id. Salles, id. Dubarbe, id. Pelletier, sous-lieutenant. De Montbrison, id. Descantes, id. Franck, id. Chaumont, id. Damoreau, id. Degrond, sergent-major. Lamoureux, sergent. Collin, id. Dugal, id. Destré, id, Ancelin, id. Angouard, caporal. Lacave, id. Zenowiez fils, id. Mondago, id. Potier, id. Chevalier, id. Nougaret, id. Roussel, garde. Lauriston, général, id. Golria, id. Jousseran, id. De Magnoncourt, id. Godefroy, id. Triat, id. Matelat, id. Fallandry, Schmit, id. Magnier, id. Éparvier, id. Carnot, Vuilmain, id. Piget, id. Manquet, id. Général Ségur, id. Petit, id. Jacquet, id. Barrois, id. Gruot, id. De Lignerolles, id. Perrin, id. Mabon, id. Barlerin, id. Goder, id. Bonnet, id. Sièys, id. Piget, id. Finc, id. Lafosse, id. Joly, id. Darbel, id. Gossart, id. Deslandes, id. Giraut. Judelovie, id. Verly, id. Bernard, id. Gambart, id. Guillemont, id. Fortune, id. Rollin, id. Raton, id. Salvador, id. Marx Schlesinger, id. Lascinc, id. Fontaine, id. Landry, id. Desprez, id. Malpet, tambour. Gérard, id. Pernot, id.

VOLONTAIRES.

MM. Dieu. De Rigoult. John.

2ᵉ LÉGION.

2ᵉ *bataillon*. — MM. Boucho, chirurgien. Leballand, id. Labories, id. Legendre, id. Lecerf, porte-drapeau. Mullier, capitaine. Blain, id. Brucelles, id. Bastiau, id. Paul, id. Duval, id. Préfontaine, id. Deschamps, id. Dié, jeune, lieutenant. Hoffmann, id. Jouffroy, id. Grivelle, id. Gié, id. Fontaine, id. Tingry-le-Huby, id. Callix, id. Guillemand, id. Devallois, id. Marth, sous-lieutenant. Lortias, fils, id. Bergeron, id. Gouffier, id. Roussel, id. Ardin, id. Étienne, id. De Louvencour, id. Paulin, id. Rigo, fourrier. Depeautanie, sergent. Gouel, id. Poca, id. Fournier, id. Derecter, id. Bresson, id. Crevat, id. Dromery, id. Baudry, caporal. Guyon, id. Mouchel, id. Gourjon, id. Vermuntz, garde. Boussier, id. Siéréard, id. Pommier, id. Vallée, id. Delcamps, id. Dupré, id. Lortias, père, id. Fleury, id. Demeuze, id. Séchan, id. Lecomte, id. Talboutier, id. Demmary, id. Montholon, id. Marcille, id. Haentgens, id. Giroux, id. Faure, id. Maurin, id. Jaria, id. Letellier, id. Lafond, id. Langlet, id. Gase, id. Patté, id. Bourgeois, id. Vitry, id. Worms de Romilly, id. Benoist, id. Autemeyer, id. Maignol, id. Roger, id. Peraire, id. Chalamel, id. Jégoux, id, Houchard, id. Devaux, id. Arnoux, id. Bonnet, id. Detlou, id. Avrial, id. Écoffet, id. Schiff, id. Boulay, id. Rougemont, id. Morillot, id. Schonenberger, id. Leroy, id. Rocher, id. Letureq, id. Thierry, id. Picard, id. Boileau, id. Doyen, id. Labro, id. Barbet, id. Revillot, id. Laporte, id. Daven, id. Pierre-Pont. Borletti. Jeanron. Périneau. Fontaine. Rommy. Boucher. Lebrun, tambour. Prud'homme, id. Longuet, id.

3ᵉ *bataillon*. — MM. Le Fèvre, chef de bataillon. Calibre, adjudant-Major. Leblanc, adjudant-sous-officier. Patto, id. Deslions, lieutenant. Pollin, id. Baignières, sous-lieutenant. Lebarron, sergent. Triquetti, id. Manière, id. Eymar, caporal. Laglantine, garde. Payot, id. Thiénon, id. Renaud, id. Richard, id. Dufour, id. Dequelen, id. Dubos, id. Delage, id. Rolhier, id. Lafond, id. Barthel, id. Fichel, id. Lauber, id. Belleville, id. Michel id. Briois. Gérard. Moyraud. Buchot. Martin. Dekens. Vaudeau. Decomp. Vouroubelle. Achard. Dehodend, Jeanson. Montjoie. Vinay, tambour.

4ᵉ *bataillon*. — MM. Barré, adjudant-major. Philippar, aide-major. Perrelle, capitaine. Védel, id. Bucher, id. Devisme, id. Martin, id. Goudenove, id. Léger, id. Barrère, id. Malperre, id. Becquet, id. Franquebalme, id. Becheyras, id. Galibert, lieutenant. Versepuy, id. Duron, id. Bisson, id. Durez, sous-lieutenant. Deschamps, id. Alié, id. Boïeldieu, fourrier. Janus, sergent. Bucher, caporal. Bellanger, jeune, garde, Bellanger, aîné, id. Réol, id. Pladys, id. Cassard, id. Fauvre, id. May, id. Laurinet, id. Thieblemont, id. Petit, id. Leclerc, id. Neuville, id. Sannois, id. Eudes, id.

Officiers, sous-officiers et soldats étrangers à la légion.

MM. Rey, colonel de chasseurs. Demontigny, colonel d'infanterie. Roger (du Nord), chef de bataillon. Arnold Scheffer, id., de Saint-Cloud. Rodenfuser, adjudant-major. Delangle, capitaine. de Seez (Orne). Laneuville, ex-officier de cavalerie. Ernest Boïeldieu, ex-sergent-major de la ligne. Montharou, sergent. Frontin, id. Tocqueville, id. Neveu, id. Pelelar, garde à cheval. Lequin, garde. Triquety, statuaire. Desasard (Prosper). Martin.

3ᵉ LÉGION.

1ᵉʳ *bataillon*. — MM. Ricque, chirurgien principal. Lorne, aide-major. Stranski, id. Piquot, id. Oulmont, id. Ameuille, id. Costilhet, id. Filou, lieutenant. Ancelin, id. Thorel, sous-lieutenant. Vasseur, sergent. Pignot, id. Guédon, id. Bienvelet, id. Mollot, jeune, caporal. Ognier, id. Tardif, id. Girard, id. Moïse, id, Defléchelle, id. Rapainville, garde. Duchemin, id. Loisel, id. Dupré, id. Chauvel, id. Duclerc, id. Coche, id. Mantoux, id. Devin, fils, id. Bigot, id. Villermy, id. Courtial, id. Domaine, id. Genevé, id. Truffier, père, id. Truffier, fils, id. Chamiot, id. Pigache, id. Flamant, id. Plauteau, id. Trefcon, id. Pierron, id. Pourçain, id. Condy, id. Heugène, id. Friedmann, id. Bourjeac, tambour, Daniel, id.

2ᵉ *bataillon*. — Davasse, aide-major. Clavel, id. Barrons, id. Fiant, id. Porcher, capitaine adjudant-major. Blanchet, capitaine d'armement. Pecquet, adjudant sous-officier. Mercher, capitaine. Henri, id. Caron, père, id. Collioud, id. Leboucher, id. Gréhant, id. Dorléans, lieutenant. Baton, id. Thierry, id. Tresneau, id. Gauthier, id. Plancher, id. Gilbert, id. Bertin, id. Vicaire, id. Brisson, id. Crétu, id. Fault, id. Lorrain, sous-lieutenant. Comédon, id. Govin, id. Moisson, id. Huet, id. Renard. id. Teissier, fourrier. Herbert, sergent. Raymond, id. Lavisse, id. Marion, id. Lebrun, id. Ruffin, id. Leveau, id. Volant, id. Devaux, id. Fradel, id. Leclerc, id. Pastelot, id. Saint-Simon, id. Collin, id. Lecherf, id. Leroy, id. Juhel, id. Charreau, id. Bonnaire, id. Bertrand, id. Dutilleul, caporal. Dupaquier, fils, id. Perrot, id. Choiselle, id. Damiens, id. Levallois, id. Labiche, id. Goujat, id. Hertzer, id. Bardou, id. Brincard, id. Philippot, id. Joindy, fils, id. Quervelle, garde. Menjuc, id. Gonze, id. Jonglas, id. Poitrasson, id. **Bochet (Léon)**, id. **Bochet (Albert)**, id. **Le Chevalier**, id. **Rudeau**, id.

LÉGIONS DE PARIS. — MENTIONS HONORABLES.

Guerre, id. Maillard, id. Guimety, id. Danner, id. Lebreton, id. Lepage, id. Delage, id. Cordier, id. Hirch, id. Pastor, id. Henlé, id. Delamarre, id. Poydenot, id. Henry, id. Vannier, id. Meyer, id. Lombard, fils, id. Plaisant, fils, id. Vandenbergh, id. Gigout, id. Morin, id. Lerck, id. Lelièvre, id. Leclerc (Adolphe), id. Brouillet, id. Leclerc (Dominique), id. Mathéi, id. Bourdaze, id. Hovelaque Henri), id. Hovelaque (Édouard), id. Hovelaque (Émile), id. Desnoyers, id. Pritelly, id. Marly, id. Laurent, id. Mathieu, id. Jacquet, id. Caron, id. Huart, id. Desmaretz, id. Lefébure, id. Quétil, id. Boussaton, id. Girardeau, id. Tissot, id. Destcuque, id. Texcier, id. Limosin, id. Jamais, id. Sallé, id. Saint-Martin, id. Mercier, id. Bouzenet, id. Bailly, id. Lefresne, id. Chandelier jeune. id. Damourette, id. Imbard, id. Cottin, id. Vergne, id. Guérin, id. Alexandre, id. Borelle, id. Corbin, id. Dupont, id. Dutilleul, Beauffray, tambour. Forster, id.

VOLONTAIRES.

MM. Viardot (Alexandre). Goffin. Brisson, fils. Petzer.

3ᵉ *bataillon*. — MM. Fallet, commandant en 1ᵉʳ. Payerne, aide-major. Lesaulnier, id. Tiger, id. Lussigny, capitaine. Stupuy, id. Delasalle, id. Hébert, id. Mercier, id. Courtois, id. Saglier, id. Thomas, id. Gilis, id. Briand, lieutenant. Allain, id. Quignon, id. Girard, id. Jespère, id. Guillard, id. Gérard, id. Lenoir, id. Hadrot, id. Charpentier, id. Costil, id. Duchanois, id. Goizard, sous-lieutenant. Jacques, id. Caron, id. Bauër, id. Raulin, id. Baës, id. Riquier, id. Gellé, id. Schneider, id. Gibaut, id. Bodson, sergent. Bruin, id. Barbier, id. Royer, id. Talot, id. Fègues, id. Souquet, id. Cavillon, id. Vauthier, id. Fouquet, id. Witersbach, id. Soisson, caporal. Maneille fils, id. Bertin, id. Roussel, id. Mullot, id. Tête, id. Baillie, id. Carrère, id. Erhard. id. Hadrot, fils, id. Klopp. id. Daire, id. Trincks, id. Séguin, garde. Froment, id. Lemoine, id. Guélin, id. Sevrain, id. Delacommune, id. Rollin, id. Bregeon, id. Razon, id. Solignac jeune, id. Lourdereau, id. Cornu, id. Richard, id. Legrand, id. Joux, id. Bodel, id. Liogier, id. Letellier, id. Cordier, id. Feray, id. Guinard, id. Cabour, id. Besson, id. Bourges (Armand), id. Bourges jeune, id. Bailly, id. Jallon, id. Chauny, id. Huteau, id. Claverie, id. Sangouard, id. Imbault, id. Bourhhonet, père, id. Hardouin, id. Bouju, id. Lévesque, id. Lefèvre, id. Servais, id. Sandrier, id. Osmond, id. Lemaître, id. Boutigny, id. Perrier, id. Mainié, id. Lugez, tambour-maître. Barrère, tambour. Griffon, id. Magnani, id. Raoul, id.

VOLONTAIRES.

MM. Greissenger. Lefrançois.

4ᵉ *bataillon*. — MM. Dussol, chirurgien-major. Vannier, aide-major. Giroux de Bussaringues, id. Arnaud, id. Edmond Degousée, fils. Langlois. Pannier, adjudant sous-officier. Gouaux, capitaine. Bourgeois, id. Florimond, id. Vitalis, id. David, lieutenant. Porier, id. Jourdin, id. Roger, id. Ory, id. Guinet, id. Bezine, id. Aron-Hauser, id. Vaudoré, id. Léronne, sous-lieutenant. Botrand, id. Benoît, id. Chaput, id. Adam, id. Sauvage. id. Soubie, sergent-major. Neveu, sergent. Roux, id. Lécuyer. id. David, id. Thomas, Lenoir, id. André, id. Dumardier, caporal. Delarivière, id. Boudier, id. Boisselet, id Lahot, id. Leprince, id. Biard, id. Léon, id. Marchand, garde.

Bouscaren, id. Fradin, id. Gardet fils, id. Schmit, id. Prottet, id. Langlois jeune, id. Fleurot, id. Bourdin, id. Mathieu, id. Baresville, id. Monnier, id. Arnoult, id. Sandron, id. Merny, id. Galan, id. Grandry, id. Latour, id. Lagrange, id. Bouschicot, id. Saurrier, id. Robert, id. Lacharme, id. Pierre, id. Brouineau, id. Berger, id. Bloutmann, id. Falais, id. Calametta, id. Danglois, id. Poncet, id. Fontan, id. Brosseite, id. Sauvage, id. Monnereau, id. Mahou, id. Bourard, id. Lepileur, id. Carrel, tambour.

4ᵉ LÉGION.

État-major de la légion. MM. Dubois, major. Landelle, capitaine chef de musique. Thilloy, sergent-major des sapeurs.

1ᵉʳ bataillon. — MM. Blocaille, commandant en 1ᵉʳ. Roy, chirurgien-major. Letellier, adjudant-major. Frey, capitaine rapporteur. Faget, capitaine. Moyaux, id. Castet, id. Duporcq, id. Marchais, lieutenant. Chevallier, sous-lieutenant. Lefèvre, id. Teissier, fils, caporal. Desbans, garde.

2ᵉ bataillon. — MM. Dugit, chef de bataillon en 2ᵉ. Delorme, aide-major. Édan, porte-drapeau. Pinabel, adjudant sous-officier. Vaudenberghe, capitaine. Catherinet, id. Cirier, id. Ansart, lieutenant. Lebrun, id. Nouillère, sergent. Mabjean, garde. Sattler, id. Tellier, fils, volontaire.

3ᵉ bataillon. — MM. Dubail, chef de bataillon en 2ᵉ. Charpentier, capitaine d'armement. Robertet, aide-major. Gauthier, porte-drapeau. Caron, adjudant sous-officier. Bignault, capitaine. Didier, Megrot, id. Schaller, id. Darras, id. Darlot, lieutenant. Martin, sous-lieutenant. Cure, sergent-major. Perrigaut, garde.

4ᵉ bataillon. — MM. Vasnier, chef de bataillon en 1ᵉʳ. Pillon, chirurgien-major. Metivet adjudant-major. Éloy, adjudant sous-officier. Grand Perrier, capitaine. Vautrin, id. Sicard, sergent-major. Bourg, id. Chavanne, sergent. Farvacques, garde. Vinck, id. Legris, id. Juin, id.

5ᵉ LÉGION.

Etat-major. MM. Gresely, chirurgien principal. Bazin, lieutenant de musique. Compardon, médecin du jury de révision. Beaugrand, id. Jabin, id.

1ᵉʳ bataillon. — MM. Labaraque, chirurgien-major. Legros, aide-major. Damelincourt, id. Vialenc, id. Maillat, id. Dangevillé, adjudant sous-officier. Faconnet, capitaine. Remoulu, id. Pinon, id. Ledoux, lieutenant. Cusin, id. Grouvelle, id. Guillemot, id. Salvator Tuffet, id. Hiéronymus, id. Boudailler, id. Porchez, id. Lambert-Genin, sergent. Deban, id. Roussel, id. Sorel, id. Gilles, id. Ducrot, caporal. Grassy, id. Walh, garde. Chauvière, id. Lenoir, id. Vallot, id. Divo, id. Bertrand, id. Boidron, id. Driou, id. Royaux, id. Moreau, id. Roux, id. Haimann, id. Gisbert, id. Kern, id. Drouin, id.

2ᵉ bataillon. — MM. Grégoire, chef de bataillon en 2ᵉ. Blanchet, aide-major. Duval, id. Thibaut, id. Savoie, id. Genest, id. Bourbier, porte-drapeau. Lefranc, adjudant sous-officier. Raoult, capitaine. Épron, id. Huot id. Chaumont, id. Grange, id. L'Hotel, id. Casenave, lieutenant. Dubourg, id. Cost, id. Ricateaux, id. Besson, sous-

LÉGIONS DE PARIS. — MENTIONS HONORABLES.

lieutenant. Lacrampe, id. Chancel, id. Scordel, sergent. Warnet, id. Bertin, id. Be', caporal. Decker, id. Renard fils, id. Berger, garde-Robert, id. Tasché, id. Nouailher, id Valin, id. Saint-Amant, id. Binaut, id. Dupont_Blondel, id. Bringeon, id. Charbonnier, id. Renouf, id. Artaud, id. Willers, tambour.

3ᵉ *bataillon.* — MM. Liégard, commandant en deuxième. Pertus, chirurgien-major. Despréaux, aide-major. Lebreton, id. Pecotogier, id.

4ᵉ *bataillon.* — MM. Manget, chirurgien-major. Paulet, aide-major. Capgras, capitaine d'état-major. Paillard, capitaine. Paupert, id. Gay, id. Dauphinos, lieutenant. Marjolet, id. Gervaise, id. Petit, id. Michel, id. Galland, id. Dichary, id. Pommier, id. Moineau, id. Cunin, sous-lieutenant. Delavarde, id. Julien, id. Lenglet, fils, id. Heynen, id. Dusace, id. Declert, id. Chauvel, id. Hortos, id. Gautron, id. Naud, id. Chauvigny, id. Genué, id. Dufay, id. Perrot, sergent. Boulay, id. Bonnet, id. Brulé, id. Goyard, id. Lehericy, caporal. Louis, id. Baccusat, garde. Decam, id. Louée, id. Michaux, id. Fontanez, id. Yten, id. Perroton, id. Demay-Molteni, id. Saureaux, id. Petitot, id. Bonnescœur, id. Lordereau, id. Delevoix, id. Bouché, id. Chausson, id. Matony, id. Martin, id. Decam, id. Parizot, id. David, id. Bagnol, id. Rumblot, id. D'Hubert, id. Coquerel, id. Barroz, id. Benard, id. Bouché, id. Milleraux, id. Boursier, id. Fergan, tambour. Malhouet, id. Louise Gaudot (femme Adam), vivandière.

6ᵉ LÉGION.

1ᵉʳ *bataillon.* — MM. Massias, adjudant sous-officier. Brun, capitaine. Mimin, id. Bourlet, id. Sépot, id. Aviat, id. Menneret, id. Beunon, lieutenant. Maillardit, id. Daubiet, id. Michon, id. Boyer, sous-lieutenant. Flayelle, sergent. Maugin, garde. Barrois, id. Silvestre, id. Bury, id. Faroux, id. Saulnier, id. Buisson, id. Leceit, id. Paulus, id. Pinot, id. Pelet, id. Manin, id. Dumesnil, Toussaint, fils, id. Marchand, id. Catillon, id. Mayer, id. Cerf, id. Boichaud, id. Gillet, père, id. Gillet, fils, id. Quéru, id. Poncelet, id. Mangeon, id.

2ᵉ *bataillon.* — Genisson, capitaine. Petit, id. Guillaume, id. Cruet, id. Loddé, id. Ségalas, id. Dubois, id. Bourdon, id. Pantoux, lieutenant. Lepaire, id. Fessard, id. Fost, id. Isambert, id. Tamelier, id. Brocard, sous-lieutenant. Bernard, id. Chambey, garde, Bernard (Albert), id. Taillefer, id. Devinois, id. Bachet, id. Poisson, id. Saillofen, id. Quéant, id. Patin, id. Lecocq, id. Baron, id. Queue, id. Cherchillon, id. Ruinet, id. Altzof, id. Desmele, id. Valour, id. Herbert, id. Mercier, id. Perrin, id. Crouan, id. Raguet, aîné, id. Camille, aîné, id. Kinn, id. Martel, id. Perrache, id.

3ᵉ *bataillon.* — MM. Cahours, capitaine d'état-major. Lejeune, capitaine. Lamy, id. Herbillon, id. Badoureau, id. Stach, id. Bardou, id. Loddé, id. Ourback, id. Melon, capitaine. Flers, id. Belissant, id. Jubin, lieutenant. Lepaire, id. Belorgé, id. Vinant, id. Favreau, id. Drouillet, id. Lemestre, id. Pernest, id. Papillon, id. Langlois, id. Robineau, id. Langlet, id. Froment, id. Laminette, sous-lieutenant. Barnabé, id. Barbier, id. Guilbert, id. Gaillard, id. Bonjean, id. Termet, id. Lambert, id. Blampois, id. Jossinet, sous-lieutenant. Mailly, id. Duval, id. Charvet, id. Roger, sergent-major. Dieudonné, sergent. Batard, id. Thomasset, id. Chapiseau, garde. Binet, id. Guillaume, id. Drouet, garde. Silvain, id. Dessaint, id. Duval, id. Fiat, id. Julien, id. Petitpas, id. Guiart, id.

4ᵉ *bataillon*.—MM. Damiens, capitaine. Redron, id. Doblin, id. Thiveau, id. Levy, capitaine. Pujolas, id. Dupuis, id. Massue, sous-lieutenant. Charpentier, id.

7ᵉ LÉGION.

1ᵉʳ *bataillon*. — MM. Delanchi, adjudant sous-officier, Villard, capitaine. Lemaire, capitaine. Dauchy, id. Laget, id. Maynial, lieutenant. Brochon, id. Doussot, id. Martincourt, id. Vicsen, sous-lieutenant. Hyvelin, id. Thyri, sergent. Laurent, id. Oppé, sergent. Bonhomme, id. Pignon, id. Préron, id. Lefort, id. Gilbert, id. Thourin, caporal. Daguet aîné, id. Daguet jeune, id. Laporte, Lefèvre, id. Lemoine, id. Rolland, caporal. Pourcelet, id. Decot, garde. Vitcoq, id. Laurent, id. Mayer, id. Victor, id. Bour, id. Tixier, id. Malliavin, id. Bauchez, id. Aubertin, id. Osmont, id. Bouffil, id. Giblat, id. Taisne, id. Valentin, id. Auguste, id. Depage, id. Marteau, id. Bertholon, garde. Charon, id. Cerf, id. Lesage, id. Fossard, id. Berthet, id. Duthu, id. Batisson, garde. Legrand, id. Cantin, id. Florent, id. Chandellier, id. Depas, id, Cosson, id. Nepveu fils, id. Aubry, id. Villiamson, id. Calutelle, id. Roisin, id. Bouillon, id. Roy père, id. Petit, id. Dubois, tambour.

2ᵉ *bataillon*. — MM. Duhamel, capitaine. Guindorff, id. Regad, id. Souchot, id. Contrault, lieutenant. Boissard, id. Fargeat, sergent. Turriet, caporal. Portret, id. Patris, id. Buissot, garde. Fleury, id. Lecomte, id. Hulin, id. Errard, id. Mathieu, id. Hébert, id. Guercheux, id. Champagnat, id. Evrard, id. Bronner, id. Ginisti, id. Vignon, id. Mignon, id. Fertubert, id. Lambour, id. Guenestry, id. Thil, tambour.

3ᵉ *bataillon*. — MM. Naudou, adjudant-major. Bourgeois, capitaine. Buisson, lieutenant. Vaugondy, id. Maingot, id. Blouet, sous-lieutenant. Levasseur, id. Billourdin, sous-lieutenant. Crignon, sergent. Chavagnot, garde. Schiltknet, id. Chardonnet, id. Carpentier, id. Monville, id. Ariola, id. Levy, id. Legrand, id. Barrois, id. Lemaître, garde. Delphin, id. Morand, id. Caillard, id. Verdier, id. Bonheur, id. Dulattier, id. Lorcet, id. Dutartre, id. Gérard, id. Antoine, id. Prot, musicien.

4ᵉ *bataillon*. — MM. Bompard, adjudant-major. Cainelier, adjudant sous-officier. Dutemple, capitaine. Angot, id. Albert, id. Faury, id. Barrault, id. Vanderhagen, id. Fromentin, id. Baudon, id. Chapon, lieutenant. Bouvier, id. Monterel, id. Chamonin, lieutenant. Heuzé, id. Gérard, id. Michel, sous-lieutenant. Dorfeuille, id. Bernay, sergent. Jobard, id. Lobligeois, id. Donatin, id. Grogniet, id. Pierret, caporal. Poulain, caporal. Perat, id. Aubouin, id. Agroldi, id. Caylux, id. Rhinn, garde. Pinboube, id. Delinotte, id. Cornette, id. Cassierre, id. Mauge, id. Portier, id. Rizot, id. Flée, id. Accard, id. Frémont, id. Potel, id. Jollivet, id. Buissebouche, id. Carron, id. Chardon, id. Rabor, id. Morel, id. Silver, id. Lubain, id. Bienloin, id. Levy, id. Ferney, id. Biabaud, id. Colmache, id. Naselle, id. Blangis, id. Liermet, id. Delamarre, id. Guenot, id. Lesueur, id. Durand, id, Castiani, id. Droz, id. Filliol, id. Colas, id. Picot, id. Chanudet, id. Peyraud, id. Tailland, id. Baudrand, id. Schutz, id. Budy, id. Millet, id. Breuillard, id. Charrier, id. Vamin, id. Callas, id.

8ᵉ LÉGION.

État-Major. — M. Anfray, major.

lieutenant. Boulais, id. Sebille, id. Marmottant, sous-lieutenant. Gemier, sergent-major. Beaublé, sergent de pompiers. Demont, caporal. Blanchard, garde. Colas, id. Archambault, id. Dubreuil, id. Sagot, id. Menard, id. Grillon, id. Joly, id. Collonge, garde. Legrand, id. Rocheron, id. Bonny-Pellieux, id. Camus, id. — *Meung.* — MM. D'Asda, capitaine rapporteur. Bourdon, garde. Pigeault, id. Huard, id. Bezard, garde. Caillard, id. Adnet, id. Pombla, id. Toineau, id. Lhermite, id. Lesieur, id. — *Jargeau.* — M. Reposeur, sergent. — *Sandillon.* — M. Dauphin, sergent de sapeurs-pompiers. — *Pithiviers.* — MM. Devaux, sergent-major. Delafoy, sapeur-pompier. Corpechot, garde. Morand, id. Choizelard, id. Béranger, id. Badinier, id. Choiseau, id. Moreau, id. Mahé, id. Demanie, id. Coursolles, id. Barré, id. Bertheau, id. Charmont, garde. Daguet, id. Lartheau, id. Souchet, id. Jarry, id. — *Aulnay-la-Rivière.* — M. Derocheplatte, garde.

SEINE-INFÉRIEURE.

Rouen. — MM. Letellier, adjudant-major. Petit, capitaine. Rameau, lieutenant. Dyel de Graville, id. Fromentin, garde. Desalleurs, id. — *Yvetot.* — MM. Guillemard, sous-préfet. Margarita, garde. Dargent, id. — *Neufchâtel.* — MM. Becquet, capitaine. Tavernier, sous-lieutenant d'artillerie. Mallet, adjudant-sous-officier. Bouffard, maréchal-des-logis d'artillerie. Boucheret, garde.

SEINE-ET-MARNE.

Rozoy. Laurent, caporal de sapeurs-pompiers.

SEINE-ET-OISE.

Versailles. — MM. Ottenheim, lieutenant. Turlure aîné, maréchal-des-logis, chef d'artillerie. Devaux, brigadier d'artillerie. Devenise, artilleur. Bernardin, id. — *Meudon.* — M. Ros, garde. — *Magny.* — M. Platel, commandant. — *Pontoise.* — M. Dufour, tambour. — *Deuil.* — M. Boizard, chef de bataillon.

SOMME.

Amiens. — MM. De Chassepot, capitaine. Demonbynes, id. Deliége, id. Heurtaud. Thuillier. Dassonville, lieutenant. Debetz, id. Duparc, id. Jonchery, id. Cornebois, sous-lieutenant. Molroguier, id. Baille, maréchal-des-logis. Drevelle, garde. Matifas, id. Martin, id. Simon, id. Armand Rabache, id. Amyot, id. Deberly, id. Debrailly, id. Delahaye, id. De Stapland, id. Mancel, id. Prevost, id. Scalabre, id. Viseu, id. — *Breteuil.* — M. Darrast-Dubois, lieutenant. — *Péronne.* — MM. Baillet, garde. Gambier, id. — *Doullens.* — M. Fardel, capitaine. — *Nesle.* — M. Enne, commandant. — *Abbeville.* — M. Delegorgue, colonel de la légion d'Abbeville. — *Montdidier.* — M. Gaudissart, chef de bataillon. — *Roye.* — M. Dautrevaux, chef de bataillon.

LISTE DES MORTS ET DES BLESSÉS DANS LA LÉGION D'ARTILLERIE.

La légion d'artillerie ayant décidé qu'elle ne solliciterait ni n'accepterait aucune croix ou mention pour les événements de juin, exceptant de cette mesure les officiers instructeurs de l'armée, nous avons cru devoir publier la liste des morts et des blessés que nous avons pu nous procurer tout entière. Sur 256 hommes qui combattirent dans les journées de juin, 12 trouvèrent la mort, 62 furent blessés.

Six furent tués sur place. Ce sont MM. *Miquet*, concierge à Alfort, *Biscarre*, employé au jardin des Plantes, *Calas*, teinturier, *Berolles*, horloger, *Lahoue*, rentier, *Merle*, employé.

Six moururent des suites de leurs blessures. Ce sont MM. *Dural*, fileur, *Mermillod*, étudiant, *Desinglis*, ouvrier imprimeur, *Graduel*, commis, *Ferrand*, dessinateur, *Phillipe*, officier d'artillerie instructeur.

MM. *Michel*, chef d'escadron, *Berjot*, doreur, *Fiéré*, fort de la halle, *Coignet*, cordonnier, *Forgeron*, serrurier, *Duquesne*, rentier, *Bastier*, tonnelier, *Briand*, commis, *Lance*, conducteur de travaux, *Fourreau*, médecin, *Colin*, facteur de pianos, *Lipman*, rentier, *Falcon*, architecte, *Dérou*, ancien militaire, *Dallines*, charpentier, *Latreille*, sellier, *Vaugeois*, employé au jardin des Plantes, *Hezineg*, botaniste, *Durny*, tapissier, *Roblot*, ouvrier, *Leblanc*, ouvrier terrassier, *Lepetit*, charpentier, *Perrot*, ouvrier du port, *Parey*, tonnelier, furent blessés aux diverses attaques du parvis Notre-Dame.

MM. *Blaize*, homme de lettres, *Bacelaer*, officier d'artillerie instructeur, *Yung*, rentier, *Malo*, rentier, *Maillard*, rentier, *Puffeney*, employé, *Lefebure*, peintre, *Levanchy*, négociant, *Bezodis*, commis, *Girard*, menuisier, *Bombardier*, sellier, *Blot*, homme d'affaires, *Paguy*, hommes de lettres, *Gossard*, étudiant, *Daerchuck*, cafetier, *Guitard*, commis, *Girard*, musicien, le furent également rue des Coquilles. M. *Ferroud*, architecte, le fut au clos Saint-Lazare, et MM. *Morize*, rentier, *Thomas*, *Moreau-Wolsey*, peintre, *Natter*, peintre-vitrier, *Duriot*, bottier, *Legoué*, fruitier, *Manière*, chimiste, *Coulems*, horloger, *Salomon*, horloger, *Pierre*, tailleur, *Bouell*, commis, *Cebe*, marbrier, *Watbled*, étudiant, *Deruelle*, fruitier, *Brunet*, étudiant, *Bouchet*, cordonnier, *Dreifus*, employé, *Dacheville*, estampeur, *Hocquet*, rentier, *Achintre*, peintre, reçurent des blessures plus ou moins graves sur la place de la Bastille et aux attaques du faubourg Saint-Antoine.

Nous avons pu cette fois obtenir les qualités des artilleurs de la garde nationale, et nous les avons publiées pour qu'on fût plus à même de juger dans combien de classes différentes se recrutaient ceux qui combattaient l'insurrection avec tant de courage.

Outre que nous n'avons pas la liste exacte des gardes nationaux morts et blessés, on comprend que l'espace nous manquerait pour la publier.

Au moment où nous corrigeons l'épreuve de cette page, nous apprenons la dissolution de la légion d'artillerie. Nous n'en publions pas moins cette liste, sans vouloir rien préjuger. L'histoire est toujours l'histoire.

TABLE.

PREMIÈRE ÉPOQUE.

I.	Origine. — Depuis le 13 jusqu'au 17 juillet 1789.	1
II.	Du 18 juillet au mois d'octobre 1789.	23
III.	5 et 6 octobre 1789.	60
IV.	Depuis octobre 1789 jusqu'au 14 juillet 1790.	75
V.	De juillet 1790 à juillet 1791.	88
VI.	De juillet à octobre 1791.	107
VII.	Du mois d'octobre 1791 au 10 août 1792.	122
VIII.	Du 10 août 1792 au mois de juillet 1793.	147
IX.	De juillet 1793 au 19 novembre 1799.	188

DEUXIÈME ÉPOQUE.

I.	De septembre 1805 au mois d'avril 1814.	207
II.	Du 1er avril 1814 au 29 avril 1827.	233
III.	De juillet 1830 à février 1848.	255
IV.	Journées des 22, 23 et 24 février.	294

TROISIÈME ÉPOQUE.

I.	Du 25 février au 16 avril 1848.	349
II.	Du 16 avril au mois de juin 1848.	375
III.	Journée du 23 juin 1848.	417
IV.	Journée du 24 juin.	450
V.	Journées des 25 et 26 juin. Conclusion du livre.	475
Notes.		525
État général des gardes nationaux décorés et mentionnés honorablement pour les journées de juin 1848.		534
Liste des morts et blessés dans l'artillerie.		554

www.ingramcontent.com/pod-product-compliance
Lightning Source LLC
Chambersburg PA
CBHW060302230426
43663CB00009B/1557